Der große
Freizeitführer für Familien

Unterwegs Verlag

Titelbild:

Das Titelbild zeigt den Spree-Park in Berlin, den großen Freizeit- und Erlebnispark in der deutschen Hauptstadt, siehe Seite 195

Die Deutsche Bibliothek – CIP-Einheitsaufnahme

Aabe, Alex:
Der neue grosse Freizeitführer für Familien
– Orig.-Ausg. – Singen ; Unterwegs-Verl., 1998
 ISBN 3-86112-082-8

Impressum:

Dies ist eine Original-Ausgabe des Unterwegs-Verlags, Manfred Klemann, 78224 Singen.
Alle Rechte weltweit liegen beim Verlag.
Copyright 1998 Unterwegs-Verlag Manfred Klemann
Gestaltung/Layout: Rendel Ibing, Hamburg, Unterwegs-Verlag, Singen
Druck: Fuldaer Verlagsanstalt

Alle Angaben sind nach bestem Wissen und Gewissen recherchiert. Der Verlag kann keine Verantwortung für eventuelle Änderungen oder Fehler übernehmen. Wir sind aber jederzeit für Hinweise und Korrekturen durch die Nutzer des Buches dankbar.
Verlagsanschrift: Unterwegs-Verlag, 78224 Singen, Fax 07731/62401
Internet: www.reisefuehrer.com

Wir danken allen Fremdenverkehrsämtern und Freizeitanbietern für ihre freundliche Mitarbeit und die Bereitstellung von Bildmaterial

Endlich Zeit für die Familie

Jetzt wird etwas unternommen: Mehr als 600 tolle Ausflugshits für Familien warten auf Sie. Dieser Freizeitführer stellt sie Ihnen ausführlich und übersichtlich nach Regionen geordnet vor. Es gibt Tips für Regen und Sonne, für Sommer und Winter, für kleine und große Kids. Und es finden sich jede Menge Attraktionen für den kleinen Geldbeutel.

Unser Freizeitführer beschreibt nicht nur die großen Vergnügungsparks. Sie finden eine Fülle von kleineren Ausflugszielen: Tiergehege und Erlebnisbauernhöfe, Museumsdörfer und Kindertheater, Spaßbäder und Märchenparks, Dampfeisenbahnen, Besucherbergwerke und, und, und...

Zu jedem Ausflugsort gibt es viele hilfreiche Tips und Informationen. Das Buch sagt Ihnen, wie Sie die Ziele erreichen, ob es öffentliche Verkehrsmittel dorthin gibt, für welches Alter die Attraktionen geeignet sind, was die Umgebung außerdem bietet, ob Verpflegung vor Ort möglich ist oder doch besser ein Picknickkorb eingepackt werden sollte, u.v.a.m.

Die Altersangaben sind lediglich ein grober Anhaltspunkt – Eltern, Verwandte und Bekannte wissen natürlich viel besser, welches der vorgestellten Ziele den Kindern Spaß bereiten wird.

Wir wünschen Ihnen und Ihren Kindern viel Vergnügen in der Freizeit!

So finden Sie Ihr Ausflugsziel

Der große Freizeitführer für Familien bietet in ganz Deutschland, übersichtlich nach Bundesländern und Regionen geordnet, mehr als 600 attraktive Ausflugstips für groß und klein. Egal, wo Sie sich auch befinden, ein echter Ausflugshit ist mit Sicherheit nicht weit!

Und so geht's:

1. Jedes Bundesland-Kapitel beginnt mit einer Übersichtskarte, auf der alle Regionen mit Seitenzahlen markiert sind. Auf den folgenden Seiten sind dann alle Freizeittips übersichtlich aufgelistet.

2. Wenn Sie wissen, welchen Ort Sie besuchen möchten, dann schauen Sie einfach am Ende des Buches im Register nach. Hier entdecken Sie die dazugehörige Seitenzahl.

3. Sie können auch vom Inhaltsverzeichnis direkt durchstarten: Hier finden Sie, nach Bundesländern aufgeteilt, alle Regionen mit ihren Seitenangaben ■

 Imbiß

 Café, Cafeteria

 Gastronomie, Restaurant

 Kiosk

 Grillen

 Picknickmöglichkeiten

 Geeignet ab diesem Alter

 Spielplatz

 Wickelmöglichkeiten

 Auch bei schlechtem Wetter möglich

Wenn das Feld blau ist, ist das Ausflugsziel geöffnet.

Jan Feb Mär Apr Mai Jun Jul Aug Sep Okt Nov Dez

Schleswig-Holstein	S. 17-52
Hamburg	S. 53-57
Mecklenburg-Vorpommern	S. 59-87
Niedersachsen	S. 89-140
Bremen	S. 141-145
Sachsen-Anhalt	S. 147-173
Brandenburg	S. 175-194
Berlin	S. 195-199
Nordrhein-Westfalen	S. 201-259
Hessen	S. 261-312
Thüringen	S. 313-328
Sachsen	S. 329-350
Rheinland-Pfalz	S. 351-381
Saarland	S. 382-386
Baden-Württemberg	S. 387-426
Bayern	S. 427-491

Inhalt

Impressum	S. 2
Vorwort	S. 3
Anleitung	S. 4
Inhalt	S. 6-15

Schleswig-Holstein und Hamburg S. 17-57

Karte Schleswig-Holstein/Hamburg	18-19
Inhalt Schleswig-Holstein	20
Inhalt Hamburg	21

Nordfriesland S. 22-25

Kutschfahrt auf die Hallig Südfall	22
Wattwanderung mit Boy Boysen	23
Freizeitbad Sylter Welle in Westerland	24
Ausflüge in die Halligwelt ab Hafen Schlüttsiel	25
Zugfahrt nach Sylt über den Hindenburgdamm	25

Angeln und Schwansen - von Flensburg nach Schleswig S. 26-29

Schwimmhalle Schleswig	26
Die Tolk-Schau	27
Das Wikinger Museum Haithabu	28
Schiffsfahrten auf der Schlei	29

Dithmarschen und Eiderstedt S. 30-33

Das Wellenbad in St. Peter Ording	30
"Land-und-Leute"-Freizeitpark in Oesterwurth	31
"Kuddels Kuschfahrt" in Warwerort	32
Von Büsum hinaus aufs Meer	33
Westküstenpark in St. Peter Ording	33

Zwischen Rendsburg und Itzehoe S. 34-38

Kutschfahrten an den Kanal	34
Fahrten auf dem Nord-Ostsee-Kanal	35
Haustier-Schutzpark Warder	36
Fahrradverleih Rendsburg	37
Der TierPark Neumünster	38

Kiel und Umgebung S. 39-42

Eine Bootsfahrt auf der Schwentine	39
Schleswig-Holsteinisches Freilichtmuseum	40
Der Tierpark Gettorf	41
Strandbad und Schwimmhalle im Olympiazentrum Schilksee	42

Holsteinische Schweiz und Fehmarn S. 43-47

Die Fähre Puttgarden-Rødby	43
Der Eselshof in Nessendorf	44
Bade-Paradies Weißenhäuser Strand	45
Der HANSA-PARK Sierksdorf	46
Zoo Arche Noah in Grömitz	47

Lübeck und die Lauenburgische Seenplatte S. 48-52

Schiffstour auf dem Ratzeburger See	48
Das Museum für Puppentheater in Lübeck	49
Erlebnispark "Aqua Top" in Travemünde	50
Der Wildpark Mölln	51
Vogelpark in Timmendorfer Strand	52

Hamburg S. 53-57

Garten der Schmetterlinge im Sachsenwald	53
Hafen Hamburg	54
Planten und Blomen	55
Tierpark Hagenbeck	56
Hirschpark über der Elbe	57

Mecklenburg-Vorpommern S. 59-87

Karte Mecklenburg-Vorpommern	S. 60-61
Inhalt Mecklenburg-Vorpommern	S. 61

Schweriner Land S. 62-65

Schweriner Zoo	62
Salzberger Erlebnispark in Mühlengeez	63
Naturkontaktstation Langehagen	64
Archäologisches Landesmuseum	65

Mecklenburger Bodden-Küste	S.66-69	Ostfriesland		S.94-98

Boddenfahrten ab Ahrenshoop 66
Vogelpark Marlow 67
Pferde Ferien Hirschburg 68
Kindervorstellungen
im Volkstheater Rostock 68
Zoo Rostock 69

Sonneninsel in Esens-Bensersiel 94
Der Hafen in Krummhörn-Greetsiel 95
Kanalfahrt mit der MS "Stadt Aurich" 96
Freizeitpark "Lutge Land" in
Altfunnixsiel 97
Tagesfahrten von
Emden nach Borkum 98

Rügen S.70-74

Fahrten mit dem
Fischerboot "M. J. Kalinin" Sassnitz 70
Theater für Kinder in Putbus 71
Orangerie und Park in Putbus 72
Der "Rasende Roland"
Putbus/Göhren 73
Störtebeker Festspiele in Ralswiek 74

Zwischen
Nordsee, Weser und Elbe S.99-103

Natureum Niederelbe in Balje 99
Zoo am Meer in Bremerhaven 100
Spiel- und Sportpark Wingst 101
Cuxhaven:
Touren zur Insel Neuwerk 102
Das Deutsche Schiffahrtsmuseum in
Bremerhaven 103

Mecklenburgische Schweiz S.75-79

Die Astronomiestation Demmin 75
Die Burgwallinsel Teterow 76
"Uns lütt Museum" in Dargun 77
Schiffsfahrten
auf dem Krakower See 78
Reiten auf dem
Gestüt Ganschow in Alt Sammit 79

Das Emsland S.104-108

Freilichtmuseum Cloppenburg 104
Eisenbahnfahrt durchs Hasetal 105
Ferienzentrum Schloß Dankern 106
Kanu-Touren auf der Ems 107
Das Freilichtschiffahrtsmuseum
Kanalstraße in Haren 108

Die Insel Usedom und
Vorpommern S.80-83

Tropenhaus in Bansin 80
Usedomer Strandspaziergang 81
Tierpark Wolgast 82
Pony- und Pferdeverleih Will in
Ahlbeck 83

Zwischen Hunte und Weser S.109-111

Freizeitpark Verden 109
Naturtierpark Ströhen
mit Vollblutaraber-Gestüt 110
Serengeti Safaripark Hodenhagen 111

Mecklenburgische Seenplatte S.84-87

Schiffspartie
auf dem Malchower See 84
Bootsvermietung Mirow 85
Fährfahrt ab Feldberg über den
Schmalen Luzin 86
Der Reiterhof Drephal
in Malchow 87

Lüneburger Heide S.112-116

Schiffshebewerk Scharnebeck 112
OTTER-ZENTRUM Hankensbüttel 113
Vogelpark Walsrode 114
Salztherme Lüneburg 114
Heidepark Soltau 115
Wildpark Lüneburger Heide 116

Das Wendland S.117-120

Niedersachsen
und Bremen S. 89-145

Karte Niedersachsen/Bremen S. 90-91
Inhalt Niedersachsen S. 92
Inhalt Bremen S. 93

Marionettentheater Dannenberg 117
Das Historische Feuerwehrmuseum
in Lüchow-Dannenberg 118
Der Wendlandhof in Lübeln 119
Elbe-Tour mit dem Fahrrad 120

7

Osnabrücker Land	S. 121-125	**Sachsen-Anhalt**	**S. 147-173**

Vogelparadies Bad Rothenfelde	121
Die Saurierspuren in Barkhausen	122
Zoo Osnabrück	123
Planetarium Osnabrück	124
Figurentheater Osnabrück	125

Karte Sachsen-Anhalt	S. 148
Inhalt Sachsen-Anhalt	S. 149

Altmark	S. 150-153
Erlebnisbad Diesdorf	150
Tierpark Salzwedel	151
Freilichtmuseum Diesdorf	152
Naturlehrpfad „Bürgerholz" bei Salzwedel	153

Raum Hannover	S. 126-129
Fahrten auf dem Steinhuder Meer	126
Wisentgehege bei Springe	127
Der Zoo in Hannover	128
Das Wasser-Paradies in Hildesheim	128
Dinosaurierpark Münchehagen	129

Raum Magdeburg	S. 154-158
Kinder- und Jugendzentrum Oase in Magdeburg	154
Zoologischer Garten Magdeburg	155
Erholungsgebiet "Hohes Holz"	156
Schiffshebewerk Rothensee	157
Historische Parkanlage Althaldesleben-Hundisburg	158

Zwischen Braunschweig und Wolfsburg	S. 130-133
Der Erse-Park Uetze	130
Das AutoMuseum bei VW	131
Badeland Wolfsburg	132
Zoo Braunschweig	133
Tierpark Essehof	133

Der Ostharz	S. 159-163
Das Schaubergwerk Büchenberg bei Elbingerode	159
Harzbad Benneckenstein	160
Reiterhof Mühlental in Wernigerode	161
Wildpark Christianental in Wernigerode	162
Wernigeröder Bimmelbahn	163

Raum Göttingen und Solling	S. 134-136
Die Blankschmiede in Dassel	134
Die Wilhelm-Busch-Mühle in Ebergötzen	135
Schmetterlingspark Uslar	136

Der Harz	S. 137-140
Freizeitbad Vitamar in Bad Lauterberg	137
Die Harzer Schmalspurbahnen	138
Niedersächsisches Bergbaumuseum in Lautenthal	139
Freizeitpark in Sieber	140

Anhalt-Wittenberg	S. 164-168
Theater für Kinder in Dessau	164
Schiffahrt mit der MS "Klabautermann", Aken	165
Tierpark Dessau	166
Museum für Naturkunde und Vorgeschichte in Dessau	167
Erlebnisbad BASSO in der Dübener Heide	168

Bremen und Umgebung	**S. 141-145**
Schülertheater "MOKS" im Brauhaus	141
Überseemuseum Bremen	142
Hafenrundfahrten Bremen	143
Schiffstour von Vegesack nach Worpswede	144
Tiergarten Ludwigslust in Osterholz-Scharmbeck	145

Halle und Umgebung	S. 169-173
Schwimmbad auf der Salinenhalbinsel/Halle	169
Fahrgastschiffahrt Halle	170
Zoo Halle	171
Schmalspurbahn Peißnitzexpress, Peißnitzinsel	172
Raumflugplanetarium Halle	173

Brandenburg und Berlin	S. 175-199	Nordrhein-Westfalen	S. 201-259

Karte Brandenburg und Berlin S. 176
Inhalt Brandenburg und Berlin S. 177

Karte Nordrhein-Westfalen S. 202-203
Inhalt Nordrhein-Westfalen S. 204-205

Nördliches Brandenburg S. 178-181

Kahnpartie am Tietzowsee
bei Zechlinerhütte 178
Mit der "Möwe" auf dem Lychensee 179
Ponyhof Prill in Gülitz 180
Storchendorf Rühstädt 181

Östliches Brandenburg S. 182-186

Ponyreiterhof Schulz
in Berkenbrück 182
Museumspark Rüdersdorf 183
Schiffshebewerk Niederfinow 184
Besuch der
Fischerei Köllnitz in Groß Schauen 185
Straßenbahn-Nostalgie
in Woltersdorf 186

Havelland und Fläming S. 187-190

Fahrten mit der
MS "Sonnenschein" in Rathenow 187
Erholungszentrum Wolzensee
bei Rathenow 188
Der Fit Point in Premnitz 189
Pferdehof Nitschke
in Niederwerbig 189
Babelsberg Studiotour 190

Spreewald-Niederlausitz S. 191-194

Kahnpartie in Lübbenau 191
Kahnpartie auf der Spree bei Burg 192
Ponyreiten auf
dem Reiterhof Herms in Mochow 193
Tierpark Cottbus 194

Berlin S. 195-199

Spreepark Berlin 195
Zoo Berlin
und Tierpark Friedrichsfelde 196
"Telux"-Abenteuerspielplatz
im Wedding 197
"blub" Freizeitparadies Berlin 197
Kinderbauernhöfe in Berlin 198
Britzer Garten in Berlin 199

Mühlenkreis
Minden-Lübbecke S. 206-210

Mahl- und Backtage an
der Westfälischen Mühlenstraße 206
Schiffsfahrten auf der Weser 207
Museumseisenbahn Minden 208
Besucherbergwerk Kleinenbremen 209
potts park in Minden-Dützen 210

Das Münsterland S. 211-214

Natur-Solebad Werne 211
Kanutouren auf der Ems 212
Freizeitpark Ketteler Hof 212
Sommerrodelbahn Ibbenbüren 213
Die Wildpferde
vom Merfelder Bruch 214

Der Teutoburger Wald S. 215-218

Westfälisches Freilichtmuseum
in Detmold 215
Die Externsteine Detmold 216
Nadermanns Tierpark
in Delbrück-Schöning 217
Flora Westfalica in
Rheda-Wiedenbrück 217
Hollywood-Park Stukenbrock 218

Der Niederrhein S. 219-222

Traktorenmuseum Sonsbeck 219
Rundfahrt im Duisburger Hafen 220
Das Nibelungenbad in Xanten 221
Zoo Krefeld 222

Westliches Ruhrgebiet S. 223-228

Die Sternwarte Bochum 223
Warner Bros. Movie World 224
Der Maximilianpark in Hamm 225
Revierpark Wischlingen 226
Der Grugapark in Essen 227
Tierpark Dortmund 228

Das Sauerland	S. 229-233	Siegerland und Wittgensteiner Land	S. 256-259

Wildwald Umwelt-
und Naturschule Vosswinkel 229
Bob- und Rodelbahn Winterberg 230
Besucherbergwerk Ramsbeck 231
Abenteuerland Fort Fun
in Bestwig-Wasserfall 232
Panoramapark Sauerland
in Kirchhundem 233

Schaubergwerk "Stahlberger
Erbstollen" in Holchenbach-Müsen 256
Freizeitpark Netphen 257
Südwestfälische
Freilichtbühne Freudenberg 258
Ponyreiten in Berghausen 259

Paderborner Land S. 234-237

Hessen   S. 261-312

Kanutour auf der Lippe 234
Der Marienhof Marks in Bentfeld 235
Westfalen Therme
in Bad Lippspringe 236
Die Desenburg bei Warburg 237

Karte Hessen S. 262
Inhalt Hessen S. 263

Weser, Diemel, Fulda S. 264-267

Die Sababurg bei Hofgeismar 264
Der Museumszug "Hessen-Courrier" 265
Die Kurhessen Therme in Kassel 266
Die Ponderosa in Bad Emstal 266
Der Schloßpark Wilhelmshöhe 267

Die Nordeifel S. 238-241

Die Bobbahn in Monschau 238
Wildgehege Hellenthal 239
Rheinisches
Freilichtmuseum Kommern 240
Das Eifelbad in Bad Münstereifel 241
Römische Glashütte
Bad Münstereifel 241

Werra-Meißner-Land S. 268-271

Wildpark in Meißner-Germerode 268
"Grube Gustav"/Meißner-Abterode 269
Erlebnispark Ziegenhagen 270
Kanu-Fahrten auf der Werra bei
Witzenhausen 271
Mineralwasser-Hallenbad in
Witzenhausen 271

Köln S. 242-246

Das Schokoladen-Museum in Köln 242
Phantasialand bei Brühl 243
Aqualand in Köln 244
Rheinseilbahn
und Kleinbahn im Rheinpark 245
Der Zoo Köln 246

Waldecker Land/Ederbergland S. 272-276

Heloponte-Bad in Bad Wildungen 272
Mit dem Schiff auf dem Edersee 273
Wild- und Freizeitpark Willingen 274
Der "Bauernhof zum
Anfassen" in Haina-Halgehausen 275
Besucherbergwerk
"Grube Christiane" in Adorf 276

Das Siebengebirge S. 247-250

Zoologisches Museum in Bonn 247
Ausflug auf den Drachenfels 248
Freizeitpark Rheinbach 249
Märchenwald Ruppichteroth 249
Rheinschiffahrt bei Bonn 250

Kurhessisches Bergland S. 277-280

Der Wildpark Knüll 277
Ponyhof und Tierpark Rose 278
Besucherstollen des Nordhessischen
Braunkohle Bergbaumuseums 279
Märchenmühle Beiseförth 280

Bergisches Land S. 251-255

Die Schwebebahn in Wuppertal 251
Das Neandertalmuseum
bei Erkrath 252
Der Zoo Wuppertal 253
Tropfsteinhöhle in Wiehl 254
Aquazoo Düsseldorf 255

Waldhessen S. 281-284

Korbflechter von Sterkelshausen 281
Das Eisenbahnmuseum in Bebra 282

Der Salzberger Erlebnispark	283	Frankfurt und Umgebung	S. 306-309
Badepark Ronshausen	284		
		Naturmuseum Senckenberg	306
Marburger Land	S. 285-288	Der Frankfurter Flughafen	307
		"Kleine Kreuzfahrt" auf dem Main	308
Das Wildgehege in		Zoologischer Garten in Frankfurt	309
Dautphetal-Hommertshausen	285		
Das Kindheits- und		Odenwald	
Schulmuseum in Marburg	286	mit Raum Darmstadt	S. 310-313
Freizeitzentrum Sackpfeife			
mit Sommerrodelbahn	287	Das Odenwald Hallenbad	310
Das "Nautilust"-Freizeitbad		Bergtierpark in Fürth-Erlenbach	311
in Gladenbach	288	Freizeitzentrum am Steinbrücker	
		Teich/Darmstadt	312
Lahn-Dill mit			
Weilburg/Limburg	S. 289-293	**Thüringen**	**S. 313-328**
Freizeittherme Aßlar	289		
Schloß Braunfels mit Tiergarten	290	Karte Thüringen	S. 314-315
Besucherbergwerk "Grube Fortuna"	291	Inhalt Thüringen	S. 315
Kanufahrten			
auf der Lahn bei Weilburg	292	Nordthüringen	S. 316
Vogelpark in Herborn-Uckersdorf	293	Bootsverleih am	
		Schwanenteich	
Vogelsberg-Wetterau	S. 294-297	in Mühlhausen	316
Freizeitbad "Die Welle"			
in Lauterbach	294	Erfurt und Umgebung	S. 317-320
Freitzeitpark			
Schlitzerländer Tierfreiheit	295	Puppentheater Erfurt	317
Museumseisenbahn Bad Nauheim	296	ega Erfurt	318
Die Stadtbefestigung Herbstein	297	Deutsches Bienenmuseum	
		in Weimar	318
		Eissportkomplex Süd Erfurt	319
Rhön mit Fulda	S. 298-301	Thüringer Zoopark Erfurt	320
Der Wildpark Gersfeld	298		
Das Kindermuseum in Fulda	299	Thüringer Wald	S. 321-323
Sommerrodelbahn Wasserkuppe	300	Dorftheater "Friedrich Schiller"	
Rhön-Therme in Fulda-Künzell	301	in Bauerbach	321
Pony-Reiten bei Willi Weber	301	Sandstein- und	
		Märchenhöhle Walldorf	322
Rheingau-Taunus		Tierpark Suhl	323
mit Wiesbaden	S. 302-305		
		Ostthüringen/Raum Gera	S. 324-328
Der Opel-Zoo zwischen			
Königstein und Kronberg	302	Tierpark Gera	324
Freilichtmuseum Hessenpark	303	Botanischer Garten Jena	325
ESWE Freizeit-Hallenbad	304	Geraer Höhler	326
Taunus-Wunderland		Bühnen der Stadt Gera	327
in Schlangenbad	304	Reiterhof Collis	328
Freizeitpark Lochmühle			
bei Wehrheim	305		

Sachsen — S. 329-350

Karte Sachsen	S. 330-331
Inhalt Sachsen	S. 331

Leipzig und Umgebung	S. 332-333
Burg Düben	332
Kur- und Freizeitbad RIFF in Bad Lausick	333

Raum Dresden	S. 334-336
Unter Dampf von Radebeul nach Radeburg	334
Dampfschiffahrten auf der Elbe bei Dresden	335
Zoo Dresden	336
Zu Gast beim Geenich	336

Oberlausitz	S. 337-340
Bimmelbahn Zittau	337
Das Waldstrandbad in Großschönau	338
Querxenland Seifhennersdorf	339
Saurierpark Kleinwelka	340

Zwischen Chemnitz und Zwickau	S. 341-342
Gondelteich Schönfels	341
Tierpark Hirschfeld	342

Erzgebirge	S. 343-346
Schwimmhalle in Annaberg	343
Fahrt mit der Schmalspurbahn	344
Bergbaumuseum Oelsnitz	345
Sommerrodeln am Fichtelberg	346

Vogtland	S. 347-350
Parkeisenbahn Syratal bei Plauen	347
Klingenthaler Schauwerkstatt	348
Tiergehege Klingenthal	349
Die Drachenhöhle in Syrau	350

Rheinland-Pfalz und Saarland — S. 351-386

Karte Rheinland-Pfalz und Saarland	S. 352

Inhalt Rheinland-Pfalz und Saarland	S. 353

Südliche Eifel	S. 354-357
Der Wallende Born in Wallenborn	354
Hirsch- und Saupark Daun	355
Eifelpark Gondorf	355
Die Burgruinen von Manderscheid	356
Adler- und Wolfspark Kasselburg bei Pelm/Gerolstein	357

Koblenz und Umgebung	S. 358-361
Besuch der Burg Eltz bei Münstermaifeld	358
Rundfahrten auf Rhein und Mosel ab Koblenz	359
Freizeitbad Tauris in Mülheim-Kärlich	360
Burg Pyrmont/Roes	361

Der Westerwald	S. 362-364
Freizeitbad Hachenburg	362
Wild- und Freizeitpark Gackenbach	363
Garten der lebenden Schmetterlinge in Bendorf-Sayn	364
Floßfahrt auf dem Wiesensee bei Stahlhofen	364

Hunsrück-Naheland	S. 365-369
Der Barfußpfad in Sobernheim	365
Die Ruine Rheingrafenstein bei Bad Münster	366
Das Wildfreigehege Wildenburg, Kempfeld	367
Freizeitbad "Die Pyramide" Oberhambach	368
Die Edelsteinmine Steinkaulenberg in Idar-Oberstein	369

Rheinhessen	S. 370-372
Neues Römisches Museum für Antike Schiffahrt in Mainz	370
Das Gutenberg-Museum in Mainz	371
Rheinschiffahrt ab Bingen	372

Ludwigshafen und Umgebung	S. 373-376
Eisstadion Ludwigshafen	373

Der Friedrich-Ebert-Park und der Friedenspark in Ludwigshafen	374
Freizeitbad Salinarium in Bad Dürkheim	375
Wildpark Ludwigshafen	376

Der Pfälzerwald S. 377-381

Besucherbergwerk "Weiße Grube" bei Imsbach	377
Haflinger Gestüt Meiserhof in Trippstadt	378
Der Kurpfalz-Park in Wachenheim	379
Freizeitbad Azur in Miesenbach	380
Holiday Park in Haßloch	381

Das Saarland S. 382-386

Bergbaumuseum Bexbach	382
Die Cloef	383
Saar-Hochwald-Museumseisenbahn Merzig	384
Der Deutsch-Französische Garten in Saarbrücken	385
Wolfsfreigehege in Merzig	386

Baden-Württemberg S. 387-426

Karte Baden-Württemberg	S. 388
Inhalt Baden-Württemberg	S. 389

Mannheim S. 390-393

Nationaltheater Schnawwl	390
Luisenpark Mannheim	391
Landesmuseum für Technik und Arbeit in Mannheim	392
Planetarium Mannheim	393

Das Taubertal S. 394-396

Solymar in Bad Mergentheim	394
Kutschfahrten in Lauda-Königshofen	395
Haus des Kindes in Röttingen	395
Wildpark Bad Mergentheim	396

Kraichgau S. 397-400

Kinderranch in Bad Schönborn	397
Museum mechanischer Musikinstrumente Bruchsal	398
Erlebnispark Tripsdrill	399
Waldtierpark Bretten	400

Hohenlohe S. 401-403

Abenteuerspielplatz in Dörzbach-Laibach	401
Tierpark Öhringen	402
Schwabenpark Gmeinweiler	403

Karlsruhe und Umgebung S. 404-406

Schloßgarten Karlsruhe	404
Stadtgarten und Zoo Karlsruhe	405
Fahrgastschiff "Karlsruhe"	406

Stuttgart S. 407-410

Der Fernsehturm Stuttgart	407
Treffpunkt Kinder	408
Wilhelma Stuttgart	409
Planetarium Stuttgart	410

Nördlicher Schwarzwald S. 411-412

Europa-Park Rust	411
Haflinger-Ausritte in Lauterbad	412

Südlicher Schwarzwald S. 413-414

Historisches Silberbergwerk Teufelsgrund	413
Schwarzwald Park Löffingen	414
Laguna in Weil am Rhein	414
Museumsbahn Wutachtal	415

Schwäbische Alb S. 416-418

Der Märchenpfad Hechingen	416
Traumland Bärenhöhle	417
Die Dampfbahnen von Amstetten	418

Oberschwaben S. 419-421

Kutschfahrten in Frickingen	419
Die Waldsee-Therme	420
Schwabentherme Aulendorf	421

Bodensee S. 422-425

Die Erlebniswelt Sipplingen	422
Ausflugsschiffahrt auf dem Bodensee	423

Der Wild- und Freizeitpark Allensbach	424
Kinderführung durch das Konstanzer Theater	425
Blumeninsel Mainau	426

Bayern   S. 427-491

Karte Bayern	S. 428-429
Inhalt Bayern	S. 430-431
Bayrische Rhön	S. 432-434
Fränkisches Freilandmuseum Fladungen	432
Fahrt mit der Postkutsche in Bad Kissingen	433
Dampferle- und Bähnle-Fahrten in Bad Kissingen	434
Coburger Land	S. 435-436
Wildpark Schloß Tambach	435
Märchenpark Neustadt/Coburg	436
Der Spessart	S. 437-438
Dampfzug im Kahlgrund	437
Automuseum "Rosso Bianco Collection" in Aschaffenburg	438
Würzburg und Umgebung	S. 439-442
Erholungsanlage Eichen im Stadtwald Schweinfurt	439
Schiffsfahrten auf dem Main bei Würzburg	440
Nautiland in Würzburg	441
Theater Spielberg in Würzburg	441
Kinder- und Jugendfarm Würzburg	442
Der Steigerwald	S. 443-445
Spielzeugmuseum in Sugenheim	443
Geomaris in Gerolzhofen	444
Freizeit-Land Geiselwind	445
Fränkische Schweiz	S. 446-449
Das Original Bamberger Kasperle	446
Die Teufelshöhle bei Pottenstein	447
Fränkisches Wunderland in Plech/Oberfranken	448
Dampfbahn Fränkische Schweiz in Ebermannstadt	449

Wildgehege Hundshaupten/Egloffstein	449
Frankenwald und Fichtelgebirge	S. 450-453
Sommerrodelbahn und Seilbahnen am Ochsenkopf	450
Der Pony- und Reiterhof "Lucky-Stable-Ranch" in Mosbach/Kronach	451
HofBad	452
Deutsches Dampflokomotiv-Museum in Neuenmarkt	452
Besucherbergwerk Fichtelberg	453
Naturpark Frankenhöhe	S. 454-456
Fahrradmuseum Zumhaus in Zumhaus/Feuchtwangen	454
Bayerischer Jagdfalkenhof auf Schloß Schillingsfürst	455
Fränkisches Freilichtmuseum Bad Windsheim	456
Nürnberg und Frankenalb	S. 457-460
Freizeitbad Atlantis in Herzogenaurach	457
Erlebnispark Schloß Thurn in Heroldsbach	458
Tiergarten Nürnberg	459
Planetarium Nürnberg	460
Oberpfälzer Wald	S. 461-464
Reichhart-Schacht in Stulln	461
Oberpfälzer Freilandmuseum in Neusath	462
Sommerrodelbahn Reichenstein bei Stadlern/Schönsee	462
Reithof Georg Irlbacher in Moosbach	463
Thermenwelt Weiden/Oberpfalz	464
Altmühltal	S. 465-466
Personenschiffahrt Altmühltal	465
Sommerrodelbahn Pleinfeld	466
Bauernhofmuseum in Riedenburg-Echendorf	466

Bayerischer Wald — S. 467-469

Freizeitzentrum Hoher Bogen in Neukirchen beim Hl. Blut	467
Hirschpark Buchet	468
Donau-Schiffahrt Passau	469
Museumsdorf Bayerischer Wald am Dreiburgensee/Tittling	469
Churpfalzpark Loifling	470

Südliches Niederbayern — S. 471-472

Tiergarten Straubing	471
Der Bayern-Park in Fellach bei Reisach	472

Augsburg und Umgebung — S. 473-476

Planetarium Augsburg	473
Fred Rai Western-City in Dasing	474
Zoo Augsburg	475
Königstherme in Königsbrunn	476

Das Allgäu — S. 477-480

Hallen- und Stadtbad Kempten	477
Freizeitpark Illerparadies in Lauben/Allgäu	478
Starzlachklamm bei Sonthofen	479
Ponyreiten auf dem Hofgut Kürnach	480
Schönegger Käse Alm Sellthüm	480

Fünfseenland und Werdenfelser Land — S. 481-483

Eine Starnberger Seefahrt	481
Fahrt mit der Zugspitzbahn ab Garmisch-Partenkirchen	482
Wasserpark Starnberg	483
Schiffahrt Ammersee	483

München und Umgebung — S. 484-488

BavariaFilmTour Geiselgasteig/München	484
Tierpark Hellabrunn in München	485
Kinderkino Olympiadorf in München	486
Der Münchner Westpark	487
Deutsches Museum in München	488

Berchtesgaden und Chiemgau — S. 489-491

Kindertheater in der Stadthalle Rosenheim	489
Salzbergwerk Berchtesgaden	490
Märchen-Familienpark Ruhpolding	491

Register — S. 492-496

Heide-Park Soltau, Norddeutschlands größter Freizeit- und Familien-Park, siehe Seite 115

Der Familien-Erlebnispark Ziegenhagen bietet für jede Altersgruppe Spaß, siehe Seite 270

Das Wasserspringboot „Aquajet" im Familien-Erlebnispark Ziegenhagen, siehe Seite 270

Die herausragende Anlage im Tiergarten Straubing ist das Aquarium für Donaufische mit mehr als 40 Arten der Donau und der Darstellung des Flußlaufs, siehe Seite 471

Die Tolk-Schau in Tolk, an der B 201 in Richtung Kappeln, siehe Seite 27

Wildpark Lüneburger Heide, Hanstedt-Nindorf, nahe der A7, siehe Seite 116

Der Freizeit- und Erlebnispark „Loifling" im Bayerischen Wald, siehe Seite 470

Der Treffpunkt für Tierliebhaber: Zoo „Arche Noah" in Braunschweig und Tierpark Essehof (Foto oben), siehe Seite 133

Die Kinder-Akademie Fulda hat ein „Begehbares Herz", siehe S. 299 (Foto: W. M. Rammler)

Im Kur- und Freizeitbad RIFF in Bad Lausick kann man meeehr erleben..., siehe Seite 333

Phantasialand bei Brühl: „Colorado Adventure – The Michael Jackson Thrill Ride." Eine rasante Fahrt durch tiefe Schluchten der Colorado Mountains, siehe Seite 243

„Haus des Kindes", Röttingen, Erlebnisspielplatz, siehe Seite 413

Nachwuchs im Zoo Arche Noah in Grömitz, siehe Seite 47

Holiday Park, Haßloch, der „Feuersprung", siehe Seite 381

Das Traumland auf der Bärenhöhle, siehe Seite 417

Der Panorama-Park Sauerland begeistert Jung und Alt, siehe Seite 233

VITAMAR-Hallenwellenbad Bad Lauterberg, das größte Freizeit- und Erlebnisbad im Harz, siehe Seite 137

Der Bayern-Park in Fellbach lockt mit vielen Attraktionen, siehe Seite 472

Der Bayern-Park in Fellbach lockt mit vielen Attraktionen, siehe Seite 472

Das Neanderthalmuseum in Mettmann, siehe Seite 252
(Fotos: © Reisch/Neanderthalmuseum 1996, © Creutz/Neanderthalmuseum, 1996)

Das Otter-Zentrum Hankelsbüttel und sein Restaurant im Otter-Zentrum, siehe Seite 113

Wild- und Freizeitpark Ettelsberg im sauerländischen Willingen. Für aktive Freizeit, Spiel und Spaß, siehe Seite 274

BABELSBER STUDIOTOUR, Potsdam, siehe Seite 190

Spreepark – Berlins Freizeit- und Erlebnispark in Berlin-Treptow, siehe Seite 195

Ein guter Begleiter für die Anreise zu Ihrem Freizeitpark

Alle Autokennzeichen und woher sie kommen

Der Bestseller für unterwegs für nur 6,90

Das Rätselraten auf Deutschlands Straßen hat endlich ein Ende. Das Große Autokennzeichenbuch beantwortet Ihre Fragen und gibt tolle Hintergrundinfos zu den jeweiligen Kennzeichen.

Ein handliches Buch, das in keinem Handschuhfach fehlen sollte und auch lange Fahrten mit Kindern amüsanter macht!

UNTERWEGS VERLAG
Dr.-Andler-Straße 28
78224 Singen (Htwl.)
Tel. 0 77 31 / 6 35 44
Fax 0 77 31 / 6 24 01
eMail:
uv@unterwegs.com

Das Große Autokennzeichen-Buch
ISBN 3-86112-053-4, Preis: 6,90 DM

| Schleswig-Holstein | S. 17-52 |
| Hamburg | S. 53-57 |

Schleswig-Holstein und Hamburg

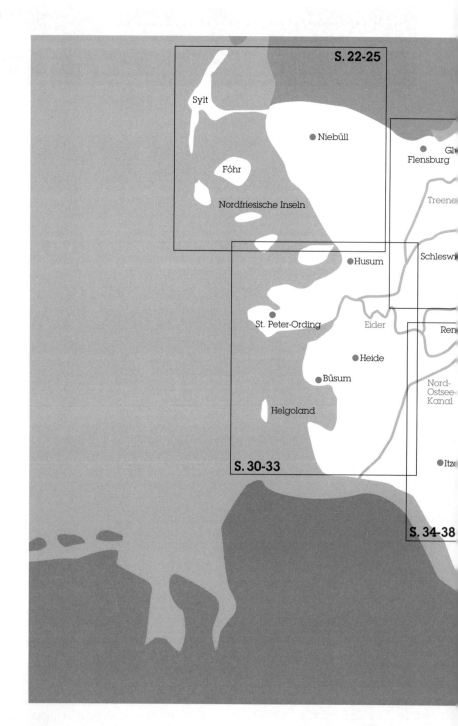

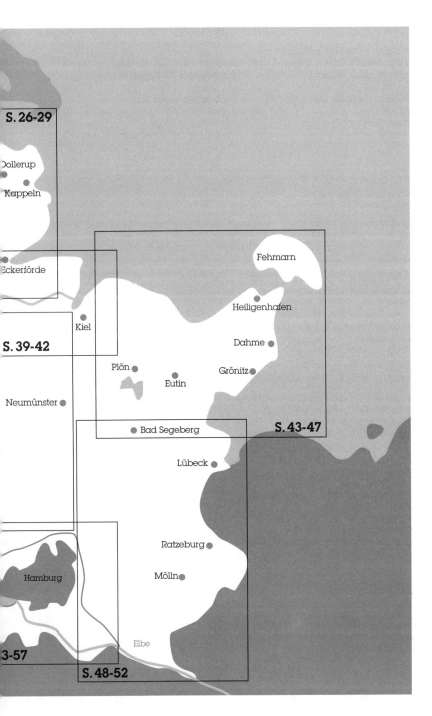

Schleswig-Holstein und Hamburg

Nordfriesland S. 22-25
Kutschfahrt auf die Hallig Südfall 22
Wattwanderung mit Boy Boysen 23
Freizeitbad Sylter Welle
in Westerland 24
Ausflüge in die Halligwelt ab Hafen
Schlüttsiel 25
Zugfahrt nach Sylt über den
Hindenburgdamm 25

Angeln und Schwansen -
von Flensburg nach Schleswig S. 26-29
Schwimmhalle Schleswig 26
Die Tolk-Schau 27
Das Wikinger Museum Haithabu 28
Schiffsfahrten auf der Schlei 29

Dithmarschen und Eiderstedt S. 30-33
Das Wellenbad in St. Peter Ording 30
"Land-und-Leute"-Freizeitpark in
Oesterwurth 31
"Kuddels Kuschfahrt" in Warwerort 32
Von Büsum hinaus aufs Meer 33
Westküstenpark in St. Peter Ording 33

Zwischen Rendsburg
und Itzehoe S. 34-38
Kutschfahrten an den Kanal 34
Fahrten auf dem Nord-Ostsee-Kanal 35
Haustier-Schutzpark Warder 36
Fahrradverleih Rendsburg 37
Der TierPark Neumünster 38

Kiel und Umgebung S. 39-42
Eine Bootsfahrt auf der Schwentine 39
Schleswig-Holsteinisches
Freilichtmuseum 40
Der TierPark Gettorf 41
Strandbad und Schwimmhalle im
Olympiazentrum Schilksee 42

Holsteinische Schweiz
und Fehmarn S. 43-47
Die Fähre Puttgarden-Rødby 43
Der Eselhof in Nessendorf 44
Bade-Paradies Weißenhäuser Strand 45
Der HANSA-PARK Sierksdorf 46
Zoo Arche Noah in Grömitz 47

Lübeck und
die Lauenburgische Seenplatte S. 48-52
Schiffstour auf dem Ratzeburger See 48
Das Museum für Puppentheater
in Lübeck 49
Erlebnisbad "Aqua Top"
in Travemünde 50
Der Wildpark Mölln 51
Vogelpark in Timmendorfer Strand 52

Hansestadt Hamburg S. 53-57

Garten der Schmetterlinge im Sachsenwald	53
Hafen Hamburg	54
Planten und Blomen	55
Tierpark Hagenbeck	56
Hirschpark über der Elbe	57

Schleswig-Holstein und Hamburg

Nordfriesland

Zweimal brandeten in diesem Jahrtausend gewaltige Sturmfluten heran – 1362 und 1634 –, und beide Male biß sich das Meer tief ins Land hinein. Auch in unseren Zeiten wird das wilde Meer nicht müde, immer wieder Stückchen von den Inseln wie Sylt und Amrum abzuknapsen; die Urgewalt des Wassers hält die Menschen auf Trab. Ebbe und Flut sind der

Pulsschlag dieses Landes. Der bei Niedrigwasser blank liegende, blauschwarz glänzende Wattboden ist ein quicklebendiger Lebensraum, in dem es nur so wimmelt — wenn man sich vorher gut über die Gezeiten informiert, dann ist eine Wattwanderung ein faszinierendes Erlebnis ■

Kutschfahrt auf die Hallig Südfall

Die Hallig ist auf der Karte nur ein Klecks mit grüner Schraffur – und in natura gibt es hier tatsächlich nicht viel mehr als eine Vogelwarte. Die Kutschfahrt dauert hin und zurück jeweils rund eine Stunde, auf der Insel bleibt man ebenfalls eine Stunde. Dort wird man kundig geführt, muß aber zuhören können: Die Fahrt ist also keinesfalls für Kinder unter sechs Jahren geeignet ■

Adresse und Anfahrt: Genaue Auskünfte bekommt man von Herrn Andresen, Tel. 04842/300. Die Fahrt geht ab Fuhlehörn, das zu Strucklahnungshörn auf der Halbinsel Nordstrand nördlich von Husum gehört.
Fahrzeiten: nach Absprache
Saison: ab 1. Mai bis Anfang Oktober
Kosten: Erwachsene 16 Mark, Kinder 10 Mark
Verpflegung: Butterbrote mitnehmen, in Fuhlehörn gibt es einen Imbiß ■

Jan Feb Mär Apr **Mai Jun Jul Aug Sep Okt** Nov Dez

Nordfriesland

Wattwanderung mit Boy Boysen

Jedes Jahr läuft der Wattführer Boy Boysen über tausend Kilometer durchs Watt. Er kennt es inzwischen wie seine eigene Westentasche.

Davon profitieren natürlich die großen und kleinen Gäste

seiner rund 180 Führungen während einer Saison. Auch für Familien gibt es Ausflüge, die vom Wattführer maßgeschneidert werden: Vom Ein-Stunden-Ausflug bis zur Hallig-Tagestour mit Bootsfahrt und Wanderung ist alles möglich.

Bei den Exkursionen zeigt Boy Boysen, wieviel Leben im Wattboden ist. Die kleinen Wattforscher können hübsche Muscheln sammeln, Krabben beobachten und manchmal auch Plattfische mit der Hand aus den Prielen fangen. Mit Boy Boysen wird es nicht so schnell langweilig! Bei gutem Wetter nutzen die Wattwanderer eine vorgelagerte Sandbank als Pausenstrand.

Ein Anruf genügt, um eine individuelle Route für Familien mit Kindern ab etwa vier Jahren zu planen ∎

Adresse und Anfahrt: Boy Boysen, W. N. Koog 6, Klanxbüll, Tel. 04668/9200-0. Der Treffpunkt für die jeweilige Wanderung wird telefonisch abgesprochen.
Zeiten: nach Absprache, von Ebbe und Flut abhängig
Saison: wetterabhängig, meist von Mitte April bis Ende Oktober
Kosten: nach Absprache
Verpflegung: Picknick ∎

Jan Feb Mär Apr Mai Jun Jul Aug Sep Okt Nov Dez

Schleswig-Holstein

Freizeitbad Sylter Welle in Westerland

Sommer wie Winter ist das nagelneue Freizeitbad in Westerland auf Sylt geöffnet. Das raffiniert in die Dünenlandschaft integrierte Bad offeriert Badewütigen neben dem üblichen Schwimmbecken eine ganze Menge von Wasserspaß-Details. Mit 450 qm bildet das Wellenbecken, gefüllt mit gefil-

tertem Nordsee-Salzwasser, das Herzstück des Heilbades. Die Massagebecken (33°C) sorgen für Stimulanz und wohltuende Entspannung. Auf der Wasserrutsche können sich groß und klein dann 45 Meter lang austoben. Für die Kleinsten gibt es zudem eine Kinderlandschaft mit Planschbecken, aus dem sich ein Leuchtturm erhebt, einem Spieldeck und einer Wärmebank. Sogar ein extra Kinder-WC ist für die Nachwuchsgäste vorhanden. In der unterschiedlich temperierten Saunalandschaft kann man sich zu guter Letzt noch ausgiebig gesundschwitzen. Nach dem Badevergnügen kann man einen kleinen Strandspaziergang machen oder durch Westerland bummeln ∎

Adresse und Anfahrt: Sylter Welle an der Strandpromenade Westerland/Sylt, Auskunft Tel. 04651/998-0. Wer nach Sylt kommt, und das geht nur mit der Fähre über List oder per Bahn und Autozug über den Hindenburgdamm, der findet Westerland in der Mitte der Insel. Im Ort ist das Bad ausgeschildert.
Öffnungszeiten: 10 bis 22 Uhr
Saison: ganzjährig
Eintritt: gestaffelt, Erwachsene ab 17 Mark (2 Stunden), Jugendliche 8,50 Mark
Verpflegung: im Bistro, das den Badenden und auch Passanten zugänglich ist ∎

Jan Feb Mär Apr Mai Jun Jul Aug Sep Okt Nov Dez

 Nordfriesland

Ausflüge in die Halligwelt

Ab Hafen Schlüttsiel steht die Welt der Halligen offen! So werden z.B. die Kleininseln Gröde, Langeneß und Hooge von Ausflugsschiffen angesteuert. Die Fahrt führt durch die einmalig schöne Watt- und Inselwelt. Es werden Fahrten mit Aufenthalt auf den Halligen und auch kürzere Rundfahrten angeboten. Der "Renner" sind Fahrten zu den Seehundbänken und die Krabbenfangfahrten. Die Krabben werden an Bord gekocht, dann wird das "Pulen" gelernt. Liegt ein Stück Bernstein im Netz, darf der Finder es behalten. Bei Fahrten zu der Hallig Gröde bekommt man eine wirklich weltabgeschiedene kleine Insel zu Gesicht ∎

Adresse und Anfahrt: Fahrten zu den Halligen organisieren z.B. Kapitän Bernd Diedrichsen (Husum), Tel. 04841/81481 und die Wyker Dampfschiffahrtsreederei, Tel. 04681/800. Weitere Anbieter vermittelt das Fremdenverkehrsamt in Dagebüll, Tel. 04667/353. Den Hafen Schlüttsiel erreicht man über die B 5 von Husum nach Niebüll, hinter Bredstedt geht es links ab nach Schlüttsiel und Dagebüll.
Alter: ab 4 Jahren, je länger die Fahrzeit, desto höher sollte das Alter sein.
Fahrzeiten: telefonisch erfragen oder Fahrplan anfordern
Verpflegung: Picknick an Bord möglich, Restauration ebenfalls an Bord ∎

Jan Feb **Mär Apr Mai Jun Jul Aug Sep Okt** Nov Dez

Zugfahrt nach Sylt

Die Fahrt über den Hindenburgdamm kann bei Flut zu einem spektakulären Ereignis werden: Rechts und links der Schienen gibt's nur Wind, Wellen und das Meer. Nach der knapp halbstündigen Fahrt zum Bahnhof in Westerland geht es an den Strand, bei schlechtem Wetter in die "Sylter Welle", und zum Bummel über die Strandpromenade. Entdecken Sie die Insel mit dem eigenen Kfz! Die Überfahrten mit dem Autozug Sylt beginnen in Niebüll und enden direkt in Westerland/Sylt. Der Fahrpreis für einen Pkw beträgt für die Hin- und Rückfahrt 131,– DM. ∎

Adresse und Anfahrt: Bahnhof Klanxbüll, Tel. 04668/336. Klanxbüll liegt rund 15 Kilometer von Niebüll in nordwestlicher Richtung entfernt
Fahrzeiten: Personen- und Autozüge verkehren stündlich, genaue Fahrzeiten an allen Schaltern der Bundesbahn und per telefonischer Auskunft
Preise: Erwachsene (Hin- u. Rückfahrt) 14,– DM, Kinder von 4 - 11 Jahren 3,50 DM
Verpflegung: In Westerland gibt es vom Imbiß bis zum teuren Restaurant alles ∎

Jan Feb Mär Apr Mai Jun Jul Aug Sep Okt Nov Dez

Schleswig-Holstein

Angeln und Schwansen

Auf der Fahrt durch das hügelige, fruchtbare Land bekommt man den Eindruck, daß hier schon immer Bauern lebten. Daran wird sich auch im Laufe der nächsten Jahrhunderte nichts ändern. Doch ein Besuch im Wikinger-Museum von Haithabu belehrt eines Besseren: Der traumhaft-verschlafene

Landstrich war im Mittelalter Nordeuropas größtes Handelszentrum. Dorfnamen wie Husby, Twedtgrumby und Waabs verraten vieles über die Verbindung zu Dänemark, über Jahrhunderte war das Herzogtum Schleswig eng mit den Kopenhagener Monarchen verbunden. Die Schätze der Vergangenheit — alte romanische Dorfkirchen, Burgen und Schlösser — ziehen heute Touristen ins Land.
Doch das Schönste an Angeln und Schwansen ist die himmlische Landruhe ■

Schwimmhalle Schleswig

Sie nennt sich "das Familienbad", und es wird tatsächlich eine Menge geboten. Da gibt es zum Beispiel Schwimmkurse für Babys ab drei Monaten, Kurse für Eltern mit Kindern von ein bis vier Jahren, Kindergeburtstage mit Programm und jeden Freitag einen Kinderspielnachmittag mit der "Robinsoninsel" und dem "Ballgebirge". Sauna, Dampfbad und Solarium sind natürlich mehr etwas für gestreßte "Elternteile" ■

Adresse und Anfahrt: Schwimmhalle Schleswig, Friedrich-Ebert-Straße, Tel. 04621/801-67. Anfahrt ab Schloß Gottorf: Gottorfer Damm, links in die Flensburger Straße, sechste Abzweigung rechts auf die Schubystraße, die dritte Straße rechts ist die Friedrich-Ebert-Straße.
Alter: ab 3 Monaten
Öffnungszeiten: Der Plan ist etwas verzwickt, am besten, man erkundigt sich telefonisch.
Eintritt: Erwachsene 5,– Mark, Kinder 3,– Mark.
Verpflegung: Kiosk, Saftbar, Cafeteria ■

Jan Feb Mär Apr Mai Jun Jul Aug Sep Okt Nov Dez

Die Tolk-Schau

Mitten im Dreieck der lustigen Ortsnamen – Tolkschuby, Grumby und Schaalby liegt der kleine Ort Tolk mit einem 14 Hektar großen Freizeitpark.

Der Reiz des Parks liegt in seinen vielen Spielmöglichkeiten. Wer wasserscheu ist, sollte sich auf keinen Fall in die Wassergleitbahn "Nautic Jet" setzen – alle anderen schon! Relativ neu ist die große Parkbahn. Durch das Zwergenland führt eine Kanalfahrt.

Für Abenteurer sind die Seilbahn, die Pendelbahn und die Wackelfahrräder. Austoben können sich groß und klein auch auf der Familien-Achterbahn, der Berg- und Tal-Bahn und der neuen Trampolin-Großanlage. Geschwister, die sich nicht riechen können, arbeiten den Konflikt im Autoscooter auf. Wer meint, das Radeln die Wadeln stark macht, der trainiert in den Kettcars. Für die kleinen Naturwissenschaftler sind auch zahlreiche Schausammlungen eingerichtet,

unter anderem auch ein gläserner Bienenstock. Für Tierfreunde gibt es einen Hirschpark und ein Ziegengehege. Der gesamte Park ist in eine Teich- und Waldlandschaft eingebettet, die von Enten und anderem Wassergetier bewohnt wird ■

Adresse und Anfahrt: Tolk-Schau, Finkmoor 1, Tolk, Tel. 04622/188004. Von Schleswig fährt man auf der B 201 in Richtung Kappeln, nach rund sieben Kilometern biegt man links ab nach Tolk.
Öffnungszeiten: täglich 10 bis 18 Uhr
Saison: Vom 28. März bis zum 19. Oktober
Eintritt: Besucher ab 85 cm Größe zahlen 16 Mark, Hunde sind nicht erlaubt
Verpflegung: Picknick möglich, Grillplatz vorhanden, ebenso ein Kiosk und ein Selbstbedienungsrestaurant ■

Jan Feb **Mär Apr Mai Jun Jul Aug Sep Okt** Nov Dez

Das Wikinger Museum Haithabu

Während der Wikingerzeit war Haithabu einer der bedeutendsten Siedlungsplätze Nordeuropas, denn hier liefen wichtige Fernhandelswege zusammen. Das Museum liegt in unmittelbarer Nähe zur historischen Stätte und hat seinen Schwerpunkt in der Rekonstruktion des Alltagslebens der Wikinger.

Handwerk, Handel und die Stadtentwicklung von Haithabu nach Schleswig bilden weitere Schwerpunkte. Jedes Jahr kommen viele Familien, obwohl man auf den ersten Blick denken könnte, das alles sei nichts für Kinder. Weit gefehlt: In der Spielecke vergnügt sich bereits der Nachwuchs ab 3 Jahren, der dort im kleinen "Haithabu" spielt. Die etwas größeren Kinder sind von den Modell-Vitrinen fasziniert. Im Außenbereich darf im Einbaum-Nachbau gespielt werden. Anschließend an den Museumsbesuch bietet sich eine Rundwanderung um das Haddebyer Noor an, die bei kindgerechter Geschwindigkeit rund eine Stunde durch zauberhafte Landschaft führt ∎

Adresse und Anfahrt: Wikinger Museum Haithabu, Haddeby bei Schleswig, Tel. 04621/813-300, Fax: -535. Mit dem Auto ab Schleswig fünf Minuten Fahrt auf der B 76 in Richtung Eckernförde. Es gibt auch die stilechte Möglichkeit einer Anfahrt mit einem Boot ab dem Hafen Schleswig.
Öffnungszeiten: täglich von 9 bis 17 Uhr, November bis März täglich außer montags von 10 bis 16 Uhr
Eintritt: Erwachsene 4 Mark, Kinder 2 Mark, Familien 10 Mark
Verpflegung: Café und Restaurant im Museum, im Sommer Gartencafé, Picknick in der näheren Umgebung möglich ∎

Jan Feb Mär Apr Mai Jun Jul Aug Sep Okt Nov Dez

Schiffsfahrten auf der Schlei

Mit dem "Wappen von Schleswig" gibt es drei Möglichkeiten, in See zu stechen: Zunächst kann man eine dreistündige Rundfahrt über die Schlei buchen. Während der Fahrt lümmelt man sich bei gutem Wetter auf dem Sonnendeck herum und genießt den Ausblick auf die längste der Ostseeförden. Die Schlei-Bucht ist umrandet von lieblichen Hügel- und

Wiesenlandschaften, die nur selten von Waldstücken durchzogen werden. Langeweile kommt kaum auf. Ebenfalls dreistündig ist die fahrplanmäßige Fahrt nach Ulsnis und zurück. Man hat die Möglichkeit, nur bis Missunde zu fahren und dort einen rund einstündigen Aufenthalt zu genießen. Für Ausdauernde bietet sich die rund siebenstündige Fahrt von Schleswig bis Schleimünde an der Ostsee an. Der Aufenthalt dort dauert rund drei Stunden, genug Zeit also, um sich am Meer zu vergnügen. An Bord der Schiffe stehen im begrenzten Maße Gesellschaftsspiele zur Verfügung ∎

Adresse und Anfahrt: Schleischiffahrt A. Bischoff, Gottorfdamm 1, Schleswig, Tel. 04621/23319. Der Anleger findet sich direkt gegenüber von Schloß Gottorf (ausgeschildert) am Restaurant "Riva".
Fahrzeiten: telefonisch erfragen, Rundfahrten nur sonn- und feiertags, nach Fahrplan täglich außer dienstags und freitags
Saison: Rundfahrten 1. Mai bis 30. September, 20. Juni bis 4. Sept. nach Fahrplan
Rundfahrt: Erwachsene 12 Mark, Kinder von 4 bis 12 Jahren 6 Mark
Verpflegung: an Bord
Drumherum: Vom Anleger sind es 15 Minuten Fußweg zu den "Königswiesen", dort kann man grillen ∎

Jan Feb Mär Apr **Mai Jun Jul Aug Sep** Okt Nov Dez

Dithmarschen und Eiderstedt

Fährt man mit offenen Augen durchs Dithmarscher Land, dann fällt schon nach kurzer Zeit auf, daß es hier zwei Dinge im Überfluß gibt: Deiche und Schafe. Die lebendigen Mähmaschinen bevölkern zu Hunderten die langgezogenen Vor-

richtungen aus Erde, die aufgeschüttet wurden, um die Menschen vor der tückischen See zu schützen. Auf und hinter den Deichen kann man herrliche Spaziergänge unternehmen, umweht von gesunder Meeresluft. Die Wälder der Geest runden das idyllische Bild dieser Landschaft ab ∎

Das Wellenbad in St. Peter Ording

Das Wellenbad gehört zum Kurmittelhaus und ist das ganze Jahr über geöffnet. Die große Attraktion des Bades, der Name sagt es schon, sind die Wellen, die alle halbe Stunde für zehn Minuten heranbranden. Es gibt Schwimmer- und Nichtschwimmer-Bereiche. Ruhe findet man auf Liegen und in den Strandkörben. Das Salzwasser ist auf 28 Grad C temperiert, vor Kälte schnattern muß man also nicht. Noch gibt es kein Planschbecken für Kleinkinder (Stand 1/95), doch es ist bereits in Planung ∎

Adresse und Anfahrt: Wellenbad St. Peter Ording im Kurzentrum, Maarleens Knoll, St. Peter Ording/Ortsteil Bad, Tel. 04863/999-0. B 202 von Tönning nach St. Peter Ording, Ortsteil Bad und Kurzentrum sind ausgeschildert.
Öffnungszeiten: 9 bis 19 Uhr, im Sommer von 14 bis 19 Uhr
Eintritt: Erwachsene 9 Mark, Kinder 5 Mark, Ermäßigung mit Kurkarte
Verpflegung: Im Ortsteil Bad gibt es Eisdielen, Restaurants, Imbisse und Kioske.
Drumherum: 5 Minuten Fußweg entfernt liegt der Abenteuerspielplatz "Ponderosa", Spaziermöglichkeiten auf dem Deich und auf der langen Seebrücke. ∎

Jan Feb Mär Apr Mai Jun Jul Aug Sep Okt Nov Dez

Dithmarschen und Eiderstedt

"Land-und-Leute"-Freizeitpark

In diesem Freizeitpark an der schleswig-holsteinischen Westküste sind Erlebnispark, Tierpark und Museum erfolgreich vereint. Zunächst einmal kann man über Hof, Felder und Wiesen spazieren und dabei Landwirtschaft mal ganz aus der Nähe betrachten. Fragen zum Tierschutz, zur Tierhaltung, aber auch zum Fleischverzehr werden durch informative Anschauungstafeln oder vom Landwirt und seinen Helfern selbst beantwortet. Natürlich gibt es auf dem Bauernhof viele Tiere zum Streicheln, Kuscheln und Füttern. Hier kann auch die Geburt von Ferkeln und Lämmern beobachtet werden, Pfaue laufen frei durch den Park, und Ponys zum Reiten begeistern jedes Kind. Der Abenteuerspielplatz mit Kletterparadies, Elektroautos zum Selberfahren, Wasserspielen und Wackelrädern lädt anschließend zum Austoben ein. Für Unersättliche gibt es auch noch eine Modelleisenbahn ∎

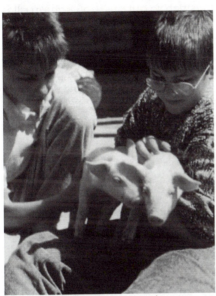

Adresse und Anfahrt: "Land und Leute", Oesterwurth, Tel. 04833/2929. Der Ort liegt östlich von Wesselburen an der Straße nach Tiebensee. Anreise per Bahn zu dem 500 m entfernten Bahnhof Jarrenwisch mit der Bahnlinie Heide–Büsum.
Öffnungszeiten: täglich von 10 bis 18 Uhr
Saison: Anfang April bis Ende Oktober
Eintritt: Erwachsene und Kinder ab 3 Jahren 8,– DM
Verpflegung: Picknick möglich, Grillplatz, Café und Restaurant vorhanden ∎

Jan Feb Mär Apr Mai Jun Jul Aug Sep Okt Nov Dez

Schleswig-Holstein

"Kuddels Kutschfahrt" in Warwerort

Kuddel sitzt vorne auf dem Bock, und wer mit ihm und seinen zwei Pferdestärken auf Entdeckungstour geht, der wird etwas erleben.

Die Kutsche wird stundenweise gemietet, bis zu fünf Personen können mitfahren. Kutscher Kuddel ist so flexibel und kennt sich in seinem Landstrich so gut aus, daß nahezu alles möglich ist, von der Bauernhofbesichtigung bis zur Fahrt ans Meer. Warwerort liegt nämlich dicht am Wattenmeer, und es gibt hier beileibe nicht nur Salzwasser zu sehen.

Wo es gefällt, da macht man halt für ein Picknick. Es ist schon spannend genug, dem Kutscher einfach so über die Schulter zu schauen: Wie steuert er eigentlich die Kutsche? Wichtig ist es, frühzeitig anzurufen, um einen Termin auszu-

machen. Scheint dann wider Erwarten die Sonne nicht, kann man das Ganze ohne Probleme verschieben – Kuddel ist eben kulant ∎

Adresse und Anfahrt: Karl-Heinz Hoffmann, Auf der Greth 27, Warwerort, Tel. 04834/6239. Der Ort liegt drei Kilometer östlich von Büsum direkt am Meer.
Fahrzeiten und Saison: von Frühling bis Herbst, wenn das Wetter schön ist, täglich
Kosten: Die Kutsche für 5 Personen kostet für eine Stunde 50 Mark.
Verpflegung: Picknick möglich, alles andere im nahen Büsum ∎

Jan Feb **Mär Apr Mai Jun Jul Aug Sep Okt** Nov Dez

 Dithmarschen und Eiderstedt

Von Büsum hinaus aufs Meer

Sind die Kinder eher quengelig veranlagt, dann probiert man es mit der einstündigen Nordsee-Rundfahrt. Topspannend ist die eindreiviertelstündige Fangfahrt mit dem Kutter MS "Hauke". Es wird zweimal für eine Viertelstunde gefischt und der Fang präsentiert.
Der "Blauort-Sand" ist ein Fundplatz für Seesterne. Bis zu drei Stunden dauern die Fahrten zu den Seehundbänken.
Wer auf diese Art sein "Nordsee-Diplom" gemacht hat, der kann es mit der ganztägigen Fahrt zur Insel Helgoland probieren ■

Adresse und Anfahrt: Reederei H.G. Rahder, Fischerkai 2, Büsum, Tel. 04834/1380. Der Schiffsanleger ist im nördlichen Hafenbecken zu finden und liegt gegenüber dem Leuchtturm. Büsum erreicht man über die B 203 ab Heide.
Fahrzeiten: erfragen Sie bitte telefonisch (s.o.)
Saison: Mitte März bis Ende Oktober
Preise: Für Erwachsene von 5 (kleine Rundfahrt) bis 44 Mark (Helgolandfahrt), Kinder 4 bis 30 Mark. Ermäßigung für Familien
Verpflegung: Picknick möglich, Restauration an Bord ■

Jan Feb **Mär Apr Mai Jun Jul Aug Sep Okt** Nov Dez

Der Westküstenpark in St. Peter Ording

Das Konzept des naturnah gestalteten Westküstenparks setzt sich deutlich von herkömmlichen Tierparks ab. Auf einem Rundwanderweg wird dem Besucher der Kultur- und Naturraum der Nordseeküste nahegebracht, Wild- und Haustiere bewohnen naturbelassene Gehege. Die großen Wasservogel-Volieren können nicht durchwandert und nur von außen angesehen werden. Kleinkinder können sich im Streichelzoo vergnügen. Die zauberhafte Wasserlandschaft des Parks wird auch von Wildtieren besiedelt, z.B. von Rothalstauchern und Rohrsängern ■

Adresse und Anfahrt: Westküstenpark, Wohldweg, St. Peter Ording, Tel 04863/3044. Im Ort ist der Park ausgeschildert.
Öffnungszeiten: 1. März –31. Okt. täglich 9–18 Uhr, ab dann nur an Wochenenden
Eintritt: Erwachsene 7.50 Mark, Kinder von 4 bis 14 Jahren 5 Mark
Verpflegung: Cafeteria im Park, im Ort vom Kiosk bis zum Restaurant ■

Jan Feb **Mär Apr Mai Jun Jul Aug Sep Okt Nov** Dez

Zwischen Rendsburg und Itzehoe

Das flache Land zwischen Geest und Marsch, im Westen flankiert vom Nord-Ostsee-Kanal, kommt touristisch etwas zu kurz, und das ganz zu Unrecht. Hier gibt es Wasser satt, Flüsse, Auen und Kanäle, und wo Wasser ist, da kann man auch etwas anstellen. Die tausendjährige Stadt Itzehoe und

die Kreisstadt Rendsburg grenzen das Gebiet von Norden und Süden ein. Immer einen Ausflug wert ist der Nord-Ostsee-Kanal, der 1995 seinen hundertjährigen Geburtstag feierte. Die großen Pötte schippern hier vorbei, ein toller Anblick, wenn man gerade am Ufer sitzt und picknickt! Ein Abenteuer ist es auch, mit einer der Fähren überzusetzen – wenn man mit dem Auto kommt, am Anleger parkt und retour fährt, ist das eine billige Kreuzfahrt, bei der keine Langeweile aufkommt ∎

Kutschfahrten an den Kanal

Familie Zutz spannt an, damit die Kutschgäste ausspannen können! Es sollten allerdings schon zehn Personen sein, die auf Fahrt gehen, es können auch zwei Familien auf eine Kutsche gesetzt werden. Auch die Tour ist Verhandlungssache. Es geht z. B. zur Schutzhütte an einer Flußbadestelle, dort kann man grillen, toben, planschen! Auf dem Hof gibt es einen Streichelzoo. Ponyreiten ist auch möglich ∎

Adresse und Anfahrt: Familie Zutz, Schulstraße 1, Haale, Tel. 04874/597. Haale liegt 20 Autominuten von Rendsburg entfernt, auf der B 77 geht's Richtung Süden nach Hohenwestedt, in Legan Richtung Embühren und weiter nach Haale.
Saison: während der warmen Monate
Kosten: nach Absprache, ab etwa 12 Mark pro Person aufwärts
Verpflegung: Picknick, Grillen, nach Absprache wird man auch mit Kaffee, Kuchen oder Kartoffelsalat mit Würstchen versorgt.
Drumherum: Die Fähre Breiholz über den Nord-Ostsee-Kanal liegt in der Nähe ∎

Jan Feb Mär **Apr Mai Jun Jul Aug Sep** Okt Nov Dez

Zwischen Rendsburg und Itzehoe

Fahrten auf dem Nord-Ostsee-Kanal

Die Kanalfahrten ab dem Obereiderhafen in Rendsburg können zu einer Tagestour ausarten, wenn man das möchte. So werden beispielsweise kombinierte Bahn-/Schiffs-Touren nach Kiel angeboten, die von 9.30 bis 15 Uhr dauern. Und wenn das auch eine spannende Sache ist, sollten die Kinder doch mindestens vier oder fünf Jahr alt sein, denn man ist schon eine ganze Weile unterwegs.

Auf der Fahrt werden solche Superlative wie die größte Schleuse der Welt angeschaut. Sie ist 300 Meter lang und 45 Meter breit, "dicke Pötte" bis 235 Meter Länge benutzen sie als "Aufzug". Das ist immer interessant für unsere kleinen Kapitäne. Die Chance, während des Ausflugs überhaupt kein Schiff zu Gesicht zu bekommen, ist denkbar gering, denn der Kanal gilt als die meistbefahrene Schiffahrtsstraße der Welt.
Über die weiteren Fahrmöglichkeiten erkundigt man sich telefonisch ∎

Adresse und Anfahrt: Reederei Hansa, Anlegestelle Obereiderhafen, telefonisch unter dem Flensburger Anschluß 0461/14500 zu erreichen. Der Obereiderhafen liegt mitten in der Innenstadt Rendsburgs.
Fahrzeiten: mittwochs bis samstags, 9.30 Uhr ab Obereiderhafen, Rückkunft 15.00 Uhr am Rendsburger Bahnhof
Saison: nach Wetterlage, meist ab Anfang Mai bis Ende September
Kosten: nachfragen, ab rund 25 Mark inkl. Bahnfahrt für Erwachsene, Kinder von 4 bis 12 Jahren 15 Mark
Verpflegung: Restaurant an Bord ∎

Jan Feb Mär Apr Mai Jun Jul Aug Sep Okt Nov Dez

Schleswig-Holstein

Haustier-Schutzpark Warder

Der Tierpark Warder ist ein ungewöhnlicher Tierpark: Nicht Giraffen, Löwen und Elefanten, sondern Haustiere warten auf Ihren Besuch – Haustiere, die so selten sind wie der sibirische Tiger! Kennen Sie Wollschweine, Riesenesel oder Fettsteißschafe? Oder die weißen Parkrinder aus England, von denen es weltweit nur noch 400 Tiere gibt? Der Tierpark Warder hat es sich zur Aufgabe gemacht, diese und weitere alte und vom Aussterben bedrohte Haustierrassen aus ganz Europa zu bewahren, zu züchten und in ihrer ganzen Vielfalt zu zeigen. Auf Spazierwegen über 40 ha Wiesen und Weiden und in unserem großen Tierschauhaus können Sie bei jedem Wetter und rund ums Jahr unsere 1100 Tiere aus 150 Rassen kennenlernen. Der Streichelhof und die Möglichkeit, alle Tiere zu füttern, machen besonders den kleinen Besuchern viel Spaß und bieten den direkten Kontakt zum Tier. Spielplatz, Ponyreiten und Treckerkutschenfahrten am Wochenende sind weitere Attraktionen. Das Haus für Natur und Umwelt, der angrenzende Naturerlebnisraum, wechselnde Ausstellungen und Sonderveranstaltungen runden das Angebot ab ■

Adresse und Anfahrt: Haustier-Schutzpark Warder, Langwedeler Weg 11, 24646 Warder, Tel. 04329/1280. Warder liegt an der A7 Hamburg–Flensburg, Abfahrt Warder.
Öffnungszeiten: täglich von 9 bis 18 Uhr
Saison: ganzjährig
Eintritt: Kinder 4,– DM, Erwachsene 7,50 DM, spezielle Gruppenangebote
Verpflegung: Imbiß, Café, Restaurant, Picknick, Grillplatz ■

Jan Feb Mär Apr Mai Jun Jul Aug Sep Okt Nov Dez

Zwischen Rendsburg und Itzehoe

Fahrradverleih Rendsburg

Vom Bahnhof in Rendsburg startet man, dann geht es, wohin man eben will. Es empfehlen sich Touren an die Eider, an die Lotsenstation des Kanals und in das schöne grüne Umland.
Der Fahrradverleih ist eine Einrichtung der RAB g GmbH. Es wird hier ein Service geboten, den man anderswo lange suchen muß.

Von der RAB g GmbH wurde des weiteren auch ein Führer erarbeitet, mit netten Touren von acht bis 30 Kilometern.
Es ist also sicherlich für jeden Geschmack und jede Kondition etwas dabei.
Leihen kann man sich Fahrräder mit 3-Gang-Schaltung, Kindersitze, Kartenhalter und weitere Ausrüstungsgegenstände, die die große und die kleine Tour erleichtern.
Und natürlich sind auch einige Kinderfahrräder verfügbar. Um sicherzugehen, daß diese nicht gerade entliehen sind, sollte man vorher besser anrufen! Der große Clou sind die Tandems und das Family-Bike, damit können die Eltern beweisen, daß sie ein tolles Team sind.
Also, rauf aufs Radel — Vergnügen und Wadentraining steht nichts mehr im Wege ∎

Adresse und Anfahrt: Der Fahrradverleih, Tel. 04331/55835, liegt am Bahnhof in Rendsburg, der innerorts ausgeschildert ist.
Öffnungszeiten: Montag bis Freitag 5 bis 19 Uhr, Samstag 9 bis 17 Uhr, in den Monaten April bis September auch sonntags von 10 bis 17 Uhr
Saison: ganzjährig
Kosten: Leihgebühr pro Rad und Tag 8,50 DM
Verpflegung: Service auf Voranmeldung ∎

Jan Feb Mär Apr Mai Jun Jul Aug Sep Okt Nov Dez

Schleswig-Holstein

Zwischen Rendsburg und Itzehoe

Der TierPark Neumünster

Wappentier des TierParks Neumünster ist der Elch im Galopp, wie man ihn von den Straßenschildern des letzten Skandinavienurlaubs kennt. Doch der Elch ist nicht nur Symbol, sondern auch Bewohner des Parks.

Der große Schaufler erweist sich den begeisterten Zuschauern, von nahem betrachtet, als ein ziemlich freundlicher Wald- und Moorbewohner. In der großzügigen Parkanlage findet nicht nur der Elch ein ansprechendes, artgerechtes Zuhause, auch die schelmischen Waschbären, der Dammarchitekt Biber und die zierliche Mandarinente sind den Eintritt wert.

Schaurig schön wird's, wenn das Wolfsrudel einige seiner populären Gesänge zum besten gibt, und Freunde der Meeresfauna kommen bei den Seehunden auf ihre Kosten. Zweimal täglich gibt's bei Familie Seehund Hering. Alle Besucher sind zum Zuschauen eingeladen.

Große Attraktion sind wie immer die kleinen Tiere, die jungen Besucher finden natürlich den Streichelzoo besonders toll, denn dort können sie den lieben Viechern richtig auf die Pelle rücken.

Der riesige Spielplatz ist ein weiterer Grund, den TierPark nicht links liegenzulassen ■

Adresse und Anfahrt: TierPark Neumünster, Geerdtsstraße 100, Neumünster, Tel. 04321/51402. A7 Hamburg-Flensburg, Abfahrt Neumünster Mitte. Liegt im nordwestlichen Stadtbereich, ist im Stadtgebiet ausgeschildert.
Öffnungszeiten: 9 bis 18 Uhr, im Winter bis 17 Uhr
Saison: ganzjährig
Eintritt: Erwachsene 7,– Mark, Kinder 4,– Mark
Verpflegung: Es gibt eine Gaststätte, im Sommer auch einen Imbiß. Picknick möglich ■

Jan Feb Mär Apr Mai Jun Jul Aug Sep Okt Nov Dez

Kiel und Umgebung

Von den Kieler Wochen hat wohl jeder schon gehört: Jeden Sommer zieht es Tausende Segler in die Hafenstadt.

Und auch die zweite Berühmtheit Kiels hat mit Wasser zu tun, denn hier beginnt der Nord-Ostsee-Kanal, die weltweit meistbefahrene künstliche Wasserstraße. Von Kiel aus ist man in jeder Richtung schnell im landschaftlich reizvollen Hinterland. Das Meer ist nah, für spontane Ausflüge muß man also nicht lang überlegen. Im Stadtbereich finden sich fünf Tiergehege, die ebenfalls für eine Stippvisite gut sind ∎

Eine Bootsfahrt auf der Schwentine

Die Fahrstrecke durchs Landschaftsschutzgebiet ist rund 7 Kilometer lang, man kann also überlegen, nur eine Strecke mit dem Boot zu fahren und zurück zu laufen. Von der Endstation Oppendorfer Mühle führt ein rund halbstündiger Fußweg zum Freizeitgelände Schwentinepark in Raisdorf mit Abenteuerspielplatz, Freibad und Wildpark. Die Ausflugsschiffe sind offen, aber zu zwei Dritteln überplant. Am Anleger kann man auch Ruderboote mieten und die Schwentine auf eigene Faust erkunden — für 7 Mark pro Stunde ∎

Adresse und Anfahrt: Den Anleger der Schwentineschiffahrt Hans Kühl findet man nahe der Alten Schwentinebrücke, zu der man über die Schönberger Straße ab der Kieler Innenstadt gelangt. Man gelangt auch mit dem Bus (KVAG -Linie 4, Station Wellingdorf) ab Stadtmitte zum Anleger.
Fahrzeiten: wochentags zwei Abfahrten am Nachmittag, an Wochenenden auch zweimal am Vormittag und ab 13.30 Uhr halbstündlich
Saison: ca. Mitte April bis Mitte September
Preise: Einfach für Kinder 3, Erwachsene 5 Mark. Rückfahrkarten 5 und 7 Mark.
Verpflegung: Picknick möglich, die Endstation "Oppendorfer Mühle" ist ein Lokal
Drumherum: An der Oppendorfer Mühle gibt es einen kleinen Spielplatz ∎

Jan Feb Mär Apr Mai Jun Jul Aug Sep Okt Nov Dez

Schleswig-Holstein

Schleswig-Holsteinisches Freilichtmuseum

Aus der Vogelperspektive sieht das Museum aus wie ein altes Dorf, an dem die Zeit spurlos vorübergegangen ist. Und macht man sich dann auf die Reise in die Welt von gestern, bekommt man so viel geboten, daß ein Tag kaum reicht,

um sich alles richtig anzuschauen.
Auf ca. 60 Hektar stehen rund 60 Gebäude aus allen Regionen des Landes Schleswig-Holstein. Toll für Kinder ist natürlich ein Bummel über den alten Jahrmarkt mit Karussell, Schiffschaukel und Drehorgelmusik.
In zahlreichen Häusern bieten Kundige – z. B. Weberinnen, Drechsler und Töpfer – Kostproben alter Handwerke, und wer will, kann im Museum erzeugte Produkte kaufen und mit nach Hause nehmen.
Auch weniger haltbare Waren werden hier feilgeboten, Milch und Käse aus der eigenen Meierei, Brot aus der Museumsbäckerei und Schinken aus der Räucherei kann man gleich beim Picknick kosten ∎

Adresse und Anfahrt: Freilichtmuseum Molfsee/Kiel, Tel. 0431/65555, liegt 6 Kilometer südlich von Kiel entfernt, direkt an der B 4
Öffnungszeiten: täglich außer montags von 9 bis 17 Uhr (1. April bis 15. November), sonn- und feiertags von 10 bis 18 Uhr. Vom 1. Juli bis 15. September auch montags 9 bis 17 Uhr. Vom 16. November bis 31. März nur bei gutem Wetter an Sonn- und Feiertagen von 10 Uhr bis zur Dämmerung, spätestens aber bis 18 Uhr.
Saison: ganzjährig
Eintritt: Erwachsene 5 Mark, Kinder von 6 bis 18 Jahren 3 Mark
Verpflegung: Picknick, Kiosk auf dem Jahrmarkt, zwei Restaurants ∎

Jan Feb Mär Apr Mai Jun Jul Aug Sep Okt Nov Dez

Kiel und Umgebung

Der Tierpark Gettorf

Tier- und Pflanzenwelt stehen im Tierpark Gettorf im fröhlichen Wettstreit: Wer ist nun bunter und prächtiger, der Chinesische Sonnenvogel oder die üppige Tropenblüte? Darüber darf jeder Besucher selbst entscheiden.

Vieles wurde hier unter Dach und Fach gebracht, zum Beispiel die wunderschöne Vogelparadieshalle, die Tropenhalle und die vielen Volieren. Deshalb eignet sich der Park auch sehr gut als Schlechtwetterziel.

Neben den diversen gefiederten Freunden sind auch jede Menge Huftiere zu bestaunen, vom Alpaka bis zum Zebra. Auch der urweltliche Tapir aus Südamerika hat sein Revier.

Und in den Zoohäusern kann man die liebe Schimpansen-Verwandtschaft begrüßen, ohne die Krallenäffchen und Gibbons links liegenzulassen. Neben dem Streichelzoo gibt es zahlreiche Spielmöglichkeiten für alle unermüdlichen kleinen Raufbolde. Hier findet man z. B. neben dem immer beliebten Autoscooter, Karussells, Rutschen, ein Hüpfkissen und eine Legoausstellung ■

Adresse und Anfahrt: Tierpark Gettorf, Süderstraße 33, Gettorf, Tel. 04346/41600. Gettorf liegt auf halber Strecke zwischen Kiel und Eckernförde.
Öffnungszeiten: täglich von 9 bis 18 Uhr, im Winterhalbjahr von 10 Uhr bis zur Dämmerung
Saison: ganzjährig
Eintritt: Erwachsene 10 Mark, Kinder 5 Mark
Verpflegung: Picknick möglich, Kiosk, Café, Restaurant ■

Jan Feb Mär Apr Mai Jun Jul Aug Sep Okt Nov Dez

Schleswig-Holstein

Kiel und Umgebung

Strandbad und Schwimmhalle

Solange gutes und warmes Wetter ist, braucht man erst gar nicht in die Schwimmhalle zu gehen, denn das Strandbad im Olympiazentrum Schilksee besticht durch seine 1600 Meter lange Erholungsküste mit allem Drum und Dran.

Hält sich das Wetter aber bedeckt, dann ist die Schwimm-

halle Schilksee, beileibe nicht das einzige Schwimmbad Kiels, genau richtig. Es ist vielleicht schon Ansporn genug, wenn man weiß, daß dieses schöne Meerbad extra für die Olympischen Spiele 1972 gebaut wurde.

Das Schwimmerbecken mit seinen 25-Meter-Bahnen ist auf 28 Grad C beheizt, das Nichtschwimmerbecken sogar noch um zwei Grad C wärmer.

Für Kinder gehobenen Alters ist sicherlich die Sprunganlage mit 1- und 3-Meter-Brett interessant, für die ganz Kleinen gibt es leider kein eigenes Planschbecken. Einige Male im Jahr werden Tummel- und Spielnachmittage veranstaltet, die in der Lokalpresse angekündigt werden ∎

Adresse und Anfahrt: Schwimmhalle Schilksee, Olympiazentrum, Kiel-Schilksee, Tel. 0431/37811. Ab Innenstadt über die Buslinie 44 zu erreichen (sonntags Linie 4). Der Stadtteil Schilksee liegt am westlichen Fördeufer im Norden der Stadt.
Öffnungszeiten: Frühbadestunde Montag bis Freitag 6.30 bis 8 Uhr, Montag, Mittwoch und Donnerstag von 13 bis 18 Uhr. Freitags von 15 bis 21 Uhr, am Wochenende von 8.30 bis 15 Uhr.
Saison: ganzjährig
Eintritt: Kinder 1,90 Mark, Erwachsene 4,70 Mark
Verpflegung: im Bad nicht möglich, am Strand von Picknickmöglichkeiten bis zum Restaurant alles vorhanden
Drumherum: Ein Besuch des Bülker Leuchtturms, rund 5 Kilometer Richtung Norden entfernt am Strand des Ortsteils Strande, rundet den Badeausflug ab ∎

Jan Feb Mär Apr Mai Jun Jul Aug Sep Okt Nov Dez

Holsteinische Schweiz und Fehmarn

Alle Süddeutschen reißen sich jetzt bitte zusammen und verkneifen sich jeden Spott: Der höchste Berg Schleswig-Holsteins mißt stattliche 168 Meter ü. NN und heißt Bungsberg. Wie die meisten Erhöhungen der Holsteinischen Schweiz ist er ein eiszeitliches Überbleibsel, eine Endmoräne.

Ein Gletscher schob in den Frostperioden des Erdalters große Mengen Gerölls mit sich. Der Gletscher taute, der Berg blieb. Auch die großen runden Findlinge, die oft mit Sagen aus der Welt der Riesen verbunden sind, sind "Gletscherkinder". Es gibt so viele Seen, daß man drei Wochen lang jeden Tag in einem anderen baden könnte – wenn das Meer nicht auch noch locken würde ∎

Die Fähre Puttgarden-Rødby

Der Ausweis ist notwendig, denn es geht nach Dänemark. In den Bauch der großen Fähre rollen ganze Eisenbahnzüge und weit über 100 Autos. Wer ohne Wagen nach Dänemark will, kann diesen am Fährterminal bequem parken und dann zum günstigen Tarif über die Ostsee schippern. An sonnigen Tagen lockt während der einstündigen Fahrt das Sonnendeck, und dort können An- und Ablegemanöver beobachtet oder mit dem Fernglas Ausschau nach Schiffen oder Walen gehalten werden. Rødby kann bequem zu Fuß entdeckt werden. Strand, Hafen und Spielplätze stehen für die Entdeckungstour zur Auswahl. Wieder zurück an Bord, bieten die Restaurants dem müden Wanderer beste Kost und der zollfreie Einkauf eine reichhaltige Auswahl. Während die Eltern einkaufen, vergnügen sich die Kleinen im Kinderkino ∎

Adresse und Anfahrt: DFO Deutsche Fährgesellschaft Ostsee, Fährcenter Puttgarden, Tel. 0180/5343441. Der Fährhafen ist nicht zu verfehlen: auf der Vogelfluglinie E47 nach Fehmarn, am Ende warten die Schiffe.
Fahrzeiten: tagsüber halbstündlich, Fahrplan telefonisch erfragen.
Fahrpreise: Erwachsene ca. 8 DM eine Strecke, Kinder von 4 bis 11 Jahren ca. 4 DM
Verpflegung: Restaurant, Cafeteria und Snackbar ∎

Jan Feb Mär Apr Mai Jun Jul Aug Sep Okt Nov Dez

Holsteinische Schweiz und Fehmarn

Der Eselpark in Nessendorf

Wer sich mit einem Esel auf Reisen begibt, der hat mehr von der schönen Landschaft der Holsteinischen Schweiz. Mit einer Eselkutsche oder einem "ES" geht es im gemütlichen Trott auf einen einstündigen Parcours. Viel Spaß bereitet die Selbstfahrer-Kutsche, die für zwei Erwachsene und zwei Kinder ausgelegt ist. Die sportlicheren unter den Eltern können sich aber auch eins der Grautiere schnappen und das darauf reitende Kind durch die Landschaft führen.

Nach einer so vergnüglich verbrachten halben Stunde klingelt dann der "Esel-Wecker": Das Tier kennt seine Strecke und weiß, daß es Zeit ist umzukehren.
Selbstverständlich kann man halten, wo man will, und eine kleine Pause für ein Picknick einlegen. Wer seinen Urlaub bei Eseln verbringen möchte, kann auch eine Ferienwohnung anmieten ∎

Adresse und Anfahrt: Eselpark, Nessendorf, Tel. 04382/748. Den Ort erreicht man über die B 202 zwischen Lütjenburg und Oldenburg, in Kaköhl biegt man nach Nessendorf ab. Info-Tel. 0180/2214646.
Öffnungszeiten: täglich von 10 bis 18 Uhr
Saison: 15. März bis 31. Oktober
Kosten: Eintritt für Erwachsene 4 Mark, für Kinder 2 Mark. Eine Stunde Reiten (nur für Kinder) kostet 15,– Mark, eine Kutsche pro Stunde 30 Mark, max. für 4 Personen.
Verpflegung: Im Park gibt es ein Selbstbedienungsrestaurant und ein Café
Drumherum: Spielplatz und Eselfohlen zum Streicheln ∎

Jan Feb **Mär Apr Mai Jun Jul Aug Sep Okt** Nov Dez

Holsteinische Schweiz und Fehmarn

Badeparadies Weissenhäuser Strand

Bei einer Baderutsche zählt bekanntlich jeder Meter, und die vom Freizeitbad Weissenhäuser Strand bringt es immerhin auf deren 157. Der Spaß für die gesamte Familie ist garantiert, denn es wird für jedes Alter und jeden Geschmack etwas geboten. Die ganz kleinen Kinder haben einen extra Badebereich mit flachem, warmem Wasser, lustigen Spieltieren und einer Baderutsche. Den Schwimmern macht ein

Ausflug durch den Wildwasserkanal besonders viel Vergnügen, und wer über starke Nerven verfügt, der schwimmt direkt am Piranhabecken vorbei. Friedlicher geht es da im auf 35 Grad C temperierten Whirlpool zu. Das gesamte Bad ist dekoriert mit einer tropischen Pflanzenwelt, die man auf Holzstegen nach Lust und Laune durchwandert. Hier plätschert ein toller Wasserfall, dort lädt ein blauer Pool zum Tauchen ein: ein tropisches Paradies wie aus dem Bilderbuch, aber eben doch vor der "Haustür". Völlig neu ist das 4000 qm große Sport- und Spielcenter, das rund um den Sport alles bietet: Tennis- und Squashanlagen, Tischtennis, eine Minigolflandschaft, Autoscooter, Motorboote und vieles mehr. Ein großes Vergnügen – rund ums Jahr!

Adresse und Anfahrt: Ferienpark, Seestraße 1, Weissenhäuser Strand, Tel. 04361/55-0, Anfahrt über die B 202 Kiel-Oldenburg, Abzweig kurz vor Oldenburg, dort ausgeschildert, oder über die A1 vorbei an Lübeck bis Oldenburg/Holstein, Abfahrt Mitte, dann noch 5 km. Anreise per Bahn bis Oldenburg/Holstein. Die restlichen 6 km mit dem öffentlichen Bus oder Taxi.
Öffnungszeiten: täglich von 9.30 bis 20.30 Uhr
Saison: ganzjährig
Eintritt: gestaffelt nach Jahreszeit, Erwachsene von 15,50 bis 19,50 Mark für 3-Stunden-Karte, Kinder 9,50 bis 11,50 Mark. Tageskarte 19,50 bis 24,50 Mark Erwachsene, Kinder 12,50 bis 16,50 Mark
Verpflegung: Restaurant und Bistro im Bad

Jan Feb Mär Apr Mai Jun Jul Aug Sep Okt Nov Dez

Schleswig-Holstein

Holsteinische Schweiz und Fehmarn

Der HANSA-PARK Sierksdorf

Einmal zahlen, dann hat der Spaß kein Ende mehr – im HANSA-PARK direkt an der Ostsee kommt man vor lauter Attraktionen richtig außer Atem. Vieles, was geboten wird, hat mit Wasser zu tun, wie zum Beispiel die tolle Floßfahrt,

die Wasserachterbahn und die Einbaumfahrt. Im Fliegenden Holländer wird bis zum Abwinken geschaukelt, die jüngsten Besucher sitzen stolz wie Oskar im Koggen-Karussell. Unsere kleinen Wild-West-Fans kommen ebenso auf ihre Kosten wie die nicht seltenen Eisenbahnfanatiker. Hyperaktive Kinder werden sicherlich Spaß haben, wenn im "Sturmvogel" der freie Fall aus 20 Metern Höhe angesagt ist oder wenn sich der furchterregende "Fliegende Hai" ganze sieben Mal überschlägt. Ein spannendes Fahrvergnügen erlebt die Familie in der neuen Achterbahn "Crazy Mine". Schon Kinder ab 2 Jahren sind im Kiddie-Camp, einem überdachten Indoor-Spielparadies für Kinder bis zu 7 Jahren, herzlich willkommen. Und damit ist noch längst nicht alles aufgezählt ∎

Adresse und Anfahrt: HANSA-PARK, Am Fahrenkrog 1, Sierksdorf/Ostsee, Tel. 04563/474-0. Anfahrt über die A1 (Vogelfluglinie), Abfahrt Neustadt-Süd, dann ausgeschildert. Man kann auch mit der Bahn nach Sierksdorf fahren, der Bahnhof ist 10 Gehminuten vom HANSA-PARK entfernt.
Öffnungszeiten: täglich ab 9 Uhr
Saison: meist von Ende März bis Ende Oktober
Eintritt: Erwachsene 26,– Mark, Kinder von 4 bis 12 Jahren 22,– Mark, Familien (ab 4 Pers.) 22,– Mark pro Person. Im Preis sind alle Shows und Fahranlagen enthalten
Verpflegung: Picknick möglich, Restauration mit und ohne Bedienung ∎

Jan Feb **Mär Apr Mai Jun Jul Aug Sep Okt** Nov Dez

Holsteinische Schweiz und Fehmarn

Zoo Arche Noah in Grömitz

Was passiert, wenn Tigerin Sarah und Löwe Nero miteinander anbandeln – es gibt drei süße Liger! Das ist kein Wortspiel, sondern die reine Wahrheit. Der Nachwuchs, im April 1990 zur Welt gekommen, sieht nach Löwe aus, trägt aber ein dezentes Streifenmuster.

Die Arche Noah ist zwar nicht besonders groß, man kann sich aber trotzdem über 300 verschiedene Tierarten bedächtig anschauen.

Täglich um 11 und 16 Uhr wird es ganz spannend: Dann kann man den Seehunden beim Fressen zuschauen, immer eine gute Gelegenheit, den Kindern Tischmanieren beizubringen! Im Streichelzoo darf man auch die Lamas und Ziegen so richtig gernhaben. Wenn es dann reicht mit den vielen Tieren, lädt die Kindereisenbahn zur Rundfahrt ein. Wer das gleiche aber tierischer haben möchte, kann auch auf Ponys reiten. Diese kleinen Lieblinge bereiten den Kindern immer ein großes Vergnügen.

Der schöne Ausflug kann dann friedlich an der Grillstation abgeschlossen werden. Hier können sich groß und klein stärken ■

Adresse und Anfahrt: Zoo Arche Noah, Mühlenstraße 32, Grömitz, Tel. 04562/5660. Den Ort erreicht man über die A1 von Lübeck Richtung Norden, Abfahrt Neustadt Nord, dann weiter auf der B 501 Richtung Grömitz. Im Ort ist der Zoo ausgeschildert.
Öffnungszeiten: täglich 9 bis 18 Uhr
Saison: ganzjährig
Eintritt: Erwachsene 6,50, Kinder 4,50 Mark
Verpflegung: Grillen, Picknick, Restaurant, von Ostern bis Ende Oktober auch Café und Kiosk ■

Jan Feb Mär Apr Mai Jun Jul Aug Sep Okt Nov Dez

Schleswig-Holstein

# Lübeck und Lauenburgische Seenplatte

Mitten im Naturpark Lauenburgische Seenplatte liegt die kleine Stadt Mölln. Ihr berühmtester Bürger war der Schelm Till Eulenspiegel. Vor der Vereinigung galt das Land im Osten Hamburgs als abgelegen und verschlafen – heute ist es mittendrin, die Schätze seiner reichen Natur sind beliebt. Im Norden schließt sich die Hansestadt Lübeck an, deren Wahrzeichen noch vor wenigen Jahren jeder in der Tasche trug, denn das Holstentor zierte den 50-Mark-Schein. Die Stadt ist kinderfreundlich, die Innenstadt eine einzige Fußgängerzone ∎

Schiffstour auf dem Ratzeburger See

Das Domstädtchen Ratzeburg bietet eine ganze Reihe von Möglichkeiten, mit Ausflugsschiffen die Umgebung zu erkunden. Es gibt Rundfahrten von 30 Minuten bis zu zwölf Stunden. Kombiniert mit einer Radtour oder auf Schusters Rappen kommt man ab Römnitz bequem zurück in die Stadt. Ab Buchholz hat man eine Wanderung von knapp fünf Kilometern vor sich. Vom Endpunkt Rothenhusen aus kann man sich auf die Wakenitz begeben und nach Lübeck und zurück fahren. Die Radstrecke nach Ratzeburg ist von hier zehn Kilometer lang. Scheint die Sonne, kann man sich herrlich auf den Freiluft-Decks der Schiffe "Mecklenburg" und "Heinrich der Löwe" herumflegeln ∎

Adresse und Anfahrt: Personenschiffahrt Ratzeburger See, Tel. 04541/7900. Ein Parkplatz befindet sich nahe dem Hauptanleger am Lüneburger Damm. Ratzeburg liegt an den Bundesstraßen B 207 und B 208 südlich von Lübeck.
Öffnungszeiten/Saison: Die Schiffahrt auf dem Ratzeburger See hat vom 1. Mai bis 30. September Saison. In Mai und September wird nur an Wochenenden gefahren, sonst täglich. Einen genauen Fahrplan und Auskünfte gibt's unter der o. g. Telefonnummer. Auskünfte zur Wakenitzfahrt von Personenschiffahrt Reinhold Maiworm, Tel. 0451/35455.
Fahrpreise: Rundfahrten für Erwachsene ab 6 Mark, Kinder zwischen 5 und 15 die Hälfte. Einfache Fahrten ebenfalls ab 6 Mark, Kinder die Hälfte.
Verpflegung: Gastronomie an Bord, entlang des Ufers überall Picknick möglich.
Drumherum: Ein Fernglas ist hilfreich, wenn man Rohrdommel, Fischadler und sogar Seeadler beobachten möchte. Im Sommer: Badezeug einpacken ∎

Jan Feb Mär Apr **Mai Jun Jul Aug Sep** Okt Nov Dez

Lübeck und Lauenburgische Seenplatte

Museum für Puppentheater in Lübeck

Dieses weltbekannte Museum ist ein großartiges Erlebnis für die ganze Familie. Der Rundgang führt durch ein Labyrinth von fünf gotischen Backsteinhäusern mit 19 Räumen. Man erlebt die faszinierende Welt des Theaters mit künstlichen Menschen als Marionetten, Handpuppen oder Schatten verschiedener Länder und Kulturen von Europa, Asien und Afrika. Ganze Theater, Bühnen und Szenen sind zu sehen. Stühle und Bänke laden zur Betrachtung von Dr. Faust, Genoveva, Aladin und die Wunderlampe und dem Froschkönig ein. Im

Videoraum unterm Dach können Kinder selbst Kasperltheater spielen, während man sich bei interessanten Filmen über Puppenspiel – als moderne Kunst oder als Massenmedium Vorläufer von Film und Fernsehen – ausruhen kann. Kinder und Eltern lassen sich verzaubern im Lübecker Marionettentheater nebenan, wo jeden Nachmittag um 15 Uhr (außer montags) eine tolle Vorführung bekannter Märchen stattfindet, wie Frau Holle, Hänsel und Gretel, Kalif Storch, Urmel aus dem Eis, Der gestiefelte Kater oder Max und Moritz. Für die "Großen" steht freitags und samstags um 19.30 Uhr Don Quichote, Der Kleine Prinz oder Der Barbier von Sevilla auf dem Programm ∎

Adresse und Anfahrt: Museum für Puppentheater in Lübeck, Kolk 16, Tel. 0451/78626. Autobahnabfahrt: Lübeck Zentrum. Am besten, man steuert ein nahegelegenes Parkhaus an, z. B. in der Possehlstraße rechts vor dem Holstentor, oder in der Innenstadt das Parkhaus "Schmiedestraße" oder den Parkplatz "An der Obertrave". Das Museum liegt in der Nähe des Holstentores.
Öffnungszeiten: täglich von 10 bis 18 Uhr
Saison: ganzjährig
Eintritt: Erwachsene 6 Mark, Kinder 3 Mark. Das Theater kostet am Nachmittag auf allen Plätzen 7 Mark. Karten können unter der Tel. 0451/70060 reserviert werden.
Verpflegung: keine Restauration im Museum, im Theaterfoyer gibt es ausschließlich Getränke. Gegenüber vom Museum liegt das historische Restaurant "Lübsche Hanse" und 2 Minuten entfernt mehrere Straßencafés und Restaurants an der Obertrave. Die Innenstadt bietet alle denkbaren Verpflegungsmöglichkeiten ∎

  ab 3

Jan Feb Mär Apr Mai Jun Jul Aug Sep Okt Nov Dez

Schleswig-Holstein

Lübeck und Lauenburgische Seenplatte

Erlebnisbad "Aqua Top"

Das "Aqua-Top"-Erlebnisbad wirbt ganz offensiv damit, zu wissen, was Eltern wünschen. Deshalb wurde der Bereich für Kinder mit besonders viel Liebe und Verstand aufgebaut. Superattraktion für die Mutigen ist natürlich die 105-Meter-Rutsche. Die kleineren Kinder turnen lieber stundenlang auf den lustigen Wassertieren oder vergnügen sich im großzügig angelegten Planschbecken, während sich die Eltern im

30 °C warmen Thermalbad erholen.
Damit der Spaß nicht mit Geschrei endet, wurde im Kinderbereich auch ein besonders rutschfester Bodenbelag verlegt.
Das Bad ist hell und licht, tropische Pflanzen sorgen für die richtige Atmosphäre. Die großen und kleinen Schwimmer kämpfen wild gegen die Wogen im Meerwasserbrandungsbad.
Zum Innenbereich gehören auch Sauna und Solarium. Da kommen auch die Eltern zur verdienten Ruhe. Ganzjährig ist der großzügige Außenbereich geöffnet, im Sommer mit Strandkörben und Sonnenliegen auf der Sonnenterrasse. Das Entspannen tut hier richtig gut ∎

Adresse und Anfahrt: Aqua Top, Strandpromenade 1b, Lübeck-Travemünde, Tel. 04502/80442. Das Bad liegt direkt am "Maritim"-Hochhaus und ist im Ort ausgeschildert. Man kann aber auch nach Sicht fahren, denn das Hochhaus ist auf dem platten Land kilometerweit zu sehen. Parken mit Parkscheibe am Hochhaus.
Öffnungszeiten: täglich von 10 bis 21 Uhr
Saison: ganzjährig
Eintritt: Erwachsene 16 Mark, Kinder 8 Mark. Ermäßigung bei Aufenthalt unter 2 Stunden. Sauna und Solarium kosten extra.
Verpflegung: im Bistro gibt es Kaffee, Kuchen und kleine Mahlzeiten. Picknick am Strand und an der Hafenmole.
Drumherum: vor dem Bad gibt es einen Spielplatz ∎

Jan Feb Mär Apr Mai Jun Jul Aug Sep Okt Nov Dez

Lübeck und Lauenburgische Seenplatte

Der Wildpark Mölln

Von der Altstadt Möllns aus ist es nur ein zehnminütiger Fußweg bis zum Wildpark, der inmitten einer idyllischen Waldlandschaft liegt.
Auf zwei Rundwegen wandert man an den weitläufigen Gehegen entlang und trifft auf Tiere aus der freien Wildbahn, die sonst im Verborgenen bleiben. Es sind vor allem Damhirsche (im Freigehege), Wildschweine und viele

einheimische Greif- und Rabenvögel. Im Frühjahr sind die Frischlinge im Schwarzwildgatter eine besondere Attraktion. Daneben gibt es eine "Sonnenwiese" mit Kinderspielplatz. Die einheimische Tier- und Pflanzenwelt der Möllner Seen ist in großen Aquarien zu beobachten. Wer viel Zeit mitbringt, kann auch einige freilebende Tiere beobachten.
Die Rundwege sind einen und zwei Kilometer lang, es gibt also kaum einen Grund für lange Gesichter und "Ich-kann-nicht-mehr"-Ausrufe ∎

Adresse und Anfahrt: Wildpark Mölln, tel. Auskunft bei der Kurverwaltung: 04542/7099. Mölln liegt rund 40 Kilometer östlich von Hamburg, A 24 Richtung Berlin, Abfahrten Talkau oder Hornbek.
Der Wildpark befindet sich in der Nähe der Reha-Klinik Föhrenkamp, die im Stadtbereich ausgeschildert ist.
Öffnungszeiten: freier Zugang rund um die Uhr
Eintritt: kostenlos
Verpflegung: im Sommer ein Kiosk, das Café-Restaurant "Forsthaus" ist nah ∎

     2

Jan Feb Mär Apr Mai Jun Jul Aug Sep Okt Nov Dez

Schleswig-Holstein

Lübeck und lauenburgische Seenplatte

Der Vogelpark mit Eulengarten

Sie schauen immer leicht entrüstet, die Vögel der Nacht, aber der Schein trügt: Ihnen geht es in der weltgrößten Eulensammlung gut.

Wegen der zauberhaften, in ein Naturschutzgebiet eingebundenen Lage nennt man sich "der natürlichste Vogelpark Deutschlands", alle Gehege sind mit natürlichem Pflanzenwuchs versehen.

Wenn die neugierigen Kleinen wissen wollen, wo die Kinder herkommen, ist man in Timmendorf ebenfalls an der richtigen Adresse: Im Vogelpark leben rund hundert Störche, und die bringen hier auch ihre Storch-Kinder zur Welt.

Insgesamt werden rund 1200 Vögel von 350 verschiedenen Arten gezeigt, Schwarzstorch, Nimmersatt, Flamingo und Emu inklusive. Der Spaziergang durch den Vogelpark führt teilweise auch durch meterhohes Schilfmeer, und das ist ein Abenteuer für sich ∎

Adresse und Anfahrt: Vogelpark und Eulenpark, An der Aalbeek, Timmendorfer Strand, Ortsteil Niendorf/Ostsee, Tel. 04503/4740. Anfahrt z. B. über die A1, Abfahrt Ratekau in Richtung Timmendorfer Strand. Ab dort ist der Vogelpark ausgeschildert.
Öffnungszeiten: täglich ab 9 Uhr, im Winter teilweise verkürzt bis 16 Uhr, im Sommer auch bis 19.30 Uhr
Saison: ganzjährig
Eintritt: Erwachsene 7.50 Mark, Kinder 5 Mark
Verpflegung: Gaststätte mit Kuchen und kleineren Gerichten. Picknick im Park
Drumherum: Spielplatz am Hafen, ca. 500 Meter entfernt. Baden am Timmendorfer Strand ∎

Jan Feb Mär Apr Mai Jun Jul Aug Sep Okt Nov Dez

 Hamburg

Hansestadt Hamburg

Noch aus der Zeit der Hanse stammt die Bezeichnung "Pfeffersäcke", die die Hamburger mit Würde tragen, wurde doch der große Wohlstand der Stadt in diesen Tagen begründet,

als sie schon Fernhandelszentrum war. Seit der Öffnung des Ostens hat der Hafen wieder an Bedeutung gewonnen, Hamburg boomt, aber auch hier finden sich immer stille grüne Ecken. Sollten Sie als Besucher der Stadt das Meer vermissen, damit kann Hamburg nun wirklich nicht dienen – die Elbe mündet erst nach 110 Kilometern in die Nordsee ∎

Die Schmetterlinge im Sachsenwald

Der Garten der Schmetterlinge lockt mit rund 80 verschiedenen Arten, die in zwei großen Freiflughallen flattern. Mit dem Beobachten der bunten Torkelflieger kann man schon eine Weile verbringen, es gibt auf dem Gelände der Fürstlich von Bismarck'schen Schloßgärtnerei aber noch weitere Attraktionen, z. B. den "Singenden Wassergarten". Ein Picknick nimmt man am Libellenteich ein. Dorthin gelangt man, wenn man dem biologischen Lehrpfad folgt. Es ziehen sich zahlreiche Wanderwege durch den großen Sachsenwald ∎

Adresse und Anfahrt: Garten der Schmetterlinge, Am Schloßteich, Friedrichsruh, Tel. 04104/6037. Anfahrt mit der S-Bahn 21 ab Innenstadt, Haltestelle Friedrichsruh. Mit dem Auto über die A24 Hamburg-Berlin, Abfahrt Witzhave, dann Richtung Trittau. In Grande rechts ab nach Friedrichsruh.
Öffnungszeiten: täglich von 9 bis 18 Uhr, im Herbst bis 17 Uhr
Saison: Ostern bis Ende Oktober
Eintritt: Erwachsene 6 Mark, Kinder 4 Mark
Verpflegung: Picknick, Imbiß, Gaststätten im Ort ∎

Jan Feb Mär **Apr Mai Jun Jul Aug Sep Okt** Nov Dez

 Hamburg

Hafen Hamburg

Zentraler Ort für eine Hafenexpedition sind die Hamburger Landungsbrücken. Auf dem schwimmenden Anleger kann man sehr schön flanieren, ist bei gutem Wetter allerdings nicht unbedingt allein. Hier starten die Barkassen der Hafenrundfahrten. Die Fahrten dauern rund eine Stunde, man sollte sie unbedingt machen, denn nur so bekommt man die großen Industriehäfen zu sehen. Anschließend lockt ein Besuch der zwei Museumsschiffe Rickmer Rickmers und Cap San Diego, beides Oldtimer der Meere. Geheimtip ist ein Ausflug mit einer der regelmäßig verkehrenden Hafen-Fähren,

z. B. nach Finkenwerder. Dort bekommt man mit etwas Glück die Landung des "Superguppy" zu sehen, des fliegenden Transportriesen der Deutschen Aerospace. Die Hafen-Fähren gehören zum Hamburger Verkehrsverbund, die Fahrten sind deshalb spürbar billiger, dafür ohne erläuternden Kommentar. Nach der Hafenfahrt kann man noch einen Spaziergang "unter dem Wasser" machen, denn direkt an den Landungsbrücken findet sich der Eingang des Alten Elbtunnels ∎

Adresse und Anfahrt: Die Landungsbrücken erreicht man am besten mit U- und S-Bahn, Station Landungsbrücken, denn Parkplätze sind hier rar. Mehr Parkplätze finden sich am Holstenglacis nahe der Messe, die weiträumig ausgeschildert ist.
Öffnungszeiten: Die Barkassen der Hafenrundfahrt starten stündlich.
Eintritt: Rundfahrten ab 7 Mark für Kinder und 14 Mark für Erwachsene
Verpflegung: Gastronomie an Bord, Imbiß, Kiosk, Café, Picknick ∎

Jan Feb Mär Apr Mai Jun Jul Aug Sep Okt Nov Dez

 Hamburg

Planten und Blomen

Planten und Blomen, das bedeutet "Pflanzen und Blumen", ist die grüne Oase mitten in der Stadt.

Vom Jungfernstieg, der noblen Einkaufsmeile an der Binnenalster, ist der Park nur einen Fußmarsch entfernt. Spazierwege führen durch das 45 Hektar große Areal. Wenn man sich eine halbe Stunde lang den Park angesehen hat, dann läßt man sich in einem der zahlreichen Cafés nieder.

Für Kinder gibt es einen tollen Wasserspielplatz, der besonders im heißesten Hochsommer sehr begehrt ist, Wasserscheue fallen natürlich sofort im Riesen-Spielplatz nahe dem Eingang Jungiusstraße ein. Hier gibt es für die Eltern "Beobachtungs-Bänke".

Im südlichen Zipfel des Parks, den Wallanlagen, befindet sich eine Rollschuhbahn, die im Winter zur Eisbahn umgemodelt wird. Auch hier ist noch einmal ein großer Spielplatz, der im Sommer vor allem von Müttern mit sehr jungen Kindern aufgesucht wird ∎

Adresse und Anfahrt: Planten und Blomen, Hamburg, Tel. 040/2486, 4723. Der Park liegt nahe der Messe am Holstenwall mitten in der City. Anfahrt am besten mit U- oder S-Bahn. S-Bahnhof Dammtor, U1-Haltestelle Stefansplatz.
Alter: ab 6 Monaten
Öffnungszeiten: täglich ab 7 Uhr bis zum Einbruch der Dunkelheit
Saison: ganzjährig
Eintritt: frei
Verpflegung: Picknick, Cafés, Gaststätten ∎

Jan Feb **Mär Apr Mai Jun Jul Aug Sep Okt** Nov Dez

 Hamburg

Tierpark Hagenbeck

Der Tierpark wird privat geführt und erhält keinerlei öffentliche Zuwendungen. Vor fast hundert Jahren ließ sich Carl Hagenbeck den "Zukunftstierpark mit gitterlosen Freisichtanlagen" patentieren. Er setzte damit den Standard für Zoos in der ganzen Welt. Im Tierpark kann man einen herrlichen Nachmittag verbringen: Man folgt immer dem verschlungenen

Rundweg, der durch den Park hindurch an allen Tieren vorbeiführt. Besonders beliebt sind die Freianlagen der Paviane. In der Eislandschaft des Nordens zeigen Eisbären, daß sie auch im hiesigen Klima total cool sind. Man kann auf Eselskutschen fahren und Elefanten reiten, das Troparium besuchen und sich im Vogelhaus mit weit über hundert Dezibel von den Papageien beschallen lassen. Und selbst dann hat man noch nicht alles gesehen! Deshalb sollte man sich schon einen ganzen Tag Zeit nehmen ■

Adresse und Anfahrt: Carl Hagenbecks Tierpark, Hagenbeckallee, Hamburg, Tel. 040/540001-0. Der Tierpark liegt nordwestlich der Innenstadt. Sehr gut erreichbar ab dem Zentrum mit der U2, Haltestelle Hagenbecks Tierpark.
Öffnungszeiten: täglich ab 9 Uhr
Saison: ganzjährig
Eintritt: Erwachsene 21 Mark, Kinder von 6 bis 13 Jahren 16 Mark
Verpflegung: Picknick, Imbisse, Cafés, Restaurants
Außerdem: Es gibt eine Kindereisenbahn und einen großen Spielplatz ■

Jan Feb Mär Apr Mai Jun Jul Aug Sep Okt Nov Dez

Hamburg

Hirschpark über der Elbe

Der Hirschpark ist keine gewaltige Attraktion, bietet aber die Möglichkeit, nach ein bis zwei Stunden Tiere gucken und Spielen noch eine kleine Elbuferwanderung zu machen. Natürlich steht im Hirschpark das große Damwild an erster Stelle, es ist ebenso zutraulich wie die Kaninchen, Pfauen und die vielen Enten.

Der Park ist lauschig angelegt, die riesigen Rhododendron-Büsche laden zum Versteckspiel ein. Auf den Wiesen kann man das Picknicktuch ausbreiten oder herumtollen, bis die Beine nicht mehr tragen. Der Spielplatz im Park wurde gerade erst renoviert, dort kommt schnell Kinderfeude auf. Über kleine Pfade gerät man in das verwinkelte Blankenese und an den tatsächlich an einigen Stellen sandigen Elbstrand.

Mit schöner Regelmäßigkeit ziehen hier die Majestäten der Meere vorbei, und das ist für alle Mitglieder der Familie sehr schön anzuschauen ∎

Adresse und Anfahrt: Der Hirschpark liegt am Stadtteil Blankenese zwischen Elbchaussee und Mühlenberg.
Öffnungszeiten: immer frei zugänglich
Saison: ganzjährig
Eintritt: frei
Verpflegung: Picknick und Teehaus ∎

Jan Feb Mär **Apr Mai Jun Jul Aug Sep Okt** Nov Dez

Mecklenburg-Vorpommern S. 59-87

Mecklenburg-Vorpommern

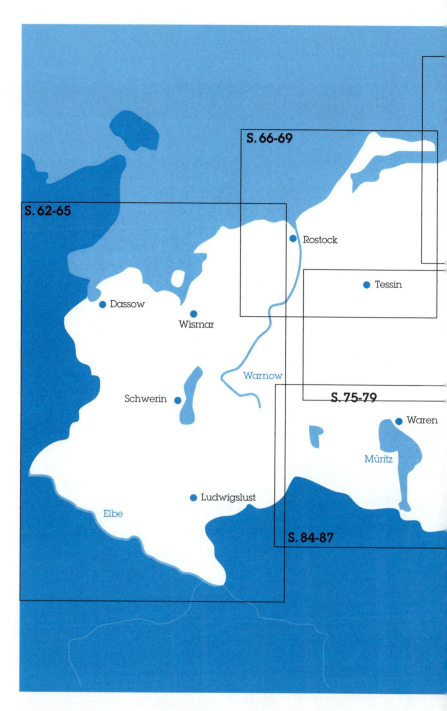

Schweriner Land S.62-65

Schweriner Zoo	62
Salzberger Erlebnispark in Mühlengeez	63
Naturkontaktstation Langehagen	64
Archäologisches Landesmuseum	65

Mecklenburger Bodden-Küste S.66-69

Boddenfahrten ab Ahrenshoop	66
Vogelpark Marlow	67
Pferde Ferien Hirschburg	68
Kindervorstellungen im Volkstheater Rostock	68
Zoo Rostock	69

Rügen S.70-74

Fahrten mit dem Fischerboot "M. J. Kalinin" Sassnitz	70
Theater für Kinder in Putbus	71
Orangerie und Park in Putbus	72
Der "Rasende Roland" Putbus/Göhren	73
Störtebeker Festspiele in Ralswiek	74

Mecklenburgische Schweiz S.75-79

Die Astronomiestation Demmin	75
Die Burgwallinsel Teterow	76
"Uns lütt Museum" in Dargun	77
Schiffsfahrten auf dem Krakower See	78
Reiten auf dem Gestüt Ganschow in Alt Sammit	79

Die Insel Usedom und Vorpommern S.80-83

Tropenhaus in Bansin	80
Usedomer Strandspaziergang	81
Tierpark Wolgast	82
Pony- und Pferdeverleih Will in Ahlbeck	83

Mecklenburgische Seenplatte S.84-87

Schiffspartie auf dem Malchower See	84
Bootsvermietung Mirow	85
Fährfahrt ab Feldberg über den Schmalen Luzin	86
Der Reiterhof Drephal in Malchow	87

Mecklenburg-Vorpommern

Schweriner Land

Eine besondere Faszination geht oft von Städten aus, die ans Wasser gebaut sind – von Stockholm bis Venedig. Solch eine Stadt ist auch die Landeshauptstadt Mecklenburg-Vorpommerns, Schwerin.

30 Prozent ihrer Fläche ist von Seen bedeckt, hinzu kommen über 500 Hektar Wald und Parkanlagen – ganz natürlich im Herzen der mecklenburgischen Seen- und Hügellandschaft, die uns die letzte Eiszeit hinterlassen hat ■

Schweriner Zoo

Inmitten eines reizvollen Naturparks zwischen dem Fauler See und dem Südufer des Schweriner Sees liegt der Schweriner Zoo. Auf dem 15 ha großen Gebiet werden ca. 1000 Tiere von 150 verschiedenen Arten gehalten. Das Kernstück des Zoos ist die Wasservogelanlage, in der sich in großem Artenreichtum Wasservögel in natürlicher Umgebung tummeln. Auch die frisch eingeweihte Braunbärenanlage wird sicher zum Erlebnis für groß und klein. Neben dem König der Tiere beherbergt der Zoo auch Nashörner, Zebras, Strauße, Gibbons und Giraffen, besitzt einen Streichelzoo, ein Freigehege für Damwild, einen Naturlehrpfad und mehrere Erlebnisspielplätze. Für das leibliche Wohl sorgen eine Gaststätte und zwei Gartenimbißeinrichtungen.

Das reizvolle Schwerin jedenfalls ist einen Ausflug wert, und einen Besuch im Zoo sollte man gleich mit einplanen ■

Adresse und Anfahrt: Schweriner Zoo, Waldschulenweg 1, 19061 Schwerin, Tel. 0385/2013000. Im Stadtgebiet ausgeschildert
Öffnungszeiten: Oktober bis März 10 bis 16 Uhr, sonst bis 17 Uhr geöffnet, in der Saison am Wochenende bis 18 Uhr
Saison: ganzjährig
Eintritt: Vorsaison und Nachsaison: Erwachsene 5,50 DM, Kinder 2,50 DM. Saison: Erwachsene 6,– DM, Kinder 3,– DM
Verpflegung: Gaststätte, Imbiß ■

Jan Feb Mär Apr Mai Jun Jul Aug Sep Okt Nov Dez

Salzberger Erlebnispark

Dieser Park ist der größte seiner Art in Ostdeutschland. Es gibt ein sehr umfangreiches Angebot an Karussells und Fahrmöglichkeiten, darunter einen Go-Kart-Grand-Prix, einen großen Auto-Scooter, Looping-Gondeln, eine Seilbahn und Boote auf einem der beiden parkeigenen Seen.
Der zweite See wird von ferngesteuerten Modellbooten befahren. Für kleinere Kinder gibt es speziell abgestimmte Spielgeräte und -möglichkeiten. Sie haben z. B. ihr eigenes

Riesenrad. Die populäre Dino-Show darf natürlich auch nicht fehlen. Gaststätten, Imbiß und Kiosk sorgen für das leibliche Wohl. Die Allerkleinsten können ebenfalls mitgenommen werden: Unter zwei Jahren ist kein Eintritt fällig, ein Wickelraum ist vorhanden. Freizeitparkkennern dürfte besonders der vergleichsweise günstige Eintrittspreis gefallen ■

Adresse und Anfahrt: Salzberger Erlebnispark, 18276 Mühlengeez-Güstrow, Tel. 038450/20022 oder 20023. An der B 104 zwischen Sternberg und Güstrow neben MAZ
Öffnungszeiten: 10 bis 18 Uhr
Saison: Ende März bis Ende Oktober
Eintritt: Kinder bis 2 Jahren frei, Tageskarte auf Anfrage
Verpflegung: Gaststätte, Imbiß, Kiosk ■

Jan Feb Mär Apr Mai Jun Jul Aug Sep Okt Nov Dez

 Schweriner Land

Naturkontaktstation Langenhagen

Wer zu Recht Wert darauf legt, seinen Kindern und sich selbst Einblicke und Einsichten in das Gebiet der praktischen Ökologie und des Naturschutzes zu vermitteln, kann in der Naturkontaktstation Langenhagen manches lernen.

Auf ihrem Land finden sich z. B. mehrere Lehrpfade, der Gebiets- und der Waldlehrpfad etwa, die die Flora und Fauna dieser norddeutschen Landschaft vorstellen.

Es gibt auch einen Erlebnispfad für Kinder sowie Kletter- und Balanciermöglichkeiten.

In der Nähe kann man zu einer Kutschfahrt starten (tel. anmelden) oder in der Töpferei etwas aus Ton formen. Zusätzlich werden Projekttage und grüne Wochenenden angeboten, bei denen man noch mehr lernen kann. Wer es sich zutraut, kann gleich vor Ort im Zelt übernachten. Aber auch Kurzbesuche lohnen sich. Wer genug geistige Nahrung aufgenommen hat, gönnt sich das verdiente Picknick ∎

Adresse und Anfahrt: Naturkontaktstation Langenhagen, Lindenstraße 24, 19399 Langenhagen, Tel. 038736/261. Am Ort beschildert
Öffnungszeiten: Montag bis Donnerstag 7 bis 16 Uhr, Freitag 7 bis 13 Uhr
Saison: ganzjährig
Führungen: (nach Vereinbarung), Erwachsene 3 Mark, Kinder 2 Mark
Verpflegung: Picknick, Gaststätten in den umliegenden Orten ∎

Jan Feb Mär Apr Mai Jun Jul Aug Sep Okt Nov Dez

 Schweriner Land

Archäologisches Landesmuseum
Außenstelle Archäologisches Freilichtmuseum Groß Raden

Im Archäologischen Freilichtmuseum Groß Raden erwartet den Besucher eine rekonstruierte slawische Siedlung des 9. und 10. Jahrhunderts. Die besonderen Erhaltungsbedingungen lieferten dem Archäologen Hölzer Hinweise zur Rekonstruktion. Eine besonders große Grundfläche wurde vom Ausgräber, der die gesamte Anlage von 1973 bis 1980 untersuchte, als Tempel interpretiert. Es könnte sich aber auch um eine

umfriedete Kultstätte ohne Dach gehandelt haben, wie sie für den slawischen Bereich ebenfalls erwähnt ist. Nach der Zerstörung der Siedlung bauten die Bewohner auf der alten Siedlungsstelle ein neues Dorf. Anstatt des "Tempels" schütteten sie auf einer vorgelagerten Insel eine Wallanlage von beträchtlicher Höhe auf, in deren Zentrum vielleicht ein Idol gestanden haben könnte. Der Zugang zur Insel erfolgt über eine Brücke. Der Besucher hat Gelegenheit, beide Siedlungsphasen zu sehen und den Burgwall zu besichtigen. Eine Dauerausstellung im Museum zeigt Fundmaterial und Rekonstruktionsmodelle zur Besiedlung des Gebietes durch die Nordwestslawen vom 7. bis zum 12. Jahrhundert. Ein neu angelegter Waldlehrpfad erläutert die historische Beziehung zwischen Mensch und Umwelt. Am und im See beheimatet sind Seeadler, Fischreiher, Eisvogel und Fischotter. Mehrmals jährlich finden im Museum Aktionstage statt, während der handwerkliche Techniken wie Metall-, Ton- und Textilverarbeitung gezeigt werden. Die Termine für diese Aktionstage sind telefonisch im Museum zu erfragen. Für Gruppen besteht die Möglichkeit, museumspädagogische Projekte zu buchen ∎

Adresse und Anfahrt: Freilichtmuseum Groß Raden, 19406 Sternberg-Groß Raden, Tel./Fax 03847/2252. Auf Anfrage Vermittlung von Boot-, Kremsertransfer
Öffnungszeiten: täglich 10 bis 17.30 Uhr
Saison: April bis Oktober. Im Winter nur für Gruppen auf Anfrage.
Eintritt: 5,– Mark, Familienkarte 10,– Mark
Verpflegung: diverse Gaststätten im Ort ∎

Jan Feb Mär **Apr Mai Jun Jul Aug Sep Okt** Nov Dez

Mecklenburg-Vorpommern

Mecklenburger Bodden-Küste

Mecklenburg und Troja gehören zusammen: Der aus Neubukow bei Bad Doberan stammende Heinrich Schliemann war von der "Odyssee"-Übersetzung des in Mecklenburg geborenen Johann Heinrich Voß so beeindruckt, daß er sie als Leitfaden für seine Ausgrabungen benutzte. Schliemann

wollte das Gold Trojas finden und zog in die Ferne – das "Gold des Nordens", der Bernstein, interessierte ihn nicht. Das sehen die Besucher des Bernsteinmuseums anders, sie zieht es jedes Jahr zu Tausenden nach Ribnitz-Damgarten ∎

Boddenfahrten ab Ahrenshoop

Zwei Stunden lang fährt die MS Boddenkieker durch die Wasserlandschaft des Nationalparks "Vorpommersche Bodden". Im Herbst verweilen auf der Halbinsel Zingst für rund drei Wochen bis zu 40.000 Kraniche, dazu kommen zahlreiche Singvögel, Gänse- und Entenarten. Die Boddenfahrt wird spannend, wenn die Inselwelt der Neuendorfer und Borner Bülten erreicht ist, wo hohes Schilf das Schiff in seiner Fahrrinne fast völlig einschließt. Das seichte Wasser und der Schutz der Bülten bieten den einheimischen Wasservogelarten einen idealen Lebensraum. Mit etwas Glück sieht man den Seeadler seine Kreise ziehen. Wenn die Kinder geschickt darauf vorbereitet werden, einen Vor- oder Nachmittag lang zur Crème de la crème der Vogelforschung zu gehören, dann ist ein gelungener Ausflug sicher ∎

Adresse und Anfahrt: Fahrgastbetriebe Kruse u. Voß, Hafenstraße 7, Wustrow, Tel. 038220/588. Die Halbinsel Fischland und Wustrow erreicht man ab Ribnitz-Damgarten, der Anleger ist ausgeschildert.
Abfahrten: täglich um 10 und 14 Uhr
Saison: April bis Ende Oktober
Preise: 12/7,50 Mark, verbilligte Familienkarten
Verpflegung: Imbiß an Bord ∎

5

Jan Feb Mär **Apr Mai Jun Jul Aug Sep Okt** Nov Dez

Vogelpark Marlow

Der Vogelpark Marlow liegt in unmittelbarer Nähe der Fluß-niederung Recknitz, die zu den schönsten und ursprünglichsten in Deutschland zählt.

Auf zur Zeit 12 Hektar zeigt der Vogelpark einen Querschnitt durch die bunte und vielgestaltige Welt der Vögel. Ca. 150 Vogelarten aus allen Erdteilen sind zu sehen, vom größten Vogel, dem afrikanischen Strauß, über Flamingos, Kraniche, Störche, Schwäne, Enten, Fasane, Tauben, Papageien bis zum kleinen australischen Zebrafink.

In großzügig gestalteten Anlagen, die teilweise begehbar sind, leben die Tiere in naturnahen Lebensräumen. So können unter anderem Pelikane, Weißstörche und Meeresvögel ohne Trennung beobachtet werden. In einem besonders angelegten Gelände zeigen Adler, Bussarde, Milane, Falken und Eulen im Freiflug ihre Künste, hier wird ein Einblick in das Leben dieser interessanten Vögel vermittelt.

Für die kleinen Gäste gibt es einen großen Spielbereich, der zum Tollen und Toben einlädt. In den Streichelgehegen können verschiedene Tiere hautnah erlebt werden, hier kann gestreichelt und gefüttert werden. ∎

Adresse und Anfahrt: Vogelpark Marlow, Kölzower Chaussee, Tel. 038221/80689 oder 265. Von Ribnitz-Damgarten fährt man auf der B 105 in Richtung Osten (Stralsund), im Ort geht die Straße nach dem südlich gelegenen Marlow ab.
Öffnungszeiten: 9 bis 18 Uhr
Saison: März bis Oktober
Eintritt: nach Aushang, Rabatte möglich
Verpflegung: Kiosk mit Terrasse und Restaurant ∎

Jan Feb **Mär Apr Mai Jun Jul Aug Sep Okt** Nov Dez

Pferde Ferien Hirschburg

Auf diesem Pferdehof in Mecklenburg-Vorpommern können Pferdenarren problemlos Sport und Erholung miteinander verbinden. Das 20 ha große Gelände beinhaltet eine Reitsportanlage mit Reit- und Trainingshalle, einem Außenreitplatz, Spring-, Dressur- und Voltigierplatz und vielen Reitwegen. Untergebracht werden die großen und kleinen Freunde des Reitsports in den modern ausgestatteten Ferienwohnungen und -häusern. Die Mindestmietdauer beträgt allerdings 7 Tage, also nur etwas für ernste Urlaubsabsichten. Die Reitschule des Reiterhofes bietet die Ausbildung von Reiter und Pferd in Dressur und Springen, Lehrgänge für das Reitabzeichen, Vorbereitungen auf Prüfungen und Auktionen und vor allem Vollpensionsplätze für Kinder einschließlich Unterricht an. Das eigene Pferd kann mit- und dort untergebracht werden oder die Lehrpferde und Ponys von dort benutzt werden. Ausflüge zum Freilichtmuseum Klockenhagen, Wandern in der Rostocker Heide und Baden in der Ostsee sorgen für vielfältige Abwechslung. Na dann: Hals- und Beinbruch! ■

Adresse und Anfahrt: Pferde Ferien Hirschburg, Ortsteil Hirschburg-Klockenhagen, 18311 Ribnitz-Damgarten, Tel. 03821/8780-0.
Reisezeit: ganzjährig, bitte Prospekt anfordern.
Preise: gestaffelt nach Reisezeit und Größe der Ferienwohnungen ■

Jan Feb Mär Apr Mai Jun Jul Aug Sep Okt Nov Dez

Kindervorstellungen im Volkstheater

Das Volkstheater Rostock bietet Stücke für Kinder und Puppentheater für verschiedene Altersgruppen an. Im Spielplan sind: Die Geschichte vom Baum, Der kleine Prinz, Delphinensommer, Jakobs Träume / Die Nachtigall, Die Zauberkugel, Papageno spielt auf der Zauberflöte, Kiebich und Dutz. Nach den Vorstellungsterminen, den Spielstätten und den Eintrittspreisen erkundigt man sich telefonisch unter (0381) 244250 oder (0381) 244253 ■

Adresse und Anfahrt: Großes Haus, Doberaner Straße 134, Kleines Haus, Eselföter Straße 23
Alter: Kindertheater für Kinder von 4 bis 12 Jahren
Spielzeiten: telefonisch erfragen
Saison: ganzjährig außer Theaterpause im Juli und August
Eintritt: telefonisch erfragen
Verpflegung: Buffets im Theater; die City ist in 5 Minuten mit der Straßenbahn zu erreichen ■

Jan Feb Mär Apr Mai Jun Jul Aug Sep Okt Nov Dez

Zoo Rostock

Wer bislang noch keine Gelegenheit hatte, sich Baßtölpel und Trottellummen in natura anzusehen, der sollte sich den Rostocker Zoo nicht entgehen lassen.

Auf dem Rundweg kann es passieren, daß man einen Elefanten bei seinem täglichen Spaziergang trifft. Auch Felsenpinguine, Pfauen, Schreiadler und Schnee-Eulen nutzen die Besucherwege für kurze Stippvisiten. Der Zoo konzentriert sich vorwiegend auf Tiere der nördlichen Hemisphäre und auf Meerestiere. Am Eingang muß man sich unbedingt nach den Fütterungszeiten erkundigen, dabei zuzuschauen

ist ein besonderes Erlebnis. Die Streichelabteilung mit Haustieren befindet sich im zum Zoo gehörenden Arabergestüt in Biestow (drei Kilometer entfernt) und ist besonders üppig ausgefallen.

Hier ist Ponyreiten möglich ∎

Adresse und Anfahrt: Zoologischer Garten Rostock, Rennbahnallee 21, 18059 Rostock, Tel. 0381/20820. Straßenbahnlinie 11, Buslinie 39.
Öffnungszeiten: täglich ab 9 Uhr
Saison: ganzjährig
Eintritt: Erwachsene 9 Mark, Kinder 5 Mark, im Winter billiger
Verpflegung: Gastronomie im Zoo ∎

Jan Feb Mär Apr Mai Jun Jul Aug Sep Okt Nov Dez

Rügen

Wenn die Rügener vom "Rasenden Roland" sprechen, dann ist das keine freundliche Umschreibung eines Amokläufers – gemeint ist die museale Schmalspurbahn, die seit Jahrzehnten unverdrossen über Deutschlands größte Insel dampft. Die Kunstgeschichte verdankt Rügen sehr viel, denn hier ließ

sich der Romantik-Maler Caspar David Friedrich auf drei längeren Wanderungen in den Jahren 1801, 1802 und 1806 zu zahlreichen seiner Gemälde inspirieren, so entstanden zum Beispiel die "Kreidefelsen auf Rügen" ■

Fahrten mit dem Fischerboot

Von Ende März bis Ende Oktober sticht der Hochseekutter mit dem traditionsbewußten Namen "M. J. Kalinin" mehrmals täglich in See.
Die Fahrten beginnen an der Sassnitzer Mole und dauern, je nach Tour, zwischen zwei und vier Stunden.
Die zweistündigen Fahrten führen zu den Kreidefelsen und zum Königsstuhl. Bei schlechtem Wetter wird nicht rausgefahren, bei schönem Wetter ist die Seefahrt ein Genuß! Wenn der Kapitän gute Laune hat, dürfen die Kinder auf die Brükke – ein Erlebnis, von dem kleine Seeleute noch Wochen später mit stolzgeschwellter Brust erzählen. Auch der Maschinenraum kann manchmal besichtigt werden, man muß nur nett fragen! An Bord gibt es vorwiegend frischen Räucherfisch, das Essen kommt stilecht aus der Kombüse ■

Adresse und Anfahrt: M. J. Kalinin, Sassnitzer Mole, Tel. 038392/32180. Sassnitz liegt rund 25 Kilometer von Bergen entfernt und ist über die B 96 zu erreichen. Der Stadthafen ist ausgeschildert.
Abfahrten: täglich um 10 bzw. 10.30, 12.30, 14.30 und 16.30 Uhr, Abendfahrten auf Vorbestellung
Saison: Ende März bis Ende Oktober, sonst nur für Gruppen mit Anmeldung
Preise: Die 2-Stunden-Fahrt zu den Kreidefelsen kostet für Erwachsene 15,50 Mark, für Kinder bis 12 Jahren die Hälfte.
Verpflegung: Kombüse, viel Fisch, auch Eis ■

Jan Feb **Mär Apr Mai Jun Jul Aug Sep Okt** Nov Dez

 Rügen

Theater für Kinder in Putbus

Die Nachfrage nach den Theatervorstellungen ist meist sehr groß. Von Ende Mai bis Weihnachten gibt es rund 20 Vorführungen. Meist werden Märchen gezeigt, zum Beispiel "Zwerg Nase", "Frau Holle", "Schneeweißchen und Rosenrot". Die Stücke sind für Kinder ab vier Jahren geeignet, man sollte sich zu den einzelnen Vorstellungen gesondert erkundigen. Meist liegen die Termine Sonntag nachmittags, Ausnahmen bestätigen die Regel. Wenn die Eltern das Stück nicht mit

ansehen wollen, dann reicht die Zeit für einen dreiviertelstündigen Spaziergang. Den aktuellen Spielplan erfährt man unter der Telefonnummer 038301/405, in den Lokalteilen der Zeitungen oder im Inselmagazin "Rügen aktuell". Bis zur endgültigen Fertigstellung der Renovierungsarbeiten am klassizistischen Theaterbau in Putbus wird im ehemaligen "Haus der Armee" in Prora gespielt ∎

Adresse und Anfahrt: Inseltheater Putbus, Alleestraße 9a, Putbus, Tel. 038301/405 o. 406. Putbus liegt 7 Kilometer südlich von Bergen. Bis zum Ende der Renovierungsarbeiten wird im ehemaligen "Haus der Armee" in Binz-Prora an der B 196a gespielt.
Zeiten: aktuellen Spielplan tel. erfragen
Saison: Ende März bis Weihnachten
Eintritt: 4,80 DM für Kinder und Eltern
Verpflegung: Gastronomie im Theater ∎

Jan Feb **Mär Apr Mai Jun Jul Aug Sep Okt Nov Dez**

 Rügen

Orangerie und Park in Putbus

Der Park von Putbus wurde als natürlicher Landschaftsgarten angelegt.

Inmitten der romantischen Anlage mit vielen seltenen Baumarten, zum Beispiel Riesen-Mammutbäumen, wartet ein Freigehege mit Rot- und Damwild auf die jungen Besucher. Das Damwild ist sehr zutraulich und läßt sich auch schon einmal streicheln.

Der Park hat eine Größe von 75 Hektar. Die sich anbietende Wanderung (Führungen) durch die harmonisch arrangierten Baumgruppen ist reine Seelenmassage. Mittendrin steht die Orangerie, in der Kunstausstellungen gezeigt werden.

Nur bedingt etwas für Kinder ist auch das Rügener Puppen- und Spielzeugmuseum im Affenhaus des Parks.

Dort gibt es übrigens ein kleines Café ∎

Adresse und Anfahrt: Park Putbus, Tel. 038301/431. Putbus liegt 7 Kilometer südlich von Bergen, der Park ist ausgeschildert.
Öffnungszeiten: Der Park ist immer geöffnet, die Orangerie Mai – Sept. tägl. 10 – 17 Uhr, Okt. – Apr. Di. – So. 10 – 16 Uhr, montags geschlossen
Saison: ganzjährig
Eintritt: frei, Orangerie: Erwachsene 4,– DM, Ermäßigung 1,– bzw. 2,– DM
Verpflegung: Picknick, Café im Puppenmuseum, "Jägerhütte" am Rand des Parks, Café in der Orangerie, Restaurant am Circus ∎

Jan Feb Mär Apr Mai Jun Jul Aug Sep Okt Nov Dez

 Rügen

Der "Rasende Roland"

Der Name "Rasender Roland" ist nur bedingt zutreffend, denn die Schmalspur-Dampfeisenbahn braucht für die Strecke von rund zwanzig Kilometern mehr als eine Stunde.
Das schafft eine junge Mountainbikerin auch, dabei hat sie aber nur halb soviel Spaß. Wer die Insel Rügen verläßt, ohne mit der Bahn gefahren zu sein, der hat grob fahrlässig gehandelt. Es gibt wirklich keine Ausreden. Der Zug fährt täglich mehrmals, das ganze Jahr hindurch. Fährt man von Putbus zum Ostseebad Göhren, das auf der östlichsten Spitze der Insel liegt, dann bietet sich ein Sprung in die Fluten der Ostsee an. Je nach Fahrplan, im Sommer verkehrt der Zug

besonders oft, kann man Aufenthalte von einer bis zu mehreren Stunden planen.
So verbindet man die Fahrt auf dem Dampfroß mit einem Strandtag – eine gute Mischung ∎

Adresse und Anfahrt: Auskünfte zum Fahrplan des Rasenden Roland bekommt man unter Tel. 038301/456. Die Bahnhöfe sind ausgeschildert.
Fahrzeiten: Fahrplan tel. erfragen
Saison: ganzjährig
Fahrpreise: Putbus – Göhren, einfache Fahrt Erwachsene 12 Mark, Kinder von 4 bis 11 Jahren 6 Mark
Verpflegung: Picknick, Gastronomie an den Bahnhöfen ∎

Jan Feb Mär Apr Mai Jun Jul Aug Sep Okt Nov Dez

Mecklenburg-Vorpommern

 Rügen

Störtebeker Festspiele in Ralswiek

Die Naturbühne in Ralswiek ist passende Kulisse für die Störtebeker Festspiele, die jeden Sommer stattfinden. Zur Zeit der Hanse hielt der Freibeuter Störtebeker die reichen "Pfeffersäcke" in Atem. Heute sehen bis zu 10.000 Zuschauer gebannt auf die Bühne: Koggen kreuzen auf, Lanzenreiter kämpfen in farbenprächtigen Kostümen, und das Happy-End ist gewiß. Da wird zwar die Geschichte ein wenig umgebogen, denn der echte Störtebeker wurde enthauptet, doch so wollen es die Zuschauer schließlich sehen. Das Stück eignet sich für Kinder ab fünf Jahren. Langeweile kommt ganz bestimmt nicht auf, denn das Stück ist action-geladen und wird mit einer Menge toller Spezialeffekte angereichert. Die Preise für Kinder reichen von 12 bis 28 Mark, für Erwachsene von 14 bis 34 Mark ∎

Adresse und Anfahrt: Störtebeker Festspiele, Naturbühne Ralswiek. Telefonische Auskunft erhält man unter der Nummer 03838/31100. Die Bühne ist ab Bergen auf Rügen ausgeschildert.
Zeiten: telefonisch erfragen
Saison: Juli und August
Preise: gestaffelt, siehe Text
Verpflegung: Verpflegungsstände, Picknick ∎

Jan Feb Mär Apr Mai Jun **Jul Aug** Sep Okt Nov Dez

Mecklenburgische Schweiz

Im Herzen der Mecklenburgischen Schweiz stehen die sieben tausendjährigen Eichen von Ivenack. Das sind, so weiß es eine Sage, verzauberte Nonnen. Sie ließen sich, weil sie des Nonnendaseins überdrüssig waren, vom Teufel aus dem

Kloster führen. Der stellte die Bedingung, daß sie sich auf dem Weg nicht umdrehen dürften. Sie taten es trotzdem, das quittierte der Leibhaftige mit einer Verwünschung. So stehen die Nonnen noch am heutigen Tage auf der Stelle und treiben Wurzeln in die Erde. Der Wald mit den tausendjährigen Eichen ist Zentrum eines sehenswerten Tierparks ■

Die Astronomiestation Demmin

Wer sich in die Welt der Sterne entführen lassen möchte, der ist im Planetarium Demmin genau richtig. Hier werden Vorführungen für Kinder ab sechs Jahren und Erwachsene angeboten. Während der "Märchenstunde" fliegen sie mit einer Zauberwolke ins All. Ein Besuch im Planetarium muß vorher angemeldet werden. In der Stadtinformation Demmin kann man die Termine für öffentliche Führungen erfahren. Der Leiter, Claus Fischer, trägt alle Erklärungen persönlich vor. Die Programme sind nicht „automatisiert" wie in den großen Planetarien. Das Demminer Planetarium befindet sich in einem ehemaligen Wasserturm neben dem Friedhof, am Eingang zu den Sandbergtannen. In der unmittelbaren Umgebung gibt es einen Spielplatz, ein Restaurant und Picknickmöglichkeiten ■

Adresse und Anfahrt: Astronomiestation Demmin; PF 1146, An den Tannen, 17101 Demmin, im alten Wasserturm, Auskunft und Anmeldung für Gruppen bei Claus Fischer, Tel. 03998/222410. Demmin liegt an der Kreuzung der Bundesstraßen B 110 und B 194. Das Planetarium liegt auf dem Berg über der Stadt und ist von weitem zu erkennen.
Öffnungszeiten: nur nach tel. Absprache
Saison: ganzjährig
Eintritt: Erwachsene 2 Mark, Kinder 1 Mark
Verpflegung: Picknick, Gasthaus in der Nähe ■

Jan Feb Mär Apr Mai Jun Jul Aug Sep Okt Nov Dez

Die Burgwallinsel bei Teterow

Die Insel im Teterower See war früher eine Slawensiedlung. Zu ihr gelangt man mit einer antiquierten Seilzugfähre. Ist man drüben angekommen, beginnt schon das Abenteuer, denn die nachgebildete Slawenburg wurde als Kinderspielplatz ausgestaltet. Während sich die Freizeit-Slawen selbstversunken in der Burg vergnügen, nehmen die Eltern, froh über die Momente der Ruhe, im "Wendenkrug" Platz. Es gibt

eigentlich nur eine Möglichkeit, die Kinder wieder vom Spielplatz loszueisen, und das ist eine Bootspartie. Ruderboote können auf der Insel geliehen werden, die Preise sind moderat. Der vier Quadratkilometer große See hat idyllische abgeschiedene Buchten mit seltenen Pflanzen und Tieren – ein Grund, das Rudervergnügen wahrzunehmen und den Tieren mit dem Fernglas näher zu kommen ■

Adresse und Anfahrt: Burgwallinsel Teterow, Auskunft beim Fremdenverkehrsamt Teterow, Tel. 03996/172028. Teterow liegt an den Bundesstraßen B 104 und B 108. Die Burgwallinsel ist im Ort ausgeschildert.
Öffnungszeiten: täglich
Saison: von Mai bis Ende Oktober
Preise: 2/1 Mark für die Personenfähre, Ruderboot 5 DM/Std., Tretboot 10 DM/Std.
Verpflegung: Kiosk in der Saison + Restaurant Wendenkrug; Mai – Aug. tägl., ab September Mo. Ruhetag
Drumherum: Landschaftspark Schlitz, Tierrassenpark Lelkendorf ■

Jan Feb Mär Apr **Mai Jun Jul Aug Sep Okt** Nov Dez

"Uns lütt Museum" in Dargun

Es war einmal eine Geschichtslehrerin, die hatte doch tatsächlich Schüler, die sich für die Vergangenheit ihres Heimatortes interessierten. Sie sammelten zu Hause Gegenstände aus der Jugendzeit ihrer Eltern und Großeltern und trugen sie zusammen. Als die Kinder immer mehr anschleppten, reifte der

Entschluß, ein eigenes Museum einzurichten – von Kindern für Kinder.
So enstand "Uns lütt Museum" in Dargun. Viele der Ausstellungstücke dürfen angefaßt und ausprobiert werden. Hineingeschlüpft in die riesigen alten Kutscherstiefel und kräftig gedrückt mit der alten Rübenpresse. So wird das Bauernleben vergangener Tage wieder lebendig.
Kinder haben einen Riesenspaß, weil es hier eben kein Sakrileg ist, die Ausstellungsstücke zu "befummeln". Immer dienstags ab 14 Uhr trifft sich die Bastelgruppe, dann wird auch das Museum weiter vervollkommnet.

Adresse und Anfahrt: Das Museum befindet sich in der Kloster-Schloß-Anlage Dargun, Jahnstraße 28, 17159 Dargun. Auskünfte geben Marlies Claassen unter Tel. 039959/20381 oder die Stadtinformation, Tel. 039959/22381. Dargun liegt nicht weit westlich von Demmin an der B 110.
Öffnungszeiten: täglich 14 bis 16 Uhr oder nach Vereinbarung
Saison: Mai bis September
Eintritt: Erwachsene 2 Mark, Kinder 1 Mark
Verpflegung: Gastronomie im Ort

Jan Feb Mär Apr **Mai Jun Jul Aug Sep** Okt Nov Dez

Schiffsfahrten auf dem Krakower See

Der Krakower See besteht aus dem buchtenreichen Hauptsee und dem südlich gelegenen Obersee, der Naturschutzgebiet ist. Gefahren wird mit dem traditionellen Fahrgastschiff "Frauenlob", das schon einige Jahre auf dem Buckel hat. Wer aber ein Faible für die 50er Jahre hat, der wird begeistert sein. Die Fahrten dauern ein bis zwei Stunden und führen durch die

Buchten und vorbei an den Inseln des Sees. Bei schönem Wetter ist der Ausblick herrlich, ursprüngliche Landschaft im Überfluß! Gefahren wird ab Mai täglich außer montags, die Touren ab dem Anleger an der Seepromenade beginnen um 10, 11 und 14 Uhr. Wer für die einfachen Dinge des Lebens zu haben ist, wird auch die Bordgastronomie schätzen. Nach der Rückkehr vertreibt man sich die Zeit an der Krakower Seepromenade, die auch einen Spielplatz hat ■

Adresse und Anfahrt: Fahrgastschiffahrt auf dem Krakower See, tel. Auskunft beim Verkehrsbüro, Tel. 038475/2258. Krakow liegt an der B 103 zwischen Güstrow und Plau. Die Seepromenade ist ausgeschildert.
Fahrzeiten: täglich außer montags Abfahrten um 10, 11 und 14 Uhr
Saison: von Mai bis Ende September
Eintritt: Erwachsene 5 Mark, Kinder von 4 bis 9 Jahren die Hälfte
Verpflegung: Bordgastronomie
Drumherum: Im angesteuerten Nebeltal kann man schön wandern oder auf Wunsch von einer Kutsche abgeholt werden ■

Jan Feb Mär Apr **Mai Jun Jul Aug Sep** Okt Nov Dez

Mecklenburgische Schweiz

Reiten auf dem Gestüt Ganschow

Das Gestüt Ganschow in Alt Sammit ist einer von vielen Reiterhöfen in der Mecklenburgischen Schweiz. Auskünfte erteilt das regionale Fremdenverkehrsamt, Tel. 03843/683223.
Auf dem Gestüt dürfen schon Kinder ab vier Jahren auf Ponys reiten. Die Eltern führen Pony und Kind im Carrée, junge Reiter dürfen bei geführten Ausritten aus dem Hof hinaus galoppieren. Die Stunde kostet jeweils 10 Mark. Erwachsene zahlen bei geführten Ausritten 16 Mark die Stunde.

Kutschfahrten sind ebenfalls möglich. Eine Fünf-Personen-"Kalesche" ist für 40 Mark pro Stunde zu mieten.
Termine gibt es nur nach Voranmeldung, Saison ist das ganze Jahr über. Nach dem Ausritt setzt man sich in die Gestütskantine und trinkt einen Kaffee ∎

Adresse und Anfahrt: Gestüt Ganschow, Alt Sammit, Tel. 0384/2870. Alt Sammit liegt zwei Kilometer westlich von Krakow am See. Krakow erreicht man über die B 103 ab Güstrow in südlicher Richtung. Das Gestüt ist ausgeschildert.
Zeiten: nach Vereinbarung
Saison: ganzjährig
Preis: 16/10 Mark pro Stunde für Erwachsene und Kinder
Verpflegung: Kantine im Gestüt, Gastronomie in Krakow
Drumherum: Schiffsfahrt auf dem Krakower See ∎

Jan Feb Mär Apr Mai Jun Jul Aug Sep Okt Nov Dez

Mecklenburg-Vorpommern

Die Insel Usedom und Vorpommern

Schon Ende des vergangenen Jahrhunderts war die Insel Usedom, der nordöstlichste Zipfel der Republik, berühmt als "Badewanne der Berliner".

Nach dem Adel kam die Schickeria, nach dem Krieg wurden die schönen Villen und Hotels zu sozialistischen Erholungszwecken umgemünzt. Die Insel mit ihren schönen Seebädern und fast 40 Kilometern durchgehender weißer Sandküste braucht sich nicht hinter Rügen zu verstecken. Im Gegenteil: Wer dem Trubel im Urlaub lieber aus dem Weg geht, der ist hier eindeutig besser aufgehoben ∎

Tropenhaus Bansin

Fürs Wochenende in die Tropen – in Bansin auf der Insel Usedom ist das möglich! Pfingsten 1996 wurde das Tropenhaus nach Privatisierung und Neubau wiedereröffnet. Jede Menge Tiere und Pflanzen aus den Ländern nahe des Äquators warten nun auf ihre Besucher. Das "Tropenrestaurant" und das Bistro "Schlangennest" sind mitten im Gebäude untergebracht, Ein Blick auf die Kaimane und Bananenbäume regt beim Speisen so richtig zu abenteuerlichen Phantasien an. Dies nennt man dann Erlebnisgastronomie.

Das Tropenhaus ist ein guter Tip für trübe Tage und schöne Abende ∎

Adresse und Anfahrt: Apartment-Ferienanlage Tropenhaus Bansin, Goethestr. 10, 17429 Seebad Bansin, Tel. 038378/2540, Fax 038378/25499. Richtung Strand, im Ort ist das Tropenhaus ausgeschildert
Öffnungszeiten: täglich von 10 bis 18 Uhr
Eintritt: Erwachsene 4,– Mark, Kinder 1,– Mark
Verpflegung: Tropenrestaurant, Bistro "Schlangennest" ∎

Jan Feb Mär Apr Mai Jun Jul Aug Sep Okt Nov Dez

 Die Insel Usedom und Vorpommern

Usedomer Strandspaziergang

Wer früh genug aufsteht, der erlebt, wie am eigentlich piekfeinen Strand der Insel tuckernde Fischkutter mit brummigen Fischerleuten anlegen.

Tagsüber tragen die auf das Trockene gezogenen Boote zum maritimen Ambiente bei. Ein sehr guter Ort, um eine Wanderung zu starten, ist das kleine Seebad Bansin, das rund sieben Kilometer vor der polnischen Grenze liegt. Links den Strand entlang geht es zum Ausblickspunkt Langer Berg, den man schon nach 20 Minuten erreicht.

Sehr viel abwechslungsreicher ist die Wanderung zum Seebad Ahlbeck, die entweder über die Strandpromenade entlang entzückender Gründerzeitvillen führt – oder man geht am Meer entlang, läßt sich schäumendes Wasser über die Füße spülen und sucht nach Muscheln. Am Ende des rund drei Kilometer langen Weges wartet die berühmte Seebrücke von Ahlbeck. Hier kann man Torten verspeisen und Kaffee für den Rückweg tanken.

Bei sonnigem Sommerwetter steht natürlich noch ein Sprung ins kühle Naß auf der Tagesordnung ■

Adresse und Anfahrt: Den Ort Bansin erreicht man ab Anklam oder Wolgast über die Bundesstraßen B 111 oder B 110. Im Ort sind Parkplätze ausgewiesen.
Öffnungszeiten: immer
Saison: ganzjährig
Eintritt: frei
Verpflegung: Picknick, Gastronomie aller Art ■

Jan Feb Mär Apr Mai Jun Jul Aug Sep Okt Nov Dez

Mecklenburg-Vorpommern

Tierpark Wolgast

Hauptanziehungspunkt des Tierparks bei Wolgast ist sicherlich die Braunbärenfamilie.
Wenn man bedenkt, daß die braunen Giganten früher in unseren Wäldern heimisch waren, kann man schon etwas nachdenklich werden!
Auf den rund zehn Hektar des Geländes werden 51 weitere Tierarten gezeigt, darunter die putzmunteren Waschbären und auch die vielköpfige Schwarzwildfamilie.

Brandneu ist der Streichelzoo, der es den Kindern ermöglicht, den Tieren noch dichter auf die Pelle zu rücken.
Der Tierpark liegt in einem natürlichen Waldstück, schon der Spaziergang ist reine Erholung.
Zum Gelände gehört auch das Tiergarten-Café, das täglich von 9 bis 18 Uhr geöffnet ist ∎

Adresse und Anfahrt: Tierpark Wolgast, Tannenkamp, Wolgast, Tel. 03836/203713. Der Tierpark ist weiträumig ausgeschildert.
Öffnungszeiten: im Sommer von 9 bis 18 Uhr, im Winter nur bis 16 Uhr
Saison: ganzjährig
Eintritt: Erwachsene 4,– Mark, Ermäßigungen 2,– Mark
Verpflegung: Tierpark-Café ∎

Jan Feb Mär Apr Mai Jun Jul Aug Sep Okt Nov Dez

Die Insel Usedom und Vorpommern

Pony- und Pferdeverleih Will in Ahlbeck

Wer die Insel schon per Auto, Fahrrad, Bahn und Schiff erkundet hat, der sollte es auch noch auf dem Rücken der Pferde versuchen. Kleine Kinder, die noch nicht richtig reiten können, werden kurzerhand auf einen Haflinger gesetzt und von den Eltern herumgeführt. Das kostet 20 Mark pro Stunde. Reitende Familien können sich auch Pferde zu einem Ausritt leihen. Wer die verfluchte Erdanziehungskraft fürchtet, der wird froh sein, daß es Kutschen gibt: pro Stunde ab 40 Mark. Das Gefährt hat genügend Platz für eine Familie, auch Planwagenfahrten für Gruppen bis 85 Personen sind möglich, Fahrten führen zum Beispiel ins Naturschutzgebiet im Hinterland der Insel. Dort ist es so still und friedlich, daß man mitunter Flöhe husten hört – nicht nur für Städter ein wahres Paradies!  Nach dem Pferdevergnügen setzt man sich noch ein wenig an den schönen Strand, an die Seebrücke oder an die Promenade. Die Parole heißt "Seele baumeln lassen!" Wem es dort richtig gut gefällt, der kann sich auch gleich eine Ferienwohnung für längere Zeit mieten ∎

Adresse und Anfahrt: Pferdefuhrunternehmen H.-J. Will, Gothenweg 14, Ahlbeck, Tel. 038378/28450. Fährt man von Ahlbeck in Richtung Bansin, dann ist der Gothenweg die vorletzte Straße links.
Öffnungszeiten: täglich ab 6.00 Uhr
Saison: ganzjährig, nicht bei Glatteis
Kosten: Ponyreiten 20 Mark pro Stunde, Kutschen ab ca. 40 Mark pro Stunde
Verpflegung: Picknick, Gastronomie im Ort ∎

Jan Feb Mär Apr Mai Jun Jul Aug Sep Okt Nov Dez

Mecklenburg-Vorpommern

Mecklenburgische Seenplatte

Schreiadler und Schwarzstorch, Fischadler und Kranich – im Land der tausend Seen finden sie noch ein Refugium. Dichte Wälder und weite Felder prägen das Bild, und hinter jeder

Kurve wartet das nächste Gewässer. Die Bewohner dieses Landstrichs gelten als dickfellig und ein wenig mürrisch. Wenn man einen Seenplatten-Bewohner aber ein zweites Mal trifft, merkt man, daß sie von großer Herzlichkeit sind ■

Schiffspartie auf dem Malchower See

Wer die Mecklenburger Seenplatte bereist, ohne eine Schiffsrundfahrt zu machen, der ist ein Ignorant! Die besonderen Reize dieser Region erschließen sich erst auf dem Wasser. Die Malchower Fahrgastschiffahrt bietet Rund- und Tagesfahrten an. Um ein Dreihundertdreiunddreißigstel der Seenplatte gesehen zu haben, begibt man sich auf die 3-Seen-Fahrt, die Richtung Kölpinsee oder Richtung Plauer See und Fleesensee führt. Die Fahrten dauern jeweils rund anderthalb Stunden. Montag ist Familientag mit besonders günstigen Angeboten auf zwei Strecken. Kinder bis zu einem Alter von 14 Jahren fahren dann frei. Wer eher an ein tagesfüllendes Programm denkt, der macht die knapp siebenstündige Tour nach Waren an der Müritz. Dort gibt es einen vierstündigen Aufenthalt. Über den aktuellen Fahrplan erkundigt man sich am besten telefonisch ■

Adresse und Anfahrt: Malchower Fahrgastschiffahrt, An der Drehbrücke, Tel. 039932/83256. Der Anleger befindet sich mitten in der Stadt gegenüber der Klosterkirche und ist ausgeschildert.
Fahrzeiten/Saison: tel. erfragen, von Mitte April bis Mitte September täglich
Fahrpreise: für die 3-Seen-Fahrt Erwachsene 12 Mark, Kinder zwischen 6 und 14 Jahren die Hälfte, montags Familientag mit günstigen Preisen
Verpflegung: Gastronomie an Bord, Picknick
Drumherum: kleiner Stadtbummel in Malchow nach der Rückkunft ■

Jan Feb Mär Apr Mai Jun Jul Aug Sep Okt Nov Dez

Bootsvermietung Mirow

Ein Angebot für Aktivisten, die den Gestank der Dieselmotoren von Ausflugsschiffen verachten: Miet dir ein Boot!
Der Bootsverleih in Mirow bietet Ruderboote, Kanus, Kajaks und Elektroboote und für Segler auch Jollen — eine bunte Palette, um eine Expedition ins Land der tausend Seen zu starten. Für Halbprofis, die noch nicht mit allen Wassern gewaschen sind, empfiehlt sich die Ausleihe eines Ruderbootes, denn das ist nicht so kippelig. Hat man ein Gefährt

angemietet, das geht stunden- bis wochenweise, dann paddelt man gemütlich über den Mirower See. Wenn der ganze Tag verplant ist, dann geht die Fahrt über den Stichkanal zum Zotzensee und weiter zum Vilzsee.
In den Preisen ist übrigens ein Bring-Service enthalten.
Die Kinder spielen Seeräuber, während die Eltern sich Blasen an den Händen holen – eine gerechte Verteilung!
Es warten für Pause und Picknick unberührte Ufer ebenso wie der eine oder andere Campingplatz mit der üblichen Infrastruktur: Kiosk, Imbiß, Toiletten, Strand etc. ■

Adresse und Anfahrt: Bootsverleih Mirow, Strandbad, Strandstraße 20, Tel. 039833/20806.
Zeiten: täglich von 11 bis 22 Uhr
Saison: ganzjährig, lohnt sich natürlich nur, wenn es warm ist
Kosten: unterschiedlich, je nach Bootstyp und Leihdauer, tel. erfragen
Verpflegung: Picknick, Restaurant mit Sonnenterrasse im Strandbad
Drumherum: Schwimmen, Spielplatz im Gelände, Zelten (5 Mark/Zelt) ■

| Jan | Feb | Mär | Apr | Mai | Jun | Jul | Aug | Sep | Okt | Nov | Dez |

Mecklenburg-Vorpommern

Fährfahrt über den Schmalen Luzin

Die Fährfahrt ab Feldberg über den Schmalen Luzin ist kein komplettes Ausflugsziel, die Fahrt mit der alten, handbetriebenen Fähre könnte am Anfang eines Spazierganges am gegenüberliegenden Ufer sein. Sie dauert eine Viertelstunde, der Spaziergang führt durch das schöne Naturschutzgebiet oder einfach ins Grün des Waldes.

Die kleine Fähre ist nur für Personen zugelassen. Die einzigen Fahrzeuge, die man mitnehmen kann, sind Fahrräder. Auf

der Höhe über dem Fährziel liegt das Hotel Hullerbusch. Hier kann man den vom Wandern erschöpften Kleinen zuliebe eine Kaffeerast einlegen.

Bei schönem Wetter breitet man die Picknickdecke auf der Höhe aus ∎

Adresse und Anfahrt: Fähre am Schmalen Luzin, Tel. 039831/20814. Die Anlegestelle der Fähre liegt im Ort und ist ausgeschildert. Man geht einfach die hundert Stufen zum See hinab. Feldberg liegt östlich von Neustrelitz.
Fahrzeiten: verkehrt halbstündlich
Saison: Ende April bis Ende September
Kosten: pro Person 1,50 DM, Kinder 0,75 DM, Fahrräder 1 DM
Verpflegung: Gastronomie in Feldberg oder Hullerbusch ∎

Jan Feb Mär **Apr Mai Jun Jul Aug Sep** Okt Nov Dez

Mecklenburgische Seenplatte

Der Reiterhof Drephal in Malchow

Ponyreiten ist hier ab fünf Jahren möglich, wenn die Eltern das kleine Huftier führen.
Natürlich können auch Ausritte unternommen werden, aber nur, wenn die gesamte Familie sattelfest ist. Die führen dann in die herrliche Landschaft rund um Malchow.
Wälder und Wiesen gibt es im Überfluß, und auch Ausblicke auf den Fleesensee sind im Preis inbegriffen. Wenn die Familie noch nie einen Sattel unter sich gespürt hat und trotzdem nicht auf das Vergnügen verzichten will, mit wenigen PS die Landschaft zu erobern, dann gibt es die Möglichkeit einer Kutschfahrt.
Alles weitere Wichtige zum Thema spricht man telefonisch mit Bernd Drephal ab ∎

Adresse und Anfahrt: Reiterhof Bernd Drephal, Platz der Freiheit 3, Malchow, Tel. 039932/14320.
Zeiten: täglich von 9 bis 18 Uhr
Saison: ganzjährig
Preise: nach Absprache
Verpflegung: Gastronomie im Ort
Drumherum: Spielplatz in der Nähe ∎

Jan Feb Mär Apr Mai Jun Jul Aug Sep Okt Nov Dez

Mecklenburg-Vorpommern

Niedersachsen S. 89-140
Bremen S. 141-145

Niedersachsen und Bremen

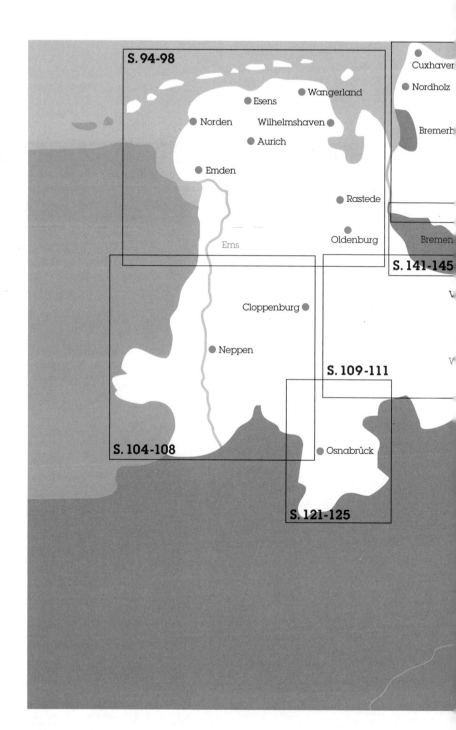

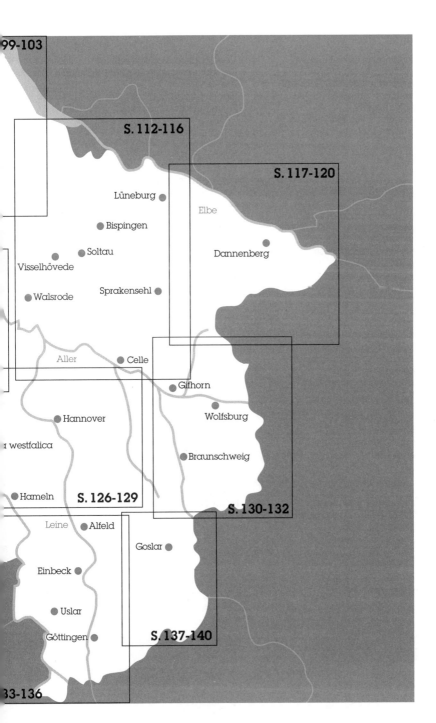

Niedersachsen und Bremen

Ostfriesland	S. 94-98
Sonneninsel in Esens-Bensersiel	94
Der Hafen in Krummhörn-Greetsiel	95
Kanalfahrt mit der MS "Stadt Aurich"	96
Freizeitpark "Lutge Land" in Altfunnixsiel	97
Tagesfahrten von Emden nach Borkum	98

Zwischen Nordsee, Weser und Elbe	S. 99-103
Natureum Niederelbe in Balje	99
Zoo am Meer in Bremerhaven	100
Spiel- und Sportpark Wingst Cuxhaven:	101
Touren zur Insel Neuwerk	102
Das Deutsche Schiffahrtsmuseum in Bremerhaven	103

Das Emsland	S. 104-108
Freilichtmuseum Cloppenburg	104
Eisenbahnfahrt durchs Hasetal	105
Ferienzentrum Schloß Dankern	106
Kanu-Touren auf der Ems	107
Das Freilichtschiffahrtsmuseum Kanalstraße in Haren	108

Zwischen Hunte und Weser	S. 109-111
Freizeitpark Verden	109
Naturtierpark Ströhen mit Vollblutaraber-Gestüt	110
Serengeti Safaripark Hodenhagen	111

Lüneburger Heide	S. 112-116
Schiffshebewerk Scharnebeck	112
OTTER-ZENTRUM Hankensbüttel	113
Vogelpark Walsrode	114
Salztherme Lüneburg	114
Heidepark Soltau	115
Wildpark Lüneburger Heide	116

Das Wendland	S. 117-120
Marionettentheater Dannenberg	117
Das Historische Feuerwehrmuseum in Lüchow-Dannenberg	118
Der Wendlandhof in Lübeln	119
Elbe-Tour mit dem Fahrrad	120

Osnabrücker Land	S. 121-125
Vogelparadies Bad Rothenfelde	121
Die Saurierspuren in Barkhausen	122
Zoo Osnabrück	123
Planetarium Osnabrück	124
Figurentheater Osnabrück	125

Raum Hannover	S. 126-129
Fahrten auf dem Steinhuder Meer	126
Wisentgehege bei Springe	127
Der Zoo in Hannover	128
Das Wasser-Paradies in Hildesheim	128
Dinosaurierpark Münchehagen	129

Zwischen Braunschweig und Wolfsburg	S. 130-133
Der Erse-Park Uetze	130
Das AutoMuseum bei VW	131
Badeland Wolfsburg	132
Zoo Braunschweig	133
Tierpark Essehof	133

Raum Göttingen und Solling	S. 134-136
Die Blankschmiede in Dassel	134
Die Wilhelm-Busch-Mühle in Ebergötzen	135
Schmetterlingspark Uslar	136

Der Harz	S. 137-140
Freizeitbad Vitamar in Bad Lauterberg	137
Die Harzer Schmalspurbahnen	138
Niedersächsisches Bergbaumuseum in Lautenthal	139
Freizeitpark in Sieber	140

Bremen und Umgebung   S. 141-145

Schülertheater "MOKS" im Brauhaus	141
Überseemuseum Bremen	142
Hafenrundfahrten Bremen	143
Schiffstour von Vegesack nach Worpswede	144
Tiergarten Ludwigslust in Osterholz-Scharmbeck	145

Niedersachsen und Bremen

Ostfriesland

Wer heute den mächtigen Backsteinturm im kleinen ostfriesischen Marienhafe besteigt, um den weiten Blick über das flache Land zu genießen, der tut dies ohne Sorgen.

Zur Zeit, als Seeräuber noch die Nordsee unsicher machten, wäre derlei bedenkenloses Betreten sehr gefährlich gewesen, denn das heute als Störtebeker-Turm bekannte Bauwerk war einst der Schlupfwinkel des berühmtesten deutschen Seeräubers. Deshalb sollte man die in Ostfriesenwitzen verlachten Bewohner dieses Landstrichs nicht unterschätzen – vielleicht fließt ja noch Störtebekerblut in ihren Adern ∎

Sonneninsel in Esens-Bensersiel

Südseespaß im Nordseeklima: Wenn draußen die rauhen Winde wehen, ist es in der Sonneninsel nicht nur mollig warm, sondern fast schon tropisch heiß! Unter Deutschlands größter freitragender Sonnenkuppel kann man für einen schönen Nachmittag abschalten. Für die Kleinsten gibt es das "Sonnibad" mit 32 Grad C warmem Wasser und einigen Spielmöglichkeiten. Die Schwimmer gehen ins 30 Grad C warme Süßwasserbad und setzen sich dort der Kraft rauschender Wasserfälle aus. Für die Eltern sind sicherlich die finnische Sauna, das römische Dampfbad und die Sonnenbänke von Interesse. Zwischendurch setzt man sich ins "Bikini-Café" ∎

Adresse und Anfahrt: Nordseetherme Sonneninsel, Esens-Bensersiel, Tel. 04971/916141. Bensersiel liegt drei Kilometer von Esens entfernt am Meer, die Therme ist ausgeschildert.
Alter: ab 6 Monaten
Öffnungszeiten: täglich ab 10 Uhr, montags und freitags bis 22 Uhr, sonst bis 21 Uhr, sonntags bis 19 Uhr.
Eintritt: nach Zeiten gestaffelt, tel. Auskunft
Verpflegung: Café ∎

Jan Feb Mär Apr Mai Jun Jul Aug Sep Okt Nov Dez

 Ostfriesland

Hafenbesuch in Krummhörn-Greetsiel

Bei halbwegs schönem Wetter ist ein Besuch des romantischen Bilderbuchhafens Greetsiel angeraten. Der 600 Jahre alte Krabbenkutterhafen wird auch heute noch täglich von den hier beheimateten 28 Schiffen angelaufen. Die Anlaufzeiten ändern sich mit den Gezeiten. Wenn man sich aber telefonisch einen Tag zuvor erkundigt und deshalb zur rechten Zeit erscheint, dann kann man beobachten, wie der Fang von Bord geschafft wird. Von den Kuttern aus werden leider keine Krabben verkauft, man kann sich aber in einem der nahen Fischläden mit einer Portion versorgen und dann, auf einer Bank am Hafen sitzend, das "Pulen" üben. Um weiter maritim zu bleiben, besucht man den Leuchtturm von Campen und blickt aus 65 Meter Höhe weit über das Meer.

Anschließend bietet sich noch ein kleiner Deichspaziergang an. Oder man fährt an den "Grünstrand" bei Upleward, denn dort kann man baden ∎

Adresse und Anfahrt: Auskunft vom Verkehrsverein Greetsiel, Tel. 04926/1331. Greetsiel liegt rund 20 Kilometer nordwestlich von Emden.
Zeiten/Saison: Die Kutter fahren meist ab Mitte März bis Mitte November. Die Ankunftszeiten sind gezeitenabhängig.
Verpflegung: Picknick im Hafen oder auf dem Deich, zahlreiche Cafés, Teestuben und Restaurants im Ort ∎

Jan Feb **Mär Apr Mai Jun Jul Aug Sep Okt Nov** Dez

Niedersachsen

Kanalfahrt mit der MS "Stadt Aurich"

Ostfriesland ist das Land der Kanäle und Gräben. Was liegt da näher als ein Ausflug mit einem Kanal-Schiff?!
Die verschiedenen Fahrten über den Ems-Jade-Kanal von Aurich nach Emden, Wiesens oder Ihlow werden ab Mai bis

Ende Oktober angeboten. Die Fahrt ist kurzweilig, denn auf der Strecke passiert man einige Klappbrücken, die vom Brückenwärter geöffnet werden müssen, und die Schleuse Kukelorum steht auch auf dem Programm.
Der Kanal liegt höher als das ihn umgebende Land, deshalb genießt man vom Boot aus einen vortrefflichen Aus- und Überblick.
Man kann sich an Bord des Schiffes verpflegen. Auf der Rückfahrt legt man aber manchmal auch kurz an der Schleusengaststätte Kukelorum an, wo man ebenfalls etwas "zwischen die Kiemen" bekommen kann ∎

Adresse und Anfahrt: MS "Stadt Aurich", tel. Auskunft unter 04941/4464. Fährt am Ems-Jade-Kanal-Hafen, der südlich des Schloßgeländes fünf Gehminuten von der Innenstadt entfernt ist.
Fahrzeiten: je nach Zielhafen verschieden, tel. erfragen
Saison: Juni bis September
Fahrpreise: Erwachsene 8,– bzw. 18,– Mark, Kinder 4,– bzw. 9,– Mark (je nach Zielhafen)
Verpflegung: an Bord, während der Pause in der Schleusengaststätte ∎

Jan Feb Mär Apr Mai **Jun Jul Aug Sep** Okt Nov Dez

 Ostfriesland

Freizeitpark "Lütge Land" in Altfunnixsiel

Das "Lütge Land" ist ohne Zweifel einer der originellsten Freizeitparks, denn hier liegen den Besuchern die Sehenswürdigkeiten von ganz Deutschland zu Füßen. Schloß Lichtenstein, die Pfahlbauten Unteruhldingen am Bodensee, das Schloß Sanssouci oder das Krantor von Danzig präsentieren sich im Maßstab 1:25 auf den 25 000 Quadratmetern des Parks, die zu Fuß oder mit der Parkeisenbahn durchquert werden können. Während die Kleinen sich wie Gulliver im Liliputland fühlen, bekommen sie nebenbei ein wenig Kultur- und Geschichtsunterricht. Eine kleine Kolonie von Dinosauriern kann ebenfalls bewundert werden. Dazu bieten elektrobetriebene Motorboote, Ufo-Scooter, Elektromotorräder, Wackelfahrräder, Trampoline, Nautic-Jet und Luna-Loop unbegrenztes Spielvergnügen. Wer sich das Gelände einmal aus der Vogelperspektive ansehen will, der steigt einfach in den "Sky-Dive". Meldet sich nach all den Attraktionen der Hunger, so lädt das Parkrestaurant mit Gartenterrasse zum Speisen ein ■

Adresse und Anfahrt: Lütge Land, Friesenkamp 5, Altfunnixsiel, Tel. und Fax 04464/1744. Der Ferienpark liegt an der B 461 zwischen Wittmund und Carolinensiel.
Öffnungszeiten: täglich 9 bis 19 Uhr, im Spätherbst bis Einbruch der Dunkelheit
Saison: 1. April bis 27. Oktober
Eintritt: Erwachsene 12 Mark, Kinder (3 bis 14 Jahre) 10 Mark ■

Jan Feb Mär Apr Mai Jun Jul Aug Sep Okt Nov Dez

Niedersachsen

 Ostfriesland

Tagesfahrten nach Borkum

Die Fahrt mit dem Katamaran ist ein schneller Ritt: Das doppelleibige Schiff erreicht Geschwindigkeiten von 70 Stundenkilometern und braucht für die Strecke von Emden nach Borkum nur rund eine Stunde.

Je nach Wochentag und Saison fährt man hin und wieder zurück (der Weg ist das Ziel). Oder man hat einen mehrstündigen Aufenthalt (im Sommer freitags und sonntags), den man für einen Strandspaziergang oder ein Bad in der Nord-

see nutzen kann. Sehenswert ist das Aquarium, in dem Lebewesen des Meeres gezeigt werden.

Auf Borkum angekommen, steigt man um in die nostalgische Inselbahn – so gelangt man zum Zentrum der Insel. Bei einem Stadtbummel kann man die ostfriesische Gastlichkeit bei einer "Kopke Tee mit Kluntje" kennenlernen ▪

Adresse und Anfahrt: Reederei A.G. Ems, Emden-Außenhafen, Tel. 04921/890722. In Emden ist die Fähre ausgeschildert.
Öffnungszeiten: genaue Fahrzeiten tel. erfragen
Saison: Fahrten ganzjährig
Eintritt: Tagesrückfahrkarte für Erwachsene 25 Mark, für Kinder 12,50 Mark
Verpflegung: Picknick auf dem Sonnendeck, Bordgastronomie, Gastronomie jeglicher Art im Zentrum ▪

Jan Feb Mär Apr Mai Jun Jul Aug Sep Okt Nov Dez

Zwischen Nordsee, Weser und Elbe

Alles ist hier vom Wasser und vom Fluß der Gezeiten bestimmt: Mächtige Deiche schützen die Menschen vor der Kraft der Sturmflut. Dahinter ducken sich die alten Dörfer der Marsch- und Geestlandschaft im allgegenwärtigen Westwind. Drei große Städte prägen ebenso das Bild, denn "Cuxland" liegt im Dreieck Cuxhaven – Stade – Bremerhaven.

Man muß nicht unbedingt Cuxhaven, Deutschlands größtes Seebad, besuchen. Unzählige kleine und romantische Hafenstädtchen laden ebenfalls zu einem Ausflug ein ∎

Natureum Niederelbe in Balje

Das Natureum liegt inmitten der Elbmarschen zwischen Cuxhaven und Stade. Landschaftserleben, Naturbeobachtung und Museumsbesuch wurden hier unter ein Dach gebracht. Im Museum gibt es Dioramen des niederelbischen Naturraumes, jeweils rund sechs Meter breit mit Präparaten der wichtigsten Tier- und Pflanzenarten. Die Beobachtungsstände des Museums bieten die Möglichkeit, sich die vielen Vögel im Elbe-Watt in natura anzuschauen. In drei sehr großen Aquarien werden Tiere aus Süßwasser-, Brackwasser- und Salzwasser-Elbe gezeigt. Für aufgeschlossene Kinder ab fünf Jahren sollte das Museum also einiges zu bieten haben.
Die Museumsrallye ist allerdings Kindern vorbehalten, die schon schreiben können. Große Attraktion des Museums ist die Audiovision "Vogeloper im Mai". Im Ausstellungsbereich über die Verschmutzung der Elbe wird auch die Kehrseite der Medaille gezeigt ∎

Adresse und Anfahrt: Natureum Niederelbe, Balje, Tel. 04753/842111. Erst auf der
B 73 Cuxhaven–Stade, zwischen Otterndorf und Cadenberge nach Balje, ausgeschildert.
Öffnungszeiten: täglich außer montags von 10 bis 18 Uhr (Winter bis 17 Uhr)
Eintritt: Erwachsene 3 DM, ermäßigt 2 DM
Verpflegung: Café, Picknick ∎

Jan Feb Mär Apr Mai Jun Jul Aug Sep Okt Nov Dez

Niedersachsen

Zwischen Nordsee, Weser und Elbe

Zoo am Meer in Bremerhaven

Der Zoo ist klein, aber einmalig: Das fängt schon beim Leuchtturm an, der den Schiffen, die aus der Nordsee kommen, "heimleuchtet". Der Zoo schmiegt sich dicht an den Weserdeich, nicht selten peitscht der Westwind Wellen bis in die Gehege hinein. Giraffen und Elefanten findet man hier deshalb nicht, dafür aber eine handverlesene Sammlung eigenwilliger Tiere, die dem rauhen Klima trotzen! Zum Beispiel die Eisbären, die in der salzigen Seeluft so gut gedeihen, daß der Bremerhavener Zoo eine der erfolgreichsten Eisbärenzuchten der Welt betreibt. Der Polarfuchs und die Schnee-Eule leben hier ebenso wie die Eselspinguine. Wohl fühlen sich die Mähnenrobben und die Baßtölpel. Still wird es in der Unterwasserwelt, in der heimische Katzenhaie ebenso wie der tropische Leopard-Drückerfisch zu finden sind. Das alles gibt es zu wirklich familienfreundlichen Preisen ∎

Adresse und Anfahrt: Zoo am Meer, Bremerhaven, Tel. 0471/42071. Im Ort ausgeschildert, liegt nahe dem Schiffahrtsmuseum.
Öffnungszeiten: täglich ab 8 Uhr, im Winter bis 17 Uhr, sonst bis 19 Uhr, Mai und September nur bis 18.30 Uhr
Eintritt: Erwachsene 4 Mark, Kinder ab 4 Jahren 2 Mark
Verpflegung: Kiosk im Zoo, diverse Gastronomie in Reichweite ∎

Jan Feb Mär Apr Mai Jun Jul Aug Sep Okt Nov Dez

Spiel- und Sportpark Wingst

Wem der Betrieb in den großen Freizeitparks einfach zu groß ist, der findet im Spiel- und Sportpark Wingst eine geeignete Alternative.
Mitten in Wald und Wiesen liegt das rund fünf Hektar große Gelände.

Drinnen finden sich 55 Spiel- und Sportmöglichkeiten: Geschwindigkeitsfanatiker probieren die Schikanen der Sommerrodelbahn, kleine Winnetous steuern das Indianerdorf an. Im Seilzirkus arbeitet man sich peu à peu zur Spitze vor, auf dem Trampolin geht man in die Luft.
Kinder mit sportlerischen Ambitionen bringen ihren Eltern Minigolf bei. Im Sommer ist das beheizte Freibad gleich ums Eck. Spielgeräte für jedes Alter finden sich überall, der Wasserspielplatz kann allerdings nur im Sommer genutzt werden ■

Adresse und Anfahrt: Spiel- und Sportpark Wingst. Schwimmbadallee 10a, Wingst, Tel. 04778/660. Wingst liegt an der B 73 zwischen Cuxhaven und Stade.
Öffnungszeiten: täglich 10 bis 18 Uhr
Saison: März bis Oktober
Eintritt: Erwachsene 4,- Mark, Kinder von 4 bis 14 Jahren 3,- Mark
Verpflegung: Picknick im Park, Gastronomie im Ort
Drumherum: In Wingst gibt es noch den "Babyzoo", ganzjährig von 10 bis 18 Uhr geöffnet, Tel. 04778/255 ■

Jan Feb **Mär Apr Mai Jun Jul Aug Sep Okt** Nov Dez

Cuxhaven: Touren zur Insel Neuwerk

Die Bootsfahrt mit der MS "Flipper" ist spektakulär, denn die Strecke von der Kugelbake bis zum Leuchtturm "Großer Vogelsand" ist ein "Weltschiffahrtsweg": Alle Schiffe, die den Hamburger Hafen ansteuern, müssen hier passieren. So sind Begegnungen mit Ozeanriesen vorprogrammiert.
Dann geht es im Nebenfahrwasser zur Insel Neuwerk. Dort klettert man auf den 45 Meter hohen "Alten Leuchtturm" und macht sich dann auf den rund einstündigen Inselrundgang. Man kann sich natürlich auch ins Gras setzen, picknicken und schauen, ob man einen der 34 Bewohner der Insel zu

Gesicht bekommt. Die "Grüne Insel" wird auch im Kombi-Pack angeboten, denn es gibt die Möglichkeit, an einer allerdings etwas langwierigen geführten Wanderung teilzunehmen und mit dem Schiff zurückzufahren. Für lauffaule Kids ist sicherlich die Fahrt mit dem Wattwagen viel interessanter, auch sie gibt es kombiniert mit der Schiffsfahrt. Fährt man nur mit dem Wagen, dauert der Ausflug inklusive einstündigem Aufenthalt rund vier Stunden ∎

Adresse und Anfahrt: Informationen gibt es bei der Reederei Cassen Eils, Tel. 04721/32211. Gefahren wird ab dem Anleger "Alte Liebe".
Fahrzeiten: tidenabhängig
Saison: April bis Oktober:
Preise: Die Schiffsfahrt kostet von 20 bis 28 Mark, die Wattwagenfahrt 35 Mark pro Person.
Verpflegung: Bordgastronomie, Picknick auf der Insel. Restaurants, Cafés und Hotels auf Neuwerk reichhaltig zu finden ∎

Jan Feb Mär Apr Mai Jun Jul Aug Sep Okt Nov Dez

Das Deutsche Schiffahrtsmuseum

Das Museum liegt nicht nur mitten im Zentrum Bremerhavens, sondern auch im Zentrum des Hafens. Deshalb fühlt sich der Klabautermann auf dem Brunnen vor dem Museum besonders wohl. Hier wurde wirklich alles zusammengetragen, was in der Welt der Schiffahrt von Belang ist. Die Entwicklung vom 11.000 Jahre zählenden ältesten Boot der Welt bis zum modernen Supertanker wird beispielhaft dargestellt. Die drei Etagen des Museums sind aufgebaut wie die Decks

eines Luxusliners der Vorkriegszeit. Zu sehen sind archäologische Originalfunde wie die Bremer Hansekogge und große Dioramen wie das des Alten Hafens von Bremerhaven. Kinder kommen nicht zu kurz, sie vergnügen sich zum Beispiel mit

den ferngesteuerten Schiffsmodellen. Interessant ist sicherlich auch ein Besuch des Technikmuseums mit dem U-Boot "Wilhelm Bauer", das von Anfang April bis Ende Oktober täglich von 10 bis 18 Uhr geöffnet ist. Draußen, im alten Hafenbecken, liegen die Windjammer-Schönheit "Seute Deern" und weitere Schiffe, die besichtigt werden können. Vor dem Museum wurde ein großer Kinderspielplatz errichtet, mit einem tollen Segelschiff-Klettergerüst als Mittelpunkt ■

Adresse und Anfahrt: Deutsches Schiffahrtsmuseum, Hans-Scharoun-Platz 1, Bremerhaven, Tel. 0471/482070. Im Ort ausgeschildert, großer Parkplatz.
Öffnungszeiten: täglich von 10 bis 18 Uhr, montags geschlossen, Museumsschiffe nur von April bis September
Eintritt: Erwachsene 6,– Mark, Kinder ab 6 Jahren 3,50 Mark
Verpflegung: Picknick vor dem Museum, Restaurant in der "Seute Deern", Imbisse in der Nähe, Café mit Weserblick im Haus
Drumherum: Der Zoo am Meer ist nah, ein Deichspaziergang bietet sich an ■

Jan Feb März Apr Mai Jun Jul Aug Sep Okt Nov Dez

Emsland

Über einen Mangel an Wasser können sich die Emsländer nicht beschweren, zum einen gibt es die Ems mit ihren vielen Altarmen, dann die mäandernde Hase in ihrem romantischen Tal und schließlich so viele Abzugs- und Entwässerungsgräben, daß man sie nicht zählen mag. Früher war das Überleben in der moorigen Landschaft hart, es brauchte

Jahrhunderte, um überall festen Boden unter die Füße zu bekommen. Heute ist das Leben dicht an der Grenze zu den Niederlanden eher beschaulich geworden ■

Freilichtmuseum Cloppenburg

Hier kann man einen Blick in das ländliche Leben unserer Altvorderen werfen. Fünfzig Originalgebäude aus den Landschaften Niedersachsens sind im Cloppenburger Museumsdorf wiederaufgebaut worden, darunter neben Windmühlen und kompletten Bauernhöfen auch eine Dorfschule. Alte Handwerke und Volkskünste kann man sehen oder sich im alten Dorfkrug niederlassen, der als Museumsrestaurant fungiert. Für Kinder sind die Aktionsprogramme 1997 besonders interessant, denn das älteste Museumsdorf Deutschlands feiert seinen 75. Geburtstag. Unabhängig davon kann man sich nach telefonischer Vereinbarung einer einstündigen Führung durch das Dorf anschließen und dabei z. B. eine Schulstunde mitmachen oder die Funktion des Backhauses kennenlernen ■

Adresse und Anfahrt: Museumsdorf Cloppenburg, Bether Str., Cloppenburg, Tel. 04471 / 94840. Anfahrt ausgeschildert.
Öffnungszeiten: April bis Oktober 9 bis 18 Uhr, November bis März 10 bis 16 Uhr
Saison: ganzjährig außer Weihnachten und Silvester
Eintritt: Erwachsene 7 Mark, Kinder 3,50 Mark, Familienkarte 18 Mark
Verpflegung: Restaurant, Kiosk ■

Jan Feb Mär Apr Mai Jun Jul Aug Sep Okt Nov Dez

# Emsland

Eisenbahnfahrt durchs Hasetal

Im altväterlichen Bimmelbahntempo geht es los. Die Kleinbahn-Dampflok aus längst vergangenen Tagen zieht sechs Waggons hinter sich her. Ein erstklassiges Erlebnis, auch wenn nur Plätze der Zweiten und Dritten Klasse zur Verfügung stehen! Der Hasetalexpreß fährt von Meppen bis Quakenbrück. Die Rückfahrkarte Haselünne-Meppen (34 Kilometer) kostet 15 Mark für Erwachsene, 7,50 Mark für

Kinder. Gefahren wird an rund 15 Terminen vom 1. Mai bis zum Nikolaustag. Man sollte sich auf jeden Fall den Prospekt zusenden oder telefonisch beraten lassen, um eine individuelle Tour abzustimmen, mit mehrstündigen Aufenthalten, z. B. in Meppen oder Haselünne. Man kann im Packwagen auch Fahrräder und Kinderwagen mitnehmen ∎

Adresse: Eisenbahnfreunde Hasetal (Haselünne), Tel. 05961/6865 u. 4002, Prospekt bei: Stadt Haselünne, Krummer Dreh, 49740 Haselünne, Tel. 05961/50932
Fahrzeiten/Preise: telefonisch erfragen
Saison: Ostern bis Nikolaustag
Verpflegung: im Salonwagen, Gaststätten in den Bahnhöfen
Drumherum: Auskünfte zu weiteren Freizeitmöglichkeiten entlang der Strecke gibt der Zweckverband "Hasetal", Poststraße 19, 49624 Löningen, Tel. 05432/2838 ∎

Jan Feb Mär Apr Mai Jun Jul Aug Sep Okt Nov Dez

Niedersachsen

Ferienzentrum Schloß Dankern

Auch bei norddeutschem Sauwetter braucht man im Ferienzentrum Schloß Dankern nicht zu verzagen, denn 5.000 Quadratmeter Spielplatz sind hier überdacht, unter anderem ist die 220-Meter-Rutschbahn unter Dach und Fach gebracht worden.

Bei gutem Wetter geht's auf die riesigen Abenteuerspielplätze mit über 100 Spielgeräten, zum Ponyreiten oder auf die Kindereisenbahn. Im Sommer wird dann die Badehose ausgepackt, der Dankernsee ist von 3.000 Metern Sandstrand umgeben, hier gibt es auch Grill- und Lagerfeuerplätze.

Am Wasser stehen ebenfalls zahlreiche Spielgeräte zur Verfügung. Ganz neu ist das Erlebnisbad "Topas", in dessen 3.000 m² großen Halle man ganz neue Wasserspielattraktionen finden kann. Und wem das Ambiente gefällt, der kann sich gleich für längere Zeit in einer Ferienwohnung einmieten ∎

Adresse und Anfahrt: Ferienzentrum Schloß Dankern, Haren/Ems, Tel. 05932/2006 oder 2430. Die Anfahrt ist ausgeschildert, Anfahrt z. B. über die A 31, Ausfahrt Haren/Ems.
Öffnungszeiten: täglich 10 bis 18 Uhr
Saison: Mitte März bis Ende Oktober
Eintritt: Besucher ab 15 Jahren 7,– Mark, darunter 5,– Mark
Verpflegung: Picknick, Grillen, Kiosk, Cafeteria und Restaurant ∎

Jan Feb **Mär Apr Mai Jun Jul Aug Sep Okt** Nov Dez

 Emsland

Kanu-Touren auf der Ems

Schaut man sich den Verlauf der Ems zwischen Meppen und Papenburg auf der Karte an, dann sieht man schon, worauf man sich bei einer Kanu-Tour einläßt: auf eine richtige kleine Expedition in die Natur!

Die Ems schlängelt sich in aller Gemütlichkeit durchs Land, immer wieder öffnen sich rechts oder links der Strecke kleine Altarme, die erforscht werden wollen. Wasservögel sind auf der Tour ständige Begleiter, man bekommt auch so scheue Gesellen wie Graureiher zu sehen, die, am Ufer regungslos verharrend, ihrem Tagewerk nachgehen.

Wenn die lieben Kinder bei ihren Eltern im Boot mitfahren, dann gibt es keine untere Altersgrenze außer der kleinstmöglichen Schwimmweste! Danach erkundigt man sich beim Kanu-Vermieter vorab. Die Wasservehikel müssen ohnehin schon einige Zeit im voraus gebucht werden.

Die Veranstalter bieten auch Kombinationen mit Radtouren an ■

Adresse: Anbieter sind, unter anderen, "Die Kanu-Tour", Tel. 02572/3756; Bootsverleih Campingplatz Meppen, Tel. 05931/16411 (auch stundenweise und mit Abholung)
Öffnungszeiten: nach Absprache
Saison: Von April bis Oktober, für Anfänger bietet sich die warme Jahreszeit an.
Kosten: Preise tel. erfragen
Verpflegung: Picknick, wo immer man will, Ausflugsgaststätten längs des Flusses. Genaue Auskünfte, je nach angepeilter Strecke, gibt der Verleiher ■

Jan Feb Mär **Apr Mai Jun Jul Aug Sep Okt** Nov Dez

Freilicht-Schiffahrtsmuseum in Haren

Emsland ist Wasserland, und wo Wasser ist, da sind auch Schiffe! Den Wasserfahrzeugen dieser Region ist das Harener Schiffahrtsmuseum gewidmet. Insgesamt werden vier Schiffe gezeigt, zwei Originale und zwei Nachbauten (davon drei begehbar), die im Haren-Rütenbrock-Kanal ihre letzte Bleibe gefunden haben. Im Inneren der Schiffe und eines restaurier-

ten Schleusenwärterhauses, das jetzt als Museumsgebäude dient, sind zahlreiche Exponate zu sehen. Sachkundige Führer, meist ehemalige Kapitäne oder Schiffsführer, erläutern Wissenswertes aus der See- und Binnenschiffahrt. Interessierte Gruppen können das "Harske Püntkers Patent" erwerben. Nach dem Besuch des Museums, das im Stadtkern liegt, kann man sich auf einen Spaziergang entlang der Ems begeben und sich die vorbeifahrenden Binnenschiffe unserer Tage anschauen. Anschließend kann man natürlich noch kurz beim Spielplatz in der Innenstadt vorbeischauen. Inklusive Schwanenfütterung und Picknick bekommt man so einen dreistündigen Ausflug zusammen ∎

Adresse und Anfahrt: Schiffahrtsmuseum Haren, Kanalstraße, am Haren-Rütenbrock-Kanal, Nähe Schulzentrum, Tel. 05932/5843 oder Auskunft beim Fremdenverkehrsamt Haren, Tel. 05932/8225
Öffnungszeiten: sonntags von 14.30 bis 17.30 Uhr, Montag, Dienstag und Donnerstag von 15 bis 17 Uhr (Sonderführungen nach Vereinbarung)
Saison: von Mai bis Oktober
Eintritt: 2,50 Mark für Erwachsene, 1,– Mark für Kinder
Verpflegung: Picknick beim Museum oder am Emsufer, in der Innenstadt Gastronomie jeder Art ∎

Jan Feb Mär Apr Mai Jun Jul Aug Sep Okt Nov Dez

Zwischen Hunte und Weser

Für viele ist das Land zwischen Minden und Bremen, zwischen den Flüssen Hunte und Weser nur Transitland mit langgezogenen, geraden Straßen ohne nennenswerte Steigungen.

Die Bauernhöfe rechts und links sind oftmals eher "landwirtschaftliche Anwesen", große, mit Backsteinen errichtete Niedersachsenhöfe, die von mächtigen Eichenhainen umgeben sind. Im Zentrum der Dörfer stehen kleine trutzige Wehrkirchen, umgeben von jahrhundertealten Fachwerkhäusern. Man könnte meinen, hier sei die Zeit stehengeblieben – man sollte das Land also nicht links liegenlassen ∎

Freizeitpark Verden

Eine Riesenauswahl von Spiel- und Spaß-Attraktionen kennzeichnet den Verdener Freizeitpark. Wer erst einmal drinnen ist und den vergleichsweise nicht einmal hohen Eintritt bezahlt hat, der muß keinen weiteren Pfennig aus der Hand geben, es sei denn für die Verpflegung.
Auf den Spielplätzen werden vom Kleinkind bis zum "halbstarken Abenteurer" alle Altersklassen bedient, bei schlechtem Wetter kann auch unter einem Dach gespielt werden. Rund um die Dino-Insel führt die Floßfahrt, die Zahl der weiteren Fahrattraktionen ist hoch. Tierfreunde vergnügen sich auf den Rücken der Ponys oder nehmen im Streichelzoo mit Schafen und Ziegen Fell-Fühlung auf. Es gibt zwei Grillplätze, dazu Kioske, ein Café und ein Restaurant. An allen Ecken und Enden darf selbstverständlich gepicknickt werden ∎

Adresse und Anfahrt: Freizeitpark Verden, Verden/Aller, Tel. 04231/64083. Anfahrt z. B. über die A 27 Bremen-Hannover, Abfahrt Verden-Ost.
Öffnungszeiten: 9 bis 18 Uhr
Saison: Ende März bis Ende Oktober
Eintritt: Kinder von 3 bis 13 Jahren 13 DM, ab 14 Jahren und Erwachsene 15 DM
Verpflegung: Picknick, Grillen, Café, Restaurant ∎

Jan Feb **Mär Apr Mai Jun Jul Aug Sep Okt** Nov Dez

Naturtierpark mit Araber-Gestüt

Über 200 edle Vollblutaraber kann man im Gestüt besichtigen und ihre Fohlen streicheln. Für Pferdefans ist das natürlich eine phantastische Sache. Danach ist der Tierpark dran: Hier haben rund 600 Tiere aus allen Kontinenten eine Bleibe gefunden. Täglich zweimal zeigen die Elefanten, was sie "drauf haben", und ein besonderer Leckerbissen sind die Vorstellungen in der Tierkinderschule. Der Nachwuchs der Elefanten, Kamele, Alpaccas und Waschbären kann beträchtliche Lernerfolge vorweisen, eine spaßige Angelegenheit. Für das leibliche Wohl sorgen die "Schinkendeele", das Restaurant und der Kaffeegarten. Im weitläufigen Areal ist auch überall Platz für ein Picknick ■

Adresse und Anfahrt: Naturtierpark Ströhen, Wagenfeld, 05774/473. Wagenfeld liegt auf halber Strecke südlich der B 214 von Diepholz nach Sulingen, ab den beiden Orten und auch ab Lübbecke ist der Tierpark ausgeschildert.
Öffnungszeiten: täglich von 9 bis 18 Uhr, im Winter bis 17 Uhr
Saison: ganzjährig, Elefantenshow von Mitte März bis Ende Oktober
Eintritt: Erwachsene 10 Mark, Kinder ab 4 Jahren 5 Mark
Verpflegung: Picknick, Café, Restaurant
Drumherum: Es gibt einen schönen Spielplatz ■

Serengeti Safaripark Hodenhagen

Ein Stück afrikanischer Savanne am Rande der Lüneburger Heide: Das "Tierland" mit rund 1.000 Exemplaren, von der Giraffe bis zum Gnu, vom Strauß bis zur Oryx-Antilope, kann man auf eigene Gefahr mit dem eigenen Auto durchqueren. Es gibt aber auch den lustigen zebragestreiften Safaribus, der die Unversehrtheit des Autolacks und der Radioantenne sichert. Man ist ganz dicht dran, um das Familienleben der Hyänen und Löwen zu beobachten und die beeindruckenden Ausmaße des Breitmaulnashorns auf den Film zu bannen.

Danach besucht man das Affenland, in dem 230 Affen neunzehn verschiedener Arten in großen Freigehegen gehalten werden. 1994 wurde das Wasserland fertiggestellt. Hier warten Fahrgeschäfte und Attraktionen auf die ganz Mutigen: Wildwasserbahn, Top Spin, Rainbow, Breakdance, Enterprise und, und, und ... Für die Jüngsten ist 1996 das Kinderparadies hinzugekommen. Seehunde, Flamingos, Enten etc. bevölkern die schön angelegten Teiche. Damit sich auch die Kinder so richtig austoben können, wurde das Freizeitland eingerichtet mit allem, was man von einem Freizeitpark erwartet. Wer die nicht allzu bescheidenen Preise erst einmal gezahlt hat, der sollte dann auch für mindestens einen halben Tag auf Safari gehen, Angebote gibt es genug. Verhungern muß man auch nicht, denn vom Picknick bis zum gepflegten Essen im Restaurant ist im Park alles möglich ∎

Adresse und Anfahrt: Serengeti Safaripark Hodenhagen. Liegt nahe der A 7, Abfahrt Westenholz. Ausgeschildert.
Öffnungszeiten: täglich von 10 bis 18 Uhr, im Sommer von 9 bis 19 Uhr
Saison: Anfang März bis Ende Oktober
Eintritt: Erwachsene 27 Mark, Kinder 25 Mark (Führung im Serengetibus: +4 DM)
Verpflegung: Picknick, Kiosk, Gastronomie ∎

Jan Feb **Mär Apr Mai Jun Jul Aug Sep Okt** Nov Dez

Lüneburger Heide

Die Lüneburger Heide ist nicht die pure Landschaft, für die sie oft gehalten wird. Sie entstand vielmehr nach jahrhundertelangem Raubbau an der Natur. Ausgedehnte Waldgebiete wurden abgeholzt, auf den sandigen Böden siedelte sich dann das anspruchslose Heidekraut an.

Die Heide ist trotzdem eine stets sehenswerte Kulturlandschaft, eine Region, die ohne Metropolen auskommt ■

Schiffshebewerk Scharnebeck

Ein Schiff will nach oben, um im Elbe-Seitenkanal weiterfahren zu können, und dafür gibt es das Schiffshebewerk in Scharnebeck.
Es ist nicht irgendeines, sondern das weltgrößte seiner Art! Das Becken des Kanals ist rund 100 Meter lang, es sind also schon ganz schön große Schiffe, die hier um 38 Meter angehoben werden. Man kann sich das Hebewerk ganz einfach so anschauen, das kostet keinen Pfennig. Es gibt aber auch die Möglichkeit, mit den Fahrgastschiffen die Schiffshebung "von innen" zu erleben.
Auskunft über Fahrgastschiffe und Fahrzeiten beim Verkehrsverein ■

Adresse und Anfahrt: Schiffshebewerk Scharnebeck, Am Unteren Vorhafen, Tel. 04136/474, Auskunft beim Verkehrsverein, Tel. 04136/90721. B 4 Lüneburg Hamburg, Abfahrt Scharnebeck, dann ausgeschildert.
Öffnungszeiten/Saison: Schiffsfahrten von Mai bis Oktober, um 11.30, 13.30, 14.40 und 16 Uhr
Fahrpreise: Erwachsene 7 Mark, Kinder 5 Mark
Verpflegung: Picknick, Kiosk und Gaststätte "Zum Hebewerk" ■

Jan Feb Mär Apr **Mai Jun Jul Aug Sep Okt** Nov Dez

OTTER-ZENTRUM Hankensbüttel

Die Marder-Familie lädt ein, allen voran die putzigen Fischotter. Nach ihnen wurde schließlich das Naturschutzzentrum mit acht naturnahen Gehegen am Isenhagener See benannt, auch wenn man hier Dachs, Steinmarder, Iltis und Baummarder ebenso zu sehen bekommt. Im Otter-Zentrum ist man ganz besonders stolz auf die den Rundweg begleitenden Lernspiele.

Am erlebnisreichsten sind aber immer noch die Schaufütterungen, denn sie garantieren, die zum Teil versteckt lebenden Tiere wirklich zu sehen. Ein Familien-Rundgang im Gammeltempo dauert rund zwei Stunden. Mit dem obligatorischen Picknick oder einem Besuch im Restaurant bringt man also ohne Probleme einen Nachmittag hinter sich, zumal sich vor dem Otter-Zentrum ein origineller Wasserspielplatz und gegenüber am See das Waldschwimmbad befinden. Im Otter-Shop gibt es jede Menge Souvenirs. Achtung: Hunde sind im Otter-Zentrum nicht erlaubt ■

Adresse und Anfahrt: OTTER-ZENTRUM, 29386 Hankensbüttel, Sudendorfallee 1, Tel. 05832/980828. Gruppenanmeldungen Tel. 05832/980820, Fax 05832/980851. Der Ort liegt an der B 244 zwischen Celle und Wittingen, das Zentrum außerhalb des Ortes an der Straße nach Wittingen.
Öffnungszeiten/Saison: vom 16. Januar bis 15. März: 9.30 bis 17.00 Uhr, vom 16. März bis 31. Oktober: 9.30 bis 18.00 Uhr, vom 1. November bis 15. Dezember: 9.30 bis 17.00 Uhr. Vom 16. Dezember bis 15. Januar geschlossen.
Eintritt: Erwachsene 9 Mark, Kinder von 4 bis 14 Jahren 6 Mark. Gruppenermäßigung ab 15 Personen (jede 15. Person erhält freien Eintritt). Begleitete Rundgänge oder Naturerlebnis-Programme (jeweils 90 Minuten, Kosten zusätzlich 4 Mark je Person) für Gruppen nur auf Voranmeldung.
Verpflegung: Restaurant, Seeterrasse, Marder-Klause ■

Jan Feb **Mär Apr Mai Jun Jul Aug Sep Okt** Nov Dez

Niedersachsen

Vogelpark Walsrode

Der Vogelpark Walsrode ist der größte der Welt. Die gefiederten Exponate zeigen die riesige Vielfalt der Vogelwelt, vom Kolibri bis zum Strauß. Zu besichtigen sind sowohl Freigehege als auch Freiflughallen mit tropischen Vogelarten. Die Freiflughallen sind detailgetreu nachgebildete Biotope. Man hat das Gefühl, mitten in der Wildnis zu sein. Neu eingerichtet wurde eine Kranichanlage, Spaß machen die putzigen Pinguine. In der Papageienabteilung braucht man schon etwas bessere Nerven, denn das Geschrei ist ohrenbetäubend. Ein riesiger Abenteuerspielplatz und auch Gastronomie für jeden Geschmack sind vorhanden ∎

Adresse und Anfahrt: Vogelpark Walsrode, Tel. 05161/2015. Autobahndreieck Walsrode zwischen Hannover, Bremen und Hamburg, dann ausgeschildert.
Öffnungszeiten: täglich 9 bis 19 Uhr
Saison: März bis Oktober
Eintritt: Besucher ab 15 Jahren 16 Mark, Kinder ab 4 Jahren 10 Mark
Verpflegung: Picknick am Imbiß, Cafeteria, Restaurant ∎

Jan Feb **Mär Apr Mai Jun Jul Aug Sep Okt** Nov Dez

Salü-Salztherme Lüneburg

Die Salztherme in Lüneburg macht Spaß und ist auch noch gesund – wenn das keine gute Mischung ist! Ob Schwimmer oder Nichtschwimmer, jeder kann das breite Angebot der Therme nutzen: Schwingen Sie sich die 90-Meter-Rutsche hinab, kämpfen Sie gegen Wellen und Strömung, oder treiben Sie durch das Außenbecken. Die Therme, das sagt der Name schon, ist gut temperiert, deshalb kann man den Besuch in der kühlen Jahreszeit besonders genießen. In den Ruhezonen und unter den begrünten Pergolen kann man die Seele herrlich baumeln lassen ∎

Adresse: Kurzentrum Lüneburg, Uelzener Straße 1-5, Tel. 04131/723110
Öffnungszeiten: Montag bis Samstag 10 bis 23 Uhr, sonn- und feiertags von 8 bis 21 Uhr
Eintritt: für vier Stunden Erwachsene 19 Mark, Kinder 12 Mark, 2 Std. 14/9 Mark
Verpflegung: Restaurant im Bad ∎

Jan Feb Mär Apr Mai Jun Jul Aug Sep Okt Nov Dez

 Lüneburger Heide

HEIDE-PARK Soltau

Der HEIDE-PARK wird in diesem Jahr 20 Jahre alt und das wollen wir mit Ihnen feiern! Zum ersten Mal öffneten wir am 19. August 1978 unsere Pforten. Seitdem wurden mehr als 515 Millionen Mark in den Aus- und Weiterbau investiert. Jedes Jahr wurde Norddeutschlands größter Freizeit- und Familienpark um weitere Attraktionen "reicher". Genießen Sie das atemberaubende Tempo und die beschauliche Ruhe im Reich des Freizeit-Vergnügens auf 850.000 qm – so groß wie 137 Fußballfelder! Spannen Sie aus in der liebevoll angelegten Landschaft mit zahlreichen Blumenwiesen und einer Vielzahl von Seen und Tieren.

In unserem Jubiläumsjahr erwarten Sie zahlreiche Sonderveranstaltungen. Erstmals ist der HEIDE-PARK auch Kooperationspartner des Fördervereins "Keine Macht den Drogen". Im neuen Aktionszentrum über der Bobbahn werden die Besucher auf interaktive Weise an die Thematik herangeführt. Neben vielen Gartenanlagen ist auch unser beliebtes Heide-Dorf im Eingangsbereich größer und schöner geworden. Doch dann locken die bei Jung und Alt beliebten Fahrattraktionen wie die rasante Loopingbahn "Big Loop" mit Vierfach-Überschlag bis hin zur gemütlichen Floßfahrt! Wählen Sie aus über 40 Angeboten! Besonders schön: das "Holland-Dorf". ■

Adresse: HEIDE-PARK, 29614 Soltau, Tel. 05191/ 9191, Fax 05191/91111.
Anfahrt: einfach zu erreichen über die A7 Hannover–Hamburg, Ausfahrt Soltau-Ost, dann der Beschilderung folgen.
Öffnungszeiten: täglich 9 bis 18 Uhr, Einlaß bis 16 Uhr
Eintritt: Tageskarte 34 Mark, 2-Tageskarte 48 Mark, Kinder unter 4 Jahren frei. Gruppen- und Kindergruppenermäßigung bei Voranmeldung. Für Gruppen gibt es zahlreiche Spezial-Angebote wie z. B. eine kostenlose Betriebsführung. Fordern Sie unseren Gruppenprospekt an!
Verpflegung: Vielseitige Gastronomie
Internet: http://www.heide-park.de ■

Niedersachsen

Jan Feb **Mär Apr Mai Jun Jul Aug Sep Okt** Nov Dez

Wildpark Lüneburger Heide/Nindorf

Hauptattraktion des Parks inmitten einer reizvollen Wald- und Moorlandschaft ist die Vielzahl von über 1.000 Tieren und 130 Arten.
Für Kinder und Erwachsene sind die Flugvorführungen der Greifvögel besonders spannend.
Die Kleinen sind vom Streichelzoo und dem großen Spielplatz

besonders angetan.
Direkten Kontakt bekommt man auch zum Damwild, das weniger scheu ist als das furchtsame Rotwild. Bei den Bären sollte man Vorsicht walten lassen.
Ein weiterer Anziehungspunkt ist das neue Biologiezentrum mit einer tollen naturkundlichen Ausstellung ∎

Adresse und Anfahrt: Wildpark Lüneburger Heide, Hanstedt-Nindorf, Tel. 04184/8939-0. Der Tierpark liegt nahe der A 7 Hamburg-Hannover, Ausfahrt Garlstorf, dann Richtung Nindorf. Der Park ist ausgeschildert.
Öffnungszeiten: im Winter 9 bis 16 Uhr, im Sommer 8 bis 17.30 Uhr
Saison: ganzjährig
Eintritt: Erwachsene 12 Mark, Kinder von 3 bis 13 Jahren 9 Mark
Verpflegung: großes SB-Restaurant, Imbiß, viele Picknick-Häuschen stehen zur Verfügung ∎

Jan Feb Mär Apr Mai Jun Jul Aug Sep Okt Nov Dez

Das Wendland

Das Hannoversche Wendland liegt seit der Wiedervereinigung in der Mitte Norddeutschlands im Vierländereck Niedersachsen / Mecklenburg-Vorpommern / Brandenburg / Sachsen-Anhalt. Es ist ein idealer Ausgangspunkt für Ausflüge und Radtouren in die neuen Bundesländer. Das reizvolle Wendland, gelegen im Naturpark Elbufer-Drawehn, bietet weite Wälder, stille Heideflächen, urtümliche Altwässer und Freizeitseen, die bei gut ausgebauten

Radwegen ideal für Radwanderer zu erkunden sind. Die besondere Attraktion der Gegend: wendländische Rundlingsdörfer ■

Marionettentheater Dannenberg

Inmitten der historischen Altstadt Dannenbergs, direkt unter dem Waldemarturm, findet man das Marionettentheater, ein Geheimtip für Besucher Norddeutschlands!
Auf dem Spielplan stehen inzwischen sieben Stücke, die für Kinder ab drei Jahren (z. B. Hänsel und Gretel) oder auch für Erwachsene (Das alte deutsche Faustspiel) geeignet sind. Für Michael-Ende-Fans gibt es auch den "Satanarchäolügenialkohöllischen Wunschpunsch".
Den aktuellen Spielplan erfährt man telefonisch ■

Adresse und Anfahrt: Marionettentheater Dannenberg, 29451 Dannenberg, Am Waldemarsturm, Tel. 05865/483 oder 05861/2452. Das Theater ist im Ort ausgeschildert.
Alter: je nach Stück, ab 4 Jahren
Saison: ganzjährig
Eintritt: Kinder 5,– Mark, Erwachsene 8,– Mark
Verpflegung: Picknick am Thielenburger See, Gaststätten in der Altstadt
Drumherum: Am nahen See ist auch ein sehr schöner Spielplatz, das Freibad ist auch nicht weit ■

Jan Feb Mär Apr Mai Jun Jul Aug Sep Okt Nov Dez

Niedersachsen

 Das Wendland

Historisches Feuerwehrmuseum

Grisu, der kleine Drache, hätte seine helle Freude an diesem Museum, denn dort werden vom Ledereimer bis zum Spritzenfahrzeug all die Gerätschaften gezeigt, die Menschen erfanden, um den "Roten Hahn" zu zähmen.
Die Zahl der ausgestellten Gerätschaften ist groß und zeigt muskelbetriebene Handdruckspritzen aus Holz ebenso wie

Feuerwehr-Oldtimer-Fahrzeuge aus diesem Jahrhundert. Für einen einstündigen Aufenthalt ist das Museum immer gut und spannend.
Die Kinder sollten aber in jedem Fall mindestens sechs Jahre alt sein ∎

Adresse und Anfahrt: Historisches Feuerwehrmuseum Lüchow-Dannenberg, Hauptstraße 2, Neu-Tramm/Dannenberg, Tel. 05861/7140. Neu Tramm liegt an der B 248 von Dannenberg nach Lüchow, das Museum ist ausgeschildert.
Öffnungszeiten: an Wochenenden und Feiertagen von 10 bis 16 Uhr, von Mitte Juni bis Ende September auch mittwochs, donnerstags und freitags von 14 bis 17 Uhr
Saison: von Ostern bis Oktober
Eintritt: Erwachsene 2 Mark, Kinder 1 Mark
Verpflegung: Gaststätten im Ort, Picknick z. B. anschließend am schönen Elbufer bei Hitzacker ∎

Jan Feb Mär Apr Mai Jun Jul Aug Sep Okt Nov Dez

 Das Wendland

Der Wendlandhof in Lübeln

Die Dörfer im Wendland ähneln einem Stamm Indianer, der um ein Lagerfeuer sitzt, nur daß das Lagerfeuer der Dorfplatz ist und die Indianer Höfe und Häuser sind.
In den Rundlingsdörfern, von denen es im Wendland überdurchschnittlich viele gibt, schauen die "Gesichter" der Häuser alle zur Dorfmitte hin. Begibt man sich auf diesen Platz, ist die optische Wirkung verblüffend. Der Wendlandhof, heute

zum Freilichtmuseum Wendlandhof Lübeln ausgewachsen, stammt aus jener Zeit, als das Dorf noch die ganze große Welt war.
Mit schöner Regelmäßigkeit bieten hier Schmiede und Korbflechter Vorführungen ihrer alten Handwerke an.
Am besten, man erkundigt sich telefonisch danach. Die Besichtigung der Häuser erlaubt einen Einblick in altes bäuerliches Leben, wie Großmutter und Urgroßvater es noch kannten. Der Dorfplatz ist hervorragend zum Picknicken geeignet, wer sich lieber zurücklehnen und bedienen lassen möchte, der geht ins Café "Bröckenstuv" ∎

Adresse und Anfahrt: Freilichtmuseum Wendlandhof, Lübeln, Tel. 05841/120253. Lübeln liegt kurz hinter Lüchow an der B 493 in Richtung Uelzen. Das Museum ist ausgeschildert.
Öffnungszeiten/Saison: im April und Oktober täglich außer montags von 14 bis 18 Uhr, von Mai bis September täglich von 10 bis 18 Uhr
Eintritt: Erwachsene 2 Mark, Kinder von 6 bis 18 Jahren eine Mark
Verpflegung: Picknicken kann man z. B. auf dem Dorfplatz, es gibt eine Café-Stube und im Ort reichlich Gastronomie ∎

Jan Feb Mär Apr Mai Jun Jul Aug Sep Okt Nov Dez

Niedersachsen

Elbe-Tour mit dem Fahrrad

Man beginnt in Hitzacker, wo es drei Fahrradverleihe gibt. Man setzt z. B. gleich in Hitzacker mit der Elbfähre nach Bitter über. Nach diesem ersten "maritimen" Erlebnis trampelt man fleißig Richtung Norden, vorbei an den Dörfern Rassau und Privelack. Die Elbe fließt hier noch in ihrem natürlichen Urstromtal, die Ausblicke aufs andere Ufer mit den Uferbergen sind eindrucksvoll. Sind die Kinder noch ewas kleiner, dann steuert man, ganz nach Belieben, den Picknickplatz seiner Träume an: Fast jeder Weg, der nach links führt, endet am

Ufer. Die Dörfer verfügen meist über einen kleinen Hafen, auch ein pittoresker Hintergrund für eine Mahlzeit im Freien. Danach geht es dann zurück, zwei Stunden sind um. Sind die Kleinkinder im Kindersitz verstaut oder ist der Nachwuchs schon mit starken Radelwaden begabt, dann fährt man bis zur Fähre von Darchau nach Neu Darchau. Von dort begibt man sich entweder auf den Radfernweg Hamburg-Schnackenburg, der nach Hitzacker führt, oder man sucht wieder die Ufernähe auf und fährt über die Orte Drethem und Tiesmesland zurück. Die Gesamtlänge liegt bei rund 40 Kiometern ∎

Auskunft: Fahrradverleih unter Tel. 05862/1602, 05862/6439 und 05862/7972. Auskünfte zur Fähre unter der Tel. 038841/349 oder Kurverwaltung, Tel. 05862/8022.
Fahrzeiten: Die Fähre Darchau/Neu Darchau fährt täglich von 5.30 Uhr bis 21 Uhr, an Sonn- und Feiertagen erst ab 9 Uhr.
Alter: ganz jung in Kindersitzen, sonst ab 6 Jahren
Saison: von Mai bis September
Kosten: tel. erfragen, s. o.
Verpflegung: Picknick, Gaststätten ∎

Jan Feb Mär Apr Mai Jun Jul Aug Sep Okt Nov Dez

Osnabrücker Land

Das Osnabrücker Land hat den Ruf eines idealen Wandergebietes. Die Städter und Naturliebhaber schätzen die ausgedehnten Tiefebenen ebenso wie die kleinen Bachtäler, üppige Wälder wechseln mit den Wiesen und Feldern der

landwirtschaftlich genutzten Flächen. Seltene Lebensräume wie Moore oder der Orchideenstandort Silberberg werden als Naturschutzgebiete bewahrt. Berühmt ist das Steinerne Meer bei Belm mit seinen 1.000 Findlingen ▪

Vogelparadies Bad Rothenfelde

Wer über gute Augen verfügt, der schaut sich in der Freiflug-Tropenhalle des Vogelparadieses besonders gut um, denn wo geflattert wird, da fliegen Federn! Vögel aus allen Erdteilen sind zu beobachten. Von Mai bis Oktober ist die Zeit der Schmetterlinge, die in ihrer bunten Pracht mit den Tropenvögeln um die Gunst der Besucher buhlen. Es gibt auch einen Spielpark – mit Riesenrutsche, Minicars und einem Karussell. Bei Hungerattacken leistet das Tropencafé mit großer Sommerterrasse gute Dienste ▪

Adresse und Anfahrt: Vogelparadies Rothenfelde, Sundernweg 26, Bad Rothenfelde, Tel. 05424/1440. Liegt 20 Kilometer südlich Osnabrücks an der B 68, im Ort ausgeschildert.
Öffnungszeiten: täglich 10 bis 17.30 Uhr
Saison: Ostern bis 15. Oktober
Eintritt: Erwachsene 8 Mark, Kinder 4 Mark
Verpflegung: Gaststätte
Achtung: Hunde sind nicht erlaubt ▪

Jan Feb **Mär Apr Mai Jun Jul Aug Sep Okt** Nov Dez

Niedersachsen

Osnabrücker Land

Die Saurierspuren in Barkhausen

Schon eine erstaunliche Sache: Da wanderte vor 150 Millionen Jahren ein Dinosaurier durch die Landschaft bei Bad Essen, die in diesen Zeiten am Rande des Meeres lag. Der Lehm, in den die Dino-Füße traten, wurde von weiteren Erdschichten überdeckt und versteinerte. Später wurde die Fläche durch

Verschiebung von Erdschichten in die Vertikale gedreht, so daß man die Spuren heute mitten auf einer Felswand sieht. Zu Beginn dieses Jahrhunderts wurden die Spuren bei Steinbrucharbeiten entdeckt. Jetzt sind sie im Freilichtmuseum zu besichtigen. Zwei verschiedene Spuren finden sich auf der Wand, die runden gehören zu einem vierbeinigen, rund 25 Meter langen Tier, die anderen zu einem Zweibeiner von ebenfalls beachtlicher Größe. Man kann ab Bad Essen die sieben Kilometer über den Wittekindsweg wandern und zurück mit dem Bus fahren, das Museum ist aber auch mit dem Auto erreichbar. Das Museum ist für Kinder ab dem Schulalter interessant ∎

Adresse und Anfahrt: Freilichtmuseum "Saurierspuren", Barkhausen, tel. Auskünfte unter 05472/833 bei der Kurverwaltung Barkhausen.
Öffnungszeiten: tel. erfragen
Saison: tel. erfragen
Eintritt: tel. erfragen
Verpflegung: Picknick, "Saurier Inn"
Drumherum: Im nahen Bad Essen ist eine alte Mühle zu besichtigen, mit Schwanenteich (Picknick!) und einem Teehaus von der Jahrhundertwende ∎

Jan Feb Mär Apr Mai Jun Jul Aug Sep Okt Nov Dez

 Osnabrücker Land

Zoo Osnabrück

Die faszinierende Vielfalt der Tierwelt und der Einfallsreichtum der Evolution – beides bekommt man im Osnabrücker Zoo geboten. Im herrlich gelegenen Buchenwald des Schölerberges leben rund 1.800 Tiere aus 320 Arten, jedes Jahr kommen ca. 430.000 Besucher, um sie sich anzuschauen. Auf den ausgebauten Wegen kommen acht Kilometer Rundweg zusammen. Wer alles sehen will und sich dabei Zeit läßt, der muß mindestens drei Stunden für den Besuch einrechnen. Tiger, Braunbären und Löwen sind ebenso zu bestaunen wie Eisbären, Schimpansen und Elefanten. Die Schimpansen

haben eine neue große Außenanlage; ebenso die Schopfgibbons. Bei starkem Regen schlüpft man in der Tropenhalle unter oder schaut sich das Aquarium mit seinen ebenso stummen wie bunten Bewohnern an. Faszinierende Einblicke ins Leben von Arbeiterinnen, Soldaten und der Königin ermöglicht das Bienenhaus. Wenn man ein Päuschen machen möchte, dann in der Zoo-Gaststätte, denn dort ist der Kinderspielplatz nicht weit – Zufriedenheit allenthalben ∎

Adresse und Anfahrt: Zoo Osnabrück, Am Waldzoo 2/3, Osnabrück, Tel. 0541/951050. Der Zoo liegt südöstlich des Stadtzentrums und ist über die Autobahnausfahrt OS-Nahne (A 30) zu erreichen.
Öffnungszeiten: Im Sommer 8 bis 18 Uhr, im Winter von 9 Uhr bis zum Einbruch der Dunkelheit
Saison: ganzjährig
Eintritt: Erwachsene 10 Mark, Kinder von 3 bis 14 Jahren 5 Mark
Verpflegung: Picknick, Gaststätte im Zoo ∎

Jan Feb Mär Apr Mai Jun Jul Aug Sep Okt Nov Dez

Niedersachsen

Planetarium Osnabrück

Auch wenn Nebel oder Wolken den Himmel über der Stadt verhängen, im Planetarium funkeln die Sterne immer. Das hypermoderne Sternentheater vom Typ "Skymaster" nimmt nicht nur ausgebuffte Astronomen mit auf die Himmelsreise. Für Kinder in Begleitung Erwachsener gibt es das Familienprogramm, man begibt sich mit dem Außerirdischen "Ossi" auf die Suche nach dem Weihnachtsstern oder macht eine

Stippvisite bei den Sauriern.
Das Kinderprogramm eignet sich schon für Kinder ab vier Jahren. Dabei lernen sie den Lauf von Sonne und Mond kennen und bekommen mit Hilfe von Märchen und Sagen einige markante Sternbilder nähergebracht.
Die Kinderangebote sind immer nachmittags, die aktuellen Daten und Zeiten erfragt man am besten telefonisch! Das Museum gehört zum naturkundlichen "Museum am Schölerberg", dessen Besuch sich ebenfalls lohnt ∎

Adresse und Anfahrt: Museum am Schölerberg/Planetarium, Am Schölerberg 8, 49082 Osnabrück, Tel. 0541/560030. Per Auto den Hinweiszeichen Zoo folgen, denn der ist in unmittelbarer Nähe. Auch mit der Buslinie 27 bis Haltestelle Kreiszentrum/ Zoo zu erreichen.
Öffnungszeiten: Telefonisch erfragen, Plätze im Planetarium sollten reserviert werden, Tel. 56003-51. Weitere Informationen im Internet: http://wwn.physik.uni-osnabrueck.de/students/ahaene/
Saison: ganzjährig
Eintritt: Erwachsene 5 Mark, Kinder von 6 bis 18 Jahren 2 Mark, Familienermäßigung (10 Mark)
Verpflegung: Automaten-Cafeteria, Picknick im Museumspark mit Teich und Wiese, Zoo-Gaststätte in der Nähe ∎

Jan Feb Mär Apr Mai Jun Jul Aug Sep Okt Nov Dez

Osnabrücker Land

Figurentheater Osnabrück

Das Figurentheater in der Alten Fuhrhalterei präsentiert Figuren- und Puppentheater für Kinder und Erwachsene sowie regelmäßig Gastspiele von nationalen und internationalen Bühnen. Das Mindestalter wird bei vier Jahren angesetzt, die Spieldauer der Stücke liegt bei den Nachmittagsvor-stellungen für Kinder immer unter einer Stunde. Soviel Kultur machen auch die Kleinen gerne mit!
Gespielt wird nachmittags um 16 Uhr jeweils mittwochs und samstags, am Sonntag beginnt die Vorstellung allerdings schon um 11 Uhr.
Die Abendveranstaltungen, immer freitags um 20.30 Uhr, sind meistens nur für Jugendliche und Erwachsene. Was gespielt wird, erfährt man unter Tel. 0541/27257. Mittwoch bis Freitag von 9 bis 13 Uhr können Karten vorbestellt werden ■

Adresse und Anfahrt: Figurentheater in der Alten Fuhrhalterei, Kleine Gildewart 9, Osnabrück, Tel. 0541/27257.
Öffnungszeiten: Spielzeiten und Spielplan telefonisch erfragen
Saison: Theaterpause von Mai bis September
Eintritt: Kinderveranstaltungen 6 Mark für alle, abends zahlen Erwachsene 15 Mark, Jugendliche 12 Mark.
Verpflegung: In der Fußgängerzone gibt es viele Gaststätten ■

Jan Feb Mär Apr Mai Jun Jul Aug Sep Okt Nov Dez

Niedersachsen

Raum Hannover

Der Raum Hannover ist Deutschlands Techno-Region im Grünen: Während man bei der alljährlichen CeBIT-Messe den neuesten Trends der Computerwelt nachspürt, ist man im nahegelegenen Deistergebirge fernab des Zivilisationslärms. Wasser, so weit das Auge reicht, gibt's am Steinhuder Meer.

Hier vermitteln Fischernetze, Reusen und Boote den Eindruck maritimer Romantik. Was den Touristen pittoresk erscheint, ist für die Fischer harter Alltag: Sie fahren auch heute noch täglich aus, um für Nachschub in den Restaurants zu sorgen ∎

Das Steinhuder Meer

Die Personenschiffahrt ab dem Steinhuder Hafen bietet zweierlei Möglichkeiten, das kleine Binnenmeer zu befahren: Es gibt Rundfahrten mit den Motorbooten "Willkommen" und "Schaumburg-Lippe" und Touren mit den sogenannten "Auswanderer"-Booten zur Insel Wilhelmstein. Die "Auswanderer" sind große Segelboote, die nur auf dem Steinhuder Meer fahren. Sie werden zu Stoßzeiten mit 25 bis 30 Passagieren vollgepackt. Wer also etwas klaustrophob veranlagt ist, sollte hier nicht zur Hochsaison aufkreuzen. Die Insel Wilhelmstein wurde künstlich angelegt, ist viereckig und sieht sehr bizarr aus. Man muß ja nicht unbedingt das Militärmuseum besuchen, ein Picknick ist da eher angeraten ∎

Adresse und Anfahrt: Steinhuder Personenschiffahrt
Tel. 05033/1721. Der Bootsanleger im Steinhuder Hafen ist ausgeschildert.
Fahrzeiten: täglich von 9 bis 17 Uhr, dann fährt das letzte Boot zur Insel.
Saison: von Ostern bis zu den Herbstferien
Fahrpreise: Zur Insel und zurück zahlen Kinder von 4 bis 14 Jahren 4 Mark, Erwachsene 7 Mark.
Verpflegung: Picknick, Café auf der Insel, Gaststätten im Ort ∎

Jan Feb Mär **Apr Mai Jun Jul Aug Sep Okt** Nov Dez

 Raum Hannover

Wisentgehege im Saupark bei Springe

Der Name ist ein wenig verwirrend, zeigt das Wisentgehege doch mehr als 30 Säugetierarten und noch mehr Vogelarten aus Mitteleuropa. Auf zwei Rundwegen, für die man je eine oder zwei Stunden benötigt, gibt es also eine Menge zu sehen. Die urtümlichen Wisente werden hier seit 1928 gezüchtet, bis 1997 gab es 250mal Nachwuchs.

Beeindruckend sind auch die Elche, die ebenso wie Rot- und Muffelwild in eigenen Gehegen gezeigt werden. Pferdefreunde freuen sich über die große Gruppe von Przewalski-Pfer-

den, die die Stammform unserer heutigen Pferde sind. Neben diesen größeren Tieren wird auch dem "Kleinvieh" wie Haselhuhn, Zwergohreule und Siebenschläfer viel Platz eingeräumt. Eine neugestaltete Großvoliere von 5.000 m², die begehbar ist, beherbergt Schwarz- und Weißstörche, Kraniche und viele andere Vögel.

Auch die heimischen Fische und Reptilien sind in Aquarien und Terrarien gut zu beobachten.

Einen Streichelzoo gibt es im Tierpark nicht, doch ab 1998 eine 2 ha große Anlage für Braunbären

Adresse und Anfahrt: Wisentgehege im Staatlichen Saupark Springe, Tel. 05041/5828. Springe liegt an der B 217 zwischen Hannover und Hameln, das Wisentgehege ist im Ort ausgeschildert.
Öffnungszeiten: täglich 8.30 bis 18 Uhr
Saison: ganzjährig
Eintritt: Erwachsene 8 Mark, Kinder 3 Mark
Verpflegung: Picknick, Grillen in der Köhlerhütte (muß gemietet werden!), Gaststätte
Drumherum: Im Saupark gibt es einen Spielplatz

Jan Feb Mär Apr Mai Jun Jul Aug Sep Okt Nov Dez

Niedersachsen

Raum Hannover

Der Zoo in Hannover

Der Besuch im Zoo Hannover ist schon etwas für kleinere Gäste, denn hier gibt es neben einem Spielplatz mit Klettergerüsten und einer großen Rutsche auch eine Streichelwiese. Sogar an einen Wickelraum haben die Zoobetreiber gedacht: wirklich vorbildlich! Tierfreunde bekommen hier 1.300 Tiere aus allen Kontinenten zu sehen, vom Känguruh bis zum Menschenaffen. Den Rundgang durch den Zoo kann man auf eigens eingerichteten Picknickplätzen unterbrechen. Es gibt auch Kioske und eine Zoogaststätte ■

Adresse und Anfahrt: Zoo Hannover, Tel. 0511/280740. Der Zoo ist in Hannover ausgeschildert.
Öffnungszeiten: täglich von 9 bis 16.30 Uhr
Eintritt: Erwachsene 10 Mark, Kinder 5 Mark, ein Erwachsener mit fünf Kindern 20 Mark
Verpflegung: Kiosk, Gaststätte, Picknickplätze ■

Jan Feb Mär Apr Mai Jun Jul Aug Sep Okt Nov Dez

Das Wasser-Paradies in Hildesheim

Subtropische Temperaturen und viele Pflanzen bilden den Rahmen des Hildesheimer Wasser-Paradieses. Wasserspaß ist schon für Besucher im Windelalter garantiert, denn für sie gibt es ein mollig warmes Planschbecken mit kleinen Wasserspielen. Die etwas größeren Kinder vergnügen sich auf der Riesenrutsche oder in der Gegenstromanlage. Rund geht's im Wasserkarussell, spannend ist der Wildwasserkanal. Größere Konflikte zwischen Geschwistern können mit den Wasserkanonen ausgetragen werden. Es gibt Solarien, einen Saunabereich und einen Kinderspiel- und Tischtennisraum. Verbrauchte Kalorien bekommt man im Free Flow oder in der Saunabar umgehend zurück ■

Adresse und Anfahrt: Wasser-Paradies, Hildesheim, Tel. 05121/15070. Das Wasser-Paradies ist nah am Hauptbahnhof, der wiederum weiträumig ausgeschildert ist.
Öffnungszeiten: täglich von 9 bis 22 Uhr
Eintritt: zeitlich getaffelte Preise
Verpflegung: Free Flow, Saunabar ■

Jan Feb Mär Apr Mai Jun Jul Aug Sep Okt Nov Dez

Dinosaurierpark Münchehagen

Ein 2,5 km langer Lehrpfad führt Sie durch die Erdgeschichte. Über 120 Rekonstruktionen in Originalgröße bis zu 45 m Länge werden gezeigt. Das Kernstück des Parks ist das Naturdenkmal mit den fünf Saurierfährten in einer 3.500 qm großen Schutzhalle. Insgesamt sind es mehr als 250 Eindrücke zweier Dinosaurierarten, die vor 130 Millionen Jahren hier lebten.

Angegliedert sind einige Sonderausstellungen: Dinosaurier-Eier und -Babys mit dem einzigen original Dinosaurier-Embryo in Deutschland, "Der Urvogel" – Archaeopteryx, die Ballerstedtsche Sammlung der Schreckenssaurier. Für Kinder bietet der Park MIT-MACH-Aktionen unterschiedlichster Art, z. B. Dino-Kneten, Dino-Malen, Fossilsuche, Schatzsuche nach Haifischzähnen oder Mineralien, Dino-Diggern (ein 25 m langes Dinosaurierskelett ausgraben), Dino-Tastwand, Dino-Memory u. v. m. Familienaktivität ab Sommer 1998: Goldwaschen.

Nach dem Rundgang laden das gemütliche Restaurant oder der Imbiß zum Verweilen ein. Der gesamte Park ist behindertengerecht ausgebaut ∎

Adresse und Anfahrt: Dinosaurierpark Münchehagen, Rehburg-Loccum, Ortsteil Münchehagen, Alte Zollstraße 5, Tel. 05037/2073. Der Ort liegt an der B 441 Hannover-Loccum.
Öffnungszeiten: täglich 9 bis 19 Uhr, im Winter bis zur Dunkelheit
Saison: vom 1. Februar bis zum 30. November
Eintritt: Jugendliche ab 13 Jahre und Erwachsene 12 Mark, Kinder von 4 – 12 Jahre 9 Mark
Verpflegung: Café, Imbiß, SB-Restaurant ∎

Niedersachsen

Zwischen Braunschweig und Wolfsburg

Lassen Sie sich auf einer Reise durch das Land rund um Braunschweig nicht foppen, denn den Leuten sitzt der Schalk im Nacken – Till Eulenspiegel. Er wurde im kleinen Ort Kneitlingen geboren. Ein Museum, das dem Narren gewidmet ist, findet sich ein paar Kilometer weiter in Schöppenstedt. In Wolfsburg dreht sich alles ums Auto, hier wurde der legendäre Wagen gebaut, der läuft und läuft und läuft. Und was läuft in Braunschweig? Mehr als man denkt ▪

Der Erse-Park Uetze

Ein Freizeitpark für die ganze Familie, mit Betonung auf Park, denn der Park ist besonders "grün" angelegt. Neben alten Bäumen und romantischen Bachläufen stehen im Märchen- und Drachenland lebensgroße Figuren, die auch erzählen können. Auch Wichtelhausen ist nach dem Geschmack der „kurz geratenen" Besucher. Größere Kinder versuchen natürlich, beim Rodeoreiten obenauf zu bleiben, sie eiern auf den Wackelfahrrädern durch die Gegend, besteigen beherzt Mini-Loop und Ufo-Scooter oder begeben sich mit dem Wasserbob in wilde Stromschnellen. Ist man dann abgekämpft, dann locken die beschaulicheren Fahrten mit der Parkeisenbahn, der Schlaraffenlandbahn und der Hochbahn.
Mit dieser Zusammenfassung ist noch längst nicht alles genannt, es gibt viel mehr zu entdecken. Wer einmal gezahlt hat, darf fahren, so oft er will – man kann also getrost einen ganzen Nachmittag oder mehr einplanen ▪

Adresse und Anfahrt: Erse-Park Uetze, Tel. 05173/352. Uetze liegt nördlich von Peine an der B 188 zwischen Burgdorf und Gifhorn.
Öffnungszeiten: täglich 10 bis 18 Uhr
Saison: April bis Ende Oktober
Eintritt: Erwachsene 18 Mark, Kinder 16 Mark
Verpflegung: Picknick, Kiosk, Cafeteria ▪

Jan Feb Mär **Apr Mai Jun Jul Aug Sep Okt** Nov Dez

Zwischen Braunschweig und Wolfsburg

Das AutoMuseum bei VW

Nur wenige Minuten vom VW-Werk entfernt liegt das Auto Museum. Vom Oldtimer bis zum futuristischen Forschungsmodell wird hier die Entwicklungsgeschichte des Automobils vorgestellt. Ausgestellt sind Fahrzeuge der Marken Volkswagen, Auto Union und Audi. Sogar einen Cadillac gibt es! Das Mindestalter sollte bei etwa sechs Jahren liegen, denn die Kinder müssen schon eine gewisse Auto-Begeisterung mitbringen, um hier glücklich zu werden. Das Museum ist natürlich zu einem großen Teil ein "Käferland", mit Exponaten vom "Dudu" bis zum Postkäfer. Für ganz besonders Interes-

sierte gibt es Film- und Video-Vorführungen, unter anderem Werbefilme aus den 50er Jahren.

Daß man heute kein Hirn und keine Hände mehr braucht, um ein Auto zu bauen, demonstriert der orangefarbene Industrieroboter, der per Knopfdruck in Gang gesetzt wird ∎

Adresse und Anfahrt: AutoMuseum, Dieselstraße 35, Wolfsburg, Tel. 05361/52071. Das Museum ist im Ort ausgeschildert.
Öffnungszeiten: täglich von 10 bis 17 Uhr
Saison: ganzjährig, Heiligabend bis Neujahr geschlossen
Eintritt: 7,50 Mark Erwachsene, Kinder ab 6 Jahren 4,50 Mark, Familienkarte 18 Mark
Verpflegung: Schnellimbiß und Restaurant in der Nähe ∎

Jan Feb Mär Apr Mai Jun Jul Aug Sep Okt Nov Dez

Niedersachsen

Badeland Wolfsburg

Die Alternative für trübe Tage und eingefleischte Wasserratten ist ein Besuch des Wolfsburger Badelandes.
Es ist nach eigenen Angaben das schönste Bad weit und breit, und vieles spricht dafür, daß dies auch stimmt. Für Kinder gibt es ein kombiniertes Becken zum Planschen und Spielen, die schon etwas begabteren Schwimmer kämpfen

mit den mächtigen Wogen des Wellenbeckens. Das kann so manch kleinen Rabauken schon einige schöne Stunden beschäftigen!
Für die ganz kleinen Schwimmer wurde eigens ein Planschbecken mit einer Minirutsche eingerichtet. Im Sommer kann man es sich natürlich mit der ganzen Gang auf der großen Außenfläche bequem machen. Hier wird es auch nicht so schnell langweilig, dafür sorgen die verschiedenen Spielgeräte ▪

Adresse und Anfahrt: Badeland Wolfsburg, Oebisfelder Straße, Tel. 05361/61176. Im Ort ausgeschildert.
Alter: ab 6 Monaten
Öffnungszeiten: von 9 bis 22 Uhr, am Wochenende nur bis 20 Uhr
Saison: ganzjährig
Eintritt: Mutter-Vater-Kind-Karte 25 bis 30 Mark, jedes weitere Kind 3 Mark. (Es gibt keine Zeitbeschränkung!)
Verpflegung: Gastronomie im Bad
Außerdem: Wickelmöglichkeiten und Kinderställchen vorhanden ▪

Jan Feb Mär Apr Mai Jun Jul Aug Sep Okt Nov Dez

Zwischen Braunschweig und Wolfsburg

Zoo "Arche Noah" in Braunschweig

Sie finden uns im Süden Braunschweigs (Stadtteil Stöckheim) über die A 39 und die A 395, zwischen Melverode und Rüningen. Wer mit dem Bus kommt, benutzt die Linien 19 und 21 und steigt an der Haltestelle Glogaustraße aus. Die Fläche des Zoos umfaß 3 ha. Zu sehen sind Murmeltiere, Zwergotter, sib. Tiger, Krallenaffen, Papageien und viele andere Tierarten. Kinder haben ihren Spaß mit dem Spielplatz, Autoscooter und Trampolin. Für das leibliche Wohl ist durch ein Café gesorgt ∎

Adresse und Anfahrt: Zoo Braunschweig "Arche Noah", Stöckheim, Tel. 0531/611269. Über die A 39 Richtung Salzgitter, Abfahrt Rüningen.
Öffnungszeiten: 9 bis 18 Uhr (ab November nur bis Einbruch der Dunkelheit)
Saison: ganzjährig
Eintritt: Erwachsene 6,50 Mark, Kinder 3,50 Mark, Gruppenermäßigung ∎

Tierpark Essehof

Dieser Tierpark präsentiert sich über 10 ha wunderschön eingebettet in einen alten Eichenwald. Er beherbergt u. a. Känguruhs, Antilopen, Strauße, Zebras und andere Tiere der Kontinente Afrika, Australien und Amerika, die auf Spaziergängen durch die großzügigen Freigehege bewundert werden können. Nach dem Rundgang können die Kleinen auf dem Kinderspielplatz mit Autoscooterbahn und Karussells ihrem Spieltrieb vollen Lauf lassen. Ein Imbiß und eine Cafeteria sorgen für das leibliche Wohl ∎

Adresse und Anfahrt: Tierpark Essehof, OT Essehof bei Braunschweig, Tel. 05309/8862. Der Tierpark liegt direkt an der A 2 Richtung Helmstedt, Abfahrt Lehre.
Öffnungszeiten: März bis Oktober 9 bis 19 Uhr, November bis Februar bis zum Einbruch der Dunkelheit
Saison/Eintritt: ganzjährig, Erwachsene 8 Mark, Kinder 5 Mark, Gruppenerm. Wickelmöglichkeit, Spielplatz vorhanden, geeignet ab 1 Jahr, Parkplätze kostenlos. Infomaterial für Schulklassen auf Anfrage ∎

Jan Feb Mär Apr Mai Jun Jul Aug Sep Okt Nov Dez

Niedersachsen

Raum Göttingen und Solling

Alljährlich im Herbst zieht es den wilden Jäger Hackelberg aus seinem kühlen Grab im Walde zur Jagd; dann zieht ein stürmisches Sausen durch die alten Fichten des Moosberges, und

die Menschen im Solling wissen: "Der wilde Jäger ist wieder vorbeigezogen!" So will es eine alte Sage, die in Neuhaus mitten im Hochsolling erzählt wird. Und die Wald- und Wildgeschichte paßt, denn der Reichtum der Gegend liegt in ihren dichten, stillen Forsten. Großen Tourismus gibt es im Bergland des Sollings nicht, dafür aber sehr viel Natur ∎

Die Blankschmiede

Die Blankschmiede nennt sich mit Beinamen "Historisches Technikmuseum im Solling". Sie steht bundesweit ziemlich einzigartig da: Verfallene Gebäude von Schmiedehämmern gibt es zwar genug, nur noch wenige aber sind funktionstüchtig. Noch bis zum Jahre 1985 wurde hier gearbeitet. Das lag daran, daß die mit Wasserkraft betriebene Schmiede mit niedrigen Energiekosten arbeitete – und im ländlichen Solling waren die Produkte des Schmieds weiterhin gefragt. Es wird dem Besucher "lebendig" vorgeführt, wie ein solcher Hammer zuschlägt, das ist laut, spektakulär und deshalb auch für Kinder geeignet, im Schulalter sollten sie allerdings schon sein! Die sachkundigen Führer stehen Fragen aufgeschlossen gegenüber, denn sie sind stolz, ein altes Handwerk vor dem Aussterben bewahrt zu haben ∎

Adresse und Anfahrt: Die Blankschmiede, Teichplatz 2, Dassel, Tel. 05564/8062 oder 347. Dassel liegt im Nordosten des Sollings und ist z. B. über Einbeck zu erreichen.
Öffnungszeiten: sonntags von 15 bis 18 Uhr, Gruppen bitte vorher anmelden
Eintritt: 4 bzw. 3 DM
Verpflegung: Gastronomie in Dassel ∎

Jan Feb Mär Apr Mai Jun Jul Aug Sep Okt Nov Dez

Die Wilhelm-Busch-Mühle

Hier in Ebergötzen verlebte Wilhelm Busch sorglose Kinderjahre. Der Müllersohn Erich Bachmann war sein Gefährte zu jener Zeit, später wurde er Müller, und die Freundschaft hielt noch immer. In Erinnerung an vergangene Streiche und Missetaten entstand das Kinderbuch "Max und Moritz", in dem auch die alte Mühle Erwähnung findet.

Wenn man vor dem Besuch einen Blick ins Buch wirft, lassen Kinder sich sicherlich für den Besuch der Mühle begeistern, auch wenn die Max-und-Moritz-Sammlung nicht auf ihre Belange zugeschnitten ist. Außerdem ist die Mühle noch funk-

tionsfähig und wird während der Führung ebenfalls erklärt: Die alten Mühlsteine rumpeln heute wie vor 150 Jahren. Wenn man einen Besuch der Mühle samt Picknick im Bauerngarten einplant, dann kann man anschließend noch einen Ausflug in den nahen Wald machen oder an den drei Kilometer entfernten Seeburger See fahren, dort gibt es einen Spielplatz und ein Restaurant ∎

Adresse und Anfahrt: Wilhelm-Busch-Mühle, Mühlengasse, Ebergötzen, Tel. 05507/7181. Ebergötzen liegt an der Kreuzung der B 446 und B 27.
Öffnungszeiten: täglich von 9 bis 13 und von 14 bis 17 Uhr. Sonn- und feiertags 10 bis 13 und 14 bis 17 Uhr
Saison: ganzjährig
Eintritt: mit Führung 4 Mark für Erwachsene, Kinder ab dem Schulalter 2 Mark
Verpflegung: Picknick, Gaststätte im Ort ∎

Jan Feb Mär Apr Mai Jun Jul Aug Sep Okt Nov Dez

Niedersachsen

Schmetterlingspark Uslar

Man muß schon etwas genauer hinschauen, um den reglos im Tagesschlaf verharrenden Atlas-Seidenspinner zu entdecken, denn er hat sich trotz seiner Größe von bis zu 30 Zentimetern bestens getarnt.

Die vielen hundert anderen Schmetterlingsarten sind aber wirklich nicht zu übersehen. Quirlig flattern sie durch die Hallen des Hauses, das ganz dem tropischen Regenwald und seiner Flora und Fauna gewidmet ist. Zahllos sind die

Farben und Formen dieser Insekten, die von den Menschen seit jeher geschätzt wurden.

Gerade bei miesem Wetter ist ein Besuch im tropisch-warm temperierten Schmetterlingspark eine echte Wohltat, und zwar nicht nur für die Kleinen ∎

Adresse und Anfahrt: Alaris Schmetterlingspark, Zur Schwarzen Erde, Uslar, Tel. 05571/6734. Im Ort ausgeschildert
Öffnungszeiten: täglich 9.30 bis 17.30 Uhr
Saison: vom 1. April bis 31. Oktober
Eintritt: telefonisch erfragen
Verpflegung: Café im Park, Gaststätten im Ort, Picknick in der historischen Altstadt ∎

Jan Feb Mär **Apr Mai Jun Jul Aug Sep Okt** Nov Dez

Der Harz

In der Nacht zum ersten Mai tanzen die Hexen durch den Harz – in der Walpurgisnacht, hierzulande traditionell gefeiert, geschehen unheimliche Dinge: Da verschwinden Gartentore, ganze Anhänger werden auf Scheunendächer gezaubert. So pflegt man Brauchtum in der an Mythen und Sagen reichen Landschaft der Zauberinnen, Riesen und Fabeltiere. Die wilde Landschaft mit ihren tief eingeschnittenen Tälern und unendlich dichten Wäldern scheint ohnehin aus einer anderen Zeit zu stammen.

Das Freizeiterlebnis VITAMAR Hallenwellenbad

Fitneß und Spaß für alle und für jeden Geschmack, das ganze Jahr hindurch. Die Gäste erwartet ein Tag Urlaub in einer paradiesischen Atmosphäre. Felsenlandschaften mit natürlicher subtropischer Pflanzenwelt laden zum Träumen ein. Spaß und Erlebnis erwarten alle großen und kleinen Wasserratten in 1 m hohen Brandungswellen fast wie am Meer, auf der 120 m langen Superrutsche, der 1-m-Sprunganlage, der Power-Steilrutsche, im Wildwasserkanal, in den Whirlpools, im ganzjährigen Außenschwimmbecken und bei vielem mehr. Die ganz Kleinen tummeln sich im Kinderparadies mit seinen tollen Überraschungen und erleben ein regelrechtes Abenteuer. Natürlich kann der Gast auch in der großangelegten Saunalandschaft schwitzen oder sich im Solarium bräunen und auf dem Hydro-Jet entspannen ■

Adresse und Anfahrt: Vitamar Hallenwellenbad, Bad Lauterberg im Harz, Tel. 05524/850665.
Im Ort ist das Bad ausgeschildert. Bad Lauterberg liegt an der B 27 zwischen Herzberg und Braunlage.
Öffnungszeiten: Montag bis Freitag 9 bis 22 Uhr, mittwochs ab 7 Uhr, an Wochenenden von 8 bis 20 Uhr
Eintritt: Erwachsene ab 6 Mark, Kinder ab 4,50 Mark für eine Stunde, reduzierte Eintrittspreise für Familien, Klein- und Großgruppen
Verpflegung: Café-Restaurants im Naß- und Trockenbereich. Ver- und Entsorgungsstation für Wohnmobile ■

Jan Feb Mär Apr Mai Jun Jul Aug Sep Okt Nov Dez

Niedersachsen

 Der Harz

Die Harzer Schmalspurbahnen

Manchen Naturschützer graut es, wenn er sich den mächtigen Rauch- und Dampfausstoß der Loks der Harzer Schmalspurbahn anschaut. Aber wenn der Wind der Zeit jetzt auch etwas von vorne weht, die 25 Dampfloks sind Sympathieträger erster Güte und deshalb nicht totzukriegen.
Zentrum des Schienenverbundes von 132 Kilometern Länge ist Wernigerode. Von hier führen Fahrten der "Harzquerbahn" nach Nordhausen Nord (Anschluß Kassel–Leipzig) und mit der Selketalbahn nach Gernrode. Besonders reizvoll ist die Fahrt mit der Brockenbahn, die vom Ausgangsbahnhof "Drei

Annen Höhe" rund 50 Minuten bis auf den Gipfel des Brocken dauert. Nach Drei Annen Höhe gelangt man über alle vorher genannten Ausgangsbahnhöfe. Die Fahrt nach oben führt durch atemberaubende Hochharzpanoramen. Tritt man nicht gleich die Rückfahrt an, kann man bei einem minimalen Aufenthalt von rund zwei Stunden ein herrliches Picknick mit Harz-Ausblick genießen ■

Preise und Zeiten: Auskünfte zu Fahrpreisen und Fahrzeiten erteilen die Harzer Schmalspurbahnen, Friedrichstraße 151, 38855 Wernigerode, Tel. 03943/558143.
Saison: ganzjährig
Verpflegung: Picknick, Gastronomie in den Zügen und Bahnhöfen ■

Jan Feb Mär Apr Mai Jun Jul Aug Sep Okt Nov Dez

 Der Harz

Niedersächsisches Bergbaumuseum

Das ehemalige Silberbergwerk und heutige Niedersächsische Bergbaumuseum ist auf vier Sohlen befahrbar. Die kleinen und großen Gäste bekommen nicht nur die zahlreichen Ausstellungsstücke des Außenbereichs zu sehen, sondern werden mit der kleinen Grubenbahn in umgebauten "Erzkähnen" auch unter Tage chauffiert.
Man setzt den obligatorischen Helm auf, dann geht es mit der Bahn bis in 266 Meter Tiefe. Hier unten wurde tausend

Jahre lang nach Gold und Silber gesucht, die historischen Schachtanlagen sind heute noch erhalten.
Vor Ort schaut man sich die mächtigen Bergbaumaschinen an, ebenso die unterirdische Bergkapelle. Für Kinder ab sechs Jahren lohnt sich der Besuch. Bereits die Einfahrt ist spannend, wie natürlich die Tatsache, plötzlich mitten im Berg zu stehen ∎

Adresse und Anfahrt: Niedersächsisches Bergbaumuseum, Lautenthal/Oberharz, Tel. 05325/4490. Zwischen Goslar und Clausthal-Zellerfeld zweigt die Straße nach Lautenthal ab. Vom Ortszentrum ist es ein Fußmarsch von zwei Minuten.
Öffnungszeiten: täglich von 9 bis 18 Uhr
Saison: ganzjährig
Eintritt: Erwachsene 12,50 Mark, Kinder bis 10 Jahre 6 Mark, darüber 7 Mark
Verpflegung: Picknick, Museumsgaststätte ∎

Jan Feb Mär Apr Mai Jun Jul Aug Sep Okt Nov Dez

Niedersachsen

 Der Harz

Freizeitpark in Sieber

Das hört man doch gern: Der Besuch des Sieber Freizeitparks ist ganz und gar kostenlos.
Es wird zwar nicht soviel geboten wie in den gewerblichen Parks, doch auf dem großen Abenteuerspielplatz mit Super-Rutschen verbringen Kinder gut und gerne zwei Stunden, ohne auch nur einmal zu quengeln. Auf dem Spielplatz kann man Minigolf, Tischtennis, Boccia und Freischach spielen.
Im Sommer lockt das nahe Schwimmbad (mit großem Sandkastenbereich) die Wasserratten und Sonnenanbeter. Wer sich lieber bedeckt halten möchte, kann wenigstens mit den Füßen im Tretbecken verschwinden.

Am Teich, der ebenfalls zur Parkanlage gehört, werden Wasserflöhe von jungen Forschern streng wissenschaftlich beobachtet. Da ist es klug, den kleinen Kescher nicht zu Hause zu vergessen ∎

Adresse und Anfahrt: Freizeitpark Sieber, Tel. Kurverwaltung 05585/322. Der Ort liegt auf halber Strecke zwischen Herzberg und St. Andreasberg. Der Freizeitpark ist ausgeschildert und nur schwer zu verfehlen!
Öffnungszeiten: immer frei zugänglich
Saison: nur in der warmen Jahreszeit zu empfehlen
Eintritt: frei
Verpflegung: Picknick, Gaststätten im Ort
Drumherum: Weil die Arbeit bekanntlich vor dem Spaß kommt, spaziert man vor dem Parkbesuch noch ein Stündchen in den nahen Wald, Wanderwege gibt es mehr als genug ∎

Jan Feb Mär **Apr Mai Jun Jul Aug Sep** Okt Nov Dez

Bremen und Umgebung

Komm mit nach Bremen, sagte der Esel zum Hund, sagte der Hund zur Katze, sagte die Katze zum Hahn, und so machten sich die Stadtmusikanten auf den Weg ins Glück. Sie trugen den Namen der Hansestadt in die ganze Welt. Wer daran zweifelt, daß es sie jemals gab, der muß sich nur in der Umgebung des Rathauses einmal ganz genau umsehen – da stehen sie, die vier, einer auf dem andern, als Bronzefiguren ∎

Kinder- und Jugendtheater "MOKS"

Pro Jahr kommen im MOKS drei bis vier neue Stücke auf den Spielplan, wobei mindestens eins davon schon für interessierte Schüler ab dem ersten Schuljahr geeignet ist. Vormittags wird vor Schulklassen gespielt, an den Wochenenden gibt es aber auch öffentliche Vorstellungen, meist samstags um 17.00 Uhr oder um 19.30 Uhr.
Die Stücke dauern etwa anderthalb Stunden und sind ohne Pause. MOKS bietet nicht nur spannendes Schauspiel für Kinder, Jugendliche und Erwachsene, sondern ist vor allem für seine ungewöhnlichen Mitspieltheaterstücke bekannt!. Die Preise für Erwachsene betragen 15 Mark, für Kinder 8 Mark. Bremer Schulklassen haben vormittags freien Eintritt ∎

Adresse und Anfahrt: MOKS im Brauhaus, Bleicherstraße 28, Bremen, Tel. 0421/3616181 oder 3653392. Das Brauhaus gehört zum Komplex des Bremer Theaters und befindet sich hinter dem Schauspielhaus. Anfahrt mit den Straßenbahnlinien 2 und 3, Haltestelle "Theater am Goetheplatz".
Öffnungszeiten: samstags 17 Uhr oder 19.30 Uhr (Spielplan beachten!), vormittags 10.30 Uhr
Saison: ganzjährig außer in den Sommerferien
Eintritt: Erwachsene 15 Mark, Kinder 8 Mark
Verpflegung: Gastronomie im Ostertorviertel
Drumherum: nahe der Weser, Flußspaziergang mit Spielplätzen, Wallanlagen ∎

Jan Feb Mär Apr Mai Jun Jul Aug Sep Okt Nov Dez

Übersee-Museum Bremen

Das Übersee-Museum ist die ganze Welt unter einem Dach. In den riesigen Räumen sind natur-, völker- und handelskundliche Sammlungen untergebracht. Das klingt zwar sehr staubig und altbacken, ist es aber nicht.

Einmal abgesehen von der "Kinderrallye", deren Prospekt an der Kasse ausliegt, sind die großen Schaubilder aus vier Kon-

tinenten schon für Kinder ab fünf Jahren faszinierend. Besonders fesselnd sind die Großobjekte, im Museum wurden ganze Häuser, Tempel und Schiffe untergebracht.

Ein Schwerpunkt wird Ländern und Kulturen der Südsee eingeräumt, diese Exotik spricht jung wie alt an. Auch die Sonderausstellungen bringen für Kinder interessante Themen, zum Beispiel aus der Kultur der nordamerikanischen Indianer. Hier bleiben auch Museumsmuffel gern eine Weile stehen. Da das Museum sehr viel Interessantes auf zwei Etagen zu bieten hat, sollte man schon zwei Stunden für einen Besuch einplanen ∎

Adresse und Anfahrt: Übersee-Museum, Bahnhofsplatz 13, Bremen, Tel. 0421/3619176. Das Museum liegt direkt am Hauptbahnhof, der mächtige Bau ist nicht zu übersehen. Wer mit dem Auto kommt, der sollte den großen Parkplatz an der Bürgerweide hinter dem Bahnhof ansteuern.
Öffnungszeiten: täglich von 10 bis 18 Uhr, Montag geschlossen
Saison: ganzjährig
Eintritt: Erwachsene 4 Mark, Kinder 2 Mark, unter sechs Jahren frei, Familienkarte 6 Mark
Verpflegung: Restaurant "Übersee" im Museum ∎

Jan Feb Mär Apr Mai Jun Jul Aug Sep Okt Nov Dez

Bremen und Umgebung

Hafenrundfahrten

Fahrten durch den Bremer Hafen starten ab dem Martini-Anleger und dauern rund 75 Minuten.

Die Rundfahrt zeigt, daß es in einem modernen Hafen nur noch wenig Romantik gibt. Aber auch die "High-Tech"-Seite des jahrhundertealten Bremer Hafens fesselt den Besucher. Nur sollten die Kinder schon im Schulalter sein.

Bei schönem Wetter pfeift man einmal auf die doch so interessanten Erklärungen und läßt sich auf dem Oberdeck ein wenig den Hafenwind um die Nase wehen. Die Rundfahrten "Bremen und die Weser" starten ebenfalls vom Martini-Anleger. Während der Fahrt wird vom Leben der Hansestädter an ihrem Fluß erzählt – inklusive Sturmfluten, Schmugglern und natürlich den obligatorischen Piraten ■

Adresse und Anfahrt: Hafen- und Weser-Rundfahrten in Bremen ab dem Martini-Anleger hinter der Martinikirche in der Altstadt. Bei Anfahrt mit dem Auto steuert man ein Parkhaus der Innenstadt an.
Zeiten: täglich um 11.30, 13.30 und 15.15 Uhr, von April bis September zusätzlich um 10 und 16.45 Uhr das Sonderprogramm "Bremen und die Weser"
Saison: März bis Ende Oktober
Eintritt: pro Person 12 Mark
Verpflegung: Bordgastronomie ■

Jan Feb **Mär Apr Mai Jun Jul Aug Sep Okt** Nov Dez

Hansestadt Bremen

Bremen und Umgebung

Von Vegesack nach Worpswede

Die Schiffspartie von Vegesack nach Worpswede ist ein besonders schöner Tagesausflug.

Es geht morgens los um 9.15 Uhr, die Fahrt entlang der Lesum und später der Hamme dauert zweieinhalb Stunden. Bei Ritterhude steht eine Schleusung bevor, dann beginnt die Fahrt durch die idyllischen Hammeniederungen. Ziel ist das am Rand von Worpswede gelegene Ausflugslokal "Neu Helgoland".

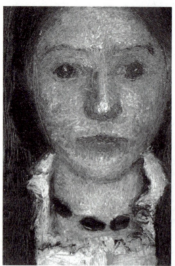

Der Aufenthalt beträgt hier mehr als vier Stunden. Man kann also bequem einen Ausflug ins Naturschutzgebiet "Breites Wasser" machen und anschließend noch zur Kuchenverköstigung auf der Caféterrasse schreiten. Freunde der Kultur streben sogleich in eine der zahlreichen Galerien, das Roseliusmuseum für Vor- und Frühgeschichte ist immer einen Besuch wert. Wer den scharfen Wind auf dem platten Land nicht fürchtet (er kommt immer von vorn!), der kombiniert die Schiffsfahrt mit dem Radel. Die Strecke von 25 Kilometern wird bei bequemem Tempo in drei Stunden zurückgelegt. Achtung: Bei Hochwasser können die Fahrräder nicht mitgenommen werden, da sie auf dem Dach des Schiffes gelagert werden ∎

Adresse und Anfahrt: Auskunft bei Personenschiffahrt Haferkamp, Tel. 04404/3514. Der Anleger im nörlichen Bremer Stadtteil Vegesack befindet sich direkt bei den ausgeschilderten Weserfähren und neben dem großen Hotel "Strandlust".
Zeiten: mittwochs und sonntags meist ab 9.15 Uhr
Saison: Mitte Mai bis Ende September
Fahrpreise: Rückfahrt für Erwachsene 20 Mark, für Kinder 15 Mark, Einzelfahrt 15/10 Mark
Verpflegung: Gastronomie an Bord, bei "Neu Helgoland" und in Worpswede ∎

  5

Jan Feb Mär Apr **Mai Jun Jul Aug Sep** Okt Nov Dez

Tiergarten in Osterholz-Scharmbeck

Trauen Sie niemals dem Kragenbär: Auch wenn er noch so harmlos aus seinen Knopfaugen schaut, er ist eben doch ein Schelm! Ihn und viele weitere animalische Genossen gibt's im Tiergarten Ludwigslust zu sehen. Er befindet sich im Osterholz-Scharmbecker Ortsteil Bargten und ist zwar verhältnismäßig klein, für einen schönen Nachmittag bekommt man trotzdem genug geboten.

Auf dem Weg durch die Anlage sieht man Strauße, Hirsche, Lamas, Flamingos und Greifvögel.
Für die Kids ein Hit ist der Streichelzoo – dort dürfen sie Zwergziegen auf den Pelz rücken.
Wenn es ein, zwei Stunden lang "tierisch abgegangen" ist, tut sich im Magen gähnende Leere auf: Die kann im angegliederten Gasthaus bekämpft werden. Ein Spielplatz liegt direkt neben der Sonnenterrasse.
Während der Saison besteht täglich nachmittags die Möglichkeit zum Ponyreiten ∎

Adresse und Anfahrt: Tiergarten Ludwigslust, Garlstedter Kirchweg 31, Osterholz-Scharmbeck, Ortsteil Bargten, Tel. 04791/5271. Osterholz-Scharmbeck erreicht man über die Autobahn Bremen–Bremerhaven A 27, Abfahrt Schwanewede Richtung Osterholz-Scharmbeck, oder über die Kreisstraße in Heilshorn abbiegen in Richtung Osterholz-Scharmbeck. In beiden Fällen die Landstraße so lange fahren, bis die Ausschilderung zum Tiergarten beginnt.
Öffnungszeiten: täglich 9 bis 18 Uhr
Saison: 1. April bis Ende Oktober
Eintritt: Kinder 3,50 Mark, Erwachsene 7 Mark
Verpflegung: Picknick, Gastronomie im Tiergarten ∎

Jan Feb Mär **Apr Mai Jun Jul Aug Sep Okt** Nov Dez

Sachsen-Anhalt S. 147-173

Sachsen-Anhalt

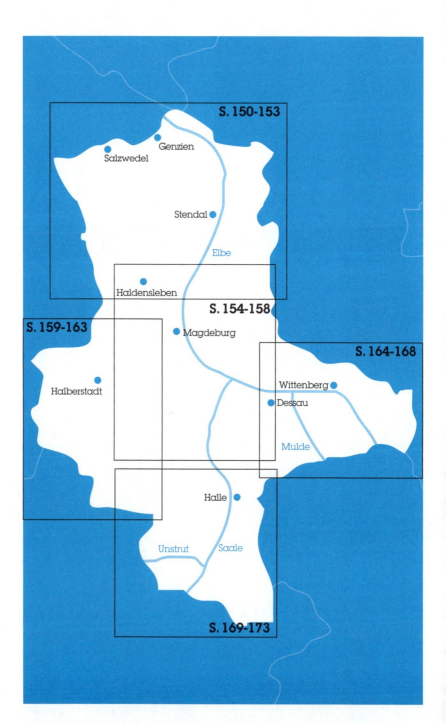

Altmark　　　　　　　S. 150-153

Tierpark Salzwedel	150
Erlebnisbad Diesdorf	151
Freilichtmuseum Diesdorf	152
Naturlehrpfad „Bürgerholz" bei Salzwedel	153

Raum Magdeburg　　　S. 154-158

Kinder- und Jugendzentrum Oase in Magdeburg	154
Zoologischer Garten Magdeburg	155
Erholungsgebiet "Hohes Holz"	156
Schiffshebewerk Rothensee	157
Historische Parkanlage Althaldesleben-Hundisburg	158

Der Ostharz　　　　　　S. 159-163

Das Schaubergwerk Büchenberg bei Elbingerode	159
Harzbad Benneckenstein	160
Reiterhof Mühlental in Wernigerode	161
Wildpark Christianental in Wernigerode	162
Wernigeroder Bimmelbahn	163

Anhalt-Wittenberg　　　S. 164-168

Theater für Kinder in Dessau	164
Schiffahrt mit der MS "Klabautermann", Aken	165
Tierpark Dessau	166
Museum für Naturkunde und Vorgeschichte in Dessau	167
Erlebnisbad BASSO in der Dübener Heide	168

Halle und Umgebung　　S. 169-173

Schwimmbad auf der Salinenhalbinsel/Halle	169
Fahrgastschiffahrt Halle	170
Zoo Halle	171
Schmalspurbahn Peißnitzexpress, Peißnitzinsel	172
Raumflugplanetarium Halle	173

Sachsen-Anhalt

Die Altmark

Die Altmark im nördlichen Sachsen-Anhalt ist ein Landstrich, der Menschen schon vor Zehntausenden von Jahren anzog. Nach den Jägern und Sammlern der Altsteinzeit siedelten sich hier zu Beginn unserer Zeitrechnung die Langobarden

an, ein kleiner germanischer Stamm. Im elften Jahrhundert zog von hier Albrecht der Bär in den Kampf, um das Land östlich der Elbe, die spätere Mark Brandenburg, zu erobern ∎

Erlebnisbad Diesdorf

Das Erlebnisbad Diesdorf ist ein schönes Freibad, und wenn das Wetter es erlaubt, ist es von Anfang Mai bis Ende September geöffnet.
Sportlich orientierte Schwimmer ziehen im großen Becken ihre Bahnen, währenddessen sich der am Spaß interessierte Teil der Familie im Strömungskanal oder im Strudel vergnügt. Natürlich kommt der Besuch nur bei gutem Wetter in Frage, dann kann man hier gut und gerne einen halben Tag verbringen. Auch an die Kleinsten wurde gedacht, für sie gibt es ein Planschbecken.
Ein Schwimmbad ohne Würstchen, Pommes und Eis ist keins, das weiß man auch in Salzwedel ∎

Adresse und Anfahrt: Erlebnisbad Diesdorf, Tel. 03902/550. Im Ort ausgeschildert. Diesdorf erreicht man über die B 71 oder die B 190 ab Salzwedel.
Öffnungszeiten: 9 bis 20 Uhr
Saison: Mai bis September
Eintritt: Erwachsene 3 Mark, Kinder 1,50 Mark
Verpflegung: Picknick, Imbiß ∎

Jan Feb Mär Apr **Mai Jun Jul Aug Sep** Okt Nov Dez

 Altmark

Tierpark Salzwedel

Der Tierpark in Salzwedel ist kein Zoo mit exotischen Bewohnern, dafür können Kinder hier die einheimische Tierwelt kennenlernen.
Das majestätische Rotwild besticht im Herbst mit seinem lauthalsen Brunftgebaren, das Schwarzwild wird im Frühjahr

durch den längsgestreiften Frischlingsnachwuchs verjüngt. Zeitlos elegant sind die scheuen Rehe.
Für die ganz kleinen Besucher gibt es einen Streichelzoo und damit die Möglichkeit, Hautkontakt mit vielen Tieren aufzunehmen. Der Tierpark verfügt über einen Kinderspielplatz und einen Imbiß.
Das Freibad des Ortes ist nur zehn Minuten Fußweg entfernt. Der Eintritt in den Tierpark ist übrigens frei ∎

Adresse und Anfahrt: Tierpark Salzwedel, Tel. 03901/23957. Der Tierpark ist im Ort ausgeschildert.
Öffnungszeiten: im Sommer von 8 bis 18 Uhr, im Winter eingeschränkt
Saison: ganzjährig
Eintritt: frei
Verpflegung: Picknick, Imbiß ∎

Jan Feb Mär Apr Mai Jun Jul Aug Sep Okt Nov Dez

Sachsen-Anhalt

Freilichtmuseum Diesdorf

Das Freilichtmuseum Diesdorf versteht sich als ethnographisches Freilichtmuseum der Altmark, das die Kultur, die Arbeits- und Lebensweise ihrer Bewohner auf dem Lande vom 17. bis 19. Jahrhundert darstellen will. Es ist mit seinen zahlreichen originalen Gebäuden das älteste

Freilichtmuseum seiner Art in Sachsen-Anhalt.
Der Ausflug in die Welt von gestern ist besonders an den traditionellen Familientagen interessant, denn dann werden die alten Handwerke vorgeführt. Es wird gedrechselt, getöpfert, Wolle gesponnen, man kann den Korb- und Stuhlflechtern über die Schulter schauen u. v. m. Aus den alten Steinbacköfen gibt es frisches Brot und lecker duftenden Kuchen. Einiges kann selbst ausprobiert werden und verspricht somit eine Menge Spaß! Auskünfte zu den Familientagen entnimmt man der örtlichen Presse, oder man wendet sich direkt an das Museum unter Tel. 03902/450. ∎

Adresse und Anfahrt: Freilichtmuseum Diesdorf, Diesdorf/Altmark. Tel. Auskunft unter 03902/450. Diesdorf liegt an der Strecke zwischen Salzwedel und Wittingen, das Museum ist im Ort ausgeschildert.
Öffnungszeiten: von April bis Oktober 10 bis 18 Uhr, sonst 10 bis 17 Uhr, montags geschlossen
Saison: ganzjährig
Eintritt: Erwachsene 3 Mark, Kinder die Hälfte
Verpflegung: Gastronomie im Museum ∎

Jan Feb Mär Apr Mai Jun Jul Aug Sep Okt Nov Dez

Naturlehrpfad „Bürgerholz"

Dem „Bürgerholz" bei Salzwedel erging es wie vielen Naturflächen, die zu DDR-Zeiten nahe der Grenze lagen: Keiner kümmerte sich darum! Deshalb ist es heute ein Dorado für Naturfreunde und vor allem ein herrlicher Ort für einen Spaziergang oder eine kleine Wanderung.

Die Rundwanderwege sind drei und fünf Kilometer lang und durchziehen das Naturschutzgebiet. Besonders schön und sehenswert ist der 500 Meter lange Bohlenweg, der durch feuchtes Gelände führt – wer nicht im moorigen Untergund versinken möchte, der bleibt besser auf den Bohlen! Die Wanderwege sollten sowieso nicht verlassen werden, da die Bewohner des Waldes – zum Beispiel Ringelnattern, Spechte und Fledermäuse – nicht gestört werden möchten.

In unmittelbarer Nähe des Pavillons, der am Bahndamm der alten Strecke von Salzwedel nach Lüchow liegt, befindet sich ein Aussichtsturm, der faszinierende Ausblicke ermöglicht: Im Sommer können hier nicht selten Kraniche bei der Nahrungssuche beobachtet werden, manchmal auch Füchse, die Mäusen nachstellen ∎

Adresse und Anfahrt: Das Bürgerholz liegt nördlich der Stadt Salzwedel.
Öffnungszeiten: immer frei zugänglich
Saison: ganzjährig
Eintritt: frei
Verpflegung: Picknick, Gastronomie im Salzwedel ∎

Jan Feb Mär Apr Mai Jun Jul Aug Sep Okt Nov Dez

Sachsen-Anhalt

 Raum Magdeburg

Raum Magdeburg

Zwischen den hohen Gipfeln des Harzes und der an der Elbe gelegenen Landeshauptstadt Magdeburg erstreckt sich das Magdeburger Land. Zahlreiche bedrohte Tier- und Pflanzenarten leben nahe der Saalemündung noch in freier Natur, denn sie stehen unter dem Schutz des UNESCO-Biosphärenreservates Mittlere Elbe. Ein einladender Landstrich also für alle Naturfreunde – aber nicht nur die kommen hier auf ihre Kosten, denn nicht zuletzt besitzt die Region eine reiche geschichtliche Tradition und einiges an Attraktionen, die auch Kindern Vergnügen versprechen ∎

Kinder- und Jugendzentrum Oase

Wenn die geplagten Eltern die Unterhaltung ihrer Sprößlinge im Schulalter einmal nicht selbst übernehmen können oder möchten, schaffen die Angebote des Kinder- und Jugendzentrums Oase Abhilfe.
Der Eintritt ist frei, und das Spektrum der angebotenen Freizeitaktivitäten variiert. Es gibt jede Menge Tischspiele und Möglichkeiten zum Basteln, Töpfern und sogar Kochen. Mal geht es zu einer Kinovorstellung, ein anderes Mal zum Schwimmen. So ist die Kindergruppe oft für einige Stunden unterwegs, während die Eltern ihren eigenen Plänen nachgehen können. Telefonische Absprache ist sinnvoll, außerdem können die Kinder selbst Verpflegung mitbringen oder, mit etwas Kleingeld ausgerüstet, gemeinsam etwas kaufen ∎

Adresse und Anfahrt: Kinder- und Jugendzentrum Oase, Im Brunnenhof 9, Magdeburg, Tel. 0391/2515207
Öffnungszeiten: Montag bis Freitag von 10 bis 22 Uhr geöffnet, Sonnabend von 14 bis 24 Uhr, tel. Absprache ratsam
Saison: ganzjährig
Eintritt: frei
Verpflegung: mitbringen, Imbiß ∎

Jan Feb Mär Apr Mai Jun Jul Aug Sep Okt Nov Dez

Zoologischer Garten Magdeburg

Der Zoologische Garten liegt innerhalb des schönen Parkgeländes "Am Vogelsang" im Norden Magdeburgs.
Mehr als 1.000 Säugetiere und Vögel gibt es hier, insgesamt 200 Arten. Besonders interessant sind die südamerikanischen Krallenaffen. Diese winzigen Tiere sind hier in zehn Arten vertreten. Traurigerweise sind sie in ihrer Heimat Südamerika äußerst gefährdet: Die Gier nach Holz raubt ihnen ihren Lebensraum.

Das Giraffenhaus, bewohnt von den eindrucksvollen Netzgiraffen, gehört zu den modernsten seiner Art. Tiger und Löwen findet man ebenso wie die beliebten Dickhäuter. Auch "alltäglichere" Tiere wie Ponys und Esel sind vertreten. Im Streichelzoo warten die Ziegen auf die streichelfreudigen Kinder.
Spielplatz und Gastronomie bieten hier ausreichende Entspannungsmöglichkeiten ∎

Adresse und Anfahrt: Zoologischer Garten Magdeburg, Am Vogelsang 12, Magdeburg, Tel. 0391/280900. Im Stadtgebiet ausgeschildert
Öffnungszeiten: im Sommer von 8 bis 19 Uhr, im Winter von 8 Uhr bis zur Abenddämmerung geöffnet
Saison: ganzjährig jeden Tag geöffnet
Eintritt: Erwachsene 3,50 Mark, Kinder 1,50 Mark
Verpflegung: Gaststätte, Kiosk ∎

Jan Feb Mär Apr Mai Jun Jul Aug Sep. Okt Nov Dez

Sachsen-Anhalt

Raum Magdeburg

Erholungsgebiet "Hohes Holz"

Die schöne Hügellandschaft des Erholungs- und Landschaftsschutzgebietes "Hohes Holz" wird vor allem Familien anlocken, die dem städtischen Trubel entfliehen wollen.
Die moderaten Steigungen dieses Geländes gestatten es auch kürzeren Beinen, ein gutes Stück weit zu wandern. Besonders empfehlenswert ist der Naturlehrpfad Eggenstedt-Hubertushöhe. Er ist nur 3,4 km lang und bietet Kindern im Schulalter die Möglichkeit, das Ökosystem Wald anschaulicher kennenzulernen als im Sachunterricht.
Wer lieber zu Roß oder auf Rädern unterwegs ist, findet in Beckendorf am westlichen Rand des Gebietes die Möglichkeit, Pferde zu mieten oder Kutschfahrten zu unternehmen. Am Parkplatz Hubertushöhe befinden sich Spielplatz und Gasthaus ∎

Adresse und Anfahrt: Das Gebiet liegt im Bördekreis, dessen Kreisstadt man über die Bundesstraßen 71, 81, 245 und 246a erreicht. Von dort aus geht es über die Kreisstraße weiter zum Parkplatz Hubertushöhe. Information Tel. 03949/918293
Öffnungszeiten: Das Gebiet ist immer zugänglich.
Saison: ganzjährig
Eintritt: frei
Verpflegung: Picknick an den Schutzhütten, Gasthaus ∎

Jan Feb Mär Apr Mai Jun Jul Aug Sep Okt Nov Dez

Raum Magdeburg

Schiffshebewerk Rothensee

Unweit vom Magdeburger Zoo liegt dieses technische Meisterwerk aus dem Jahre 1938.
Nach seiner Rekonstruktion in den Jahren 1980–81 hebt es nun wieder bis zu 2000 Schiffe im Monat über eine Höhendifferenz bis zu 18,5 Metern. Technikbegeisterte Kinder werden einen Abstecher hierher sicher zu schätzen wissen, denn

es ist schon eindrucksvoll zu sehen, wie ein Schiff in den 85 Meter langen Trog gesteuert und anschließend "geliftet" wird. Danach hat man dann die Wahl, ob man sich im angrenzenden Naherholungszentrum "Barleber See" zum ausgedehnten Picknick niederlassen oder noch einen kleinen Besuch im Zoo anschließen möchte. Den Zoo erreicht man vom Hebewerk aus in ein paar Minuten ∎

Adresse und Anfahrt: Das Schiffshebewerk liegt in unmittelbarer Nähe der Autobahn Hannover–Berlin. In der Stadt der Beschilderung zum Zoo folgen, dann weiter Richtung "Barleber See". Von der Autobahnanschlußstelle Magdeburg-Industriegelände ist das Schiffshebewerk Rothensee ausgeschildert.
Informationen bei Magdeburger Information,
Tel. 0391/5414794.
Öffnungszeiten: Die Besucherplattformen sind immer zugänglich
Saison: ganzjährig
Eintritt: frei
Verpflegung: Picknick ∎

Jan Feb Mär Apr Mai Jun Jul Aug Sep Okt Nov Dez

Sachsen-Anhalt

Raum Magdeburg

Historische Parkanlage

Die historische Parkanlage Althaldensleben-Hundisburg aus dem frühen 19. Jahrhundert gehört mit ihren alten Bäumen und natürlichen Wiesen nicht nur zu den schönsten ihrer Art, sondern bietet auch Veranstaltungen und Beschäftigung für die größeren Kinder, die z. B. dem Froschkonzert am Feuchtbiotop lauschen oder die alte Ziegelei besuchen können.

An Bastelnachmittagen in der hiesigen Werkstatt ist schon manch prachtvolle Saurierfigur entstanden.
Wann solche Veranstaltungen stattfinden, kann man telefonisch erfragen. Während die Kinder basteln, können sich die Eltern mit dem Anrichten des obligatorischen Picknicks beschäftigen. Ausgleichssport bietet das Schienenfahrrad.
Für die Kleineren werden Märchentage veranstaltet, z. B. der Grimmtag im Mai. Genaue Termine sind telefonisch zu erfahren ■

Adresse und Anfahrt: Die Anlage liegt nahe Haldensleben an der B 71 nördlich Magdeburgs und ist ausgeschildert. Tel. 03904/479193
Öffnungszeiten: November bis April montags bis freitags 10 bis 16 Uhr, Mai bis Oktober dienstags bis freitags 10 bis 16 Uhr und sonntags 10 bis 17 Uhr
Saison: ganzjährig
Eintritt: mit Führung Erwachsene 2, Kinder 1 Mark. Werkstatt 3/1,50 Mark pro Stunde
Verpflegung: Picknick, Gaststätte 15 Min. Fußweg ■

Jan Feb Mär Apr Mai Jun Jul Aug Sep Okt Nov Dez

Der Ostharz

Der Nationalpark Ostharz, das natürliche Kernstück des Ostharzes, umschließt den Brocken, die höchste Erhebung des Mittelgebirges. Der Wald soll sich frei entfalten, hier wird weder gefällt noch gepflanzt. Durch den Park führen

Wanderwege zur Bergstation des Brocken – die Alternative, wenn man den Anziehungspunkt Tausender Touristen unbedingt sehen will. Wer die Ruhe sucht, der findet sie an der Hohne, am Renneckenberg oder im Ilsetal ∎

Das Schaubergwerk Büchenberg

Kinder ab dem Schulalter dürfen sich auf einen spannenden Ausflug gefaßt machen, wenn es die 145 Stufen der Treppe ins Bergwerk hinabgeht. Unten wartet ein 600 Meter langer Rundweg auf die Besucher, die einen Einblick in die Welt der Bergleute bekommen.
Die Führungen dauern rund eine Stunde, das ist Kindern von sechs Jahren durchaus zuzumuten. Der Spaziergang unter Tage wird ohnehin als Abenteuer aufgefaßt, aber das Highlight ist die Besteigung der ausgemusterten Original-Grubenlok. Die geologischen "Aufschlüsse" sind in Büchenberg besonders farbenprächtig. Die alten Maschinen in Funktion zu sehen, ist sehr beeindruckend ∎

Adresse und Anfahrt: Schaubergwerk "Büchenberg", Elbingerode, Tel. 039454/42200. Das Bergwerk liegt an der B 244 von Wernigerode nach Elbingerode und ist ausgeschildert.
Öffnungszeiten: Führungen werktags um 10, 12, 14 und 15 Uhr, an Wochenenden sowie an Feiertagen stündlich ab 10 Uhr bis 16 Uhr
Saison: ganzjährig
Eintritt: Erwachsene 9 Mark, Kinder 5 Mark
Verpflegung: Gastronomie im Bergwerk ∎

Jan Feb Mär Apr Mai Jun Jul Aug Sep Okt Nov Dez

Sachsen-Anhalt

 Der Ostharz

Harzbad Benneckenstein

Das Harzbad in Benneckenstein ist speziell für den Besuch von Familien ausgelegt. Der Kinderbereich beinhaltet ein Babybecken, ein Plansch- und ein Kinderbecken, zur kindgerechten Ausstattung gehört auch ein Wickeltisch.
Wer mutig genug ist, der rauscht die zwölf Meter hohe und 50 Meter lange Rutsche hinab. Nach dem hundertsten Mal ist dann das Ausruhen im Sitzbecken angesagt, hier wird in

erster Linie nichts getan. Danach kommt sportliches Schwimmen an die Reihe, das im großen Schwimmerbecken stattfindet. Wer im Glashaus badet, der genießt auf einer der Luxusliegen in der Ruhezone den Ausblick auf die herrliche Harzlandschaft. Um einen sichtbaren Nutzen vom Besuch des Bades zu haben, legt sich mancher noch ins Solarium. Löcher im Bauch werden mit einem Cafeteriabesuch gestopft ∎

Adresse und Anfahrt: Harzbad Benneckenstein, Tel. 039457/2522. Benneckenstein liegt südlich der von Braunlage kommenden B 242. Im Ort ist das Bad ausgeschildert.
Öffnungszeiten: Di./Mi. 11 – 19, Do./Fr. 11 – 21, Sa./So. 10 – 19 Uhr
Saison: ganzjährig, außer November
Eintritt: für zwei Stunden zahlen Erwachsene ohne Kurkarte 8 Mark, Kinder 5 Mark, Familienkarte 18 Mark
Verpflegung: Cafeteria ∎

Jan Feb Mär Apr Mai Jun Jul Aug Sep Okt Nov Dez

 Der Ostharz

Reiterhof Mühlental in Wernigerode

Hier ist alles möglich, von der Planwagenfahrt bis zur Ponyrunde im Hippodrom.

In dieser Anlage werden die Kinder, als junge Reiter stolz wie Oskar, auf das Pony gesetzt und geführt. Zehn Runden kosten zwei Mark. Länger als fünf Stunden dauern die Planwagenfahrten auf den Brocken, die pro Erwachsenen 40 Mark, je Kind die Hälfte kosten. Ausritte ins Gelände sind ebenfalls möglich, und das bei Preisen von 15/10 Mark. Wer es beschaulich mag und den Besucherströmen aus dem Wege gehen möchte, für den ist eine Kutschfahrt in den umliegenden Wald genau richtig. Diese Touren dauern zwei bis drei Stunden und kosten je Stunde 50 Mark. Auf der Kutsche haben bis zu sechs Personen Platz. Bevor man sich auf den Weg nach Wernigerode macht, sollte man beim Reiterhof anrufen ∎

Adresse und Anfahrt: Reiterhof Mühlental, Friederikental 1, Wernigerode. Tel. 03943/24144.
Zeiten: nach tel. Absprache
Saison: ganzjährig
Kosten: s. o.
Verpflegung: Restaurant auf dem Hof, November und Dezember geschlossen ∎

      3

Jan Feb Mär Apr Mai Jun Jul Aug Sep Okt Nov Dez

Sachsen-Anhalt

 Der Ostharz

Wildpark Christianental

Der stadtnah zu Wernigerode gelegene Wildpark Christianental ist wirklich familienfreundlich.
Insgesamt beherbergt der Park 200 Tiere aus 40 Arten, fast alle sind harztypisch. Die Greifvogel-Volieren zeigen Falken und Bussarde, zum "Geflügel" zählt auch das seltene Auerwild. An der Uhu-Voliere muß etwas leiser gesprochen werden, denn der Vogel mit dem versteinerten Blick schläft ja schließlich. Sind auch Rothirsche, Dam- und Schwarzwild  "abgehakt", Wildkatzen, Waschbären und Marder noch ausführlich betrachtet worden, dann steht der Besuch des Streichelzoos auf der Tagesordnung. Hier können sich die Kleinsten gar nicht mehr losreißen. In der Nähe des Spielplatzes am Ende des kleinen Rundweges befindet sich die Gaststätte. Von der Terrasse aus hat man die jungen Racker gut im Blick ∎

Adresse und Anfahrt: Tierpark Christianental, Wernigerode, Tel. 03943/25292. Zum Tierpark gelangt man mit der "Bimmelbahn", am Wochenende auch mit dem Citybus. Die Anfahrt mit dem Automobil ist ausgeschildert.
Öffnungszeiten: tel. erfragen
Saison: ganzjährig
Eintritt: Erwachsene 2 Mark, Kinder 1 Mark
Verpflegung: Picknick, Gastronomie ∎

Jan Feb Mär Apr Mai Jun Jul Aug Sep Okt Nov Dez

 Der Ostharz

Wernigeroder Bimmelbahn

Es ist eine allgemein bekannte Tatsache, daß sich Eltern in dieser Sorte Bimmelbahn doch immer etwas albern vorkommen, Kinder aber vom Charme dieser niedlichen Fahrzeuge immer wieder angetan sind. Sie könnten auch ohne weiteres mehrere Stunden darin verbringen, aber die angebotenen Fahrten dauern ja meistens nicht so lang.

Diese Rundfahrt mit Haltepunkten am Schloß und am Rathaus dauert rund 45 Minuten, und der Weg ist das Ziel.
Die Preise für eine Schloßfahrt betragen für Erwachsene 2,50 Mark, für Kinder 1 Mark. Sie führt je zur Hälfte durch den Wald rings ums Wernigeroder Schloß und durch die historische Innenstadt ■

Adresse und Anfahrt: Wernigeroder Bimmelbahn, Tel. 03943/33359. Rathaus und Schloß sind in der Stadt ausgeschildert.
Fahrzeiten: von 10 bis 18 Uhr mehrmals stündlich
Saison: ganzjährig, nicht bei Glatteis und Schnee
Kosten: Schloßfahrt Erwachsene 2,50 Mark, Kinder 1 Mark
Verpflegung: Picknick, Gastronomie in der Stadt ■

Jan Feb Mär Apr Mai Jun Jul Aug Sep Okt Nov Dez

Sachsen-Anhalt

Anhalt-Wittenberg

Die Träger vieler klangvoller Namen haben in Anhalt-Wittenberg gewirkt, zum Beispiel Luther, Händel, Goethe und Gropius. Auch die russische Zarin Katharina stammte von hier,

sie war eine Prinzessin von Anhalt-Zerbst. Ein "Star" unter den Landschaftsgärten ist der Wörlitzer Park, der nach dem Willen seines Begründers ein "Paradies auf Erden" werden sollte. Und das, obwohl die Umgebung Dessaus mit den Auen der mittleren Elbe ohnehin so reich gesegnet ist ∎

Theater für Kinder in Dessau

Das Anhaltische Theater Dessau ist ein Mehrspartentheater mit Musiktheater (Oper, Operette, Musical), Schauspiel, Tanztheater, Puppentheater und der Anhaltischen Philharmonie. Mit 1.096 Plätzen im Großen Haus, 150 Plätzen im Foyer und etwa 80 Plätzen im Studio sowie einer Gesamtbühnenfläche von 1.450 qm ist es das größte Theater in Sachsen-Anhalt. In ca. 500 Vorstellungen pro Jahr können die Besucher aus einem Repertoire von etwa 35 verschiedenen Inszenierungen aller Sparten (davon ca. 15 Neuinszenierungen), acht Sinfoniekonzerten, Sonderkonzerten, Schüler- und Kammerkonzerten wählen. Mit einer eigenen Spielstätte und Gastspielangeboten hält das Puppentheater sieben bis neun verschiedene Inszenierungen bereit. Vorbestellung: Tel. 0340/2511-333 od. -222, Spielplan in Videotext N3, Tafel 559 ∎

Adresse und Anfahrt: Anhaltisches Theater Dessau, Friedensplatz 1a, Dessau, Tel. 0340/2511333. Das Theater liegt unweit des Dessauer Hauptbahnhofes und ist ausgeschildert.
Öffnungszeiten: nach tel. Anfrage
Saison: September bis Juli
Eintritt: zwischen 5 und 39 Mark
Verpflegung: Gastronomie im Haus ∎

Jan Feb Mär Apr Mai Jun Jul **Aug Sep Okt Nov Dez**

Schiffahrt mit der MS "Klabautermann"

Der Klabautermann ist die international bekannteste Koboldgestalt in der Phantasie der Dichtung. Den Kobold an Bord zu haben, konnte nur Glück bedeuten. Verließ er das Schiff, brach Unglück über die Besatzung herein. Vor etwa 100 Jahren war der Glaube an den Klabautermann so stark, daß man ihm bei Tisch stets ein Gedeck mit auflegte. Zwar legt man auf der MS "Klabautermann" heute kein Gedeck mehr für den Kobold auf, dennoch glaubt der Kapitän

mit der Wahl seines Schiffsnamens den geeigneten Schutzpatron gewählt zu haben. Seinen Heimathafen hat das stilvoll eingerichtete Schiff in Aken an der Elbe. Angefangen bei den einstündigen Elbrundfahrten bis zur Ganztagesfahrt wird alles geboten, was des Seemannes Herz erfreut. Durchfahren Sie das größte zusammenhängend erhalten gebliebene Auenwaldgebiet Mitteleuropas und ein Naturschutzgebiet, dessen Betreten von der Landseite aus verboten ist. Die Kleinen haben die Möglichkeit, seltene Tierarten in ihrem natürlichen Lebensraum zu beobachten. ■

Adresse und Anfahrt: MS "Klabautermann", Inh. U. Wierschke, Straße des Friedens 11b, Aken, Tel. 034909/82780, Funktelefon 0161/3327539.
Der Anleger befindet sich an der Gaststätte "Zum Schiffchen", die ausgeschildert ist. Aken liegt 13 Kilometer westlich von Dessau an der Elbe.
Saison: von Ostern bis Silvester
Kosten: Fahrten ab 5 bis 16 Mark, je nach Länge der Fahrt. Karten können auch bei der Dessau-Information, Tel. 0340/214661, in der Friedrich-Naumann-Str. 12, gelöst werden.
Verpflegung: Bordgastronomie, Gastronomie im Ort
Drumherum: Tierpark in Dessau ■

Jan Feb Mär Apr Mai Jun Jul Aug Sep Okt Nov Dez

Sachsen-Anhalt

Tierpark Dessau

Beim Rundgang durch die reizvolle Landschaft des Dessauer Tiergartens begegnen die Besucher 540 Tieren aus mehr als 140 Arten.

Neben den Vertretern der heimischen Wildbahn, wie sie in

den meisten Tierparks gezeigt werden, finden sich auch Exoten wie Jaguar, Python und Seidenäffchen im Zoo. Die Freigehege sind weitläufig und stellen die Lebensräume der Tierarten dar, die sie bewohnen. Der direkte Kind-Tier-Kontakt wird im Streichelgehege hergestellt, hier darf auch gefüttert werden.

Im Tierpark, der viele seltene Gehölze und Bäume beherbergt, haben sich viele seltene Tierarten sogar ganz freiwillig angesiedelt, so zum Beispiel verschiedene Spechtarten, Blindschleichen und Ringelnattern.

Wenn man sich für einen Ausflug in den Dessauer Tierpark entscheidet, kommt unter dem Strich ein angenehm ruhiger Tag dabei heraus ■

Adresse und Anfahrt: Tierpark Dessau, Querallee 8, Dessau, Tel. 0340/614426. Im Ort ist der Tierpark ausgeschildert.
Öffnungszeiten: täglich von 8 bis 18 Uhr, im Winter bis zum Einbruch der Dunkelheit
Saison: ganzjährig
Eintritt: Kinder 1 Mark, Erwachsene 3 Mark
Verpflegung: Picknick, Kiosk, Restaurant ■

Jan Feb Mär Apr Mai Jun Jul Aug Sep Okt Nov Dez

Naturkunde und Vorgeschichte

Das Museum, in dem sich junge NaturforscherInnen und Urgeschichtler umfangreiche zoologische, botanische und geologische Sammlungen anschauen können, verfügt über einen gut funktionierenden museumspädagogischen Dienst. Die Angebote gelten in erster Linie Kindergruppen, im Sommerprogramm zum Beispiel zu Themen wie "Was lebt in und am Wasser?". Dann werden Wasserinsekten gemalt und geknetet, Baumrinden unter das Mikroskop gelegt und Präparate

von Fröschen angeschaut. Die projektbezogenen Veranstaltungen sind für Kinder ab vier Jahren geeignet. Das Museum liegt mitten in der Stadt, nach dem Besuch lädt Dessau zu einem Bummel ein. In der Nähe gibt es Cafés und Restaurants ∎

Adresse und Anfahrt: Museum für Naturkunde und Vorgeschichte, Askanische Straße 32, Dessau, Tel. 0340/214824. Das Museum liegt direkt an der Kreuzung der Bundesstraßen B 184 und B 185 mitten in der City.
Alter: ab 6 Jahren, bei Veranstaltungen ab 4 Jahren
Öffnungszeiten: täglich außer Montag, werktags 9 bis 18 Uhr, samstags von 13 bis 18 Uhr, sonntags von 10 bis 18 Uhr
Saison: ganzjährig
Eintritt: Erwachsene 3 Mark, Kinder 1,50 Mark
Verpflegung: Gastronomie in unmittelbarer Nähe ∎

Jan Feb Mär Apr Mai Jun Jul Aug Sep Okt Nov Dez

Erlebnisbad BASSO in der Dübener Heide

BASSO steht für "Bad Schmiedeberger Schwimmoase" – das Bad, das mitten im Naturpark Dübener Heide liegt und somit allein von seiner Lage her schon eine Attraktion ist. Unter der riesigen, modern gestalteten Glaslichtkuppel präsentiert sich den Besuchern eine Badelandschaft mit einer 90-Meter-Rutsche, drei Spaßbecken, einem Wildwasser-Strömungskanal, vielen Whirlpools, einer Saunalandschaft und Solarien. Auf der großen Liegewiese finden auch regelmäßig Open-Air-Konzerte statt. Wenn der Magen knurrt, kann man ihn im Innen- und Außenbereich des Bades zum Schweigen bringen.

Praktischerweise bietet die FEZ Freizeit GmbH auch ganzjährig sehr günstige Übernachtungsmöglichkeiten im nahegelegenen Freizeit- und Erholungszentrum an. Hier wird der ganzen Familie ein vielfältiges Freizeitangebot von Wandern im Naturpark, Reiten, Oldtimerbusfahrten zu den markantesten Ausflugszielen über Fuß-, Volley-, Basketball, bis hin zu gemütlichen Grillabenden am Lagerfeuer, Kino oder Disko geboten. ■

Adresse und Anfahrt: FEZ Freizeit GmbH, Lindenstraße 50, 06905 Bad Schmiedeberg, Tel. und Fax 034925/70241. Von Bitterfeld aus über die B 188 nach Bad Düben, dann Richtung Pretzsch. (Bad Schmiedeberg liegt zwischen Bad Düben und Pretzsch). Von Torgau aus über die B 182 nach Pretzsch, dann weiter nach Bad Schmiedeberg.
Öffnungszeiten: Mo. – Do. 10 – 22, Fr. 10 – 23, Sa. 9 – 23, So. 9 – 22 Uhr
Saison: ganzjährig
Eintritt: gestaffelt: Erwachsene 2 Stunden 8 Mark, Tageskarte 20 Mark, Kinder (4 bis einschl. 15 Jahre) 5/14 Mark, Familienkarte (2 Erwachsene, 3 Kinder) 22/50 Mark.
Verpflegung: Restaurant im Innen- und Außenbereich des Bades.
Drumherum: Freizeit- und Erholungszentrum ■

Jan Feb Mär Apr Mai Jun Jul Aug Sep Okt Nov Dez

Halle und Umgebung

Ein Schweinehirt kampierte am Ufer der Saale, etwa dort, wo heute die Marienkirche steht. Als er mit seiner Herde weiterziehen wollte, fielen ihm die silbrig glänzenden Borsten einer Sau auf. Es war Salz, und Salz war fast soviel wert wie Gold. So siedelten Salzwirker am Fluß, und es entstand Halle.

Das weiße Gold brachte wirtschaftliche Stärke, die über die Jahrhunderte Bestand hatte ■

Schwimmbad auf der Salinenhalbinsel

Wenn der Sonntag kalt und grau verhangen ist, das soll ja auch in Halle an der Saale vorkommen, dann lechzt die Seele nach ein wenig Wärme.
Hallenser zieht es in so einem Falle ins Hallenbad auf der Salinenhalbinsel. Das Bad ist mit einem Schwimmer- und einem Nichtschwimmerbecken ausgestattet, die gesamte Familie ist also willkommen. Das Nichtschwimmerbecken verfügt über eine kleine Rutsche. Im Sommer ist das Freibad geöffnet mit einer großen Liegewiese, zwei Imbissen und zwei Tischtennisplatten. Hier kann man bei schönem Wetter schon einige Stunden verbringen. Das Schwimmbad ist behindertengerecht ausgelegt ■

Adresse und Anfahrt: Hallenbad auf der Salinenhalbinsel, Halle, Tel. 0345/32047.
Die Halbinsel liegt am Westufer nördlich der großen Saalebrücken an der Mansfelder Straße.
Öffnungszeiten: montags bis freitags 15 bis 21.30 Uhr, samstags von 8 bis 21 Uhr, sonntags 8 bis 17 Uhr
Saison: ganzjährig
Eintritt: Erwachsene 2,50 Mark, Kinder 1 Mark pro Stunde
Verpflegung: Imbiß ■

Jan Feb Mär Apr Mai Jun Jul Aug Sep Okt Nov Dez

Schiffahrt auf der Saale

Ab dem Anleger an der Kröllwitzer Bücke fahren die Schiffe "Peissnitz", "Saaletal" und "Spree Lady" sieben verschiedene interessante Strecken.

Wer seinen Nachwuchs im Griff hat, der geht auf die neunstündige Saalefahrt nach Rothenburg. Dort ist ein anderthalbstündiger Aufenthalt vorgesehen.

Wer seine Kinder aber noch nicht über den Meterpegel aufgepäppelt hat, der versucht es besser mit der Hafenrundfahrt, die 45 Minuten dauert. Auf dem Fahrplan der Reederei stehen noch weitere Touren, zum Beispiel die dreistündige Hafenrundfahrt mit Schleusenpassage. Man hat die Wahl: Entweder wird auf die Bordgastronomie zurückgegriffen, oder man zaubert aus den Tiefen des Rucksackes die Zutaten zu einem Picknick und setzt sich auf das Sonnendeck ∎

Adresse und Anfahrt: Reederei Hans Riedel, Fahrgastschiffahrt Halle, Kröllwitzer Brücke, Tel. 0345/32070.
Fahrten: Hafenrundfahrten täglich ab 9 Uhr zu jeder vollen Stunde, sonst nach Fahrplan
Saison: in den Sommermonaten
Kosten: tel. erfragen, sehr günstig
Verpflegung: Bordgastronomie, Picknick ∎

Jan Feb Mär **Apr Mai Jun Jul Aug Sep** Okt Nov Dez

Zoo Halle

Auf dem Halleschen Reilsberg 1901 eröffnet, ist der Zoo Halle einer der ältesten und traditionsreichsten Tiergärten Deutschlands. Viele typische Zootiere wie Trampeltiere, Löwen und Elefanten werden auf dem 8,5 ha großen Berggelände gehalten. Auch zahlreiche in ihrem Bestand bedrohte Tierarten (Waldrapp, Lisztäffchen, Mähnenwölfe und Przewalskipferde) sind vertreten.

Die landschaftlich reizvolle Lage, die herrliche Fliederblüte im Mai, die großzügige Anlage für Totenkopfäffchen mit anschließender Flamingoanlage, die Bärenfreianlage, der Blick über Stadt und Land vom Aussichtsturm auf der Spitze des Zooberges und die 24 m hohe Großflugvoliere, die Riesenkletterspinne, das Kletterschiff "Arche" und das Streichelgehege gehören zu den Besucherattraktionen des Halleschen Bergzoos ■

Adresse und Anfahrt: Zoologischer Garten Halle GmbH, Fasanenstraße 5a, Halle, Tel. 0345/52033. Der Zoo ist in Halle ausgeschildert.
Öffnungszeiten: Mai bis August ab 8.30 Uhr, während der anderen Monate ab 9 Uhr
Saison: ganzjährig
Eintritt: Erwachsene 4,50/5,50 Mark, Kinder 1,50/2 Mark
Verpflegung: Bergterrasse, Bistro, Cafeteria, Biergarten ■

Jan Feb Mär Apr Mai Jun Jul Aug Sep Okt Nov Dez

Sachsen-Anhalt

Halle und Umgebung

Schmalspurbahn Peißnitzexpreß

Auf der idyllischen Peißnitzinsel finden sich zahlreiche Freizeitmöglichkeiten, vom Planetarium bis zu einem kleinen Erlebnispark, dessen Herzstück die Schmalspurbahn Peißnitzexpreß ist.
Der Rundkurs der Bahn ist zwei Kilometer lang und führt vorbei an Auenwäldern, Spielplätzen, dem Planetarium und der Freilichtbühne. Die Original-Loks ziehen ihre Anhänger

mit einer Maximalgeschwindigkeit von 20 Stundenkilometern. Die Rundfahrt dauert rund zehn Minuten, bei den niedrigen Preisen kann man sich aber durchaus eine zweite und auch eine dritte Fahrt leisten. Für wadenstarke Familien-Teams steht ein Schienenfahrrad (Zweisitzer) zur Verfügung. In der Nähe der Bahnstation gibt es drei Spielplätze und eine Seilbahn. Natürlich kann man auch einen schönen kleinen Spaziergang anschließen.

Auf der Peißnitzinsel muß man nicht verhungern, denn der Biergarten versorgt seine Gäste nicht nur mit geistigen Getränken, es gibt auch etwas zum Beißen ∎

Adresse und Anfahrt: Peißnitzexpreß, Peißnitzinsel 4, Halle, Tel. und Fax 0345/8060316. Ausgeschildert.
Zeiten: im April nur an Wochenenden (samstags nur am Nachmittag), ab Mai auch unter der Woche an Nachmittagen, in den Sommerferien auch vormittags
Saison: von Mai bis Ende Oktober (am 2. Adventwochenende gibt es Nikolausfahrten)
Eintritt: pro Fahrt Erwachsene 2 Mark, Kinder 1 Mark
Verpflegung: Biergarten, auch warme Speisen ∎

Jan Feb Mär **Apr Mai Jun Jul Aug Sep Okt** Nov Dez

Raumflug-Planetarium Halle

Für Gruppen werden Vorführungen gezeigt, die schon ab dem Kindergartenalter verständlich sind: "Ein Flug zum Mond", "Der Planet der Saurier" und "Der Tagbogen der Sonne". Die öffentlichen Vorführungen an den Wochenenden sind für Familien mit Kindern ab sechs Jahren geeignet. Die Termine sind ganzjährig am Samstag- und Sonntagnachmittag um 15 Uhr.

Mit Hilfe eines All-Skys werden ganz neue Dimensionen des Raumgefühls erschlossen. Den Besuchern wird dadurch ein tiefer Einblick in die unendlichen Weiten des Weltraums möglich. Mit den Projektionen des "Spacemaster" begibt man sich auf eine Reise durch Raum und Zeit. Der Simulationsflug führt am Jupiter vorbei, hinaus aus unserem Sonnensystem. Das Planetarium befindet sich auf der Peißnitzhalbinsel. Dort gibt es die Schmalspurbahn, Spielplätze und einen Kiosk sowie einen Biergarten ∎

Adresse und Anfahrt: Raumflug-Planetarium, Peißnitzinsel 4a, Halle, Tel. 0345/2028776.
Öffnungszeiten: öffentliche Vorführungen samstags und sonntags um 15 Uhr
Saison: ganzjährig
Eintritt: Erwachsene 4 Mark, Kinder 2 Mark
Verpflegung: Imbiß in der Nähe, Picknick
Drumherum: Spielplätze, Schmalspurbahn, Seilbahn ∎

Jan Feb Mär Apr Mai Jun Jul Aug Sep Okt Nov Dez

| Brandenburg | S. 175-194 |
| Berlin | S. 195-199 |

Brandenburg und Berlin

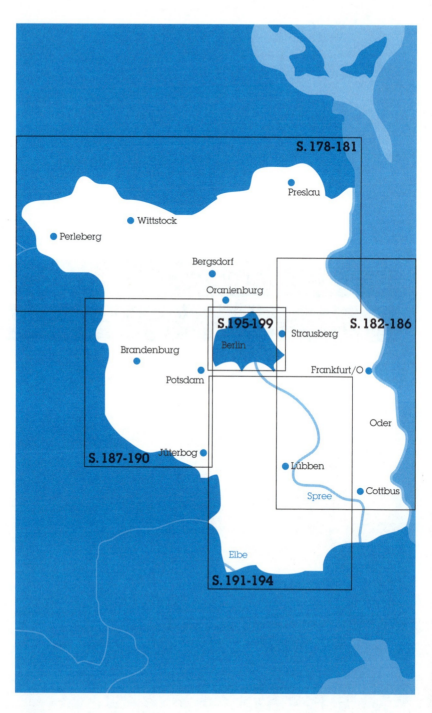

Nördliches Brandenburg   S. 178-181

Kahnpartie am Tietzowsee bei Zechlinerhütte	178
Mit der "Möwe" auf dem Lychensee	179
Ponyhof Prill in Gülitz	180
Storchendorf Rühstädt	181

Östliches Brandenburg   S. 182-186

Ponyreiterhof Schulz in Berkenbrück	182
Museumspark Rüdersdorf	183
Schiffshebewerk Niederfinow	184
Besuch der Fischerei Köllnitz in Groß Schauen	185
Straßenbahn-Nostalgie in Woltersdorf	186

Havelland und Fläming   S. 187-190

Fahrten mit der MS Sonnenschein in Rathenow	187
Erholungszentrum Wolzensee bei Rathenow	188
Der Fit Point in Premnitz	189
Pferdehof Nitschke in Niederwerbig	189
Babelsberg Studiotour	190

Spreewald-Niederlausitz   S. 191-194

Kahnpartie in Lübbenau	191
Kahnpartie auf der Spree bei Burg	192
Ponyreiten auf dem Reiterhof Herms in Mochow	193
Tierpark Cottbus	194

Berlin   S. 195-199

Spree-Park Berlin	195
Zoo Berlin und Tierpark Friedrichsfelde	196
"Telux"-Abenteuerspielplatz im Wedding	197
"blub" Freizeitparadies Berlin	197
Kinderbauernhöfe in Berlin	198
Britzer Garten in Berlin	199

Brandenburg und Berlin

Nördliches Brandenburg

Prignitz, Uckermark und Ruppiner Schweiz formen das nördliche Brandenburg. Hier gibt es mehr als nur "Sand, Heide und Kiefern", wie ein gängiges Klischee es will.

Theodor Fontane beschrieb die stillen natürlichen Reize des Landes vor mehr als 100 Jahren in seinen "Wanderungen durch die Mark Brandenburg". Auch heute noch erquickt sich der Besucher an alten Baumalleen, sanften Hügeln und ausgedehnten Wäldern. Selten gewordene Tiere haben hier eine Oase gefunden, zu ihnen gehören Seeadler, Sumpfschildkröte und Biber ∎

Kahnpartie am Tietzowsee bei Zechlinerhütte

Hier gibt es unzählige kleine Seen und Kanäle, die man eines schönen Tages mit dem Mietkahn erkunden kann. Ruderkähne werden beim Feriendorf Tietzowsee geliehen, das am Rande des Ortes Zechlinerhütte auf einer Halbinsel liegt. Dann geht es hinaus auf den See. Nach der schweißtreibenden Ruderarbeit lechzt der Familienvater (ja, er wollte unbedingt rudern!) nach einer Abkühlung. Die holt sich die ganze Familie am Badesteg.
Es gibt einen Kiosk, ein Restaurant und einen Imbiß, Hungers sterben muß keiner! An der Badestelle befindet sich auch ein Spielplatz ∎

Adresse und Anfahrt: Feriendorf Tietzowsee, Zur Tietzowsiedlung, Zechlinerhütte Tel. 033921/228. Der Ort Zechlinerhütte liegt sieben Kilometer nördlich von Rheinsberg, die Siedlung ist ausgeschildert.
Öffnungszeiten: täglich
Saison: von April bis Oktober
Kosten: nach Absprache
Verpflegung: Kiosk, Imbiß, Restaurant ∎

Jan Feb Mär **Apr Mai Jun Jul Aug Sep Okt** Nov Dez

Nördliches Brandenburg

Mit der "Möwe" auf dem Lychensee

Von Mai bis Oktober geht die "Möwe" auf Lychensee-Rundfahrt. Die Touren dauern je nach Fahrtroute eine bis dreieinhalb Stunden, sie sind also auch interessant für Eltern mit sehr kleinen Kindern. Rund um Lychen gibt es 21 größere Seen, für jegliche Sorte Wasserratte bleibt also kaum ein Wunsch offen.

Während man auf dem Sonnendeck sitzt und das Leben genießt, schießt ein blitzblauer Pfeil über den See – das war ein

Eisvogel! Dergleichen tierische Attraktionen gibt es rund um den Ort Lychen viele. Die Lychenseefahrt kostet für Erwachsene je nach Fahrt 6 bis 15 Mark, für Kinder 4 bis 8 Mark. Die Partie auf der Woblitz bis zur Schleuse bei Himmelpfort dauert zwei Stunden, auch sie ist landschaftlich sehr reizvoll. Bei der Fünf-Seen-Rundfahrt, die dreieinhalb Stunden dauert, bekommt man das komplette Programm geboten. ■

Adresse und Anfahrt: Reederei Knaak und Kreyß, Lychen, Tel. 039888/2864. Lychen liegt auf halber Strecke zwischen Fürstenberg und Templin. Die Anlegestelle des Schiffes ist im Ort ausgeschildert.
Fahrplan: tel. erfragen
Saison: Mai bis Oktober
Preise: Lychenseerundfahrt 6/4 Mark, Woblitzrundfahrt 10/6 Mark, Fünf-Seen-Rundfahrt 15/8 Mark, Havelrundfahrt 15/8 Mark
Verpflegung: Picknick, Bordgastronomie ■

Jan Feb Mär Apr **Mai Jun Jul Aug Sep Okt** Nov Dez

Ponyhof Prill in Gülitz

Hier verbringen Kinder zwischen 6 und 14 Jahren ihre Reitferien, deshalb kann es zur Urlaubssaison um Ostern sowie im Sommer und Herbst eng werden.
Außerhalb der Ferienzeiten ist das Reiten auf Ponys und Haflingern möglich, die Eltern können auch mit Ponys und Kindern spazierengehen. Sollten die Pferde trotzdem gerade ausgebucht sein, vermitteln die Prills Interessenten auch an andere Höfe weiter. Die Reitwege sind vorgeschrieben und führen durch eine reizvolle Landschaft mit Wiesen und Wäldern. Nach dem Ausritt, der pro Stunde 12 Mark kostet, kann man noch ein wenig Zeit auf dem Hof verbringen, denn hier gibt es einen Spielplatz. Im Ort befindet sich auch ein Gasthaus, hier wird der stechende Hunger nach dem Sport schnellstens beseitigt. Wer die Prills und ihre Huftiere besuchen möchte, der sollte unbedingt vorher kurz durchtelefonieren ∎

Adresse und Anfahrt: Ponyhof Prill, Dorfstraße 17, Gülitz, Tel. 03872/561. Gülitz liegt rund 15 Kilometer südwestlich von Putlitz an der A 24 Wittenburg-Wittstock, Ausfahrt Putlitz. Im Ort ist der Hof ausgeschildert.
Zeiten: nach Absprache
Saison: ganzjährig
Kosten: pro Stunde 12 Mark
Verpflegung: Picknick, Gastronomie im Ort ∎

Storchendorf Rühstädt

Rühstädt ist zwar ein Dorf – und trotzdem eine Metropole, wenn man es aus Storchensicht betrachtet.
Hier, unweit von Wittenberge an der Elbe gelegen, finden die Großvögel einen optimalen Lebensraum. Deshalb machten sie den Ort zum storchenreichsten in Deutschland.

In den Niederungen des Flusses und an den zahlreichen toten Armen versorgen sie sich und ihren Nachwuchs mit Futter.
Von April bis Ende August beziehen die Vögel die Nester auf den Dächern Rühstädts, und weil die Jungen immer sehr hungrig sind, gibt es genügend Gelegenheiten, die Störche bei der Brutpflege zu beobachten.
Nach einem gemütlichen Bummel durch das schöne Dorf fährt man kurz noch Richtung Abbendorf. Dort finden sich Gasthäuser, in denen man das Magenknurren beseitigen kann, und sogar ein Kinderspielplatz am Deich ∎

Adresse und Anfahrt: Rühstädt befindet sich südlich von Wittenberge dicht an der Elbe, die Entfernung über verzweigte Straßen beträgt rund 15 Kilometer.
Öffnungszeiten: frei zugänglich
Saison: April bis August
Eintritt: frei
Verpflegung: Picknick, Gasthäuser im Ort ∎

Jan Feb Mär **Apr Mai Jun Jul Aug** Sep Okt Nov Dez

Östliches Brandenburg

Das östliche Brandenburg ist seit jeher Naherholungsgebiet der gebeutelten Städter aus Berlin. Die Landschaft ist nicht nur eine "Streusandbüchse", in diesem Gebiet der stillen Reize

wechseln sich ausgedehnte Nadelwälder mit tiefen Buchen- und Eichenwäldern ab. Mancher der Höhenzüge hat fast schon Mittelgebirgscharakter.
Immer wieder wird die Landschaft von Wasserläufen und Seen unterbrochen, von denen es in der Region mehr als 500 gibt ∎

Ponyreiterhof Schulz in Berkenbrück

Hier werden alle Reitgelüste befriedigt: Das fängt schon bei den Kleinsten an, die auf Ponys gesetzt und dann in Runden geführt werden. Schaut sie euch an, die jungen Prinzessinnen und Prinzen, wie sie den kleinen Ritt genießen! "Echte" Reiter dürfen auf den Haflingern bei einem Ausritt mitkommen. Toll ist natürlich auch eine Kremserfahrt in die waldige Umgebung des Ponyhofs.
Kutschen gibt es mit Kapazitäten für sechs bis zwölf Personen ∎

Adresse und Anfahrt: Ponyhof Monika Schulz, Demnitzer Landstraße 1, Berkenbrück, Tel. 03364/239. Berkenbrück liegt wenige Kilometer östlich von Fürstenwalde, der Hof ist im Ort ausgeschildert.
Öffnungszeiten: Dienstag bis Freitag von 14 bis 20 Uhr, am Wochenende von 11 bis 22 Uhr
Saison: ganzjährig
Kosten: Ponyreiten 1,50 Mark pro Runde, Ausritte 20 Mark pro Stunde, Kremser 50 Mark pro Stunde
Verpflegung: Picknick, Café, Gaststätte ∎

Jan Feb Mär Apr Mai Jun Jul Aug Sep Okt Nov Dez

Museumspark Rüdersdorf

Jeder denkt jetzt an eine putzige Häufung sehenswerter alter Bauernhäuser, und damit liegt man schon schief! Im Museumspark Rüdersdorf wird die Geschichte der Kalksteingewinnung seit dem Jahre 1200 in Form eines Technik-

museums aufgearbeitet. Das ist spannender, als es zunächst klingen mag. Schon das Ambiente der alten Öfen, Magazingebäude und Tagebaulandschaften ist abenteuerlich.
Der Tagebau kann unter Führung mit einem Jeep befahren werden.
Ein Höhepunkt des Besuches – besonders für strebsame Junggeologen – ist die Fossiliensuche in den Steinbrüchen: Jeder bekommt Hammer und Helm, unter Anleitung eines veritablen Geologen geht es auf die steinerne Pirsch.
Auf dem Gelände des Museumsparks gibt es auch noch einen besonders schönen Spielplatz für die kleinen Forscher, auf dem mit Seilzügen, Eimern und Kränen hantiert wird. Ein besonderes Ereignis ist das große Bergmannsfest am ersten Wochenende im Juli: Drei Tage lang wird mit Kinderprogrammen, Open-air-Theater und Feuerwerk für groß und klein jede Menge geboten ∎

Adresse und Anfahrt: Museumspark Baustoffindustrie Rüdersdorf, Heinitzstr. 11, Rüdersdorf bei Berlin, Tel. 033638/7650, Fax 76511. Der Ort liegt am Ostrand Berlins an der A 10, Ausfahrt Rüdersdorf. Im Ort ausgeschildert.
Öffnungszeiten: Montag bis Sonntag von 10 bis 18 Uhr, Führungen an Samstagen, Sonntagen, Feiertagen und nach Vereinbarung
Saison: April bis Ende November
Eintritt: Erwachsene 5 Mark, Kinder 2,50 Mark, geologische Führung 10/4 Mark, Familienkarte 20 Mark, historische Führung 8/4 Mark
Verpflegung: Picknick, Restaurant ∎

Jan Feb Mär Apr Mai Jun Jul Aug Sep Okt Nov Dez

Schiffshebewerk Niederfinow

Was tut ein Schiff, wenn es ganz nach oben will? Es fährt zum Schiffshebewerk Niederfinow.
Dort werden Schiffe, die von der Oder und ihrem Einzugsbereich kommen, auf die Höhe der Scheitelhaltung des Oder-Havel-Kanals gehoben – das sind immerhin 36 Meter! Das Hebewerk ist sehr imposant und schon von weitem zu sehen. Am Parkplatz, der am Fuße des Technikdenkmals liegt, muß der bescheidene Eintritt von 2/1 Mark bezahlt werden. Von

dort ist es eine kleine Bergwanderung bis zur lichten Höhe. Hier kann man tief in den Bauch des stählernen Giganten schauen. Ein wenig Geduld, schon bald wird ein Schiff kommen, und das will hinauf oder hinunter. Dann setzt sich der Schiffstrog ganz langsam in Bewegung. Der Antrieb ist so perfekt ausgewogen, daß vier antreibende Motoren von je 75 PS genügen, um viele, viele Tonnen zu bewegen.
Ist die Sensation verebbt, dann steigt man die Stufen hinunter und setzt sich mit "Essen auf der Faust" ans Wasser. Zweimal am Tag fahren in den Sommermonaten auch Passagierschiffe durch das Hebewerk ■

Adresse und Anfahrt: Auskunft unter der Tel. 033362/236124. Das Schiffshebewerk beim Ort Niederfinow liegt unweit der B 167 zwischen Eberswalde und Bad Freienwalde und ist weiträumig ausgeschildert.
Zeiten: Besichtigungen täglich von 9 bis 16 Uhr, im Sommer auch länger
Saison: ganzjährig
Eintritt: Erwachsene 2 Mark, Kinder 1 Mark
Verpflegung: Picknick, Kiosk, Restaurant ■

Jan Feb Mär Apr Mai Jun Jul Aug Sep Okt Nov Dez

 östliches Brandenburg

Besuch der Fischerei Köllnitz

Der Fischerei Köllnitz geht nicht nur geschupptes Wild ins Netz – auch Ausflügler werden hier "eingefangen". Die Fischerei hat das ganze Jahr hindurch "Tag der offenen Tür", hier darf den Fischern jederzeit über die Schulter geschaut werden. So ist es zum Beispiel möglich, mit auf den See hinauszufahren oder den Fischern zuzusehen, wenn sie den Fang versorgen. Man kann sich aber auch Fahrräder oder Boote ausleihen und eine Spritztour auf oder rund um den See machen. Natürlich gibt es schöne Wanderwege und seit neuestem auch einen angelegten Naturlehrpfad zu einem Aussichtsturm, der einen herrlichen Blick in das Land und

über das Wasser ermöglicht. Die Natur der Groß Schauener Seenkette ist besonders reich an seltenen Tieren. Hier trifft man mit etwas Glück auf Fischotter, Kormoran oder Eisvogel. Den großen und kleinen Hunger stillt man selbstverständlich in den Fischerstuben – wenn die Kids denn auf grätige Kost stehen.
Auf Vorbestellung sind auch Kutschfahrten mit einem Kremser möglich ■

Adresse und Anfahrt: Fischerei Köllnitz, Hauptstraße 19, Groß Schauen, Tel. 033678/62006. Groß Schauen erreicht man über den östlichen Berliner Ring A 12, Abfahrt Storkow in Richtung Zossen auf der B 246.
Öffnungszeiten: Die Fischerei hat täglich geöffnet.
Saison: ganzjährig
Eintritt: frei, Bootsmiete 5 Mark pro Stunde
Verpflegung: Picknick, Gastronomie vor Ort ■

Jan Feb Mär Apr Mai Jun Jul Aug Sep Okt Nov Dez

Straßenbahn-Nostalgie in Woltersdorf

Die Bummel-Straßenbahn stammt aus dem Jahre 1913, es ist sozusagen ein kaiserliches Vergnügen, sich mit ihr auf die etwas mehr als fünf Kilometer lange Tram-Tour von der S-Bahnstation Rahnsdorf durch den Berliner Forst zur Woltersdorfer Schleuse zu begeben. Da die Fahrt nur 1,60 Mark für Erwachsene und 80 Pfennig für Kinder kostet, hat man am Endpunkt der Fahrt noch genug Geld übrig, um sich ein Eis, Kaffee und Kuchen oder eine triefende Bratwurst zu leisten.

An der historischen, 500 Jahre alten Schleuse gibt es Anschluß an Ausflugsfahrten mit Schiffen über Berliner und Grünheider Gewässer. Von der Schleuse führt auch ein nicht allzu langer Wanderweg auf die Kranichsberge, die sich mit imposanten 108 Metern über die restliche Landschaft erheben. Dort steht ein Aussichtsturm, der die passende Kulisse für ein Panorama-Picknick bietet ∎

Adresse und Anfahrt: Woltersdorfer Straßenbahn GmbH, Tel. 03362/5215. Die Abfahrt in Rahnsdorf beginnt am dortigen S-Bahnhof. Er liegt an der S-Bahnstrecke von Berlin nach Erkner, zwei Stationen vor der Endstation.
Zeiten: Abfahrten tagsüber alle 20 Minuten
Saison: ganzjährig
Eintritt: 1,60 Mark für Erwachsene, 80 Pfennig für Kinder
Verpflegung: Picknick, Gastronomie an der Schleuse ∎

Jan Feb Mär Apr Mai Jun Jul Aug Sep Okt Nov Dez

Havelland und Fläming

Manchem Besucher kommt es so vor, als bestehe das Havelland nur aus zwei Elementen: aus Luft und Wasser. Die Havel gießt hier ihre Wasser ins weite Land, so entstehen großflächige Seen mit breiten Schilfgürteln und flachen, sandigen

Ufern. Das Havelland ist auch bekannt für seinen Obstbau, jeder kennt ja den Herrn von Ribbeck und seinen Birnbaum. Der nördlich gelegene Fläming bekam seinen Namen von flämischen Siedlern, die sich dort im 12. Jahrhundert niederließen. Der sandige Boden und die mitunter elefantenkopfgroßen Findlinge, die das Landschaftsbild prägen, sind Überbleibsel aus der Eiszeit ∎

Schiffspartie in Rathenow

Die Reederei Bolz aus Rathenow hat viele verschiedene Ausflugsmöglichkeiten "auf Tasche", regelmäßig stehen die Fahrten über den Hohenauer See und durch die Stadt auf dem Programm. Die Hohenauer Seenrundfahrt dauert rund drei Stunden, abgefahren wird am Anleger unweit des einzigen Kinos im Ort! Hier legt die MS "Sonnenschein" auch zur Stadtrundfahrt ab, die durch die Schleuse und die Stadthavel führt. Das dauert zwei Stunden. Die Fahrten finden meistens dienstags, mittwochs, donnerstags und an Wochenenden statt, nicht aber, wenn das Schiff bereits gechartert wurde. Deshalb sollte man in jedem Fall vorher anrufen ∎

Adresse und Anfahrt: MS "Sonnenschein", Reederei Bolz, Rathenow, Tel. 0171/5262272. Fremdenverkehrsamt: Tel. 03385/2336. Der Ort liegt am Schnittpunkt der Bundesstraßen B 188 und B 102.
Zeiten: tel. erfragen
Saison: Ostern bis Mitte Oktober
Eintritt: für die Seenrundfahrt ca. 12 Mark, Kinder ca. 6,50 Mark
Verpflegung: Picknick, Bordgastronomie ∎

Jan Feb Mär **Apr Mai Jun Jul Aug Sep Okt** Nov Dez

Erholungszentrum Wolzensee

Erholungszentrum klingt nach mächtigem Auftrieb, doch im wahren Leben verbirgt sich hinter diesem Namen das Ausflugscafé am Wolzensee.

Hier können Boote ausgeliehen werden, es gibt einen schönen Steg, um die Füße im Wasser baumeln zu lassen – und wer Ganzkörpernässe anstrebt, der springt eben vollumfänglich in den See. Per pedes wird das idyllische Gewässer in rund zwei Stunden umwandert. Mit einer Torte oder ähnlichem vor Augen kann man dazu vielleicht auch den Nachwuchs antreiben. Für groß und klein ist Wasserwandern natürlich viel spannender, dafür stehen Kajaks und Ruderboote zur Verfügung. Auf Wunsch werden für die Kleinen Schwimmwesten ausgegeben ∎

Adresse und Anfahrt: Café-Restaurant Wolzensee, Tel. 03385/509954. Der Wolzensee liegt südöstlich des Rathenower Stadtkerns, das Café ist ausgeschildert.
Öffnungszeiten: Das Café hat im Sommer von 9 bis 22 Uhr geöffnet, im Winter von 10 bis 22 Uhr, montags geschlossen.
Saison: Das Café hat ganzjährig geöffnet, Rudersaison ist bei gutem Wetter von Mai bis Mitte Oktober.
Kosten: Die Bootsmieten lagen bei Redaktionsschluß noch nicht fest.
Verpflegung: Picknick, Café, Restaurant ∎

Jan Feb Mär **Apr Mai Jun Jul Aug Sep** Okt Nov Dez

Der Fit Point in Premnitz

Von Mai bis Mitte September ist der Spaß im Freizeitfreibad riesengroß. Die Nummer eins unter den Attraktionen des Bades ist die große Rutsche. Bei der sausenden Abfahrt durch Kurven, Kreise und Schikanen kann man seekrank werden – oder süchtig! Neben dem großen Schwimmerbecken für sportlich Ambitionierte gibt es auch einen Kinderbereich, nach dem Naßspaß tollen die Kids auf dem "Trockenspielplatz". Dem Bad angegliedert ist eine Sauna mit Solarium ∎

Adresse und Anfahrt: Freizeitzentrum Fit Point, Bergstraße 81c, Premnitz, Tel. 03386/243974. Der Fit Point ist in Premnitz ausgeschildert. Der Ort liegt an der B 102, nur wenige Kilometer südlich von Rathenow.
Öffnungszeiten: Montag, Dienstag und Freitag von 10 bis 21 Uhr, Mittwoch und Donnerstag bis 22 Uhr, Samstag bis 20 Uhr, Sonntag bis 18 Uhr
Saison: Mai bis Mitte September
Eintritt: Kinder 2,50 Mark, Eltern 3,50 Mark, am Wochenende 50 Pfennig teurer
Verpflegung: Picknick, Kiosk, Gaststätte ∎

Jan Feb Mär Apr **Mai Jun Jul Aug Sep** Okt Nov Dez

Pferdehof Nitschke in Niederwerbig

Bei Familie Nitschke in Niederwerbig-Jeserig können Eltern ihre Kinder auf Ponys ausführen, und wenn groß und klein des Reitens kundig sind, bietet sich ein Familienausritt an. Wer Kutschen zu steuern vermag, der leiht sich hier eine – die Gefährte können auch mit Fahrer angemietet werden. Die Ausflüge führen meistens in den nahen Wald, der abseits der Straßen liegt. Auf dem Hof gibt es Ziegen, Katzen und Hunde, im Frühjahr auch Fohlen – sehr putzig anzuschauen! Man muß, bevor man einfach vorbeifährt, einen Termin absprechen. So verhindert man kleinere Katastrophen ∎

Adresse und Anfahrt: Pferdehof Nitschke, Niederwerbig-Jeserig, Tel. 033843/40104. Der Ort liegt nahe der A 9 Berlin-Leipzig, unweit der Abfahrt Brück/Treuenbrietzen.
Zeiten/Kosten: nach tel. Absprache
Verpflegung: Picknick, Café im Ort
Drumherum: Spielplatz und Badeteich in der Nähe ∎

Jan Feb Mär Apr Mai Jun Jul Aug Sep Okt Nov Dez

Der FILMPARK BABELSBERG

Seit dem Saisonstart '98 bietet der Filmpark viele neue Attraktionen. Eine exklusive Studio-Tour, zu Fuß und per Shuttle, ermöglicht einen Einblick in die Filmstadt. Fachkundige Studio-Guides moderieren die 60minütigen Führungen entlang der legendären Aufnahmehallen, der Rundfunk- und Fernsehsender, der Produktionsfirmen und Werkstätten und informieren über aktuelle Kino- und TV-Produktionen. Wenn der Drehplan es erlaubt, öffnen sich mancherorts die Tore...
Auf einer Farm am Ende der Westernstraße erleben Neugierige die Filmarbeit mit Tieren. Zu den Akteuren der FilmTierShow gehören ein Pony, ein Schwein, ein Stinktier und viele andere Vierbeiner. Seit Mai 1998 können kleine Gäste in "Panama-Janoschs Traumland" ihre Lieblingsfiguren treffen: den kleinen Bären, den kleinen Tiger und die Tigerente. Ein kleines Amphitheater, ein PANAMA-Postamt, eine Wasserfahrt durch PANAMA, Spiele mit Wasserelementen und Kindershows gehören zum täglichen Aktionsangebot. Auch Filmhandwerk ist hautnah erlebbar. Maskenbildner, Trick- und Pyrotechniker, Stuntmänner und -frauen, Moderatoren und Schauspieler geben Einblicke in die Arbeit am Set. Die Stuntshow "Final Countdown", eine Tauchgangsimulation in "Boomer" – dem U-Boot, die Fantasy-Ausstellung "Cinefantastic", das Showscan-Actionkino, Dreharbeiten unter dem Motto "Der verflixte letzte Drehtag" und das Sandmannstudio mit einmaligen Originalexponaten gehören zu den beliebtesten Attraktionen. 5 bis 6 Stunden dauert der Blick hinter die Kulissen im ältesten und größten Filmstudio Europas ∎

Adresse und Anfahrt: FILMPARK BABELSBERG, Potsdam-Babelsberg. Eingang Großbeerenstraße, Tel. 0331/7212750. Anfahrt mit dem Pkw auf der A 115 (Zubringer Berliner Ring), Ausfahrt Potsdam-Babelsberg, weiter Großbeerenstraße – Richtung Babelsberg. Parkplatz direkt am Eingang.
Mit S-Bahn und Bus sind Anbindungen vorhanden.
Öffnungszeiten: 22. März bis 1. November täglich von 10 bis 18 Uhr
Eintritt: Erwachsene 28 DM, Kinder (4–11 Jahre) 21 DM, Familienkarte 75 DM Verpflegung: Imbiß, Kinderrestaurant, Restaurant "Prinz Eisenherz" ∎

Jan Feb **Mär Apr Mai Jun Jul Aug Sep Okt Nov** Dez

Spreewald-Niederlausitz

Wer sich den Rummel Venedigs ersparen will, aber trotzdem mit der Gondel fahren möchte, der begibt sich schleunigst in den Spreewaldort Lehde.

Schon Theodor Fontane nannte ihn "die Lagunenstadt im Taschenformat" – „man kann nichts Lieblicheres sehen als dieses Lehde, das aus ebenso vielen Inseln besteht, als es Häuser hat". Hier sind Umsteiger gefragt, denn mit dem Auto kann man hier wenig ausrichten: Hauptstraße ist die Spree

Kahnpartie in Lübbenau

Heute nehmen Sie das Ruder selbst in die Hand: Zur Auswahl stehen Kajaks, Paddelboote und Kanadier.
Einer der Bootstypen ist sehr sicher und kaum kippelig, es können auch schon sehr kleine Kinder mitgenommen werden. Dann geht es auch schon los auf die Spree. Meistens wird die Tour rund um die Insel in Angriff genommen. Je nach Boot kostet die Stunde von drei bis sechs Mark – wirklich erschwinglich!
Nach der Kahnpartie bietet sich ein Spaziergang durch den Schloßpark an. Oder ein Besuch des Freilichtmuseums in Lehde, das mit dem Kahn oder über jeweils 1,5 Kilometer lange Wanderwege erreicht wird (Saison von April bis Oktober, Öffnung von 10 bis 18 Uhr)

Adresse und Anfahrt: Bootsverleih Ingrid Hannemann, Am Wasser 1, Lübbenau, Tel. 03542/3647. Der Verleih ist im Ort ausgeschildert.
Öffnungszeiten: täglich 9 bis 20 Uhr
Saison: von Ostern bis Oktober
Kosten: 3 bis 6 Mark pro Stunde
Verpflegung: Picknick, Gastronomie in der Nähe

Jan Feb Mär **Apr Mai Jun Jul Aug Sep Okt** Nov Dez

Kahnpartie auf der Spree bei Burg

Während an manch anderem Ort im Spreewald sich die Touristen im Hunderter-Pack vergnügen, ist das Örtchen Burg noch ein stiller Geheimtip.
Für die Fahrt durch die zahllosen Kanäle und Kanälchen gibt es feste Zeiten um 10, 13 und 15.30 Uhr.
Wenn genügend Passagiere zusammenkommen, dann legt der Kahn ab, vorangeschoben vom Spree-Gondoliere. Die

Fahrziele werden vor Ort abgesprochen. Die Kahnfahrten dauern mindestens eine Stunde, sie können auch mit einem Café-Aufenthalt kombiniert werden. In jedem Fall lohnt sich ein vorheriges Telefongespräch, dann kann der Bootsbesitzer kleinere Gruppen zusammen in einem Kahn plazieren – so wird es billiger. Sonst kostet die Stunde in einem kleinen Kahn 45 Mark. Wer die Spree auf eigene Faust und kraft eigener Muskeln entdecken möchte, der kann sich auch Ruderboote, Kanadier, Kajaks und Paddelboote ausleihen.
Nach der Tour lockt der Grillplatz des Bootshauses, allerdings nur nach vorheriger Absprache ■

Adresse und Anfahrt: Bootshaus Conrad, Schwarze Ecke 1, Burg-Spreewald, Tel. 035603/341. Nach Burg gelangt man von Lübbenau über die B 115 nach Vetschau. Dann weiter nach Burg, von dort in Richtung Leipe.
Das Bootshaus befindet sich an der Kreuzung nach rund fünf Kilometern auf der rechten Flußseite.
Öffnungszeiten: täglich (im Sommer von 8 – 20 Uhr), feste Abfahrtszeiten für "Laufkundschaft" um 10 und 13 Uhr
Saison: ganzjährig, Hauptsaison von April bis Oktober
Kosten: Kahnmiete 50 Mark pro Stunde, Ruderbootmiete 5 Mark pro Stunde, Kanadier ab 6 Mark
Verpflegung: Picknick, Grillen, Gastronomie ■

Jan Feb Mär Apr Mai Jun Jul Aug Sep Okt Nov Dez

Ferien auf dem Reiterhof Mochowsee

Der familiäre Reiterhof liegt im schönen Spreewald, ca. 80 km von Berlin entfernt. Hier leben 18 Pferde, vom Pony bis zum Großpferd sind alle Farben vertreten. Zwölf bis fünfzehn Mädchen können hier ihre Ferien verbringen und erhalten bei Vollpension zwei Reitstunden täglich. Weiterhin stehen Wanderritte, Reiterspiele, Surfen, Nachtwanderungen und vieles mehr auf dem Programm. Jedes Kind erhält sein eigenes Pferd. Die Woche kostet 420 Mark.

Kinder und Erwachsene, die in der Nähe Urlaub machen,

können natürlich auch ihr Glück auf dem Rücken der Pferde versuchen. Der Bauernhof bietet den kleinen Tierliebhabern außerdem Katzen, Kaninchen und den obligatorischen Wachhund. Nach einem Ausritt kann bei schönem Wetter noch eine Kahnpartie auf dem See unternommen werden, oder man läßt sich zum Familienpicknick am Ufer nieder ∎

Adresse und Anfahrt: Reiterhof Herms, Dorfstraße 15, Mochow, Tel. 035478/356. Mochow liegt an der B 320 zwischen Lieberose und Lübben. Der Hof ist ausgeschildert.
Öffnungszeiten: von 7.30 bis 20 Uhr
Saison: ganzjährig
Kosten: Ausritte 20 Mark pro Stunde, selbstgeführtes Ponyreiten 15 Mark pro Stunde
Verpflegung: Picknick, Gastronomie am See und im Ort ∎

Jan Feb Mär Apr Mai Jun Jul Aug Sep Okt Nov Dez

Tierpark Cottbus

Der Tierpark Cottbus liegt inmitten eines spreenahen Auenwaldes, der schon allein einen Spaziergang lohnt.
Aus einem Tierpark einheimischer Wildarten wuchs innerhalb von 40 Jahren ein Zoo mit Tieren aus aller Welt. Besonders stolz ist man auf die neu erbaute Pinguinanlage, in der sich die fracktragenden Arktisbewohner sehr wohl fühlen. Hoch hinaus wollen die Giraffen, die Przewalskipferde freuen sich darüber, mit ihrer Zebra- und Esel-Verwandt-

schaft zusammen zu wohnen. Die ganze Vielfalt der Flügelträger findet sich in der Vogelwelt mit ihren Wiesen und Volieren. Für die kleinen Besucher ist es von großer Wichtigkeit, die Zoobewohner nicht nur zu sehen, sondern auch einmal Kontakt aufzunehmen – im Streichelzoo ohne Probleme möglich. Bei schönem Wetter kann man von März bis April mit der Parkeisenbahn anfahren, die zwischen den Bahnhöfen "Friedenseiche" und "Freunschaft" (im Elias-Park) pendelt ∎

Adresse und Anfahrt: Tierpark Cottbus, Kiekebuscher Straße 5, Tel. 0355/714159. Der Zoo liegt südlich der Innenstadt in Richtung Branitz.
Öffnungszeiten: täglich von 9 bis 17.30 Uhr, im Winter von 9 bis 15.30 Uhr
Saison: ganzjährig
Eintritt: Erwachsene 4 Mark, Kinder 2 Mark, günstige Familienkarten
Verpflegung: Picknick, Gastronomie im Zoo ∎

Jan Feb Mär Apr Mai Jun Jul Aug Sep Okt Nov Dez

 Berlin

Berlin

Der Mauerspaziergang fällt aus – für diese Lektion deutscher Geschichte ist glücklicherweise das Anschauungsobjekt abhanden gekommen. Ob Riesenstädte wie Berlin ihrem

Wesen nach überhaupt familienfreundlich sein können, ist eine Streitfrage, die die Erwachsenen am Kneipentisch ausdiskutieren können. Die entfesselten Knirpse finden Theorie meist eher unattraktiv, wenn es gilt, sich mitten hinein ins volle Kinderleben der Hauptstadt zu stürzen ■

Spree-Park Berlin (siehe Titelbild)

In Berlins grünem Stadtbezirk Treptow, mitten im Naherholungsgebiet Plänterwald, befinden sich die herrlichen Anlagen des Freizeit- und Erlebnisparks Spree-Park Berlin mit zahlreichen Fahrattraktionen wie der Loopingbahn, einer der größten Europas, der Wildwasserbahn, dem Riesenrad, der Schiffsschaukel u. v. a. mehr, sehenswerten Shows im Amphitheater und Chapiteau sowie Clownerie mit Animation.
Dann steht ein ruhiger Spaziergang durch den einzigartigen Plänterwald auf dem Programm ■

Adresse und Anfahrt: Spree-Park Berlin, Kiehnwerderallee 1-3, Berlin, Tel. 030/688350 oder 533350. Eingang in der Neuen Krugallee. In Treptow ist der Park ausgeschildert. Nahverkehr: S-Bahnhof "Plänterwald" oder U-Bahnhof "Schlesisches Tor" und weiter mit Bus 265.
Öffnungszeiten: täglich von 9 bis 19 Uhr, im Oktober bis Einbruch der Dunkelheit
Saison: 8. März bis 26. Oktober 1997
Verpflegung: Imbiß, Restaurant ■

Jan Feb **Mär Apr Mai Jun Jul Aug Sep Okt** Nov Dez

Zoo Berlin und Tierpark Friedrichsfelde

Nicht nur die Größe der Metropole, sondern auch die jüngere deutsche Geschichte hat den Berlinern gleich zwei Zoos beschert.

1.400 Tierarten, über 13.000 Exemplare bewohnen das mehr als 35 Hektar große Gelände des mitten in der Stadt gelegenen Zoologischen Gartens Berlin, in dem keiner der „Tierklassiker" fehlt – das Dschungelbuch ist komplett. Bei den Bären gibt es einen großen Spielplatz, ein Tierkinderzoo erlaubt den engen Kontakt zu Haus- und Hoftieren.

Der Tierpark Berlin-Friedrichsfelde bietet Tiere auf weitläufigen Freianlagen. Zwar besitzt er nur halb so viele Tiere wie der Zoo, ist aber fünfmal so groß. Einen Tierkinderzoo gibt es dort aber auch, in dem u. a. Waschbären leben, und einen Streichelzoo mit verschiedenen Schafrassen. Ein schöner Spielplatz und ein Café für Kinder sind vorhanden ∎

Adresse und Anfahrt: Zoologischer Garten, Hardenbergplatz 8, Berlin-Tiergarten, Tel. 030/254010. Tierpark Friedrichsfelde, Am Tierpark 125, Berlin-Friedrichsfelde, Tel. 030 / 515310. Jeweils mit öffentlichen Verkehrsmitteln zu erreichen.
Öffnungszeiten: Zoo: 9 Uhr bis Abenddämmerung
Tierpark: 9 bis 19 Uhr, im Winter bis 17 Uhr
Saison: ganzjährig
Eintritt: Zoo: Erwachsene 11 Mark, Kinder ab 3 Jahren 5,50 Mark.
Tierpark: Erwachsene 10 Mark, Kinder ab 3 Jahren 5 Mark
Verpflegung: Imbiß, Café, Restaurant ∎

Jan Feb Mär Apr Mai Jun Jul Aug Sep Okt Nov Dez

Berlin

"Telux"-Abenteuerspielplatz

Der Abenteuerspielplatz im Wedding trägt keinen Phantasienamen, sondern ist nach den Anfangssilben der Tegeler und der Luxemburger Straße, wo er sich befindet, benannt. Abenteuerspielplätze mit pädagogischer Betreuung sind mittlerweile eine etablierte Berliner Errungenschaft. Verschiedene Sportarten wie Tischtennis, Basketball oder Fußball können ausgeübt werden, man darf sich aber auch völlig legal eine Schlammschlacht liefern oder ein Feuer entfachen. Daneben gibt es auch eher produktive Betätigungsmöglichkeiten wie z. B. das Bauen mit Holz oder die Bewirtschaftung des zugehörigen Gartens ∎

Adresse und Anfahrt: Telux-Abenteuerspielplatz, Tegeler Str. 28, Berlin-Wedding, Tel. 030/4629829.
Öffnungszeiten: tel. erfragen
Eintritt: frei
Verpflegung: mitbringen ∎

Jan Feb Mär Apr Mai Jun Jul Aug Sep Okt Nov Dez

"blub" Badeparadies

Hier ist die Rutsche 120 Meter lang – die längste, denn es gibt auch kürzere Rutschen, darunter auch eine kleinkindgerechte. Sauna und Whirlpool bieten den Eltern adäquate Entspannungsmöglichkeiten. Das beheizte Außenbecken kann man das ganze Jahr über benutzen, es gibt einen Wildwasserkanal und viele weitere Einrichtungen. Für Kleinkinder ist bestens gesorgt, sie haben ihren eigenen Wasserplatz mit Spielobjekten. Nach telefonischer Anmeldung können auch Kinderfeste im "blub" ausgerichtet werden ∎

Adresse und Anfahrt: Buschkrugallee 64, Berlin-Neukölln, Tel. 030/906-0. Stadtring Süd U7 (Grenzallee), Bus 141 und 146
Öffnungszeiten: Montag bis Samstag 10 bis 23 Uhr, Sonntag 9 bis 23 Uhr
Eintritt: Erwachsene 18 (1,5 Std.), 21 (4 Std.) oder 26 (Tageskarte) Mark, Kinder über 2 Jahre 14 / 16 / 21 Mark, bis 2 Jahre 8 Mark
Verpflegung: Bar, Restaurant ∎

Jan Feb Mär Apr Mai Jun Jul Aug Sep Okt Nov Dez

Kinderbauernhöfe in Berlin

Stadtkinder, so unterstellt es das Vorurteil, glauben, daß die Milch in Tüten wächst und der Honig aus der Zuckerfabrik kommt – alles Unfug, denn mitten in Berlin gibt es Bauernhöfe ganz speziell für Kinder.
Diverse Vierbeiner, von der gemeinen Hofkatze bis zum Pony wollen hier nicht den Alleinunterhalter für die Kleinen abgeben, sondern müssen von den Kindern täglich mit allem versorgt werden, was sie zum Leben brauchen.
Die kleineren Tierfreunde können sich mit den Kaninchen anfreunden oder mit den Gänsen um die Wette schnattern. Bei soviel Viehzucht wird der Ackerbau keineswegs vernachlässigt: Kräuter und Gemüse aller Arten werden hier angebaut, aber auch die farbenfrohen Zierblumen erhalten die erforderliche liebevolle Pflege ∎

Adresse und Anfahrt: Kinderbauernhöfe gibt es in den Bezirken Hellersdorf, Kreuzberg, Pankow, Reinickendorf, Schöneberg, Tempelhof und Wedding. Auskunft erteilen die Bezirksämter.
Öffnungszeiten: tel. erfragen
Saison: ganzjährig
Eintritt: frei
Verpflegung: mitbringen oder selbst produzieren ∎

Jan Feb Mär Apr Mai Jun Jul Aug Sep Okt Nov Dez

Britzer Garten

Der Park wurde zur Bundesgartenschau gebaut, mit dem Ziel, dem Berliner Süden ein Naherholungsgebiet zu schaffen, und hat sich seither zu einem riesigen Kinderspielplatz entwickelt, der durch das strikte Hundeverbot noch an Qualität gewonnen hat. Denn weder lauert die Bestie im Busch noch düngt sie den Sandkasten.

Neben den massenhaft vorhandenen Spielgeräten lädt auch eine Museumsbahn die Besucher zu einer schönen Rundfahrt in den Britzer Garten ein.
Fast immer findet auch gerade eine Kinderveranstaltung statt, in den Sommerferien z. B. tägliche Kindertheatervorstellungen.
Im Herbst läßt man stundenlang den Drachen steigen. Auch die Freunde des nassen Elements kommen hier voll auf ihre Kosten, denn zum Park gehört ein hübscher See mit Strand und Schilfufer ∎

Adresse und Anfahrt: Grün Berlin Park und Garten GmbH, Britzer Garten, Sangershauser Weg 1, Berlin-Neukölln,
Tel. 030/7009060. Buslinie 179: Haltestelle Tauernallee und Sangershauser Weg, Linie 181: Mohringer Allee und Britz/Massinger Weg. Linie 144: Buckower Damm und Blütenachse. Parkplätze vorhanden.
Öffnungszeiten: 9 Uhr bis Abenddämmerung
Saison: ganzjährig
Eintritt: Kinder bis 5 frei, 6 – 12 Jahre 1 DM, ältere 2,50 DM
Verpflegung: Picknick, Café, Milchbar, Imbißkioske ∎

Jan Feb Mär Apr Mai Jun Jul Aug Sep Okt Nov Dez

Nordrhein-Westfalen S. 201-259

Nordrhein-Westfalen

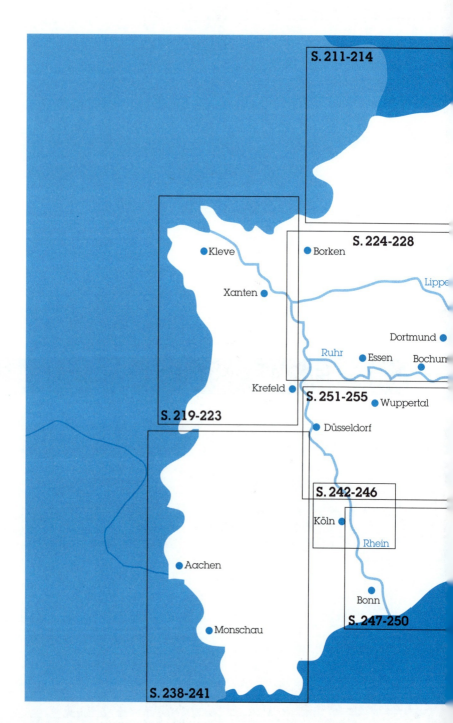

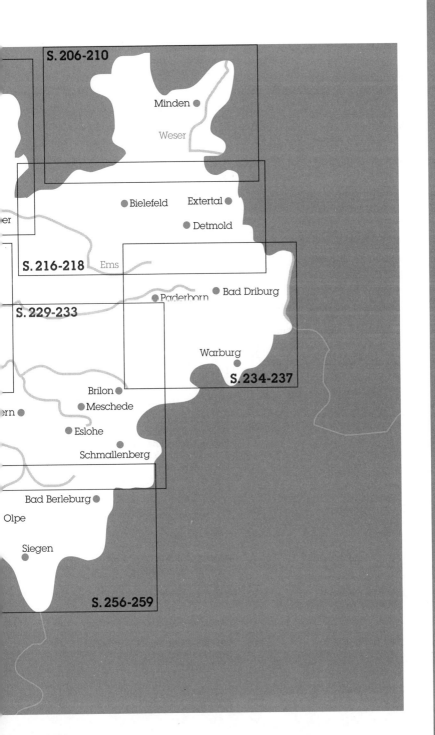

Nordrhein-Westfalen

Mühlenkreis Minden-Lübbecke		S. 206-210	Die Bob- und Rodelbahn Winterberg	230
Mahl- und Backtage an der Westfälischen Mühlenstraße		206	Das Besucherbergwerk in Ramsbeck	231
Schiffsfahrten auf der Weser		207	Abenteuerland Fort Fun in Bestwig-Wasserfall	232
Die Museumseisenbahn in Minden		208	Panoramapark Sauerland in Kirchhundem	233
Besucherbergwerk Kleinenbremen		209		
potts park in Minden-Dützen		210	**Paderborner Land** S. 234-237	

Kanutour auf der Lippe 234
Der Marienhof Marks in Bentfeld 235

Das Münsterland S. 211-214

Westfalen Therme in Bad Lippspringe 236

Natur-Solebad Werne 211
Kanutouren auf der Ems 212
Freizeitpark Ketteler Hof 212
Die Sommerrodelbahn Ibbenbüren 213
Die Wildpferde vom Merfelder Bruch 214

Die Desenburg bei Warburg 237

Die Nordeifel S. 238-241

Die Bobbahn in Monschau 238
Wildgehege Hellenthal 239
Rheinisches Freilichtmuseum Kommern 240
Das Eifelbad in Bad Münstereifel 241
Römische Glashütte Bad Münstereifel 241

Der Teutoburger Wald S. 215-218

Westfälisches Freilichtmuseum in Detmold 215
Die Externsteine Detmold 216
Nadermanns Tierpark in Delbrück-Schöning 217
Flora Westfalica in Rheda-Wiedenbrück 217
Der Hollywood-Park Stukenbrock 218

Köln S. 242-246

Das Schokoladen-Museum in Köln 242
Phantasialand bei Brühl 243
Aqualand in Köln 244
Rheinseilbahn und Kleinbahn im Rheinpark 245
Der Zoo Köln 246

Der Niederrhein S. 219-222

Das Traktorenmuseum in Sonsbeck 219
Eine Rundfahrt im Duisburger Hafen 220
Das Nibelungenbad in Xanten 221
Zoo Krefeld 222

Das Siebengebirge S. 247-250

Das Zoologische Museum in Bonn 247
Ausflug auf den Drachenfels 248
Freizeitpark Rheinbach 249
Märchenwald Ruppichteroth 249
Rheinschiffahrt bei Bonn 250

Westliches Ruhrgebiet S. 223-228

Die Sternwarte Bochum 223
Warner Bros. Movie World 224
Der Maximilianpark in Hamm 225
Revierpark Wischlingen 226
Der Grugapark in Essen 227
Tierpark Dortmund 228

Bergisches Land S. 251-255

Die Schwebebahn in Wuppertal 251
Das Neandertalmuseum bei Erkrath 252
Der Zoo Wuppertal 253
Tropfsteinhöhle in Wiehl 254
Aquazoo Düsseldorf 255

Das Sauerland S. 229-233

Wildwald Umwelt- und Naturschule Vosswinkel 229

Siegerland und Wittgensteiner Land S. 256-259

Schaubergwerk "Stahlberger Erbstollen" in Holchenbach-Müsen	256
Freizeitpark Netphen	257
Südwestfälische Freilichtbühne Freudenberg	258
Ponyreiten in Berghausen	259

Nordrhein-Westfalen

Mühlenkreis Minden-Lübbecke

Über hundert erhaltene historische Mühlen schmücken diese Region, und was lag da näher, als hier die "Westfälische Mühlenstraße" ins Leben zu rufen? In fast jedem Tälchen, durch das ein Bach fließt, stand hier früher eine Wassermühle. Aber auch Windmühlen gibt es hier in großer Zahl sowie die besonders raren Roßmühlen, die von Pferden am Göpelrad betrieben wurden. Und was man noch wissen sollte: Unweit der Westfälischen Mühlenstraße ist Wilhelm Busch geboren, der "Erfinder" von Max und Moritz ∎

Die Westfälische Mühlenstraße

Mehr als 40 Mühlen, die besichtigt werden können, drängen sich im Mühlenkreis Minden-Lübbecke. Von April bis Mitte Oktober gibt es Vorführungen in verschiedenen Mühlen. Der Mahlbetrieb kann bestaunt werden, meist gibt es noch zusätzliche Ausstellungen und Vorführungen. An den Mahl- und Backtagen wird eine landestypische Bewirtung angeboten. Aber es ist auch schon spannend zu sehen, wie der Wind die Flügel einer Mühle antreibt und wie diese Kraft umgesetzt wird, um das Korn am mächtigen Mühlstein zu zerreiben. Der Prospekt des Mühlenkreises gibt Überblick über alle Termine. Teilweise werden auch Kombinationen für Radfahrer mit der Museumseisenbahn (an festgelegten Terminen von April bis Oktober) und der Mindener Fahrgastschiffahrt angeboten. Überhaupt ist die Mühlenroute eine sehr beliebte Radwanderstrecke ∎

Adresse: Mühlenkreis Minden-Lübbecke, Postfach 2580, 32382 Minden, Tel. 0571/8072316. Dort bekommt man einen Mühlenprospekt und auch eine Mühlenstraßen-Karte (mit Mahl- und Backprogramm).
Öffnungszeiten: unterschiedlich, dem Prospekt entnehmen
Saison: Ostern bis Mitte Oktober
Eintritt: Kosten unterschiedlich, teilweise Voranmeldung nötig
Verpflegung: Picknick immer möglich, teilweise Restauration in den Mühlen ∎

Jan Feb Mär **Apr Mai Jun Jul Aug Sep Okt** Nov Dez

Mühlenkreis
Minden-Lübbecke

Schiffsfahrten auf der Weser

Wer Minden besucht, muß sich das weltweit größte Wasserstraßenkreuz anschauen. Hier geht es nämlich drunter und drüber mit den Schiffen: Der Mittellandkanal überquert auf der Kanalbrücke die niedriger gelegene Weser.
Während der 50minütigen Fahrt erlebt man eine Schleusung und sieht sich die Mindener Hafenanlagen an. Anderthalb Stunden dauert die "Weserkreuzfahrt", zu der noch ein Ausflug an die Weserpromenade und in die historische Fischerstadt führt.

Für Kinder, die noch mehr Geduld aufbringen, ist die Ausflugsfahrt zur Porta Westfalica genau richtig.
Während der dreistündigen Tour werden alle vorangegangenen Programmpunkte abgehakt, hinzu kommt die Weserfahrt bis zur Porta Westfalica. Teilweise ist dort auch ein Aufenthalt möglich.
Bei gutem Wetter ist das ein besonders toller Ausflug. Regnet es, sollte man vielleicht das eine oder andere Gesellschaftsspiel in der Tasche haben, um "Längen" zu überbrücken ▪

Adresse und Anfahrt: Mindener Fahrgastschiffahrt, An der Schachtschleuse, Minden, Tel. 0571/648080-0. Der Anleger liegt im Nordosten der Stadt an der Weser und ist ausgeschildert mit "Schachtschleuse".
Fahrzeiten: telefonisch erfragen, Prospekt anfordern. Die Schiffe fahren mehrmals täglich, in der Hauptsaison und an Sonn- und Feiertagen stündlich.
Saison: April bis Mitte Oktober
Kosten: ab 8 Mark Erwachsene, 5 Mark Kinder, Tagestouren kosten mehr
Verpflegung: Bordgastronomie ▪

Jan Feb Mär **Apr Mai Jun Jul Aug Sep Okt** Nov Dez

Nordrhein-Westfalen

Museums-Eisenbahn Minden

Mit ihren nostalgischen Waggons rattert die Museums-Eisenbahn Minden über die Schienen, an der Strecke stehen Zuschauer und winken. Die Museumsbahn bringt ihre Gäste ab Minden wahlweise zum Besucherbergwerk Kleinenbremen, zur Mühle und zur Schiffsanlegestelle in Südhemmern, wo man umsteigen kann – es geht auch umgekehrt. Natürlich haben die Betreiber der Museums-Bahn nichts dagegen, wenn man hin- und zurückfährt und ausschließlich den nostalgischen Reiz genießt. Die Aus- und Umsteigemöglichkeiten kommen allerdings Kinderwünschen entgegen, Ausflugs-Zapping sozusagen! Der Bahnausflug kann auch

mit einer Radtour kombiniert werden, denn Fahrräder werden im Zug kostenlos mit befördert.
Einen Überblick über alle Fahr- und Besichtigungsmöglichkeiten verschafft ein Prospekt, der angefordert werden kann. Die Eisenbahn fährt noch auf zwei weiteren Strecken. In der Saison wird mindestens einmal monatlich gefahren ■

Adresse und Anfahrt: Museums-Eisenbahn Minden, Postfach 110131, 32404 Minden / Westfalen. Tel. Auskunft unter 0571/58300, 0571/580337 und 05741/7209. In Minden kann man ab Oberstadt oder Friedrich-Wilhelm-Straße den Zug besteigen.
Fahrzeiten: laut Prospekt
Saison: Von Ostern bis Anfang Oktober
Eintritt: Die Rückfahrkarte Minden-Kleinenbremen kostet z. B. für Erwachsene 16 Mark, die Kombikarte Bahn/Schiff für Kinder 9 Mark, für Erwachsene 18 Mark.
Verpflegung: Kaltgetränke und Süßigkeiten im Zug ■

Jan Feb Mär Apr Mai Jun Jul Aug Sep Okt Nov Dez

Besucherbergwerk Kleinenbremen

In der Eisenerzgrube "Wohlverwahrt" wurde 1988 das Besucherbergwerk Kleinenbremen eingerichtet.
Die Besucher erfahren während der rund anderthalbstündigen Führungen, wie vor 50 Jahren das Eisenerz abgebaut wurde und was sich inzwischen unter Tage getan hat.

Man lernt die buchstäblich "steinharte" Arbeitswelt der Bergleute kennen, sieht die Abbaufelder der menschlichen "Maulwürfe" und bekommt einen Einblick in die verwendete Technologie. Sowohl für Erwachsene als auch für Kinder ab sechs Jahren ist der Ausflug ins Innere der Erde sicherlich lohnend, denn alles ist hier sehr spektakulär. Es ist eine aufregende Sache, einen quietschgelben Schutzhelm aufsetzen zu dürfen, und die unterirdische Fahrt mit der Grubenbahn ist ein Erlebnis für sich.
Achtung: In der Grube herrscht auch im heißesten Hochsommer eine konstante Temperatur von zehn Grad C ∎

Adresse und Anfahrt: Besucherbergwerk Kleinenbremen, Auskunft unter Tel. 0571/93444-38 oder -42. Das Besucherbergwerk ist weiträumig ausgeschildert und liegt an der Landesstraße 534 zwischen Rinteln und Bückeburg.
Öffnungszeiten: für Einzelbesucher nur an Wochenenden und Feiertagen von 10 bis 16 Uhr, in den Sommerferien auch Dienstag und Freitag.
Saison: Mitte April bis Ende Oktober
Eintritt: Kinder bis 12 Jahre 6 Mark, Erwachsene 12 Mark, Erwachsene in Gruppen (ab 25 Personen) 10 Mark
Verpflegung: Restaurant "Steigerstuben", Picknick im nahen Wald

Jan Feb Mär Apr Mai Jun Jul Aug Sep Okt Nov Dez

Nordrhein-Westfalen

potts park in Minden-Dützen

Wer in "potts park" nicht auf seine Kosten kommt, der muß ein echter Freizeitmuffel sein: Hier gibt es so abenteuerliche Fahrattraktionen wie eine Wildwasserbahn und das Purzelbaum-Riesenrad, aber auch Museumsbereiche (Bauernstuben und Knopfmuseum) sowie noch viele weitere tolle Spiel- und Spaßattraktionen, bei denen besonders Wert auf Aktivität gelegt wird. In der Riesenwohnung ist alles bis ins Detail übergroß eingerichtet, so daß die Großen (!) kaum über die Tischkante schauen können.

Im Spiegelhaus locken die verschiedensten Spiegeleien, die neben dem Labyrinth im Spiegeldom mit weit über 100 Spiegeln ihren Höhepunkt finden. Etwa 2.500 qm der Parkangebote sind überdacht, so daß sich auch bei weniger gutem Wetter Kurzweil bietet. Für die kleineren Besucher gibt es neben Ballhaus und Babyland auch ein Schwanenkarussell, Flugzeugkarussell und eine Kindereisenbahn. Außerdem können sie vieles mit den Eltern zusammen wahrnehmen. Der Park verspricht allen Altersklassen einen Riesenspaß ■

Adresse und Anfahrt: potts park, Bergkirchener Straße 99, Minden-Dützen, Tel. 0571/51088, Fax 0571/5800421. In Minden ausgeschildert ("Minden-West") folgen).
Öffnungszeiten: von 10 bis 18 Uhr
Saison: 28. März bis 20. Sept. 1998 täglich, am 26./27. Sept. und vom 3. bis 25 Okt. 1998
Eintritt: Kinder von 2 bis 9 Jahren 17,50 Mark, darüber 19,50 Mark
Verpflegung: Cafeteria, SB-Gastronomie, Kioske, Picknick möglich ■

Jan Feb **Mär Apr Mai Jun Jul Aug Sep Okt** Nov Dez

Das Münsterland

Mehr als hundert Wasserschlösser und -burgen verteilen sich über dieses klassische Bauernland, erbaut von mächtigen Adelsgeschlechtern. Aber auch die Gehöfte sind große Gebäude – die fruchtbaren Böden des Münsterlandes brachten stolze, wohlhabende Bauern hervor. Getreideanbau und Viehzucht begründeten den Reichtum dieser Landschaft, und besonders berühmt ist die hiesige Pferdezucht.

Warendorf gilt als Zentrum des deutschen Reitsports, das Wildgestüt im Merfelder Bruch zieht jedes Jahr Zigtausende Besucher an, wenn die einjährigen Hengste eingefangen und versteigert werden ▪

Natur-Solebad Werne

Natur-Solebad, das klingt nicht nur gesund, das ist es auch! Während die Großen es genießen, etwas Gutes für sich zu tun, z. B. im Solarium oder im Ruheraum, besetzen die Kleinen das Kinderparadies. Im Planschbecken ist das Wasser richtig schön warm, am Bachlauf darf nach Herzenslust gespielt werden. Dazu kommen noch lustige Spielgeräte. Sportliche Besucher ziehen ihre Bahnen im 50-Meter-Becken, etwas faulere vergnügen sich unter dem Wasserfall oder entspannen sich auf den Massageliegen. Während des Sommers gehören große Freianlagen zum Bad ▪

Adresse und Anfahrt: Natur-Solebad, Am Hagen 2, Werne, Tel. 02389/71518. Anfahrt über die A1, Abfahrt Hamm/Werne. Das Bad liegt im Stadtzentrum und ist dort ausgeschildert.
Öffnungszeiten: sehr unterschiedlich, telefonisch erfragen
Eintritt: Erwachsene 8,50 Mark, Kinder 4 Mark
Verpflegung: In der Cafeteria im Bad, Picknick im nahen Stadtpark oder in der 5 Gehminuten entfernten historischen Innenstadt.
Drumherum: Stadtpark mit Stadtparksee in der Nähe ▪

Jan Feb Mär Apr Mai Jun Jul Aug Sep Okt Nov Dez

 Das Münsterland

Kanutouren auf der Ems

Die Ems ist zwar kein Riesenstrom, aber doch immerhin einer der drei großen Flüsse – neben Elbe und Weser – der Norddeutschen Tiefebene.

Von den 371 Flußkilometern gehört ein großer Teil zum Münsterland. Kanutouren gehören deshalb zu den besonders beliebten Möglichkeiten, die Landschaft kennenzulernen. So bietet zum Beispiel der Verkehrsverein Emsdetten solche Touren an, als Teil eines Rahmenprogramms oder auch als Tagesausflug mit dem Mietboot.

Empfohlen werden diese Touren für Eltern mit Kindern ab acht Jahren. Vom Picknick bis zum Gourmetessen kann dabei alles organisiert werden ■

Adresse und Anfahrt: Weitergehende Auskünfte erteilt der Verkehrsverein Emsdetten, Am Markt, 48282 Emsdetten, Tel. 02572/82666. Emsdetten ist über die A 1, Abfahrt Greven/Emsdetten, zu erreichen.
Saison: Mitte April bis Mitte September bei gutem Wetter ■

Jan Feb Mär **Apr Mai Jun Jul Aug Sep** Okt Nov Dez

Freizeitpark Ketteler Hof

Im Freizeitpark Ketteler Hof werden schon die ganz Kleinen mit einem großen Angebot bedient: Es gibt ein Tiergehege, Dinos Baby-Rundfahrt, die Junior-Spielanlage und einen Märchenwald. Für das gesetztere Kindesalter wurde das Riesen-Sprungkissen, der Robinson-Waldspielplatz, die Baumstamm-Rallye, der Kletterberg, die Wellenrutsche und der Western-Express eingerichtet. Mit dem Pony kann man Ausflüge im Wald- und Parkgelände unternehmen. Freunde der Bratwurst werden von den Allwetter-Grillplätzen angetan sein, Hunde sind allerdings nicht erlaubt ■

Adresse und Anfahrt: Freizeitpark Ketteler Hof, Rekener Straße 211, Tel. 02364/3409. Zu erreichen über die A 43 Wuppertal-Münster, Abfahrt Lavesum. Ab Lavesum ist der Park ausgeschildert
Öffnungszeiten: täglich 9 bis 18 Uhr
Eintritt: ab 2 Jahren 12 Mark
Verpflegung: Grillen, Picknick, Imbiß, Cafeteria, Restaurant ■

Jan Feb **Mär Apr Mai Jun Jul Aug Sep Okt** Nov Dez

Das Münsterland

Sommerrodelbahn Ibbenbüren

Der Name des Freizeitparks ist eine Untertreibung, denn außer der Rodelbahn gibt es hier noch einen Märchenwald und ein Oldtimer-Museum.

Die Sommerrodelbahn ist 120 Meter lang, die Fahrt ein kurzes, aber intensives Vergnügen. Die Fahrt kostet pro Person 50 Pfennig, auf den Schlitten dürfen sich auch jüngere Kinder wagen. Bei den Kleinen beliebt ist natürlich die Fahrt mit der Oldtimer-Eisenbahn, die mit 1,50 Mark zu Buche schlägt. Im Märchenwald sind viele der Grimmschen Märchen in lebensgroßen Darstellungen zu bestaunen: Hänsel und Gretel, Rotkäppchen und Aschenputtel geben sich ein Stelldichein. Zum Gelände gehören auch zwei große Spielplätze, die zur Pause einladen.

Man kann hier also einiges anstellen und sich die Zeit trefflich vertreiben. Wenn der Magen einmal unüberhörbar knurrt, dann ist Picknicken angesagt. Nach Wunsch kann man sich natürlich auch am Imbiß, im Café oder im Restaurant verpflegen ∎

Adresse und Anfahrt: Sommerrodelbahn, Münsterstraße 265, Ibbenbüren, Tel. 05451/3226. Ibbenbüren liegt rund 30 Kilometer nördlich von Münster am Kreuzungspunkt der A 1 und der A 30.
Öffnungszeiten/Saison: von Anfang April bis Ende Oktober 10 bis 18 Uhr, im März nur an Wochenenden
Eintritt: Im Märchenwald 6 Mark für Erwachsene, 5 Mark für Kinder, Automuseum 5/3 Mark
Verpflegung: Picknick, Imbiß, Café, Restaurant ∎

Jan Feb **Mär Apr Mai Jun Jul Aug Sep Okt** Nov Dez

Nordrhein-Westfalen

Das Münsterland

Die Dülmener Wildpferde

Alljährlich am letzten Sonnabend im Mai ist es mit der beschaulichen Ruhe im Merfelder Bruch vorbei. Die dort frei lebenden Wildpferde werden dann zusammengetrieben und die einjährigen Hengste herausgefangen und anschließend versteigert. Zu diesem urwüchsigen, spektakulären Ereignis kommen rund 20.000 Besucher aus dem In- und Ausland. Deshalb ist es ratsam, für den Wildpferdefang möglichst früh Karten zu bestellen, denn die Veranstaltung ist mindestens zwei Monate vor dem Termin schon ausverkauft. Wer dagegen Ruhe und Entspannung sucht, kann vom 1. März bis 1. November an Wochenenden und Feiertagen die friedlichen Pferde in der Wildpferdebahn besuchen. Hier leben die Tiere auf sich allein gestellt und müssen mit dem Nahrungsangebot in ihrem Lebensraum, mit Ge-

burt und Krankheit selbst zurechtkommen. Vom Verkehrsamt der Stadt Dülmen werden kombinierte Radtouren und Planwagenfahrten zu den Wildpferden angeboten, Räder werden für 10 Mark pro Tag vermittelt, die einfache Strecke mißt rund 12 Kilometer ∎

Adresse und Anfahrt: Wildpferdebahn Merfelder Bruch, Auskunft vom Verkehrsamt der Stadt Dülmen, Tel. 02594/12292. Dülmen liegt an der A 43, Abfahrt Dülmen. Ab der Stadt ist Merfeld ausgeschildert.
Öffnungszeiten: an Wochenenden und Feiertagen von 10 bis 18 Uhr
Saison: März bis Oktober
Eintritt: Erwachsene 5 Mark, Kinder 2,50 Mark
Verpflegung: Picknick, Gastronomie im Ort Merfeld, während des Fangtages ist das Angebot reichlich. ∎

Jan Feb **Mär Apr Mai Jun Jul Aug Sep Okt** Nov Dez

Teutoburger Wald

Der Teutoburger Wald

Was waren das noch für Zeiten, als der Germane Arminius mit seinen Scharen nahe Detmold das Heer des Q. Varus vernichtend schlug – daheim in Rom greinte Kaiser Augustus: "Varus, gib mir meine Legionen wieder!" In Erinnerung an die Tat des Arminius ließ man in nationalistischen Tagen das Hermannsdenkmal bauen, immer noch Anziehungspunkt vieler Ausflugsfahrten.

Der Teutoburger Wald, das "Grüne Dach Nordrhein-Westfalens", ist heute Naherholungsgebiet für viele Wochenendausflügler aus dem "Ruhrpott", die es ins Mittelgebirge mit seiner Mischwald- und Flurlandschaft zieht ∎

Westfälisches Freilichtmuseum

Auf 80 Hektar Fläche zeigt Deutschlands größtes Freilichtmuseum über 80 vollständig eingerichtete historische Gebäude aus allen Regionen Westfalens. Es werden täglich Demonstrationen alter Handwerke gegeben, zum Beispiel in der historischen Bäckerei und der Töpferstube. Im Pendelverkehr fahren Kutschen zum Paderborner Dorf. Kinder bis zwölf Jahre zahlen für dieses Extra zwei, Erwachsene drei Mark. Um wenigstens einen Großteil der Gebäude zu sehen, sollte man mindestens einen Nachmittag einplanen ∎

Adresse und Anfahrt: Freilichtmuseum Detmold, Tel. 05231/7060. Das Museum ist weiträumig ausgeschildert.
Öffnungszeiten: täglich von 9 bis 18 Uhr, montags geschlossen
Saison: April bis Oktober
Eintritt: Erwachsene 7 Mark, Kinder von 6 bis 17 Jahren 3 Mark
Verpflegung: Picknickplatz vorhanden, ebenso zwei Gaststätten ∎

Jan Feb Mär **Apr Mai Jun Jul Aug Sep Okt** Nov Dez

Teutoburger Wald

Die Externsteine

Die monumentale, geheimnisumwitterte Felsengruppe hat zu allen Zeiten die Menschen angezogen. Vielfältig sind die Deutungsversuche, die die Herkunft der in die Felsen getriebenen Räume zu klären versuchen. Aber auch wenn man sich nicht darum kümmert, ob die Steine als mittelalterliche Befestigungsanlage, heidnisches Heiligtum oder als Eremitenklause dienten, kann man hier einen schönen Nachmittag verbringen.

Nicht nur das Klettern auf die fast 40 Meter hohen Steine, erleichtert durch Treppen und Brücken, macht Spaß. In den Räumen, Obere und Untere Kapelle genannt, kann man den eigenen Spekulationen über ihre einstigen Bewohner frönen. Kinder sind meist schnell davon überzeugt, daß hier Drachen und Ritter lebten, und wer würde da widersprechen? Kunsthistorisch interessierte Eltern werden sich derweil das in seiner Art einmalige Kreuzabnahmerelief anschauen, das monumental in die Felswand gemeißelt wurde ■

Adresse und Anfahrt: Externsteine, Horn-Bad Meinberg, Auskünfte beim Forstamt Horn, Tel. 05234/3200. Horn-Bad Meinberg liegt 10 Kilometer südlich von Detmold, die Externsteine sind weiträumig ausgeschildert.
Öffnungszeiten: immer zugänglich
Saison: ganzjährig, von Anfang April bis Ende Oktober Felsenbesteigungen möglich
Eintritt: Im Sommer Erwachsene 2 Mark, Kinder 1 Mark
Verpflegung: Picknick, im Sommer Gastronomie
Drumherum: Spielplatz an der Gaststätte ■

Jan Feb Mär **Apr Mai Jun Jul Aug Sep** Okt Nov Dez

 Teutoburger Wald

Nadermanns Tierpark

Der Tierpark beherbergt über 600 Tiere. Erfolgreiche Nachzuchten gibt es z. B. bei den Weißstörchen, Flamingos, Braunbären und sogar bei dem seltenen Sumatra-Tiger. Um die Verbesserung ihres Rufes buhlen das asiatische Trampeltier und das Stinktier, aber sie werden wohl nie den Beliebtheitsgrad der Schimpansen, Hängebauchschweine und zahlreichen Vögel erreichen. Vom Biergarten hat man zudem den Spielplatz gut im Auge ∎

Adresse und Anfahrt: Tierpark Nadermann, Grafhörster Weg 5, Delbrück-Schöning, Tel. 05244/5163. Schöning liegt an der B 64 zwischen Rheda-Wiedenbrück und Paderborn, von dort den Schildern folgen.
Öffnungszeiten: 9.30 bis 18.30 Uhr
Saison: Mitte April bis Mitte November
Eintritt: ab 4 Jahren 3 Mark, Erwachsene 6 Mark
Verpflegung: Biergarten und Pavillon im Tierpark ∎

Jan Feb Mär **Apr Mai Jun Jul Aug Sep Okt Nov** Dez

Flora Westfalica

Rheda-Wiedenbrück lädt ein zur Entdeckungsreise. Die beiden historischen Altstädte mit ihren reich verzierten Fachwerkhäusern und dem romantischen Wasserschloß Rheda werden durch die Flora Westfalica, das ehemalige Landesgartenschaugelände, verbunden. Ob Rosengarten oder Emssee, ob Erlenbruchwald oder Emsauen, die Vielfalt des Parks ist einmalig. Magische Anziehungspunkte sind der Seilzirkus für Klettermaxe, der Wasserspielplatz für Goldgräber und Nixen sowie die Spielerei. Hier lassen Mäuse-Achterbahn, Kinder-Highway, Riesenwellenrutsche, Verkehrsscooter, Streichelzoo und Bottichfahrt auf dem Spielteich nicht nur Kinderherzen höher schlagen. Im Grünen und im Kreativen Klassenzimmer wird Lernen zum Erlebnis ∎

Adresse und Anfahrt: Flora Westfalica, Mittelhegge 11, 33378 Rheda-Wiedenbrück, Tel. 05242/9301-0. Der Park ist im Ort ausgeschildert, er ist jederzeit kostenlos zugänglich.
Öffnungszeiten: jederzeit zugänglich
Eintritt: frei
Verpflegung: Grill- u. Picknickplätze sowie 3 Café-Restaurants sind vorhanden ∎

Jan Feb Mär Apr Mai Jun Jul Aug Sep Okt Nov Dez

Nordrhein-Westfalen

Teutoburger Wald

Hollywood-Park Stukenbrock

Es ist ein exotisches Erlebnis: Mitten in der Natur des Teutoburger Waldes findet man die afrikanische Welt wilder Tiere: Löwen, Tiger, Giraffen, Elefanten. Sie bewegen sich frei durch die Wälder oder sonnen sich auf dem sandigen Boden der steppenartigen Senne-Landschaft. Mit dem Auto, dem Bus oder dem Safarizug geht es durch die Tiergehege. Fenster zu! heißt es da erst einmal, denn der erste Besuch gilt den 20 Löwen und 30 Tigern. Neugierig kommen sie nämlich bis an die Autos der Besucher heran, deshalb sollten Fotos nur durch die geschlossene Autoscheibe geschossen werden. Als eine wirkliche Sensation kann der Hollywood-Park Stukenbrock als erster und einziger Tierpark in Europa

den Besitz von weißen Löwen verzeichnen. Nach der Fahrt durch die Wildnis ist der Spaß im Safari- und Hollywood-Park aber noch nicht beendet, denn im Eintrittspreis sind auch der Besuch und die freie Nutzung des Erlebnisparks mit eingeschlossen, der mit zahlreichen Attraktionen lockt. ∎

Adresse und Anfahrt: Hollywood-Park, Mittweg 16, 33758 Schloß Holte-Stukenbrock, Tel. 05207/88696, Fax 05207/3910. Anfahrt über B 68 Bielefeld – Paderborn, A 44 Kassel – Dortmund, Abfahrt Stukenbrock-Senne, A 2 Dortmund – Hannover, Abfahrt Paderborn, A 33 Abfahrt Stukenbrock-Senne
Öffnungszeiten: Ende März bis Ende Oktober
Eintritt: pro Person 31 Mark (Preise 1997), Kinder unter 4 Jahren frei (Änderungen vorbehalten) ∎

Jan Feb Mär **Apr Mai Jun Jul Aug Sep Okt** Nov Dez

Der Niederrhein

Dem friedlichen, flachen Land im rheinischen Norden sieht man es so gar nicht an, daß hier der strahlendste Held der deutschen Sagenwelt geboren wurde: In Xanten erblickte Drachentöter Siegfried das Licht der Welt.

Die Region Niederrhein war schon früh in der Menschheitsgeschichte Siedlerland, mit fruchtbarem Boden und reichen Bodenschätzen.
Heute konkurrieren kleine mittelalterliche Städte mit großen Industriemetropolen, lärmige Häfen mit stillen Rheinaltarmen und Kolken ■

Traktorenmuseum Sonsbeck

Da werden Kindheitsträume wach, wenn der Traktor mit lautem Pöttern startet: Hier im Museum dürfen die gezeigten 160 Traktoren nicht nur bestaunt, befühlt und bestiegen werden, es gibt auch einen rund 4 Hektar großen Parcours, auf dem gefahren wird.
Ob mit Anhänger oder ohne, die halbstündige Fahrt kostet für die ganze Familie einmalig 20 Mark. Das ist ein Spitzenspaß, nicht nur für Stadtkinder! Zum Museum gehört die Freizeitanlage "Pauenhof" mit einem Karussell, dem kleinen Riesenrad und vielen Spielgeräten. Grillen ist ebenso möglich wie Picknicken, und sogar Kindergeburtstage werden auf dem Hof ausgerichtet ■

Adresse und Anfahrt: Traktorenmuseum Sonsbeck mit Freizeitanlage Pauenhof, Balberger Straße 72, Sonsbeck, Tel. 02838/2271. Sonsbeck liegt ca. zehn Kilometer südwestlich von Xanten nahe der A 57, ab Abfahrt Sonsbeck ist der Park ausgeschildert.
Öffnungszeiten: täglich 10 bis 18 Uhr
Eintritt: Familien 10 Mark, Erwachsene 4 Mark, Kinder 2 Mark
Verpflegung: Picknick, Grillen, Restaurant ■

Jan Feb Mär Apr Mai Jun Jul Aug Sep Okt Nov Dez

Rundfahrt im Duisburger Hafen

Auf der Fahrt zum Schiffsanleger bekommt man das Gefühl, schon einmal dort gewesen zu sein. Schuld daran ist Kommissar Schimanski, der nicht selten die übelsten Schurken im Duisburger Hafen zur Strecke brachte.

Duisburg rühmt sich, der Welt größten Binnenhafen zu besitzen. Schiffe aus aller Herren Länder schlagen hier ihre Güter um. Dementsprechend ist die rund zweistündige Hafenfahrt ausgesprochen kurzweilig, egal, ob man nun bei gutem Wetter das Sonnendeck bevölkert oder sich bei Regen "unter Deck" verkriecht.
Der launige Kommentator bombardiert seine Gäste mit Zahlen, Daten, Fakten, die durchaus interessant sind. Man kann aber auch einfach weghören und das bunte Treiben im Hafen bestaunen, wo die schlanken, tiefliegenden Binnenschiffe be- und entladen werden, wo lange Schubverbände passieren und mit dem Nebelhorn grüßen ∎

Adresse und Anfahrt: Duisburger Hafenrundfahrtgesellschaft, Tel. 0203/6044445. Anleger am Schwanentor, der Schifferbörse und dem Rheingarten.
Zeiten: Abfahrten täglich um 11, 13 und 15 Uhr, viele Sonderfahrten, tel. erfragen
Saison: April bis Oktober
Eintritt: Erwachsene 15 Mark, Kinder die Hälfte
Verpflegung: Gastronomie an Bord ∎

Jan Feb Mär **Apr Mai Jun Jul Aug Sep Okt** Nov Dez

 Der Niederrhein

Das Nibelungenbad in Xanten

Aus den Nüstern des riesigen Drachen im Xantener Nibelungenbad schießen keine Flammen hervor, quillt kein Rauch, nur wohltemperiertes Wasser wird von diesem freundlichen Ungeheuer in die Luft geblasen. Für Familien mit Kindern bietet das Spaß- und Planschbecken mit Wasserpilz, Bodensprudlern und Schiffchenkanal eine Menge Spaß. Wer sich aufwärmen möchte, kann dies im  wohltemperierten Hot-Whirlpool tun. Eine Spezialität des Bades sind die Animationsprogramme mit einer bunten Mischung aus Spiel- und Wasserspaß. Alle seine Vorzüge bietet das Nibelungenbad im Sommer mit dem 24-°C-Wellenfreibecken, dem Südseestrand mit dem fast 1.000 m langen, feinkörnigen Sandstrand und 200 Strandkörben. Badeinseln im Wasser mit Sprungturm und Wasserrutsche sorgen für ausgelassenen Badespaß. Das Wrack der "Bounty" am Familienstrand verspricht Spielspaß für die Kleinen. Für den sportlichen Spaß sorgt eine Fun-Sportanlage mit Beachvolleyball, Streetsoccer u. v. m. Für Saunafreunde steht eine Dreifachsauna zur Verfügung. Für Wassersportler bietet sich der Besuch des Wassersportreviers "Xantener Nordsee" mit einem großzügigen Bootsverleih an – das Angebot ist vielfältig im Freizeitzentrum Xanten ∎

Adresse und Anfahrt: Nibelungenbad, Strohweg 2, Xanten, Tel. 02801/772-296. Im Ort ist das Bad ausgeschildert.
Öffnungszeiten: täglich von 10 bis 20 Uhr
Saison: ganzjährig
Eintritt: Wintersaison (Mitte Sept. bis 30. 4.) Erwachsene 5 DM, Kinder (bis 14 Jahre) 3 DM, Sommersaison (Mai bis Mitte Sept.) Erwachsene 7 DM, Kinder 4 DM
Verpflegung: Cafeteria, im Sommer Kiosk im Außenbereich, Picknick auch im Bad möglich ∎

Jan Feb Mär Apr Mai Jun Jul Aug Sep Okt Nov Dez

Nordrhein-Westfalen

Der Niederrhein

Krefelder Zoo

Der Krefelder Zoo gewinnt aufgrund seiner parkartigen Anlage und seiner familienfreundlichen Ausstrahlung immer mehr das Prädikat eines attraktiven Landschaftszoos. Insgesamt werden über 1200 exotische und heimische Tiere gezeigt. Ein Schwerpunkt liegt in der Haltung südamerikanischer Arten. Seit zwei Jahrzehnten besitzt der Zoo eines der größten Häuser für Menschenaffen in Europa, mit Gruppen von Flachlandgorillas, Schimpansen und Orang-Utans. Seine tropische

Atmosphäre mit kräftig wachsenden Pflanzen wird im Vogelhaus noch übertroffen: in fünf Großvolieren leben tropische Vogelarten in einer jeweils dem natürlichen Lebensraum nachgestellten Landschaft. Neben zahlreichen Raubkatzenarten wie den Schneeleoparden (siehe Bild von Frau Bruni Encke), Geparden, Jaguaren und Sumatratigern sind auch Kleinraubtiere und die meist in den Baumwipfeln kletternden Kleinen Pandabären zu sehen. Besonders beeindruckend ist die Dressur der vier asiatischen Elefantendamen. Bei den jüngeren Besuchern kommen besonders die Haustiere wie Zwergesel, Alpakas und die afrikanischen Zwergziegen an. Aber auch der Spielplatz neben dem Restaurant, ist bei Kindern allen Alters sehr beliebt ∎

Adresse: Zoo Krefeld, Uerdinger Straße 377, Tel. 02151/95520.
Anfahrt: Der Zoo ist gut von der Autobahn 57 (Abfahrt Zentrum) zu erreichen und in der Stadt ausgeschildert.
Öffnungszeiten: Im Sommer von 8 bis 17.30 Uhr, im Winter von 9 bis 17 Uhr
Saison: ganzjährig
Eintritt: Erwachsene 8 DM, Kinder ab 3 Jahren 4 DM (freitags: reduzierte Preise)
Verpflegung: Picknick möglich, Restauration ganzjährig (außer Dezember und Januar) ∎

Jan Feb Mär Apr Mai Jun Jul Aug Sep Okt Nov Dez

Westliches Ruhrgebiet

Die Schlote stehen still, und plötzlich merkt man, daß es im Ruhrgebiet viel Grün gibt. Ehemalige Industriegebiete sind innerhalb der letzten zehn Jahre umgenutzt worden.

Dafür finden sich in unserer Auswahl an Ausflugsmöglichkeiten schöne Beispiele. Der Strukturwandel hat sich wohl unter Ausschluß der Öffentlichkeit abgespielt, denn Nicht-Ruhrgebietler glauben noch immer, daß man dort eher eine Staublunge als erholsame Ferien bekommt – weit gefehlt!

Die Sternwarte Bochum

Es ist wie im Raumschiff Enterprise, nur schöner: Über uns spannt sich das Weltall in unendliche Weiten, projiziert auf den Kuppelraum mit 20 Meter Durchmesser. Die rund einstündigen Vorführungen sind Reisen quer durch die Galaxis. Speziell für Kinder von drei bis acht Jahren wurde eine Vorführung konzipiert, die die Welt der Sterne in Märchenform erklärt (Einzelheiten zu Kinderveranstaltungen telefonisch erfragen). Für die normalen Veranstaltungen sollte der Nachwuchs im etwas gehobeneren Alter sein ■

Adresse und Anfahrt: Sternwarte Bochum, Castroper Straße 67, Bochum, Tel. 0234/516060. Zu erreichen über die A 40, Abfahrt Bochum-Ruhrstadion, dann ausgeschildert. Ab Hauptbahnhof mit den Straßenbahnlinien 308 und 318 Richtung Bochum-Gerthe bis Haltestelle Planetarium.
Alter: Kinderveranstaltungen ab 3 Jahren, sonst ab 8 Jahren
Veranstaltungen: Dienstag und Donnerstag 14 Uhr, Mittwoch und Freitag 19.30 Uhr. Am Wochenende um 13.30, 15 und 16.30 Uhr. Gruppen- und Schulveranstaltungen nach Vereinbarung.
Eintritt: Erwachsene 8 Mark, Jugendliche, Schüler und Studenten 4 Mark
Verpflegung: Picknick und Restaurant der gehobenen Preisklasse im Stadtpark.
Drumherum: Spielplätze im Stadtpark ■

Jan Feb Mär Apr Mai Jun Jul Aug Sep Okt Nov Dez

Warner Bros. Movie World

Endlich: Hollywood in Germany! Europas einzigartiger Movie- und Entertainment-Park mit einer über 40 Hektar großen Fläche und zahlreichen Attraktionen und Shows hat in Bottrop-Kirchhellen seine Tore geöffnet. Kaum hat man den Eingang zur Traumwelt Hollywoods passiert, befindet man sich auch schon auf der Main Street. Auf dieser Kulissenstraße geben sich Leinwandstars wie Marilyn Monroe und Trickfilmhelden wie Superman, Bugs Bunny oder Batman die Hand. Weiter geht's zur prachtvollen Residenz von Batman. Durch eine Panne im Sicherheitssystem befinden sich die Gäste plötzlich in Batmans Kommandozentrale und nehmen

gemeinsam mit ihm den Kampf gegen die Unterwelt im Batmodual, einem computergesteuerten Flugsimulator, auf. Adrenalinstöße garantiert! Nach der Verbrecherjagd begibt man sich auf die Reise durch das magische Land der "Unendlichen Geschichte". Mit einer Wildwasserfahrt geht es stromabwärts durch nebelverhüllte Höhlen in den Zauberwald, in dem man all die Stars der Fernsehtrilogie wiedertreffen kann. Mit wilden Schußwechseln, Auto- und Motorradstunts und einer Menge Explosionen geht's dann wieder heiß her bei der "Police Academy Stunt Show". Rund geht's dagegen auf der "Lethal Weapon Achterbahn": Magic und Nervenkitzel im Hollywood-Flair, eine neue Dimension der Familienunterhaltung ∎

Adresse und Anfahrt: Warner Bros. Movie World, Warner Allee 1, Bottrop-Kirchhellen. Von der A 2 beim Autobahnkreuz Bottrop auf die A 31 Richtung Gronau/Dorsten, Abfahrt Kirchhellen. Es ist auch eine DB-Haltestelle (Feldhausen) mit direkter Verbindung nach Essen und Oberhausen vorhanden.
Öffnungszeiten: (von 1998:) Vom 28. März bis 1. November. Uhrzeiten bitte telefonisch erfragen unter 0 20 45/8 99-7 42, da bei Redaktionsschluß noch keine Angaben vorlagen.
Eintritt: Erwachsene 38 Mark, Kinder (4-11 Jahre) 33 Mark, Gruppen ab 20 Personen erhalten bei Voranmeldung 10 % Ermäßigung.
Verpflegung: 20 themenbezogene Restaurants, Bars und Cafés. ∎

Jan Feb Mär **Apr Mai Jun Jul Aug Sep Okt** Nov Dez

Westliches Ruhrgebiet

Der Maximilianpark

Vor mehr als siebzig Jahren kam für die Zeche Maximilian das "Aus", doch erst 1984 beschloß man, das Areal pünktlich zur Landesgartenschau mit "Flower Power" wiederzubeleben. Entstanden ist ein großer Freizeitpark, der auch reichlich Platz für kulturelle Veranstaltungen bietet. An schönen Tagen laden riesige Spielplätze und die weitläufige Parklandschaft ein, es gibt einen schönen Schmetterlingsgarten, ein Tropenhaus und ein Eisenbahnmuseum. Kinder lassen sich auch gerne vom "Größten Elefanten der Welt" beeindrucken, der das architektonische Aushängeschild des Maximilianparks ist. Die Zahl der Freizeitangebote ist beachtlich und reicht von einer Kinder-Kahnpartie über die Mini-Eisenbahn bis zum großen Kletternetz. Am Maximiliansee finden sich Imbiß und Café, man kann also auch dem plötzlich auftretenden Bärenhunger adäquat begegnen ▪

Adresse und Anfahrt: Maximilianpark GmbH, Alter Grenzweg 2, Hamm, Tel. 02381/98210-0. Im Osten Hamms, Ortsteil Uentrop-Werries. Im Ort ausreichend ausgeschildert, Verbindungen mit den Linien 1 und 3 zur Haltestelle Maximilianpark/Eishalle
Öffnungszeiten: April bis September 9 bis 21 Uhr, sonst 10 bis 19 Uhr
Saison: ganzjährig
Eintritt: Erwachsene 3 Mark, Kinder (über 4 Jahre) 2 Mark, Familien 8 Mark
Verpflegung: Kiosk am See, Restaurant in der Ausstellungshalle, Picknick möglich, Grillen erlaubt ▪

Nordrhein-Westfalen

Revierpark Wischlingen

Zum Revierpark gehören das Solebad, das "Aktivarium", die Eislaufhalle, der Park und das Freizeithaus mit speziellen Kinderveranstaltungen. Im auf 33 Grad C temperierten Solebad tut man allerhand für die Gesundheit, dort sollte man allerdings nicht länger als 20 Minuten im Wasser bleiben. Im Aktivarium gibt es beheizte Hallen- und Freibecken. Sauna, Solarium und Ruheregionen runden das Badeangebot ab. Im Park, der kostenlos besucht werden darf, kann man an schilfbewachsenen Seeufern picknicken. Im Sommer wird draußen Tischtennis gespielt, und einen Bootsverleih gibt es auch. Das Freizeithaus bietet immer wieder Kindertheater-

Vorführungen: Anruf genügt, und man weiß, ob beispielsweise die Abenteuer von "Dinogröhl und Donnerschwanz" dargeboten werden ∎

Adresse und Anfahrt: Revierpark Wischlingen, Höfkerstraße 12, Dortmund, Tel. 0231/917071-0. Im Dortmunder Stadtteil Wischlingen. Anfahrt über die B 1, Dortmund Richtung Bochum, Abfahrt Dorstfeld.
Öffnungszeiten: täglich von 8 bis 22 Uhr (Einlaß bis 20 Uhr), freitags und samstags bis 24 Uhr (bis 21 Uhr)
Saison: ganzjährig
Eintritt: Erwachsene ab 16 Mark, Kinder unter 6 Jahren ab 2,50 Mark, von 7 bis 17 Jahren 14 Mark. Montag bis freitag vor 13 Uhr ermäßigt.
Verpflegung: Picknick im Park, Café, Cafeteria und Restaurant ∎

Jan Feb Mär Apr Mai Jun Jul Aug Sep Okt Nov Dez

Westliches Ruhrgebiet

Der Grugapark in Essen

Die Essener Stadtväter und -mütter nennen den Grugapark ganz unbescheiden "eine der größten und schönsten Parkanlagen Europas" – und übertreiben nicht: Der Park beherbergt nämlich nicht nur den Botanischen Garten und eine große Vogel-Freiflugcmlage, es gibt noch viele, viele Möglichkeiten mehr, hier einen schönen Tag zu verbringen. So findet sich im Nordosten des Parks ein großzügiges Spielareal mit einem Extrabereich für Kleinkinder. Unweit davon stehen Grillplätze zur Verfügung (die allerdings angemietet werden müssen!), dazu noch mehrere Restaurant-Cafés. Im weitläufigen Botanischen Garten sind unter anderem der "Garten der Sinne" und der Wasserfall zu bestaunen. Den südlichen Teil des Parks teilen sich Rollschuhbahn, Spielteich und Ponybahn. Die insgesamt 70 ha große Parkanlage kann man mit der Grugabahn auskundschaften. Wer jetzt immer noch nicht genug hat, der mag ins Grugabad gehen und dort untertauchen, sich beim Tischtennis abreagieren oder durchs Damwildgehege joggen. Man sieht: Es gibt wirklich genug zu tun ■

Adresse und Anfahrt: Grugapark, Külshammer Weg 32, Essen, Tel. 0201/8883104. Anfahrt mit dem PKW über die A 52, Ausfahrt Rüttenscheid. Mit den Straßenbahnen U-11 und U-17 zehnminütige Anschlüsse zum Hauptbahnhof, Haltestellen Messe/Grugapark und Margaretenhöhe/Endstation.
Öffnungszeiten: täglich ab 9 Uhr bis Anbruch der Dunkelheit
Eintritt: März bis Oktober Erwachsene 5 Mark, Kinder ab 6 Jahren 2 Mark. Familienkarte 12 Mark. Von November bis Februar jeweils die Hälfte
Verpflegung: Restaurants, Kioske und Grillplätze ■

Jan Feb Mär Apr Mai Jun Jul Aug Sep Okt Nov Dez

Nordrhein-Westfalen

Tierpark Dortmund

Es leben 2.500 Tiere in diesem 28 Hektar großen Zoo. Insgesamt beherbergen die Tieranlagen vor der grünen Parkkulisse über 350 heimische und exotische Tierarten, vom Fuchs bis zur Giraffe, vom Orang Utan bis zum Nashorn oder Steinbock. Schwerpunkt sind die südamerikanische Fauna und Flora, in ihrer Vielfalt vor allem in den drei Etagen des Ama-

zonashauses. Besonders stolz ist man im Dortmunder Tierpark auf die Zuchterfolge bei seltenen und in ihren Lebensräumen äußerst bedrohten Arten. Im Streichelzoo und auf dem großen Spielplatz mit Kindereisenbahn und Motorrad-Scooter tummeln sich vor allem die kleineren Besucher. Sehenswert sind die Fütterungen der Affen, Seelöwen und Pinguine, jeweils vormittags und nachmittags. Kinder mit stärkeren Nerven und einer Vorliebe für den "König der Löwen" besuchen die Raubtierfütterung (im Sommer täglich 17 Uhr) ∎

Adresse und Anfahrt: Tierpark Dortmund, Mergelteichstraße 80, 44225 Dortmund, Tel. 0231/50-28581, 50-28593, Fax 0231/712175. Mit dem Auto erreicht man den Tierpark über den Autobahnring (Abfahrt DO-Süd) oder über die Bundesstraßen B 236, B 1 und B 54 (Abfahrt Wellinghofen/Tierpark). Im Stadtgebiet ist der Tierpark gut ausgeschildert. Oder man fährt vom Hauptbahnhof mit der U 49 (Endstation Hacheney/Tierpark) und aus Richtung Hagen mit der Deutschen Bahn (Station Tierpark).
Öffnungszeiten: April bis September von 9.00 Uhr bis 18.30 Uhr, März und Oktober bis 17.30 Uhr, sonst bis 16.30 Uhr. Der Tierpark ist jeden Tag geöffnet
Eintritt: (Stand 96/97) Erwachsene 8 Mark, Jugendliche 4 Mark, Kinder unter 6 Jahren frei. Familienermäßigungen, Gruppenpreise (ab 20 Personen)
Verpflegung: 2 Restaurants, 2 Kioske, Wurst-, Eis- und Süßigkeitenstände. Picknick ist möglich ∎

Jan Feb Mär Apr Mai Jun Jul Aug Sep Okt Nov Dez

Das Sauerland

Höhere Berge als die des Hochsauerlandes gibt es in ganz Nordrhein-Westfalen nicht. Seit einmal ein fleißiger Zeitgenosse gezählt hat, wie viele Erhebungen über 300 Meter es dort gibt, weiß man es ganz genau: 1755. In den warmen Monaten ist das "Land der tausend Berge" genau richtig für die Wanderer.

Im Winter fallen jedes Jahr Tausende Skifahrer hier ein. Wasserratten können hier gar nicht zu kurz kommen, denn im Sauerland gibt es einige Talsperren, darunter auch die größte des Bundeslandes, die Biggetalsperre. Auf fast allen Seen darf Wassersport betrieben werden, an vielen gibt es auch Gastschiffahrtsbetriebe. Und wo Wasser ist, da ist auch Erholung nicht weit ∎

Naturerlebnis Wildwald

In diesem Walderlebnisgebiet dreht sich alles um den Wald und seine Bewohner. Entlang weitläufiger Fußwege kann das heimische Wild in natürlicher Umgebung beobachtet werden. Dieses wird um 10 Uhr gefüttert, um 16 Uhr informiert der Heger bei der Fütterung über die Wildschweine. Die nachtaktiven Tiere Uhu, Waldkauz, Fuchs, Dachs und Waschbär werden um 16.30 Uhr (April–Okt.) bzw. 14.30 Uhr (Nov.–März) gefüttert. Abwechslungsreiche Rundwege erschließen die Laub- und Mischwälder des Luerwaldes. In der Waldschule und der täglichen Waldlehrerinformation erhalten Sie weitere Informationen rund um das Thema Wald. Die Waldschule bietet nach Voranmeldung Exkursionen an (Veranstaltungsprogramm anfordern!) ∎

Adresse und Anfahrt: Naturerlebnis Wildwald, 59757 Arnsberg-Vosswinkel, Tel. 02932/97230. Vosswinkel liegt unweit der A 445 Richtung Arnsberg, Abfahrt Arnsberg-Neheim, ab Vosswinkel ausgeschildert.
Öffnungszeiten: ganzjährig ab 8.00 Uhr bis zur Dämmerung
Eintritt: werktags: Kinder 5,50 DM, Erwachsene 7 DM, Fam. 24 DM, Wochenende: Kinder 9 DM, Erwachsene 10,50 DM, Fam. 35 DM, nach 17 Uhr ermäßigt!
Verpflegung: Waldgasthaus, Picknick möglich, besondere Gruppenprogramme nach Anmeldung ∎

Jan Feb Mär Apr Mai Jun Jul Aug Sep Okt Nov Dez

Das Sauerland

Bob- und Rodelbahn Winterberg Hochsauerland

Die Bob- und Rodelbahn Winterberg Hochsauerland ist in jeder Saison Anziehungspunkt für zigtausend Freunde des glitzernden Schnees und der rasanten Abfahrten. Wenn die weltbesten Bobpiloten und Rodler in atemberaubendem Tempo durch den Eiskanal rasen, ist der Nervenkitzel für Athleten wie Zuschauer gleichermaßen kaum noch auszuhalten. Wer selbst einmal durch den Eiskanal rasen will, in Winterberg ist es möglich. Die Mitfahrt im Taxi-Bob

oder im selbststeuernden Bob Raft beschert jedem Gast ein unvergeßliches Erlebnis.
Nähere Informationen bei der Erholungs- und Sportzentrum Winterberg GmbH, 59870 Meschede, Tel. 0291/941539, Veranstaltungshinweise: 02981/924040. Informationen und Terminabsprachen zu den Gästefahrten unter folgender Adresse: WOWA Sport- und Freizeit Marketing GbR, Am Hagenblech 46, 59955 Winterberg, Tel. 02981/3274, Fax 02981/3274 ■

Adresse und Anfahrt: Erholungs- und Sportzentrum Winterberg, Tel. 0291/941539. Die Bobbahn ist innerorts ausgeschildert, Winterberg liegt im Osten des Sauerlandes an den Bundesstraßen B 236 und B 480.
Öffnungszeiten: nach tel. Auskunft, siehe oben
Saison: Gästeabfahrten von Anfang November bis Mitte Februar
Fahrpreis: pro Person: Taxi-Bob 140 Mark, Bob Raft 50 Mark
Verpflegung: Im Ort vom Picknick bis zum Restaurant
Drumherum: Im Bereich der Bobbahn gibt es einen Spielplatz ■

Jan Feb Mär Apr Mai Jun Jul Aug Sep Okt Nov Dez

 Das Sauerland

Besucherbergwerk Ramsbeck

Das Sauerland war lange Zeit Bergbauland. Das Museum mit Besucherbergwerk in Ramsbeck macht die Bergbaugeschichte lebendig. Besonders reizvoll an diesem Bergwerk ist die Fahrt mit der Originalbahn, die die Besucher vom Museum zum Bergwerk bringt. Dort wird man durch den Originalstollen geführt, im neueröffneten Stollen wird das einmalige "Ramsbecker Dichterz" (vorherige Anmeldung erforderlich) gezeigt. Das Museum gibt einen Überblick über die Maschinen, mit denen im Bergwerk gearbeitet wurde, des weiteren darf die große Mineralien- und Gesteinssammlung bestaunt werden. Im Museum und im Bergwerk werden sehr viele Informationen vermittelt – manche Information wird für Kinder unter 6 Jahren schwer verständlich sein, aber da ist ja noch der Erlebniseffekt der 1,5 km langen Einfahrt in das Bergwerk ■

Adresse und Anfahrt: Erzbergwerk Ramsbeck, Glück-auf-Straße, Bestwig-Ramsbeck, Auskunft unter Tel. 02904/987166. Ramsbeck liegt rund 25 km östlich von Medebach, an der B 7 zwischen Meschede und Brilon liegt Bestwig, in Bestwig abbiegen nach Ramsbeck.
Öffnungszeiten: täglich von 9 bis 17 Uhr, vom 15. Oktober bis 14. März montags geschlossen.
Saison: geschlossen vom ersten Adventssonntag bis zum 2. Weihnachtsfeiertag
Eintritt: Erwachsene 10 Mark, Kinder ab 3 Jahren 6,50 Mark, Familienkarte ca. 29,50 Mark
Verpflegung: Gaststätte in Bestwig, Picknick vor dem Museum oder auf nahegelegenen Freizeitanlagen
Drumherum: Spielplätze in Ramsbeck, der Freizeitpark "Fort Fun" liegt in der Nähe ■

Jan Feb **Mär Apr Mai Jun Jul Aug Sep Okt Nov** Dez

Das Sauerland

Abenteuerland Fort Fun

Rio Grande ist die absolute Sensation im FORT-FUN-Abenteuerland. "Der Fluß ohne Wiederkehr." Die Stromschnellenfahrt der Superlative mit den atemberaubenden Sensationen Wasserfälle-Wellental und Whirlpool, in einmalig schöner Canyon-Lage. Erleben Sie auf 10.000 qm "Rio Grande", den wilden River. "Devil's Mine" – die unglaubliche Familienachterbahn. Die neueste Attraktion im Fort-Fun-Abenteuerland. "Sie suchten Gold und gruben tief, sie gruben viel zu tief…, sie fanden Devil's Mine!" Einige abenteuerliche, spaßige Schikanen gilt es zu überwinden, bevor die Gruben-

loren bestiegen werden können. Mit "großem Bahnhof" eingeweiht, wurde der "Beverly Hills Drive" auf Anhieb zu einer der beliebtesten neuen Attraktionen im Abenteuerland.
Benzinbetriebene Selbstlenkautos, naturgetreu nachgebaute Traummodelle, wie z. B. Chevrolet Corvette, Cadillac Eldorado und Ford T-Bird begeistern dabei jung und alt. Erleben Sie die tolle Fahrt mit der Original-Western-Dampfeisenbahn in Fort Fun. Sehen Sie den "Wilden Westen" live – mit Banditen, Überfällen, Square-Dance und "echten" Saloon-Schlägereien. Die längsten und steilsten Super-Rutschbahnen "Power Slide" im Land der "tausend Berge". Kurven und Steilpässe sorgen für Nervenkitzel auf 780 m Länge, bei 170 m Höhenunterschied. Action pur! Also rein ins Vergnügen! ■

Adresse und Anfahrt: Fort Fun Abenteuerland, Bestwig-Wasserfall, Tel. 02905/810, Anfahrt von Meschede über die B 7 oder ab Brilon über die B 480, ab Bestwig und Ohlsberg ausgeschildert.
Öffnungszeiten: täglich von 10 bis 18 Uhr
Saison: jeweils Karfreitag bis Anfang Oktober
Eintritt: Kinder bis 11 Jahre 28 Mark, Kinder ab 12 und Erwachsene 31 Mark, Freitag ist Kindertag, ein Erwachsener kann zwei Kinder unter 12 Jahren kostenlos mitnehmen
Verpflegung: Picknick möglich, Imbiß, Cafeteria, Restaurant ■

Jan Feb Mär Apr Mai Jun Jul Aug Sep Okt Nov Dez

Das Sauerland

Der Panorama-Park Sauerland

Der 800.000 qm große Panorama-Park bietet ein großes Angebot für Naturliebhaber und abenteuerlustige Charaktere. Im Erlebnisbereich des Panorama-Parks geht die Post ab auf Deutschlands längster Rollerbobbahn, der Kartbahn "Formel-Fun" (ab 14 J.), dem spritzigen Wasserbob und auf der Achterbahn "Flinker-Fridolin". Im Frühsommer wurde das neue Rutschenparadies mit drei Freifallrutschen (je 40 m mit 60% Gefälle) und vier Wellenrutschen eröffnet. Ergänzt werden die Attraktionen durch viele Sonderveranstaltungen wie etwa dem Festival der Komödianten oder der Duftausstellung "Mit 20 Düften um die Welt". Shows zum lachen und staunen finden von Mai bis Oktober im Waldtheater und der Freilichtbühne statt. Mehrere

"walking-acts" sorgen im Sommer für Kurzweil auf den Wegen des großen Parkgeländes. "Pano's Wunderland" erwartet alle kleinen Besucher mit vielen Spielgeräten, Pferdchenkarussell und einer Holzspielburg. Naturfreunde zeigen sich im Tierpark von der Bison-Herde beeindruckt. Auch Steinböcke, Rot-, Muffel- und Schwarzwild sind zu sehen. Unterm Strich wird soviel geboten, daß man getrost auch eine Übernachtung im parkeigenen Hotel einplanen kann. Der Eintritt in den Erlebnispark ist dann sogar einmalig kostenlos ∎

Adresse und Anfahrt: Panorama-Park Sauerland, 57399 Kirchhundem-Oberhundem, Tel. 02723/774-100, Pano´s Hotel: Tel. 02723/97420, www.panorama-park.de. DB bis Lennestadt-Altenhundem, dann Buslinie 109 bis zum Park. Autobahn A 45, Abfahrt Nr. 18, Lennestadt, Olpe weiter gemäß der Ausschilderung.
Öffnungszeiten: täglich ab 10 Uhr. Einlaß bis 16 Uhr
Saison: 11. April bis 18. Oktober '98. Geschlossen vom 20. bis 24. und vom 27. bis 30. April
Eintritt 1998: Erwachsene 31 DM, Kinder von 4 bis 11 Jahren 28 DM
Verpflegung: Picknick, Imbiß, Grillen, Café, Restaurant ∎

Jan Feb Mär Apr Mai Jun Jul Aug Sep Okt Nov Dez

Nordrhein-Westfalen

Paderborner Land

Wer heute durch die landschaftlich besonders vielfältige Region rund um die alte Hanse- und Bischofsstadt Paderborn

wandert, der hat Mühe, sich vor Augen zu führen, daß hier eine der großen Machtproben der Geschichte spielte: Karl der Große, der im Zuge der Christianisierung nicht vor Gewalt zurückschreckte, kämpfte hier mit den heidnischen Sachsen. Das blutige Ringen dauerte mehr als drei Jahrzehnte, bis es zu des Kaisers Gunsten entschieden wurde. Heute ist das Land mit seinen Parklandschaften und den zerklüfteten Karsthochflächen entschieden friedlicher geworden ▪

Kanutour auf der Lippe

Der Verkehrsverein Paderborn bietet eine fünfstündige kombinierte Kanu-Fahrrad-Tour an, bei der sich Familien einer Gruppe anschließen können. Die Tour beginnt in Sande beim Gasthof Meermeier. Nach kurzer Einweisung werden die Schwimmwesten übergezogen, und schon geht es los. Man gleitet durch eine malerische Flußlandschaft, doch die Idylle trügt: Schon wartet die erste Stromschnelle, man muß das Boot aus dem Wasser heben und im wieder ruhigen Wasser aussetzen. Zeit für ein Picknick! Dann geht es noch ein wenig weiter, bis die Boote gegen Fahrräder eingetauscht werden. Bald schon ist man bei dem Bauernhof-Café Marks. Ein leckeres Stück Kuchen, ein kleiner Imbiß, dann geht es zurück ▪

Adresse und Anfahrt: Ausführliche Auskünfte gibt der Verkehrsverein Paderborn, Marienplatz 2a, 33098 Paderborn, Tel. 05251/26461.
Saison: je nach Witterung von Ende April bis Mitte Oktober
Preise: Die Tour kostet für Erwachsene 30 Mark, für Kinder von 12 bis 18 Jahren 20 Mark. Fahrräder für die Tour werden für 5 Mark verliehen.
Verpflegung: Picknick, Bauernhof-Café ▪

Jan Feb Mär **Apr Mai Jun Jul Aug Sep Okt** Nov Dez

Paderborner Land

Der Marienhof Marks in Bentfeld

Es soll Stadtmenschen geben, die in ihrem ganzen Leben noch kein Schwein zu Gesicht bekommen haben.
Um derlei Unwissenheit zu beseitigen, ist ein Besuch des Marienhofes genau die richtige Medizin!
Der Bauernhof ist ein richtiger Landwirtschaftsbetrieb, und so kann man nicht nur Gebäude und Geräte anschauen, sondern das wahre Leben der Kühe und Schweine bis in den Stall hinein verfolgen. Dazu kommen Hühner, Kaninchen

und Katzen, die Tiere haben nur selten etwas dagegen, gestreichelt zu werden. Noch inniger ist der Kontakt beim Ponyreiten, und auch Planwagenfahrten können nach vorheriger Absprache gebucht werden. Vegetarier werden sich im Gemüse- und Kräutergarten besonders wohl fühlen, Freunde des Handwerks schauen sich das kleine Museum mit alten landwirtschaftlichen Geräten an, die alte Leinenstube oder das Töpferhandwerk ∎

Adresse und Anfahrt: Marienhof Marks, Lüchtenweg 1, Delbrück-Bentfeld, Tel. 05250/7525. Bentfeld liegt unweit der B 1 Paderborn–Delbrück–Münster
Öffnungszeiten: Das Café hat montags geschlossen, sonntags und Dienstag bis Freitag von 14 bis 18 Uhr, samstags ist es von 10 bis 18 Uhr geöffnet.
Saison: ganzjährig
Verpflegung: Picknick, Café Marks
Drumherum: Kann mit einer Kanutour verbunden werden. Auch ein anschließendes Picknick am Lippeufer bietet sich an ∎

Jan Feb Mär Apr Mai Jun Jul Aug Sep Okt Nov Dez

Nordrhein-Westfalen

Westfalen Therme in Bad Lippspringe

Schon die Stiftung Warentest fand, der Badespaß in der Westfalen Therme sei mit "sehr gut" zu bewerten, und dem werden wohl nur wenige Gäste widersprechen. Das Bad hat ganzjährig geöffnet und bietet auf über 6.000 Quadratmetern eine ganze Menge Attraktionen. Die Kleinen planschen in der Kinderwelt, die "Schwimmer" unter den Nachwuchs-Besuchern werden sich mit Sicherheit auf der Riesenrutsche vergnügen wollen, die satte 150 Meter Länge aufweist. Wasserkanonen schießen Fontänen in die Luft, und unter den Wasserfällen kann man sich "einen klaren Kopf holen".

Verächter jeglicher Bewegung treiben regungslos im Strömungskreisel oder haben sich bereits unter die Palmen der Ruheoasen zurückgezogen. Zum Bad, das im Sommer einen riesigen Außenbereich hat, gehören die große Sauna-Welt, Solarien, ein Fitneß-Center, ein Friseur und vieles mehr. Im Eintrittspreis eingeschlossen sind die große Sauna-Welt und die kostenlose Teilnahme an durchschnittlich 5 Sportkursen pro Tag ∎

Adresse und Anfahrt: Westfalen Therme Bad Lippspringe, Tel. 05252/9640, Fax-Abruf-Nr. 05231/319513300. Bad Lippspringe liegt an der B 1 Paderborn in Richtung Detmold. Im Ort ist die Therme ausgeschildert.
Öffnungszeiten: täglich von 9 bis 23 Uhr
Saison: ganzjährig
Eintritt: gestaffelt nach Dauer des Besuchs, Kinder von 3 bis 13 zahlen 12 bis 17 Mark, Erwachsene 22 bis 35 Mark. Die Familienkarte für vier Stunden kostet 60 Mark.
Verpflegung: Restauration im Bad ∎

Jan Feb März Apr Mai Jun Jul Aug Sep Okt Nov Dez

Paderborner Land

Die Desenburg bei Warburg

Auch wenn auf der Burgruine kein weiteres Programm wartet, kein Museum und kein Imbiß, so ist die Desenburg trotzdem ein lohnendes Ausflugsziel. In der absolut flachen Umgebung sieht man sie schon von weitem, und je näher man kommt, desto unbezwingbarer erscheint sie. Vor Jahrmillionen hob sich der heute nicht mehr aktive Vulkan aus dem Boden. Zur Zeit der Germanen soll hier eine Kultstätte der "Idisen" gewesen sein. Später geriet der Bergkegel immer wieder in den Blickpunkt der Geschichte. Nach Karl dem Großen und Heinrich dem Löwen trieben hier im hohen Mittelalter die Raubritter des Geschlechtes "von Spiegel" ihr Unwesen. Es lohnt sich also, die Ritterausrüstung oder wenigstens einige Figuren mitzunehmen, um die alten Sagen und Geschichten nachzuspielen: Zum Beispiel die vom Kampf mit dem wilden Drachen, der einem jungen Recken die Desenburg als Lehen einbrachte. Und der böse Ritter Bruno benahm sich so gründlich daneben, Mönchsmord inbegriffen, daß Gott die Burg mit einem Blitz zerstörte, wobei Bruno von einem gewaltigen Stein erschlagen wurde ∎

Anfahrt: Die Desenburg ist von weitem zu sehen und liegt etwa zwei Kilometer nordöstlich von Warburg. In der Stadt Richtung Bahnhof fahren, dann weiter Richtung Daseburg. Schnell erreicht man den unterhalb der Burg gelegenen Parkplatz.
Saison: ganzjährig frei zugänglich
Eintritt: frei
Verpflegung: Picknick auf der Burg, Gaststätte in Daseburg, alle Verpflegungsmöglichkeiten in Warburg ∎

Jan Feb Mär Apr Mai Jun Jul Aug Sep Okt Nov Dez

Nordrhein-Westfalen

Die Nordeifel

Die Landesgrenze zwischen Nordrhein-Westfalen und Rheinland-Pfalz verläuft mitten durch die Eifel.
In diesem Kapitel beschreiben wir deshalb nur den nördlichen Teil der Eifel. Wenig fruchtbar ist das Land hier, die vielen Hänge sind für den Ackerbau nicht nutzbar. Und trotzdem zog es Siedler in das Land, das Ufer des Rheins und viele heilende Quellen zogen sie an. Heute ist dieser Teil der Eifel Erholungsraum für viele Reisende aus dem Ruhrgebiet und auch für Touristen aus den Niederlanden und Belgien ∎

Die Bobbahn in Monschau-Rohren

Mindestens acht Jahre alte Bobfans dürfen allein hinab ins Tal rollen. Mit selbstgewählter Geschwindigkeit geht es die 751 Meter lange Bahn hinab, man muß einzig und allein die Bremse ziehen können. Die Bobbahn gehört zum Sommer- und Wintersportzentrum Rohren. In der direkten Nachbarschaft der Bahn sind ein großer Spielplatz und ein Familientrampolin, auf dem vier Personen gleichzeitig Trampolin springen können. Am Wochenende wird Ponyreiten angeboten. Auf zwei nebeneinanderliegenden Mini-Rennbahnen mit Runden- und Zeitangabe können Vater und Sohn, aber auch Mutter und Tochter Konditionsvergleiche vornehmen. Ein Superspaß! Wenn die Rodellust befriedigt ist, steht ein Besuch des "Vennbades" (mit 70-m-Rutsche) oder der Senfmühle auf dem Programm. Sie liegt auch in Monschau und ist die einzige noch in Betrieb befindliche Senfmühle Deutschlands. Der Senfmüller führt seine Besucher in die Welt seines alten Handwerks ein. ∎

Adresse und Anfahrt: Sommer- und Wintersportzentrum Rohren, Monschau-Rohren, Tel. 02472/4172, Fax: 02472/4147. Innerhalb der Stadt Monschau ist das Zentrum ausgeschildert.
Öffnungszeiten: täglich von 10 bis 18 Uhr (außer bei Nässe)
Saison: Ostern bis 31. Oktober
Eintritt: Eine Fahrt für Erwachsene 3,50 Mark, für Kinder bis 15 Jahre 2,50 Mark. Ermäßigte 5er- und 30er-Karten
Verpflegung: Picknick möglich, Grillhütte in der Nähe ∎

Jan Feb Mär Apr Mai Jun Jul Aug Sep Okt Nov Dez

 Die Nordeifel

Wildgehege Hellenthal

Wer Adlern einmal näher kommen möchte, schließlich ist der stolze Aar ein von uns allen in der Tasche getragenes Wappentier, der sollte auf keinen Fall den Besuch des Wildparkes Hellenthal versäumen. Pfeilschnelle Falken, prächtige Adler und ruhig segelnde Bussarde zeigen dreimal täglich ihr Flugprogramm. Der Ruhm der Greifvogelschau wurde so weit durch die Lüfte getragen, daß ein Informationsblatt des Tierparks in Arabisch gedruckt werden mußte! In Volieren kann man die scheuen Nachtgreife beobachten, die seltenen Schnee-Eulen und Uhus sind an erster Stelle zu nennen. Auf die Pelle rückt man den Tieren in drei Kontaktgehegen, wo Sikawild, Damwild und Muffelwild gefüttert werden wollen. Auch die einheimischen Luchse sind prächtige Tiere. Und damit sind noch längst nicht alle Tierarten genannt ∎

Adresse und Anfahrt: Wildgehege Hellenthal, Hellenthal, Tel. 02482/2292. Hellenthal liegt an der B 265 rund 15 Kilometer südlich des Rursees.
Zeiten: Freiflug-Show um 11, 14.30 und 16 Uhr
Saison: ganzjährig
Eintritt: Erwachsene 13 Mark, Kinder von 4 bis 16 Jahren 9 Mark, Familienkarte: 42 Mark (2 Erwachsene, 2 Kinder), freitags ist Familientag: pro Erwachsenen ist der Eintritt für ein Kind frei
Verpflegung: Picknick, Café-Restaurant
Drumherum: Im Wildgehege gibt es auch einen Spielplatz, Monschau und der Rursee sind nicht mehr als 20 Fahrminuten entfernt ∎

Jan Feb Mär Apr Mai Jun Jul Aug Sep Okt Nov Dez

Nordrhein-Westfalen

Die Nordeifel

Rheinisches Freilichtmuseum Kommern

Rund 55 Baudenkmäler aus dem Land östlich und westlich des Rheins zwischen Düsseldorf und Koblenz sind hier im Freilichtmuseum wiederaufgebaut worden. Sie stammen aus vier Jahrhunderten vorindustrieller Zeit und gewähren einen beispielhaften Einblick in Bauen, Wohnen und Wirtschaften der ländlichen Bevölkerung dieser Zeit – ein Kontrastprogramm zu Super-Mario und Konsorten. Von April bis Oktober wird traditionelles Handwerk vorgeführt, z. B. Brotbacken und Drechseln. Besondere Vorführungen werden im Eingangsbereich des Museums angekündigt. Das kann das Beschlagen einer Fahrkuh sein, ein Fachwerkhaus wird aufgerichtet, oder Getreide wird mit dem Dreschkasten gedroschen. Wenn der Wind ausreichend bläst, drehen sich die mächtigen Flügel der Windmühlen. Vor einigen Jahren neu erworben wurde eine große Spielzeugsammlung, auf besonderen "Aktionsflächen" werden die jungen Museumsgäste zum Spielen eingeladen. Die drei vorgeschlagenen Rundgänge dauern zwischen einer und drei Stunden ■

Adresse und Anfahrt: Rheinisches Freilichtmuseum, Auf dem Kahlenbusch, Mechernich-Kommern, Tel. 02443/5051. Die Zufahrt ist weiträumig ausgeschildert, z. B. über die A1, Ausfahrten Euskirchen/Wisskirchen oder Holzheim/Mechernich.
Öffnungszeiten: täglich, April bis Oktober von 9 bis 18 Uhr, sonst von 10 bis 16 Uhr
Saison: ganzjährig, Vorführungen gibt es nur von April bis Oktober.
Eintritt: Erwachsene 7 Mark, Kinder ab 6 Jahren 2,50 Mark, Familienkarte 14 Mark
Verpflegung: Picknick, Café-Restaurant, Pfannkuchenhaus ■

Jan Feb Mär Apr Mai Jun Jul Aug Sep Okt Nov Dez

Die Nordeifel

Das Eifelbad in Bad Münstereifel

Wenn es draußen auch naß und kalt ist, hier drinnen im Eifelbad zeigt das Thermometer konstant 28 Grad C ! Zur großzügigen Einrichtung des Bades gehören auch Sauna und Solarium. Die 66-Meter-Rutsche ist sicherlich so lange von Interesse, bis der Hosenboden der Badekleidung qualmt! Linderung versprechen dann die Jet-Stream-Anlage, der Strudel und der Wasserfall. Für eiskalte Genießer ist der Hot-Whirlpool wie geschaffen. Es wurde ein Kinderbecken eingerichtet, Wickelmöglichkeiten sind auch vorhanden ▪

Adresse und Anfahrt: Eifelbad, Bad Münstereifel, Tel.02253/505145. Bad Münstereifel liegt südwestlich von Bonn, rund 15 Kilometer südlich von Euskirchen nahe der A 1, Abfahrt Bad Münstereifel/Mechernich. Im Ort ausgeschildert.
Öffnungszeiten: Montag 15 bis 22 Uhr, Dienstag bis Freitag 11 bis 22 Uhr, Samstag 10 bis 20 Uhr, Sonntag 9 bis 20 Uhr. Im Winter an Wochenenden jeweils eine Stunde kürzer.
Eintritt: Erwachsene von 6 bis 8,50 Mark, Kinder (bis 16 Jahren, unter 100 Zentimeter frei) 4 bis 5,50 Mark
Verpflegung: Cafeteria und Imbiß ▪

Jan Feb Mär Apr Mai Jun Jul Aug Sep Okt Nov Dez

Römische Glashütte Bad Münstereifel

Das Glasblasen für Besucher, hier die größte Attraktion, ist wohl eher etwas für Kinder ab dem Schulalter: Immer, wenn die Glasbläser etwas Zeit haben, dürfen die Gäste ran, um eine eigene Glaskugel zu blasen. Rund um die Glashütte stehen Ruhebänke, hier kann ein Picknick zelebriert werden, und ein Spielplatz ist auch nicht weit entfernt. Im gleichen Haus befindet sich auch das Handwerkerdorf, auf dessen Dorfplatz man im Restaurant speisen kann, während man dem bunten Treiben der Marktfrauen und Blumenbinderinnen zusieht ▪

Adresse und Anfahrt: Römische Glashütte, Am Orchheimer Tor, Bad Münstereifel, Tel. 02253/6200. Im Ort ausgeschildert, Anfahrt s. o. beim "Eifelbad".
Öffnungszeiten: täglich von 10 bis 18.30 Uhr
Eintritt: frei, Führungen zwei Mark pro Person
Verpflegung: Restaurant, Picknick möglich ▪

Jan Feb Mär Apr Mai Jun Jul Aug Sep Okt Nov Dez

Nordrhein-Westfalen

241

 Köln

Köln

Die Kölner sind sehr stolz darauf, seit fast 2000 Jahren die Stadtrechte zu besitzen. Kaiserin Agrippina verhalf dem antiken "Colonia" 50 n. Chr. zu dieser Auszeichnung. Köln hat außer dem majestätisch vorbeifließenden Rhein und dem berühmten Dom einiges zu bieten, und Familien mit Kindern wissen die hohe Lebensqualität der Stadt mit ihren Parkanlagen zu schätzen. Ausgedehnte Grünflächen ziehen sich quer durch Köln. An erster Stelle ist der Rheinpark zu nennen: ein wahres Schatzkästchen für Erholungssuchende.

Das Schokoladen-Museum

Im Imhoff-Stollwerck-Museum gehen Sie auf eine Entdeckungsreise durch über 3.000 Jahre Kulturgeschichte der Schokolade – vom Kakaokult der Maya und Azteken bis zur modernen Produktion. Die Entdeckung der Schokoladenseite des Lebens fängt bei den Kakaobäumen an, die in der Wärme eines begehbaren Tropenhauses heranwachsen. Zu den Attraktionen des Museums gehört eine Miniaturproduktionsanlage, die sich über zwei Ebenen erstreckt. Man kann den Produktionsverlauf von der Kakaobohne bis zu feinster Tafelschokolade, erlesenen Trüffelpralinen, Osterhasen und Weihnachtsmännern verfolgen. Es gibt außerdem eine Museumsrallye für verschiedene Altersgruppen und ein buntes Kindergeburtstagsangebot. Am Schokoladenbrunnen dürfen nicht nur Kinder flüssig-warme Schokolade auf Waffeln naschen! Spezielle Kinderführungen bringen auch den kleinen Besuchern das Thema Schokolade in all seinen Aspekten nahe ■

Adresse und Anfahrt: Imhoff-Stollwerck-Museum, Rheinauhafen 1a, Köln, Tel. 0221/931888-0. Das Museum liegt am linken Rheinufer zwischen der Severins- und der Deutzer Brücke.
Öffnungszeiten: Dienstag bis Freitag von 10 bis 18 Uhr, Samstag und Sonntag von 11 bis 19 Uhr
Eintritt: Kinder 5 Mark, Erwachsene 10 Mark, Gruppenermäßigung ab 15 Personen, freier Eintritt unter 6 Jahren
Verpflegung: Zum Museum gehört ein Restaurant mit Café. Picknicken kann man am Rheinufer.
Drumherum: Das Museum liegt zentral, es sind nur wenige Minuten Fußmarsch zum Dom ■

  ab 5

Jan Feb Mär Apr Mai Jun Jul Aug Sep Okt Nov Dez

 Köln

Phantasialand bei Brühl

Auf geht's ins Land der unbegrenzten Möglichkeiten: "Mystery-Castle" ist das neue verwunschene Schloß für wagemutige und nervenstarke Höhenfans. "Colorado Adventure – The Michael Jackson Thrill Ride" heißt die rasante Fahrt auf heißen Schienen. Bei "Galaxy", dem in Europa einmaligen Flugsimulator mit IMAX-HD-Verfahren, reist der Sternenfan mit "Lichtgeschwindigkeit" durch ferne Galaxien. Im Space Center, einer der größten Indoor-Achterbahnen Europas, erlebt er das fast schwerelose Gefühl, durch die Dunkelheit des Alls zu gleiten. Weitere Attraktionen sind die drei Shows, die Fahrten in den zwei Wildwasserbahnen ... oder mit Hollywood Tour, dem Ausflug durch viele berühmte Filmszenen. Kurvenreich sind die  beiden schnellen Bobbahnen, mexikanisch temperamentvoll geht es in der Silbermine zu. Übersinnlich und unheimlich ist die Geister-Rikscha, und wundervoll beschaulich sind die Fahrten mit dem Walzertraum und dem Wikingerboot oder auf Europas größtem Dampf-Pferdekarussell ■

Adresse und Anfahrt: Phantasialand Brühl, Berggeiststraße 31-41, Brühl, Tel. 02232/36200. Zu erreichen über die A 553, Abfahrt Brühl-Süd. Das Phantasialand ist weiträumig ausgeschildert.
Öffnungszeiten: täglich 9 bis 18 Uhr
Saison: 1. April bis 31. Oktober
Eintritt: Tageskarte 34 Mark, Kinder unter 1,20 m Körpergröße haben freien Eintritt, Schülergruppen ab 15 Personen 24 Mark pro Person (Preise: Stand '98)
Verpflegung: Picknick, Kiosk, Cafeteria, Restaurant, Snacks ■

Jan Feb **Mär Apr Mai Jun Jul Aug Sep Okt** Nov Dez

Nordrhein-Westfalen

Köln

Aqualand in Köln

Im Aqualand guckt man in die Röhre, und wenn der Vorgänger in der Tiefe verschwunden ist, hüpft man hinterher: Dann geht es 125 Meter durch Kurven und Schikanen, bis

man ins Wasser platscht. Damit man nicht zu lang auf den Spaß warten muß, gibt es im Bad zwei dieser Rutschen. Auf den Besucher warten insgesamt 2.000 Quadratmeter Lagunenlandschaft. Wasser und Luft sind auf tropische 30 Grad C temperiert. Für Kinder, die nicht alt genug sind, um den Strömungskanal und die Wasserkanone zu testen, gibt es den "Kinder–Club". Die "Lütten" haben den Kleinkinderbereich für sich. Es gibt auch einen Kindergarten mit Aufsicht, ein guter Service, wenn man eine halbe Stunde in der "Saunawelt" oder unter dem "Turbobräuner" verschwinden will. Ausruhen kann man sich auf einer der Liegen im Wintergarten oder im Strandrestaurant "Delikatessa" ■

Adresse und Anfahrt: Aqualand, Merianstraße 1/Ecke Neusser Landstraße, Köln, Tel. 0221/7028-0. Liegt am Fühlinger See.
Öffnungszeiten: Sonntag bis Donnerstag bis 23 Uhr und Freitag und Samstag bis 24 Uhr
Saison: ganzjährig
Eintritt: werktags zahlen Erwachsene 15 Mark, am Wochenende 25 Mark. Es können auch verbilligte 4- und 2-Stunden-Karten gelöst werden. Kinder von 4 bis 13 Jahren zahlen stets 10 Mark, unter 4 Jahren ist der Eintritt 3 Mark.
Verpflegung: Bistro und Restaurant im Bad, in der warmen Jahreszeit Biergarten mit Grill in der Außenanlage. Dort gibt es auch einen Spielplatz ■

Jan Feb Mär Apr Mai Jun Jul Aug Sep Okt Nov Dez

Köln

Rheinseilbahn und Kleinbahn

Einsteigen und davonschweben: Dazu lädt die Rheinseilbahn ein! Sie fährt von Ostern bis Ende Oktober täglich ab der Haltestelle Zoo über den Rhein zur Haltestelle Rheinpark und umgekehrt. Von oben (Fahrhöhe bis 50 Meter) kann man das Panorama mit dem Dom, den Brücken und den Schiffen auf dem Rhein betrachten. Die Kabinen, jeweils für vier Personen geeignet, fahren mit bedächtigen 10 Stundenkilometern die rund einen Kilometer lange Strecke.
Im Rheinpark, der zum Spielen, Spazieren, Picknicken und Sonnenbaden einlädt, kann man dann noch eine Fahrt mit der niedlichen Kleinbahn machen, die bei gutem Wetter von Mitte März bis Ende Oktober Saison hat. Sowohl am Zoo wie auch am Rheinpark stehen Parkplätze zur Verfügung. Auch die Anbindung mit öffentlichen Verkehrsmitteln ist recht gut ■

Adresse und Anfahrt: Der Rheinpark liegt am Auenweg, direkt gegenüber der Kölner Messe (weiträumig ausgeschildert). Vom Hauptbahnhof sind es zehn Minuten Fußweg, die Straßenbahnlinien 1, 2, 3, 4 und 7 halten hier. Am Zoo (ausgeschildert) gibt es das Zoo-Parkhaus, unter der Zoobrücke auch Parkplätze.
Öffnungszeiten: Schwebebahn täglich ab 10.30 Uhr, Kleinbahn von 11 bis 18 Uhr, im Sommer teilweise auch länger
Saison: Mitte März bis Ende Oktober
Eintritt: Eltern 6,50 einfache Fahrt, mit Rückfahrt 9,50 Mark. Kinder 3,50/5 Mark. Kleinbahn: Die Rundfahrt kostet für Erwachsene 3,50 Mark, für Kinder 2,50 Mark.
Verpflegung: Picknick im Park, Gastronomie saisonabhängig im Park ■

Jan Feb **Mär Apr Mai Jun Jul Aug Sep Okt** Nov Dez

Nordrhein-Westfalen

Köln

Der Zoo Köln

Unsere "Arche Noah" nennt sich der Zoo Köln im Beinamen — die Zoodirektion will damit auf die große Aufgabe moderner Zoos hinweisen, die oft zur letzten Heimstatt aussterbender Tierarten geworden sind. Von der Blattschneiderameise bis zum Elefanten werden hier rund 600 Tierarten gezeigt, von allen Kontinenten und aus allen Weltmeeren, denn zum Zoo

gehört auch das Aquarium. Große, alte Bäume und viele Wasserflächen sorgen für den Parkcharakter des Zoos. Auf rund 20 Hektar sind biotopartige Freianlagen für Bären, Großkatzen, Seelöwen und Affen zu finden. Bei schlechter Witterung kann man sich in den Tierhäusern vergnügen, die Elefanten, Giraffen und die Halbaffen Madagaskars unter Dach und Fach bringen. Im Aquarium sind auch Reptilien und Insekten untergebracht. Auf dem weitläufigen Gelände gibt es einen großen Kinderspielplatz ■

Adresse und Anfahrt: Zoo Köln, Riehler Straße 173, Köln, Tel. 0221/7785-0. Ab Bahnhof mit der U-Bahn-Linie 16. Am Zoo, der nördlich des Doms am linken Rheinufer liegt, gibt es ein Parkhaus und mehrere Parkplätze.
Öffnungszeiten: täglich 9 bis 17 Uhr im Winter, im Sommer bis 18 Uhr, Aquarium täglich 9.30 bis 18 Uhr
Saison: ganzjährig
Eintritt: Erwachsene 15 Mark, Kinder 7,50 Mark
Verpflegung: Gastronomie im Zoo, vom Imbiß bis zum Restaurant, Picknick möglich ■

Jan Feb Mär Apr Mai Jun Jul Aug Sep Okt Nov Dez

Das Siebengebirge

Das Siebengebirge

Sieben Riesen reinigten nach getaner Arbeit am Abend ihre sieben Spaten, und so entstand das Siebengebirge. Diese alte Sage enthält eine grobe Fehleinschätzung, denn die "Hausberge" der Stadt Bonn zählen nicht nur sieben, sondern

insgesamt weit über 30 Hügel. Dreißiggebirge wäre aber wirklich ein zu blöder Name, und so beließen die Altvorderen es beim "Siebengebirge". Während man auf den Wanderwegen in Deutschlands ältestem Naturschutzgebiet normalerweise kaum eine Menschenseele erblickt, darf sich der Drachenfels "Europas meistbestiegener Berg" nennen. Hier nimmt man die Zahnradbahn oder auch einen Esel ∎

Zoologisches Museum in Bonn

Es mag paradox erscheinen, daß man bei dem Angebot von Zoos ausgerechnet in ein Museum gehen soll, in dem überwiegend ausgestopfte Tiere zu sehen sind. Es hat aber einen entscheidenden Vorteil: Man kann den Großsäugern im stattlichen Lichthof des Museums so dicht auf die "Pelle" rücken, daß man ganz neue Details erblickt. Oft bemerken die Besucher hier zum ersten Mal, daß Elefanten Haare haben oder daß Löwen sich die Fangzähne immer schön putzen. Kleinere, darunter auch lebende, Tiere werden im weitläufigen Museum in Vitrinen ausgestellt ∎

Adresse und Anfahrt: Zoologisches Forschungsinstitut und Museum Alexander König, Adenauerallee 160, Tel. 0228/91220. Anfahrt mit der U-Bahn möglich, Station "Museum König". Das Museum liegt in derselben Straße wie das "Haus der Geschichte der Bundesrepublik Deutschland"
Öffnungszeiten: montags und an Feiertagen geschlossen, Dienstag bis Freitag 9 bis 17 Uhr, Samstag 9 bis 12.30 Uhr, Sonntag 9.30 bis 17 Uhr
Eintritt: Erwachsene 4 Mark, Kinder 2 Mark
Verpflegung: Trink- und Süßigkeitenautomaten im Museum, Picknick in den nahen Rheinauen oder auf der Hofgartenwiese
Drumherum: Anschließend lohnt sich ein Spaziergang am Rheinufer ∎

Jan Feb Mär Apr Mai Jun Jul Aug Sep Okt Nov Dez

Das Siebengebirge

Ausflug auf den Drachenfels

Millionen Touristen können nicht irren – und trotzdem sollte man nicht unbedingt an Wochenenden im Hochsommer die Ruine auf dem Drachenfels über der Rheinstadt Königswinter besuchen. Einen schönen Tagesausflug bekommt man hier allemal zusammen. In der Kinderwelt am unpopulärsten ist der Aufstieg per pedes, der rund eine Stunde dauert und am Schloß Drachenfels und der Nibelungenhalle vorbeiführt. Hier auf dem Berg soll der Drache gehaust haben, den Siegfried zur Strecke brachte. Zum Schloß kann man auch auf einem Esel gelangen. Kinder bis zu einem Gewicht von 50 Kilogramm zahlen für einen Ritt 15 Mark. Mit der Zahn-

radbahn fährt man zum Plateau, zur Ruine fehlen dann noch 15 Minuten Fußweg. Beliebt ist die Kombination von Hochfahren und Hinunterwandern inklusive der Nibelungenhalle mit "Drachenhöhle" und Reptilienmuseum ■

Adresse und Anfahrt: Drachenfels, Königswinter, Auskunft Verkehrsamt Tel. 02244/324. Anfahrt mit der Bundesbahn (Bahnhof nicht weit von Drachenfelsbahn entfernt). Mit dem PKW über A 3 Köln-Frankfurt, Ausfahrt Siebengebirge oder A 59 ab Köln/Bonn.
Saison/Fahrzeiten: Die Drachenfelsbahn fährt von Januar bis Mitte November, im Winter stündlich, ab dem Frühjahr alle 30 Minuten. Die Nibelungenhalle ist ganzjährig geöffnet, im Winter nur an Wochenenden.
Fahrpreise: Fahrten mit der Zahnradbahn kosten für Erwachsene von 9 bis 12 Mark (Talfahrt/Berg- und Talfahrt), für Kinder von 5 bis 7 Mark.
Verpflegung: Restaurant und Café auf dem Berg, Picknick möglich ■

Jan Feb Mär Apr Mai Jun Jul Aug Sep Okt Nov Dez

Freizeitpark Rheinbach

Der Freizeitpark Rheinbach bietet während der warmen Jahreszeit Möglichkeiten für ein volles Tagesprogramm mit vielen Spielplätzen und Sportanlagen, einer großen Wiese, ruhigen Wegen und kleinen Weihern. Im Freizeitpark kann man gegen Gebühr einen Grillplatz anmieten. Es gibt eine Minigolfanlage, Freiluftschach, -mühle und -dame und Tischtennisplätze. Das Wellen- und Freizeitbad bietet ein umfangreiches Angebot. Im Park gibt es ein Café und ein Restaurant ∎

Adresse und Anfahrt: Freizeitpark Rheinbach, tel. Auskunft im Verkehrsbüro unter 02226/917169. Grillplätze können im Parkcafé (Tel. 02226/10841) angemietet werden. In Rheinbach ist der Park gut ausgeschildert.
Öffnungszeiten: Park täglich ab 8 Uhr, Wellenbad werktags von 6.30 bis 21 Uhr, am Wochenende von 9 bis 19 Uhr
Saison: Park und Bad sind ganzjährig geöffnet
Eintritt: im Park frei, Wellenbad 7,50 Mark für Erwachsene, 3,50 für Jugendliche
Verpflegung: Picknick, Grillen, Café, Restaurant ∎

Jan Feb Mär Apr Mai Jun Jul Aug Sep Okt Nov Dez

Märchenwald Ruppichteroth

Rund 660 Meter Rundweg schlängeln sich durch ein romantisches Bachtal. Entlang des Weges stehen lebensgroße Figuren aus Märchen der Brüder Grimm. Dornröschen ist ebenso vertreten wie Rübezahl, die Sieben Raben wetteifern mit Schneewittchen und den Sieben Zwergen. Während sich Kinder vor allem von den Märchen beeindrucken lassen, sind die Erwachsenen vom Gesamteindruck der Anlage, von der reichhaltigen Botanik und den vielen kleinen Details überrascht ∎

Adresse und Anfahrt: Märchenwald Ruppichteroth, Tel. 02295/1239 oder 6477. Ruppichteroth liegt an der B 478 zwischen Siegburg und Waldbröl, im Ort ist der Märchenwald ausgeschildert.
Öffnungszeiten: von Ostersonntag bis 31. 8. täglich 11–17 Uhr (außerhalb der Schulferien Mo. Ruhetag); im September Mi. – So. 13–17 Uhr
Saison: von Ostern bis Ende September
Eintritt: Erwachsene 3 Mark, Kinder (2 bis 15 Jahre) 2 Mark
Verpflegung: Picknick im Wald, Gastronomie im Ort ∎

Jan Feb Mär Apr Mai Jun Jul Aug Sep Okt Nov Dez

Das Siebengebirge

Rheinschiffahrt bei Bonn

Die Schiffe der Bonner Personen Schiffahrt haben einen Star in ihren Reihen: das in Form eines Walfisches gestaltete Schiff "Moby Dick".
Kinder stehen auf "Moby Dick", und nicht selten wird die Fahrt des Schiffes mit "Moby, Moby"-Rufen angefeuert.
"Moby" fährt zum Beispiel auf der Panoramastrecke rund um das schöne Siebengebirge mit zahlreichen Zusteigemöglichkeiten zwischen Bonn und Linz. Man kann also kombinieren, wie man möchte, mit einem Bordaufenthalt von einer bis zu

ganzen dreieinhalb Stunden und Zwischenstopps ganz nach Gusto.
In Königswinter bietet sich z. B. eine Fahrt mit der Zahnradbahn auf den Drachenfels mit der Nibelungenhalle und der gefürchteten Drachenhöhle an.
Der Moby-Dick-Knüller ist allerdings die Fahrt zum bemerkenswerten Kölner Zoo immer montags in den Schulferien: für die Kleinen ein doppelt tierisches Vergnügen. Für den Zoo und die Fahrt muß man allerdings einen ganzen Tag einplanen – nichts also für chronische Schreihälse ■

Adresse und Anfahrt: Bonner Personen Schiffahrt, Brassertufer, am Alten Zoll, Tel. 0228/636542, Fax 0228/695212.
Zeiten/Preise: Fahrzeiten und jeweilige Streckenpreise telefonisch erfragen.
Saison: von April bis Ende Oktober (auch ganzjährig nach Anfrage)
Verpflegung: Picknick und Gastronomie an Bord. ■

Jan Feb Mär **Apr Mai Jun Jul Aug Sep Okt** Nov Dez

Bergisches Land

Vor 60.000 Jahren lebte hier im Bergischen Land der Neandertaler, und wenn sein Name heute als Chiffre für Rückständigkeit genannt wird, so haben Archäologen doch bewiesen, daß dieser Urmensch kein Primitivling war. Hätte er sich

sonst in diesem sanft-hügeligen Land zwischen Sieg, Ruhr und Rhein angesiedelt? Wald- und Weidelandschaften bestimmen das Bild, und der Wanderer findet allerorten langgezogene, lichte Laubwälder. Prosperierende Städte und kleine verschlafene Weiler sind im Bergischen Land zu finden, und dazwischen liegt jede Menge Grün ∎

Die Schwebebahn in Wuppertal

Nicht nur Menschen fahren mit der "Schweb", einmal sollte es aus Werbezwecken für einen Zirkus der kleine "Tuffi"-Elefant sein. Der beschloß beherzt, obwohl keine Haltestelle zu sehen war, die Kabine zu verlassen. Er suchte sich als Landeplatz den Wupper-Fluß aus, und so kam er mit einem Schrecken davon. Menschliche Fahrgäste genießen den jederzeit guten Ausblick aus lichter Höhe. In der Nähe von Haltepunkten der Bahn finden sich ausgedehnte Parkanlagen, der Botanische Garten und auch der Wuppertaler Zoo. Nach der "Panoramafahrt" gibt es also viele Möglichkeiten, den weiteren Tag zu gestalten. Die Fahrt von Endstation zu Endstation dauert rund 35 Minuten. Informationen zur Strecke, zum Fahrplan und zu den Preisen unter Tel. 0202/9692945 ∎

5

Jan Feb Mär Apr Mai Jun Jul Aug Sep Okt Nov Dez

Bergisches Land

Das Neanderthal Museum in Mettmann

In dem im Oktober 1996 neu eröffneten Neandertal Museum wird nicht nur die Geschichte des Neanderthalers nähergebracht, sondern die gesamte menschliche Evolution thematisiert. Der Gang durch das Museum beginnt mit dem Einführungsraum, in dem die Geschichte des Neandertalers präsentiert wird. Für Kinder ab dem Schulalter wird verständlich gezeigt, daß es sich bei diesen steinzeitlichen Menschen, die Europa, Asien und Afrika besiedelten, keinesfalls um primitive, affenähnliche Geschöpfe gehandelt hat. Neandertalerfrauen, -männer und -kinder stehen den Besuchern in Lebensgröße gegenüber. Außerdem bekommt man einen Überblick über die Entwicklung des Menschen von seinen Anfängen bis zur Gegenwart mit Ausblick auf die Zukunft. Besonders Interessierte können sich in jedem Raum an PC-Stationen in die einzelnen Themen vertiefen. Nach soviel beeindruckender Geschichte hat man sich den Besuch der Cafeteria, die sich im oberen Gebäudeteil befindet und den Blick auf das Düsseltal freigibt, redlich verdient ■

Adresse und Anfahrt: Neandertal Museum, Talstraße 300, 40822 Mettmann, Tel. 02104/979797, Fax 02104/979796. Das Museum liegt zwischen Erkrath und Mettmann und ist auch über die Buslinien 741 und 743 zu erreichen
Öffnungszeiten: Dienstag bis Sonntag 10 bis 18 Uhr, montags geschlossen
Saison: ganzjährig
Eintritt: Erwachsene 10 Mark, Kinder von 6 bis 14 Jahren, Studenten, Behinderte 6 Mark, Familienkarte 22 Mark, Schulklassen 5 Mark p. P., Gruppen ab 10 Personen 9 Mark p. P.
Verpflegung: Cafeteria im Museum, Gastronomie im Neandertal ■

Jan Feb Mär Apr Mai Jun Jul Aug Sep Okt Nov Dez

Bergisches Land

Der Zoo Wuppertal

Etwa 5.000 Tiere aus rund 500 Arten bevölkern den Zoo, der sich in einer baumreichen Parklandschaft auf 20 Hektar Fläche erstreckt. Die Tiere sind sowohl in Freigehegen als auch in Tierhäusern zu beobachten. Besonders spannend für die kleinen Besucher sind natürlich die Fütterungen der Seelöwen, Pinguine und Großkatzen. Weiterhin sind viele Arten von Reptilien, Vögel in einer Freiflughalle und bunte Fische zu bestaunen, ebenso Bären, Menschenaffen und eines der größten Elefantenhäuser mit sechs jungen afrikanischen Elefanten. Weil der Park landschaftlich so schön angelegt ist, lohnt es sich an Sonnentagen, viel Zeit einzuplanen. Es gibt einen großen Spielplatz, und in den Sommerferien werden für die Kleinen jeden Dienstag nachmittag ab 15 Uhr Kinderfeste veranstaltet und donnerstags um 10 Uhr Führungen zu ausgewählten Themen angeboten. Bei schlechtem Wetter bieten sich genügend überdachte Gehege an. Man kann den Besuch des Zoos gut mit einer Fahrt in der Schwebebahn verbinden, denn der Haltepunkt Zoo/Stadion ist nicht weit entfernt ■

Adresse und Anfahrt: Zoo Wuppertal, Hubertusallee 30, Wuppertal, Tel. 0202/2747-0. Anfahrt mit der Schwebebahn oder der S-Bahn 8, Haltestelle Bahnhof Wuppertal-Zoo/Stadion. Mit dem Auto über die A 46, Abfahrt Wuppertal-Sonnborn. In der Stadt ausgeschildert.
Öffnungszeiten: täglich 8.30 bis 18 Uhr, im Winter bis 17 Uhr
Saison: ganzjährig
Eintritt: Erwachsene 8 Mark, Kinder von 4 bis 16 Jahren 4 Mark
Verpflegung: Picknick möglich, Cafeteria ■

Jan Feb Mär Apr Mai Jun Jul Aug Sep Okt Nov Dez

Nordrhein-Westfalen

Bergisches Land

Tropfsteinhöhle in Wiehl

Phantastisch, was Baumeisterin Natur in der Tropfsteinhöhle Wiehl zustande gebracht hat. Während Jahrmillionen tropfte kalkhaltiges Wasser von der Höhlendecke herab und formte eine phantastische Welt stetig wachsender Gebilde.
Die Preisfrage lautet: Was unterscheidet Stalaktiten und Stalagmiten voneinander? Im rechten Licht betrachtet, glitzern die aufstrebenden Türmchen und herabhängenden Zapfen in märchenhaften Farben – und so wird die Tropfsteinhöhle Wiehl zu einem unterirdischen Palast. Die Führungen in der Höhle dauern bis zu einer Dreiviertelstunde. Anschließend kann man das nahegelegene Tiergehege besuchen oder sich auf den ab Eingang der Höhle ausgeschilderten Waldlehrpfad begeben. In Wiehl gibt es einen Freizeitpark, dort kann man grillen, im Sommer ist der Ponton-Teich zum Planschen da ∎

Adresse und Anfahrt: Tropfsteinhöhle Wiehl, Tel. 02262/99195. Wiehl liegt südlich von Gummersbach und der A 4, fünf Minuten von der Ausfahrt Gummersbach entfernt. Die Höhle ist ausgeschildert.
Öffnungszeiten: März bis Oktober 9 bis 17 Uhr, November bis Februar nur an Wochenenden von 11 bis 16 Uhr.
Saison: ganzjährig
Eintritt: Erwachsene 3,50 Mark, Kinder 3 Mark
Verpflegung: Picknick, das Waldhotel Hartmann ist in der Nähe, weitere Restaurants im Ort, Grillen im Freizeitpark ∎

Jan Feb Mär Apr Mai Jun Jul Aug Sep Okt Nov Dez

Aquazoo Düsseldorf

Das Aquarium Aquazoo liegt im Düsseldorfer Nordpark unweit der Messe, ist also leicht zu finden und bietet auch nach dem Besuch vielfältige Freizeitmöglichkeiten. Gezeigt werden Fische jeglicher Art, von kleinen Tropenbewohnern bis zu den etwas größer geratenen Haien. Man kann aber auch Robben und Meeresschildkröten bestaunen, die an Land zwar unbeweglich und träge sind, unter Wasser aber eine

erstaunliche Eleganz entfalten und geradezu dahinschweben. Kinder haben besonderen Spaß, wenn sich Pinguine in Slapstick-Manier in die Becken stürzen. Viel Platz wird auch den Bewohnern des Insektariums eingeräumt, ebenso den Reptilien. Dazu gibt es noch weiterführende naturwissenschaftliche Ausstellungen.

Insgesamt kann man schon rund zwei Stunden für den Rundgang einplanen, mit einem Spielaufenthalt im Park ist ein Nachmittag perfekt verplant! Im Aquazoo können auch Kindergeburtstage gefeiert werden, Auskunft bekommt man unter Tel. 0211/8996157 ∎

Adresse und Anfahrt: Löbbecke-Museum und Aquazoo, Kaiserswerther Straße 380, Düsseldorf, Tel. 0211/8996150. Der Zoo liegt im Nordpark nahe der Messe, es sind Parkplätze vorhanden. Öffentliche Verkehrsverbindungen ab Hauptbahnhof über die Linien U 78 und U 79.
Öffnungszeiten: täglich von 10 bis 18 Uhr, an Feiertagen geschlossen
Saison: ganzjährig
Eintritt: Kinder unter 6 Jahren frei, ältere 6 Mark. Erwachsene zahlen 10 Mark, die Familienkarte kostet 20 Mark.
Verpflegung: Cafés und Restaurants wenige Minuten entfernt ∎

  3

Jan Feb Mär Apr Mai Jun Jul Aug Sep Okt Nov Dez

Siegerland und Wittgensteiner Land

Wie Perlen einer Kette reihen sich kleine Fachwerkorte in den Tälern des Siegerlandes aneinander. Schwarze Balken, weiße Gefache und ein schiefergedecktes Dach sind typisch für den Baustil in diesem Landstrich. Nicht selten sieht man auf einer

Fahrt durchs Wittgensteinische ein Plakat an der Wand des einzigen Bushäuschens im Dorf, auf dem ein "Backes" angekündigt wird. Gemeint ist das gemeinsame Backen im Dorfbackhaus, eine alte Tradition, die wiederbelebt wurde ■

Der "Stahlberger Erbstollen"

Das Schaubergwerk Stahlberger Stollen liegt unweit der Stadt Hilchenbach.
Das dazugehörige Museum dürfte erst ab dem gehobenen Schulalter interessant sein, der Faszination des Unterirdischen erliegen auch schon jüngere Kinder ab etwa fünf Jahren. Führungen in den Stollen bietet der Bergwerksverein jeden zweiten Sonntag im Monat an, immer zwischen 14 und 16 Uhr.
Unter Tage werden die Gerätschaften zum Abbau des Erzes gezeigt und natürlich auch das Erz höchstpersönlich. Der Eintritt ist besonders billig und beträgt für Erwachsene zwei Mark, für Kinder eine Mark ■

Adresse und Anfahrt: Schaubergwerk Stahlberger Stollen, Auf der Stollenhalde 4, Hilchebach-Müsen, Tel. 02733/28877. Der Ort liegt zwischen Kreuztal und Hilchenbach an der B 508, das Bergwerk ist ausgeschildert.
Öffnungszeiten: jeden zweiten Sonntag im Monat von 14 bis 16 Uhr
Saison: ganzjährig
Eintritt: Kinder 1 Mark, Erwachsene 2 Mark
Verpflegung: Picknick vor dem Bergwerk, Gaststätten in der Nähe ■

Jan Feb Mär Apr Mai Jun Jul Aug Sep Okt Nov Dez

Freizeitpark Netphen

Der Freizeitpark Netphen ist das ganze Jahr über ein schönes Familienausflugsziel.
Im Winter stürzt man sich in die warmen Fluten des Hallenbades und in das im Freien liegende Thermalsprudelbecken (34° C), im Sommer testet man die Liegeeigenschaften der großen Freibadwiese. Das Hallenbad ist zur großen

Freude der Kleinen mit einer 97-Meter-Rutsche ausgerüstet. Im Freibad gibt es einen Spielplatz mit den so beliebten Klettergerüsten.
Außerdem steht im Gelände noch eine Grillanlage zur Verfügung, und Minigolf kann man ebenso spielen. Sollten Sie ein hochbegabtes Kind herangezogen haben, freut es sich gewiß über das Freiluftschach. Für die Eltern gibt es natürlich die obligatorischen Saunen und Solarien. Es fehlt also nichts, um einen schönen Nachmittag zu verbringen ∎

Adresse und Anfahrt: Freizeitpark Netphen, Bauersdorfer Straße, Tel. 02738/1616. Netphen liegt an der B 62 nördlich von Siegen. Der Freizeitpark ist ausgeschildert.
Öffnungszeiten: sehr unterschiedlich, tel. erfragen
Saison: ganzjährig
Eintritt: vormittags Erwachsene 5 Mark, Kinder 2,50 Mark, nachmittags 6,-/4,-
Verpflegung: Picknick und Grillen im Sommer, Restaurant im Bad ∎

Südwestfälische Freilichtbühne

Der Fachwerkort Freudenberg sitzt wie eine Spinne inmitten eines dicht geknüpften Wanderwegnetzes – Natur ist hier keine Mangelware!
Das Freilichttheater in der Stadt zieht jährlich mit zwei Inszenierungen mehr als 50.000 Zuschauer an. Eine davon ist jeweils für Kinder bestimmt, gezeigt werden Stücke wie "Pippi Langstrumpf", "Jim Knopf" und auch "Das Dschungelbuch". Wer also in den Sommermonaten vorbeikommt, sollte

sich die Chance nicht entgehen lassen, hier ins Theater zu gehen. Gespielt wird sonntags um 15 Uhr, die Eintrittspreise betragen für Kinder 7,50 Mark.
Die genauen Termine erfragt man unter der Telefonnummer 02734/8385 ∎

Adresse und Anfahrt: Südwestfälische Freilichtbühne Freudenberg, Tel. 02734/8385. Kartenvorbestellung möglich. Freudenberg liegt westlich von Siegen direkt an der A 45, Ausfahrt Freudenberg.
Zeiten: Vorführungen meist sonntags um 15 Uhr
Saison: Juni bis Anfang September
Eintritt: Kinder ab 7,50 Mark, Erwachsene ab 8,50 Mark
Verpflegung: Picknick, Gastronomie im näheren Umkreis der Bühne ∎

Jan Feb Mär Apr Mai **Jun Jul Aug Sep** Okt Nov Dez

Siegerland und Wittgensteiner Land

Ponyreiten in Berghausen

Wenn das Kind mit einem seligen Lächeln im Sattel sitzt, steht einem wunderschönen Nachmittag nichts mehr im Weg. Der Wald ist nicht weit, das romantische Edertal lädt zum Ausritt ein.

Die Eltern satteln Schusters Rappen und spazieren nebenher – so ungerecht ist die Welt! Sofern man nicht Fünflinge gezeugt hat, ist der Spaß durchaus erschwinglich, die Stunde kostet zehn Mark. Mit Picknick sollte man für den "Ausritt" zwei Stunden einplanen. Anschließend gibt es auf dem Hof auch noch genug zu sehen, zum Beispiel Hühner und Kälber. Kaffee gibt es immer, wer essen möchte, sollte das vorher anmelden.

Ein vorheriger Anruf ist angebracht, da die Ponys besonders in den Sommermonaten natürlich sehr gefragt sind.

In der Nähe des Hofes gibt es eine Spielwiese mit Grillstation, wer Würstchen rösten möchte, der sollte das ebenfalls vorher anmelden ■

Adresse und Anfahrt: Bauernhof-Pension August Born, Am Kilbe 1, Bad Berleburg-Berghausen, Tel. 02751/5409 u. 51279. Berghausen liegt an der B 480 südlich von Bad Berleburg. Die Pension ist im Ort ausgeschildert – das Schild ist sehr klein!
Zeiten: nach Voranmeldung
Saison: ganzjährig
Kosten: 10 Mark pro Stunde
Verpflegung: Picknick, Kaffee und Kuchen, Grillen ■

Jan Feb Mär Apr Mai Jun Jul Aug Sep Okt Nov Dez

Nordrhein-Westfalen

Hessen   S. 261-312

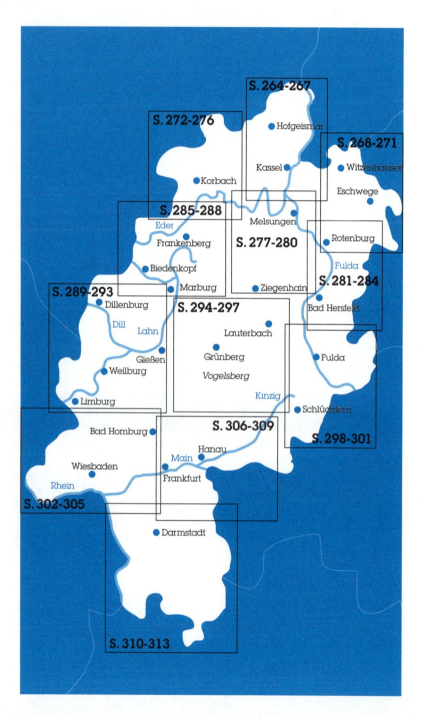

Weser, Diemel, Fulda	S.264-267	Lahn-Dill mit Weilburg/Limburg		S.289-293

Die Sababurg bei Hofgeismar 264
Der Museumszug "Hessen-Courrier" 265
Die Kurhessen Therme in Kassel 266
Die Ponderosa in Bad Emstal 266
Der Schloßpark Wilhelmshöhe 267

Freizeittherme Aßlar 289
Schloß Braunfels mit Tiergarten 290
Besucherbergwerk "Grube Fortuna" 291
Kanufahrten auf der Lahn bei Weilburg 292
Vogelpark in Herborn-Uckersdorf 293

Werra-Meißner-Land S.268-271

Wildpark in Meißner-Germerode 268
"Grube Gustav"/Meißner-Abterode 269
Erlebnispark Ziegenhagen 270
Kanu-Fahren auf der Werra bei Witzenhausen 271
Mineralwasser-Hallenbad in Witzenhausen 271

Vogelsberg-Wetterau S.294-297

Freizeitbad "Die Welle" in Lauterbach 294
Freizeitpark Schlitzerländer Tierfreiheit 295
Museumseisenbahn Bad Nauheim 296
Die Stadtbefestigung Herbstein 297

Waldecker Land/Ederbergland S.272-276

Heloponte-Bad in Bad Wildungen 272
Mit dem Schiff auf dem Edersee 273
Wild- und Freizeitpark Willingen 274
Der "Bauernhof zum Anfassen" in Haina-Halgehausen 275
Besucherbergwerk "Grube Christiane" in Adorf 276

Rhön mit Fulda S.298-301

Der Wildpark Gersfeld 298
Das Kindermuseum in Fulda 299
Sommerrodelbahn Wasserkuppe 300
Rhön-Therme in Fulda-Künzell 301
Pony-Reiten bei Willi Weber 301

Kurhessisches Bergland S.277-280

Der Wildpark Knüll 277
Ponyhof und Tierpark Rose 278
Besucherstollen des Nordhessischen Braunkohle Bergbaumuseums 279
Märchenmühle Beiseförth 280

Rheingau-Taunus mit Wiesbaden S.302-305

Der Opel-Zoo zwischen Königstein und Kronberg 302
Freilichtmuseum Hessenpark 303
ESWE Freizeit-Hallenbad 304
Taunus-Wunderland in Schlangenbad 304
Freizeitpark Lochmühle bei Wehrheim 305

Waldhessen S.281-284

Korbflechter von Sterkelshausen 281
Das Eisenbahnmuseum in Bebra 282
Der Salzberger Erlebnispark 283
Badepark Ronshausen 284

Frankfurt und Umgebung S.306-309

Naturmuseum Senckenberg 306
Der Frankfurter Flughafen 307
"Kleine Kreuzfahrt" auf dem Main 308
Zoologischer Garten in Frankfurt 309

Marburger Land S.285-288

Das Wildgehege in Dautphetal-Hommertshausen 285
Das Kindheits- und Schulmuseum in Marburg 286
Freizeitzentrum Sackpfeife mit Sommerrodelbahn 287
Das "Nautilus"-Freizeitbad in Gladenbach 288

Odenwald mit Raum Darmstadt S.310-313

Das Odenwald Hallenbad 310
Bergtierpark in Fürth-Erlenbach 311
Freizeitzentrum am Steinbrücker Teich/Darmstadt 312

Weser, Diemel, Fulda

Wer kennt es nicht, das Märchen vom Dornröschen. Nur wenige wissen: Es gab das Schloß des hundertjährigen Schlafes wirklich! Als Vorbild diente den Brüdern Grimm die Sababurg unweit von Hofgeismar. Und tatsächlich wirkt das

Land zwischen den Flüssen Weser, Diemel und Fulda auch heute noch märchenhaft und verzaubernd auf seine Besucher. Es gibt verwunschene kleine Täler mit klaren Bächen, langgezogene, majestätische Laubwälder und viele entzückende Dörfer, die zu besuchen sich lohnt ∎

Die Sababurg bei Hofgeismar

Wer hier einschläft, der muß damit rechnen, daß er erst nach hundert Jahren wieder aufwacht! Die Burg diente den Brüdern Grimm schließlich als Vorbild ihres "Dornröschenschlosses". Heutzutage hat der Tierpark Sababurg die wichtige Aufgabe, bedrohte europäische Tierarten zu züchten und bereits ausgestorbenen Tierarten durch Rückzüchtung ein zweites Leben zu schenken. Man sieht die prächtigen Wisente, drei europäische Wildpferdarten und viele andere seltene Tiere. Kinder freuen sich über den Streichelzoo besonders. Es gibt eine Kindereisenbahn ∎

Adresse und Anfahrt: Tierpark Sababurg, Tel. 05671/40001. Der Tierpark liegt im Stadtteil Sababurg nordöstlich von Hofgeismar. Man fährt die B 83 in Richtung Trendelburg, biegt aber schon kurz hinter der Stadt rechts ab auf die Straße nach Sababurg. Der Tierpark ist ausgeschildert.
Öffnungszeiten: 10 bis 18 Uhr, im Winterhalbjahr nur bis Sonnenuntergang.
Eintritt: Kinder (von 6 bis 15 J.) 2,50 Mark, Erwachsene 5 Mark. Ermäßigung für Familien, Gruppen und Schulklassen.
Verpflegung: Picknick und Grillen möglich. In der Burg gibt es eine Gaststätte.
Drumherum: In unmittelbarer Nähe liegt der Urwald Sababurg ∎

Jan Feb Mär Apr Mai Jun Jul Aug Sep Okt Nov Dez

Weser, Diemel, Fulda

Der Museumszug "Hessen-Courrier"

Die alte Dampflok pfeift, und ganz langsam setzen sich die mächtigen Räder in Bewegung: ein ganz besonderer Freizeitspaß, der sicher nicht nur Kinder begeistert! Der mit einem Museumswagen bestückte "Hessen-Courrier" fährt ab Ostern bis zum Nikolaustag jährlich rund 16mal die Strecke von Kassel nach Naumburg, einem freundlichen kleinen Landstädtchen. Die Fahrt geht über Berg und Tal, windet sich durch langgezogene Kurven in unberührter Mittelgebirgslandschaft. Es werden zwei Touren angeboten, eine von 10.30 bis 18.45 Uhr mit einem fünfstündigen Aufenthalt, die andere von 13.45 bis 19.30 Uhr bei drei Stunden Aufenthalt. Man kann auch nur eine Strecke fahren. Naumburg bietet einen kleinen Kurpark mit Spielplatz, ein Schwimmbad und eine gut erhaltene Fachwerkaltstadt ■

Adresse und Anfahrt: Hessen-Courrier, Bahnhof Wilhelmshöhe Süd, Druseltalstraße 1, Kassel, Tel. 0561/35925. Beste Verbindungen mit öffentlichen Verkehrsmitteln, da nur zehn Minuten Fußweg vom ICE- und InterRegio-Bahnhof Kassel-Wilhelmshöhe, der auch S-Bahn und Bus-Anschluß hat. Die Anfahrt im eigenen PKW an Werktagen kann wegen fehlender Parkplätze problematisch werden.
Alter: ab vier Jahren – die Fahrt dauert sehr lange!
Öffnungszeiten/Eintritt: Der Zug verkehrt an vielen Wochenenden während des Sommerhalbjahres. Ein Prospekt mit allen Terminen wird auf Verlangen zugesandt.
Verpflegung: Der Zug verfügt über einen Buffetwagen. In Naumburg bestehen Möglichkeiten zum Grillen oder Picknick, natürlich gibt es dort auch Restaurants und Cafés.

Jan Feb Mär Apr Mai Jun Jul Aug Sep Okt Nov Dez

Hessen

Die Kurhessen Therme in Kassel

Wenn der Wind pfeift und das Wetter so richtig ungemütlich wird, dann ist die Zeit für einen Besuch der Kurhessen Therme gekommen. Die größte Attraktion ist sicherlich die 106 Meter lange Riesenrutsche. Spaß macht zudem die exotisch-fernöstliche Aufmachung. Zum Bad gehören 1.200 Quadratmeter Wasserfläche, verteilt auf Innen- und Außenbecken. Es gibt Whirlpools, Sole-Grotten, Solarien und vieles mehr. Der Besuch ist allerdings kein besonders billiges Vergnügen, da Kinder ab sechs Jahren schon voll bezahlen müssen! Und trotzdem ist in der Therme immer sehr viel los ∎

Adresse und Anfahrt: Kurhessen Therme, Wilhelmshöher Allee, Tel. 0561/318080. Die Therme ist optimal mit der S-Bahn Linie 1 zu erreichen, Haltestelle "Kurhessen Therme" oder "Betriebsbahnhof". Für Autofahrer ist das Bad im Kasseler Zentrum gut ausgeschildert.
Tourismus- und Kurzentrale, Königsplatz 53, 34117 Kassel, Tel. 0561/34054.
Öffnungszeiten: täglich von 9 bis 23 Uhr, Mittwoch, Freitag/Samstag bis 24 Uhr.
Eintritt: für 1,5 Std. 18 Mark, 2 Std. 21 Mark, 4 Std. 28,50 Mark, ganztägig 42 Mark.
Verpflegung: Es gibt Restaurants im Naß- und Trocken-Bereich. Picknick ist im Sommerhalbjahr im nahen Schloßpark Wilhelmshöhe möglich ∎

Jan Feb Mär Apr Mai Jun Jul Aug Sep Okt Nov Dez

Die Ponderosa in Bad Emstal

Dicht am Wald liegt die Ponderosa, ein kleines nettes Ausflugsziel, daß Kindern den Rücken der Pferde näherbringt. Es gibt eine Reitbahn, und wenn Eltern es möchten, können sie auch ganz kleine Kinder auf einem Pony im nahen Wald spazierenführen. Auf der Ponderosa gibt es auch ein Kleintiergehege, das kostenlos besichtigt werden kann. Unterhalb liegt ein kleiner Spielplatz ∎

Adresse und Anfahrt: Ponderosa, Am Emser Berg, Bad Emstal, Tel. 05624/6611. Bad Emstal liegt zehn Kilometer südöstlich von Kassel entfernt. Ab Bad Emstal ist die Ponderosa ausgeschildert.
Öffnungszeiten: Die ganze Woche ab zehn Uhr bis spätestens zum Einbruch der Dunkelheit.
Eintritt: Kleintierzoo kostenlos, Ponyreiten nach Absprache
Verpflegung: Grillen und Picknick erlaubt, Verpflegung auch im Café vor Ort ∎

Jan Feb Mär Apr Mai Jun Jul Aug Sep Okt Nov Dez

Weser, Diemel, Fulda

Der Schloßpark Wilhelmshöhe

Der Park ist 240 Hektar groß und bietet Gelegenheit, einen ganzen Tag sowohl auf den Spuren der hessischen Geschichte als auch in der Geschichte der Gartenkunst zu wandeln.

Das Oktogon mit der aus Kupfer getriebenen Herkulesstatue (erbaut 1701–1718), die dem Mittelalter nachempfundene Löwenburg (erbaut 1793–1798), das klassizistische Schloß (erbaut 1786–1798) und das Große Gewächshaus (erbaut 1822) sind nur einige Beispiele aus der Geschichte der Kasseler Landgrafen. Die üppigen Wiesen, die seltenen Bäume, der schattenspendende Wald und die sich stets abwechselnden Wasserflächen lassen die verschiedenen Stilepochen der Gartenkunst beim Spazierengehen durch den Park hautnah erleben.

Die Wasserkünste im Park Wilhelmshöhe sind eine einmalige Attraktion. Sie finden von Himmelfahrt bis zum 3. Oktober jeden Mittwoch, Sonn- und Feiertag statt. 14.30 Uhr Herkules, 15 Uhr Steinhöfer Wasserfall, 15.10 Uhr Teufelsbrücke, 15.20 Uhr Aquädukt, 15.30 Uhr Große Fontäne ■

Adresse und Anfahrt: Der Schloßpark befindet sich am Ende der Wilhelmshöher Allee und ist von der Stadtmitte aus mit der Linie 1, Endstation, zu erreichen. Es gibt auch mehrere große Parkplätze, die rings um den Park verteilt sind. Der Park ist für Autofahrer gut ausgeschildert. Tel. 0561/32280, Fax 0561/311556 Tourismus- und Kurzentrale, Königsplatz 53, 34117 Kassel, Tel. 056312/34054.
Öffnungszeiten: Der Park ist frei zugänglich, die einzelnen Attraktionen sind aber nicht durchgehend geöffnet. Großes Gewächshaus: von Anfang Januar bis einschl. 1. 5., täglich von 10 bis 17 Uhr durchgehend. Löwenburg: ganzjährig Führungen um 10 Uhr, 11 Uhr, 13 Uhr, 14 Uhr und 15 Uhr, in den Sommermonaten auch um 16 Uhr, Montag geschlossen (außer gesetzl. Feiertage). Herkulesbauwerk: ab 15. 3. bis 15. 11. täglich durchgehend von 10 bis 17 Uhr
Saison: ganzjährig
Eintritt: für den Park frei
Verpflegung: Es gibt zwei Gaststätten und das Schloßcafé. Picknick ist im Park sehr gut möglich, Grillen verboten.
Drumherum: Die Kurhessentherme liegt in unmittelbarer Nähe ■

Jan Feb Mär Apr Mai Jun Jul Aug Sep Okt Nov Dez

Hessen

Werra-Meißner-Land

Das Land um den Hohen Meißner, den "König der hessischen Berge", ist das Land der Frau Holle – so wollen es jedenfalls alte Sagen wissen. Der Feriengast erlebt hier eine heile Welt mit ausgedehnten Wäldern, bunten Wildgraswiesen und blühenden Kirschplantagen. Der Naturpark Meißner-Kaufunger Wald zieht Jahr um Jahr Wanderer und Radfahrer

an, die die Stille und Einsamkeit dieser Landschaft zu schätzen wissen. Man würde sich kaum wundern, träfe man auf einem Spaziergang durch Wald und Wiesen die Brüder Grimm auf der Suche nach "ihrem" Schneewittchen ▪

Der Wildpark in Meißner-Germerode

Ein kleiner, aber interessanter Tierpark mit fast allen heimischen Wildarten, Vogelvolieren und zwei großen Fischteichen. Die Wege im Park sind buggytauglich, auch das Damwild möchte unbedingt gestreichelt werden. Wenn das noch nicht reicht, geht es auf den großen Kinderspielplatz ▪

Adresse und Anfahrt: Wildpark Germerode, 37290 Meißner-Germerode, Tel. 05657/7591. Germerode liegt in der Nähe von Eschwege, zwischen den Bundesstraßen B 7 und B 27 – Ausschilderung beachten.
Öffnungszeiten/Saison: 1. April bis 31. Oktober von 10 bis 18 Uhr (montags Ruhetag), von November bis März an Samstagen/Sonn- und Feiertagen von 10 bis 17 Uhr. Auch außerhalb dieser Zeiten sind Besichtigungen nach telefonischer Vereinbarung möglich.
Eintritt: Erwachsene ca. 4 Mark, Kinder 1 Mark, Gruppen/Vereine 3 Mark pro Person.
Verpflegung: Grillen in der vorhandenen Grillhütte möglich. Zum gemütlichen Verweilen und für das leibliche Wohl bieten sich die "Wildparkstube" und ein weiterer Gesellschaftsraum an.
Drumherum: "Grube Gustav" in Abterode ▪

Jan Feb Mär **Apr Mai Jun Jul Aug Sep Okt** Nov Dez

Die "Grube Gustav" bei Meißner-Abterode

Schon vor vielen hundert Jahren suchten Bergleute, nur mit Hammer und Pickel bewaffnet, in der Grube Gustav nach Kupferschiefer. In neuerer Zeit war man hochtechnisiert dem Schwerspat auf der Spur – so kann man bei einer Führung die Entwicklung des Bergbaus unter Tage erwandern. In der Grube, die im wild-romantischen Höllental gelegen ist, heißt es für die Besucher "Helm auf!". Kleine Besucher sehen unter ihrem Schlagschutz sehr verwegen aus und tragen diese Last mit besonderem Stolz!

Beeindruckend sind all die alten Geräte, mit denen man früher Stollen durch den Berg trieb. Der Altar der heiligen Barbara erinnert daran, daß die Bergleute oft genug lebendig begraben unter der Erde blieben ■

Adresse und Anfahrt: Grube Gustav, Tel. 05657/98960, im Höllental nahe Meißner-Abterode. Dieses liegt wenige Kilometer westlich von Eschwege, zwischen der B 7 und der B 27.
Öffnungszeiten: Dienstag bis Freitag 14 bis 17 Uhr, Samstag, Sonntag und an Feiertagen von 13 bis 17 Uhr. Letzte Führung eine Stunde vor Dunkelheit.
Saison: 15. März bis 31. Oktober
Eintritt: telefonisch erfragen
Verpflegung: Es gibt einen Kiosk, Picknick ist direkt vor der Grube möglich.
Drumherum: Fünf Kilometer entfernt liegt der Wildpark Germerode ■

Jan Feb **Mär Apr Mai Jun Jul Aug Sep Okt** Nov Dez

Werra-Meißner-Land

Familien-Erlebnispark Ziegenhagen

Im Erlebnispark Ziegenhagen heißt das Motto: Die Familie soll miteinander spielen und Spaß haben. Deshalb wird für jede Altersgruppe etwas geboten: Man kann sich im Irrgarten verlaufen, sich im Märchenreich verzaubern lassen, Tiere streicheln oder im Wasserspringboot "Aquajet" abdüsen. Für die Eltern ist sicherlich die große Oldtimer-Ausstellung interessant, mit den vielen, alten Autos und Motorrädern. Ebenso das Kunstgußmuseum mit den Ofenplatten und die volkskundlichen Sammlungen mit der Puppenausstellung. Der Museumsbereich macht unabhängig vom Wetter – es darf ruhig auch einmal ein paar Tropfen regnen.

Im Gruselkeller stehen die Haare zu Berge, im Babyland dürfen die Kleinsten nach Lust und Laune spielen. Im Abenteuer-Simulator erlebt man Motorradrennen und Achterbahnfahren sowie ein Weltraumabenteuer. Etwa 30 Spiel- und Fahrattraktionen gibt es zum Mitmachen. Ein besonderes Plus: Der Erlebnispark ist für den Rollstuhlfahrer geeignet, es werden sogar Leih-Rollstühle und ein Karussell für Rollis angeboten ∎

Adresse und Anfahrt: Erlebnispark Ziegenhagen, 37217 Witzenhausen, Tel. 05545/246 oder 504. Der Park liegt zwischen Kassel und Göttingen an der A 7, nur 3 km von der Ausfahrt Nr. 75 Hann.-Münden/Hedemünden.
Öffnungszeiten: im März samstags und sonntags von 10 bis 17 Uhr, vom 1. April bis zum letzten Sonntag im Oktober von 10 bis 17 Uhr nur bei gutem Wetter (bitte anrufen). In der Hauptsaison (1. 5. bis 31. 8.) von 9 bis 18 Uhr.
Saison: März bis Ende Oktober (siehe Öffnungszeiten).
Eintritt: Kinder von 3 bis 6 Jahren und Senioren zahlen 12 Mark, Erwachsene und Kinder ab 7 Jahren 15 Mark. Nur bei wenigen Attraktionen muß ein zusätzlicher Obolus entrichtet werden.
Verpflegung: Restaurant und Café vorhanden, Grillen und Picknick möglich ∎

Jan Feb **Mär Apr Mai Jun Jul Aug Sep Okt** Nov Dez

Werra-Meißner-Land

Kanu-Fahren auf der Werra

Am Campingplatz Werratal, der in idyllischer Lage direkt am Fluß liegt, verleiht man tageweise Kanus für den hoffentlich nicht zu feuchten Familienausflug auf dem Wasser. Man kann sich also entspannt auf den Wasserweg machen und fremde Ufer erforschen.
Wo's gefällt, legt man an. Erfahrung mit Booten ist von Vorteil! Es werden für Kinder ab 10 Kilogramm Körpergewicht
Rettungswesten angeboten. Am günstigsten fährt, wer das Boot selbst abholt und wieder zurückbringt. Es werden aber auch komplette Touren mit Abholservice angeboten ■

Adresse: Campingplatz Werratal, Am Sande 11, Witzenhausen, Tel. 05542/1465
Saison: empfiehlt sich für Anfänger nur in den Sommermonaten
Kosten: je nach Boot ab 30 Mark pro Tag und Person.
Verpflegung: Es gibt einen kleinen SB-Laden. Entlang dem Ufer stößt man immer wieder auf Restaurants und Cafés, gepicknickt wird, wo man will ■

| Jan | Feb | Mär | Apr | Mai | Jun | Jul | Aug | Sep | Okt | Nov | Dez |

Mineralwasser-Hallenbad in Witzenhausen

Für ein paar schöne, warme Stunden ist das Hallenbad in Witzenhausen immer gut. Für Kinder gibt es hier ein Planschbecken und einen Nichtschwimmerbereich. Im Sommer ist das Freibad-Terrain mit Liege- und Spielwiese und einem Kinderbecken geöffnet ■

Adresse und Anfahrt: Hallenbad Witzenhausen, Am Sande 12, Witzenhausen, Tel. 05542/508-61.
Öffnungszeiten: telefonisch erfragen, weil manchmal Vereine und Schulklassen das Bad belegen
Saison: nicht in den Sommermonaten
Eintritt: Erwachsene 4,50 Mark, Kinder ab sechs Jahren 3 Mark.
Verpflegung: In der Innenstadt Witzenhausens möglich, Restaurant mit Terrasse auch direkt neben dem Schwimmbad ■

| Jan | Feb | Mär | Apr | Mai | Jun | Jul | Aug | Sep | Okt | Nov | Dez |

Hessen

Waldecker Land/Ederbergland

Irgendwann im Mittelalter, als die Ritter und Räuber noch unterwegs waren, wurde hoch über dem Edertal eine Burg erbaut, die dem Land seinen Namen gab: Burg Waldeck.

Heute thront dort das Schloß gleichen Namens, und zu seinen Füßen liegt der Edersee. Dominiert wird das Waldecker Land vom Grün der dichten Wälder, die das beliebte Feriengebiet zu einem guten Drittel bedecken. Hier ist der König des Waldes, der prächtige Rothirsch, noch zu Hause und mit ihm auch einige Tierarten, die anderswo längst selten geworden sind. Im Herbst schallt sein Brunftruf weit durchs Land, und das ist schön und schaurig zugleich ■

Das Heloponte-Bad in Bad Wildungen

Natürlich ist die 80-Meter-Rutsche der große "Kracher" im Heloponte-Schwimmbad. Sind die Kinder für diesen großen Spaß noch zu klein, dann ist das Planschbecken genau richtig. Für den Sommer bietet das Heloponte auch einen großzügigen Freibad-Bereich. Wenn es die lieben Kleinen zulassen, kann sich ein Elternteil in die Sauna oder das Dampfbad verdrücken... ■

Adresse und Anfahrt: Heloponte, Stresemannstraße 2, Bad Wildungen, Tel. 05621/1600. Der Kurort liegt zwischen Frankenberg und Fritzlar, hier schneiden sich die B 485 und die B 253.
Öffnungszeiten: täglich von 8 bis 20.30 Uhr, außer montags ab 13 Uhr. Im Winterhalbjahr abends bis 21 Uhr.
Eintritt: von 6 bis 16 Jahren 4 Mark, darüber 7,50 Mark.
Verpflegung: Restaurant im Gebäude

Jan Feb Mär Apr Mai Jun Jul Aug Sep Okt Nov Dez

Mit dem Schiff auf dem Edersee

Was für ein schöner See: Wie eine lange Schlange windet sich der Edersee durch die Berglandschaft, die ihn umgibt. Oft reicht der Wald bis dicht ans Ufer, hier plätschert ein klarer Bach in eine stille Bucht, dort stehen regungslose Graureiher und warten auf ihre Mahlzeit. Das alles sieht man am schönsten vom Wasser aus. Die Fahrgastschiffe "Stern von Waldeck" und "Wappen von Edertal" sind zwei schmucke neue Kreuzer. Spannend sind die Ablegemanöver, und vielleicht läßt sich der Kapitän ja über die Schulter schauen.

Wenn der Wasserstand der Talsperre niedrig ist, gibt der See alte Ruinen frei, denn für den Bau wurden damals vor rund 80 Jahren zahlreiche Dörfer aufgegeben und versanken. Es gibt Rundfahrten ab einer Stunde Dauer, die von unterschiedlichen Punkten abgehen. Wenn es der Wasserstand zuläßt, wird im Sommer montags und freitags Herzhausen am Einlauf der Eder in den See angefahren ■

Adresse und Anfahrt: Personenschiffahrt Edersee, Ederseerandstraße 8 b, 34513 Waldeck-West, Tel. 05623/5415.
Saison: vom 20. 5. bis 1. 10. wird täglich, in der Vor- und Nachsaison (ab Karfreitag, bis 29. Oktober) an Samstagen, Sonn- und Feiertagen gefahren. Lassen Sie sich einen detaillierten Fahrplan zusenden.
Kosten: einfache Fahrten für Kinder ab 2,50 Mark bis 10 Mark, für Erwachsene von 4 bis 16 Mark. Preistabelle im Fahrplan.
Verpflegung: günstige Gastronomie an Bord, im Bereich der meisten Anlegestellen gibt es Imbisse oder Kioske.
Drumherum: Das Schloß Waldeck kann besichtigt werden. Auf dem gegenüberliegenden Ufer liegt der Wildpark Hemfurth. Imposant sind die riesige Staumauer des Sees und die Kaverne des Kraftwerkes ■

Jan Feb Mär **Apr Mai Jun Jul Aug Sep Okt** Nov Dez

Wild- und Freizeitpark Willingen

Drei Angebote für Kinder unter einem Dach: Für die ganz Kleinen ist der Streichelzoo mit Zwergziegen und Hängebauchschweinen eine feine Sache. Im Frühling kommen Jahr für Jahr zahlreiche Tierbabys zur Welt. Rothirsch, Waschbär und weitere Wild-Kumpanen sind zu beobachten.
Im Märchenpark sind rund 20 Märchendarstellungen aufgebaut, die ihre Geschichte erzählen. Durch den Freizeit-

park pöttert eine Kindereisenbahn, dort gibt es einen großen Spielplatz mit vielen Geräten, auf denen man sich richtig austoben kann. Größere Kinder, die schon ihren Go-Kart-Führerschein gemacht haben, sausen mit dem Autoscooter über die Sauerland-Rennstrecke. Im Oldtimer-Museum kann man alte Traktoren, Motorradveteranen und Sportwagen-Oldies bewundern. ■

Adresse und Anfahrt: Wild- und Freizeitpark Willingen, Am Ettelsberg, Willingen, Tel. 05632/69198. Willingen liegt an der B 252 zwischen Brilon und Korbach. Im Ort ist der Park ausgeschildert.
Öffnungszeiten: täglich von 9 bis 18 Uhr, im Winter bis Einbruch der Dunkelheit.
Saison: ganzjährig
Eintritt: Kinder bis 3 Jahre frei, ältere 9 Mark, Erwachsene 12 Mark.
Verpflegung: Imbiß und Snacks im Pack, Gaststätte 100 Meter entfernt, Picknick möglich
Drumherum: Das Lagunen-Erlebnisbad Willingen ist in der Nähe. Es sind auch Fahrten mit dem Sessellift auf den Ettelsberg möglich, des weiteren kann ein Schieferbergwerk besichtigt werden ■

Jan Feb Mär Apr Mai Jun Jul Aug Sep Okt Nov Dez

Der "Bauernhof zum Anfassen"

Bauer Günter Ochse hat seinen Hof so schmuck hergerichtet, daß man fast glauben könnte, er sei nur zum Anschauen! Weit gefehlt, hier wird noch richtig produziert, und zwar im biologischen Landbau. Am Wochenende, immer samstags von 14 bis 16 Uhr, öffnet der Landwirt seinen Hof großen und kleinen Gästen, die nicht nur sehen, wo die Milch herkommt, sondern auch barfuß in den Kornspeicher tapsen dürfen und auf dem Heuboden tollen können. Ziegen und Esel werden bestaunt und gestreichelt. Der Hof ist seit 1214 im Familienbesitz, dementsprechend familiär geht es hier zu – nicht selten werden aus Besuchern wahre Stammgäste.

Besondere Attraktion: Nach Absprache können auch Kindergeburtstage ausgerichtet werden. Die günstige Lage im Grünen, nahe der Städte Korbach, Frankenberg und Bad Wildungen, macht es leicht, einen Besuch einzuplanen ∎

Adresse und Anfahrt: Bauernhof Günter Ochse, Schweinfestraße 8, Haina-Halgehausen, Tel. 06456/218. Von Frankenberg auf der B 253 Richtung Bad Wildungen, nach rund 12 Kilometern abbiegen nach Halgehausen. Im Ort kann man den Hof an den großen Pappeln erkennen.
Öffnungszeiten: Samstags von 14 bis 16 Uhr und wochentags nach Absprache
Saison: ganzjährig
Eintritt: Erwachsene 5 Mark, Kinder 2 Mark
Verpflegung: Picknick möglich, im Ort Gaststätte, Milchtrinken bis zum Abwinken im Preis enthalten ∎

Jan Feb Mär Apr Mai Jun Jul Aug Sep Okt Nov Dez

Hessen

Besucherbergwerk "Grube Christiane"

Hier können Kinder lernen, daß ein Hund anstelle von Beinen auch Räder haben kann – denn die kleinen Transportloren zum Erztransport werden auch "Hund" genannt. Die spannende Führung durch den 800jährigen Stollen dauert anderthalb Stunden. Weil er waagerecht in den Berg getrieben ist, haben auch Großeltern keine Schwierigkeiten mit der Fortbewegung. Ein ehemaliger Knappe erzählt anschaulich, wie sich die Arbeit unter Tage abgespielt hat.

Zum Bergwerk gehört auch ein kleines Mineralienmuseum mit Schätzen aus den Tiefen der Erde. Bitte beachten: Die Temperaturen liegen das ganze Jahr über bei 8 bis 10 Grad Celsius. Festes Schuhwerk wird empfohlen ∎

Adresse und Anfahrt: Besucherbergwerk "Grube Christiane", Adorf, Tel. 05633/5955 oder 5427. Adorf liegt unweit des Diemelsees auf halber Strecke zwischen Korbach und Marsberg; das Bergwerk ist im Ort ausgeschildert.
Öffnungszeiten: Mittwoch 14 bis 17, Samstag 13 bis 17, an Sonn- und Feiertagen von 10 bis 17 Uhr geöffnet
Saison: Von April bis Oktober. Nach Absprache auch außerhalb der Saison
Eintritt: Erwachsene 6 Mark, Kinder die Hälfte
Verpflegung: Verzehr von Mitgebrachtem im Vorraum der Grube möglich, Gastronomie in Adorf, rund 2 Kilometer entfernt
Drumherum: In Adorf gibt es mehrere Spielplätze, der Diemelsee mit Strandbad und Schiffahrtsbetrieb ist nicht weit ∎

Jan Feb Mär **Apr Mai Jun Jul Aug Sep Okt** Nov Dez

Kurhessisches Bergland

Von hier kommen die Rotkäppchen – so heißen die Trachten, die in der Schwalm, dem südöstlichen Teil des Kurhessischen Berglandes, getragen werden. Zum großen Gebiet des Berglandes zählen der Knüllwald, der Habichtswald und der Kellerwald – man sieht das Land vor lauter Bäumen nicht!

Schon vor Tausenden von Jahren siedelten hier Jäger der Eiszeit; der heilige Bonifatius (der "Apostel der Deutschen") hatte es später sehr schwer, die heidnischen Germanen zu bekehren. Er griff kurzerhand zur Axt und fällte deren Heiligtum, die Donareiche bei Geismar nahe Fritzlar. Das imponierte den Heiden, und fortan hatte man es in der Gegend mit friedlichen, gottesfürchtigen Christen zu tun ■

Der Wildpark Knüll

Hier darf ausgiebig gestreichelt werden: Schafe, Esel, Ziegen und Minipferde bevölkern den Streichelzoo des schönen Tierparks. Rothirsche, Dam- und Muffelwild können freilaufend beobachtet werden. Zu den gefährdeten oder in Deutschland ausgestorbenen Arten, die im Tierpark gezeigt werden, gehören zum Beispiel Luchs, Uhu und Wisent. Es gibt einen Spielplatz ■

Adresse und Anfahrt: Wildpark Knüll, Homberg-Rodemann, Tel. 05681/2815. Über die A 7 Kassel-Frankfurt, Abfahrt Homerg/Efze, Richtung Homberg. Kurz nach der Abfahrt in Remsfeld Richtung Rodemann oder ab Homberg südlich Richtung Schwalmstadt auf der B 254, in Lützelwig nach Rodemann abbiegen.
Öffnungszeiten: täglich von 9 bis 18 Uhr, im Winter von 12 bis 16 Uhr
Saison: vom 1. 11. bis 25. 12. geschlossen
Eintritt: ab 3 Jahren 3 Mark, Erwachsene 7 Mark, Familien 18 Mark, Gruppenermäßigung
Verpflegung: Kiosk im Park, Picknick möglich ■

Jan Feb Mär Apr Mai Jun Jul Aug Sep Okt **Nov Dez**

Ponyhof und Tierpark Rose

Die Waldgaststätte Rose bietet Familien ein entspanntes Nachmittagsprogramm. Kinder, die unbedingt einmal einen Pferderücken ausprobieren möchten, kommen voll auf ihre Kosten. Es gibt eine Reitbahn und die Möglichkeit, im Wald auszureiten. Für sattelfeste Eltern sind auch Pferde vorhanden, dann ist die gesamte Familie "auf den Hufen".
Für nicht so sattelfeste Pferdefans besteht die Möglichkeit, Kutsch- oder Planwagenfahrten zu machen. Nach dem Ritt – oder auch davor – kann man dem Nasenbär an der Nasenspitze ansehen, daß ihm der Schalk im Nacken sitzt. Sittiche und Papageien zwitschern munter vor sich hin, während die Straußenvögel stets ihre Anmut bewahren. Ein kleiner Spielplatz rundet das Angebot ab ■

Adresse und Anfahrt: Waldgaststätte Rose, Eichwiesen 2, Melsungen-Röhrenfurth, Tel. 05661/4331. Der Ort liegt fünf Kilometer nördlich von Melsungen an der B 83 zwischen Melsungen und Kassel. Im Ort nach dem Weg fragen
Öffnungszeiten: von 10 bis 20 Uhr, im Winter bis zur Dunkelheit
Saison: ganzjährig
Eintritt: Erwachsene 2 Mark, Kinder ab drei Jahren 1 Mark.
Verpflegung: in der Gaststätte, Gruppen können gegen Gebühr grillen ■

Jan Feb Mär Apr Mai Jun Jul Aug Sep Okt Nov Dez

Kurhessisches Bergland

Das Nordhessische Bergbaumuseum

Unter der Altstadt des Fachwerkortes sieht es aus wie in einem Schweizer Käse, alles ist durchlöchert. Das verdankt man der Suche nach dem Heizstoff Braunkohle, die jahrhundertelang Bergleute unter Tage trieb.

Im Nordhessischen Bergbaumuseum wird in fünf Räumen die Geschichte des Braunkohle-Bergbaus genauestens demonstriert, zusätzlich gibt es Sonderausstellungen. Im Besucherstollen geht es dann richtig zur Sache: imposant ist es schon, wenn das Originalgerät lärmend lospoltert.
Auch Kinder können sich leicht ausmalen, daß die Arbeit der Bergleute in diesen Stollen bestimmt kein Zuckerschlecken war.
Eine Führung dauert rund eine Stunde. Die Museumsführer haben mit Kindern ab dem Kindergartenalter gute Erfahrungen gemacht ∎

Adresse und Anfahrt: Nordhessisches Braunkohle-Bergbaumuseum, Am Amtsgericht 2, Borken, Tel. 05682/5738. Borken ist über die A 49 von Kassel, Abfahrt Borken, zu erreichen. Es liegt rund 15 Kilometer südlich von Fritzlar. Im Ort ist das zentral gelegene Museum ausgeschildert.
Öffnungszeiten: Dienstag bis Donnerstag von 10 bis 12 Uhr, Dienstag bis Sonntag von 14 bis 17 Uhr
Saison: ganzjährig
Eintritt: Erwachsene zahlen 5, Kinder ab 10 Jahren 3 Mark, Familien 9 Mark.
Verpflegung: Café und Gaststätte im Haus
Drumherum: Ein Spielplatz liegt direkt vor dem Museum ∎

Jan Feb März Apr Mai Jun Jul Aug Sep Okt Nov Dez

Hessen

Kurhessisches Bergland

Märchenmühle Beiseförth

Ein kleines Landidyll: Aus dem Beisenberg heraus speist eine Quelle einen kleinen Bach, an dessen Ufer einige Miniaturhäuschen stehen, unter anderem auch die Märchenmühle. Der Bach treibt das kleine Mühlrad an, dessen Kraft weitere bewegliche Miniaturen antreibt, zum Beispiel das Zwergenkarussell. Direkt gegenüber der Märchenmühle steht eine Kneipp-Anlage mit Tischen und Bänken, wo das Picknick ausgepackt werden kann. Nicht weit von der Märchen-

mühle entfernt ist ein Wildgehege unserer heimischen Tierarten zu erreichen, das auf einem nicht allzu langen Rundweg durchwandert werden kann. Mit so einem Ziel laufen auch die Kleinen gern mal ein paar Schritte. Während der Sommermonate ist das Freizeitgelände im Dorf geöffnet, dort gibt es einen Badesee, Liegeflächen und eine Minigolf-Bahn. Außerdem lädt Hessens einziges Korbmachermuseum im Ort zu einem Besuch ein ■

Adresse und Anfahrt: Märchenmühle Beiseförth, Malsfeld-Beiseförth, Auskunft unter Tel. 05661/50027. Die Märchenmühle liegt in einem kleinen Tälchen beim Malsfelder Ortsteil Beiseförth. Der kleine Ort findet sich an der B 83 zwischen Rotenburg/Fulda und Melsungen, rund 7 Kilometer südlich von Melsungen, und ist ausgeschildert. Das Museum ist in der Mühlenstraße 18 im Ort Beiseförth.
Öffnungszeiten: die Märchenmühle ganztägig, das Museum sonntags von 14 bis 16 Uhr, bei Gruppenvoranmeldung täglich möglich
Saison: nur im Sommerhalbjahr
Eintritt: frei für die Märchenmühle, für das Museum: Erwachsene 2 Mark, Kinder ab sechs Jahre 1 Mark
Verpflegung: Picknick möglich, Pizzeria im Ort, im Sommer Café am Badesee ■

Jan Feb Mär **Apr Mai Jun Jul Aug Sep** Okt Nov Dez

Waldhessen

Waldhessen

Die Bürger Bad Hersfelds im Herzen Waldhessens sind bekannt als die "Mückenstürmer". Eines Tages nämlich entdeckten sie eine dunkle Wolke, die den Kirchturm verhüllte. Sofort rief man die Feuerwehr, um den vermeintlichen Brand zu löschen.

Oben angelangt, mußten die wackeren Wehrmänner feststellen, daß ein mächtiger Mückenschwarm sie genarrt hatte.
Der Reichtum dieser Region besteht in ihren Wäldern. Die vielgestaltige Mittelgebirgslandschaft lädt zum Wandern ein, auf den zahllosen Bergen und Hügeln dürfen Burgen und Schlösser bestaunt werden ■

Besuch beim Korbflechter

Ein faszinierender Ausflug führt zum Korbflechter in Sterkelshausen. Für etwas größere Gruppen organisiert er zweistündige Führungen, aber auch Familien gibt er gerne Geheimnisse seines Handwerks preis. Zur Werkstatt gehört das "Weidenfeld". Vom Schnitt der Zweige bis zum geflochtenen Korb ist es ein weiter Weg, den Horst Pfetzing seinen Besuchern näherbringt: In der Werkstatt sieht man zu, wie geflochten wird. Die Führungen sind in der Regel umsonst, eine Kaufverpflichtung gibt es nicht ■

Adresse und Anfahrt: Korbflechter Horst Pfetzing, Am Kringels 4, Alheim-Sterkelshausen. Der Ort liegt westlich von Rotenburg/Fulda. Anfahrt über die B 83 Richtung Melsungen, nach 5 Kilometern abbiegen nach Baumbach und Sterkelshausen. Im Ort ausgeschildert
Saison: ganzjährig, Besuche am besten nach telefonischer Absprache
Eintritt: frei
Verpflegung: Grillhütte in der Nähe
Drumherum: Im Ort gibt es einen Spielplatz, außerdem kann man das kleine Wildgehege im Rotenburger Hainbachtal besuchen ■

Jan Feb Mär Apr Mai Jun Jul Aug Sep Okt Nov Dez

Das Eisenbahnmuseum in Bebra

Nachdem der Bebraer Wasserturm von der Bundesbahn nicht mehr benötigt wurde, beschlossen die Eisenbahnfreunde Bebra mit Unterstützung der Stadt dort ein Eisenbahnmuseum einzurichten. Besonders hervorzuheben sind die komplette historische Fahrkartenausgabe, Uniformen, Arbeitsplätze eines früheren Bahntelegraphen und eines Fahrdienstleiters, zahlreiche Vitrinen mit Urkunden, Büchern und anderen wertvollen Exponaten. Für die jüngsten Besucher stehen eine Bastel- und Malecke sowie eine Modelleisenbahn zum Spielen zur Verfügung.

Um das Gelände fährt eine 600-mm-Schmalspur-Museumseisenbahn im Viertelstundentakt. Dazwischen sind Fahrten mit einem Schienenfahrrad möglich. ∎

Adresse und Anfahrt: Eisenbahnfreunde Bebra, Postfach 252, 36172 Bebra, Tel. 06623/7964. Das Museum befindet sich schräg gegenüber dem Bahnhof Bebra, Ausgang Gilfershäuser Straße.
Alter: ab 3 Jahren.
Öffnungszeiten: Jeden 1. Sonntag in den Monaten April bis September und am 3. Oktober (Feiertag), jeweils von 10 bis 17 Uhr, Nikolaus-Sonderfahrten am 6. Dezember zwischen 14.30 und 16.30 Uhr sowie für Gruppen ab 10 Personen jederzeit nach Anmeldung.
Eintritt: Museum frei, Bahnfahrt (2 Runden): 2 Mark, Dreierkarte 5 Mark.
Verpflegung: Kiosk am Wasserturm (Bänke und Tische vorhanden), Gaststätten in der Innenstadt ∎

Jan Feb Mär Apr Mai Jun Jul Aug Sep Okt Nov Dez

 Waldhessen

Der Salzberger Erlebnispark

Hier ist der Bär los, denn er ist das Maskottchen des großen Freizeitparks. Der bietet "den Spaß für die ganze Familie", und tatsächlich ist die Auswahl der über 50 Attraktionen so groß, daß für jeden etwas dabei sein dürfte: Das größte Trampolin Nordhessens lädt ein, in die Luft zu gehen. Beim Bullriding zeigt sich, wer ein echter Cowboy ist. Dabei heizt die bärenstarke Country-Band mächtig ein. Mit Schwung abwärts geht es auf der Riesenrutsche, schnell voran auf der Motorradbahn.

Für den wahren Barbaren ist auf dem Wikingerschiff immer ein Platz frei, und das Riesenrad sorgt dafür, daß man den Überblick nicht verliert ∎

Adresse und Anfahrt: Salzberger Erlebnispark, In den Auewiesen 1 – 3, 36286 Neuenstein-Aua, Tel. 06677/18450. Direkt an der Autobahn Frankfurt – Kassel (A5), Abfahrt Bad Hersfeld (Neuenstein-Aua), dann ausgeschildert
Öffnungszeiten: täglich von 10 bis 18 Uhr
Saison: von Ende März bis Ende Oktober
Eintritt: Kinder bis 2 Jahren frei, Tageskarte für 12 Mark
Verpflegung: Gastronomie im Park ∎

Jan Feb **Mär Apr Mai Jun Jul Aug Sep Okt** Nov Dez

283

 Waldhessen

Badepark Ronshausen

Zwar ist der Badepark nur im Sommerhalbjahr geöffnet, hat dann aber ein besonders abgerundetes Programm für Familien parat.
Die ganz Kleinen erwartet ein Planschbecken mit Mini-Rutsche. Sie können nach Lust und Laune im Schiffchenkanal "Ozeanriesen" schippern lassen. Auch ein Spielplatz ist am Ort.

Die größeren Kinder nehmen für Stunden die 52-Meter-Rutsche in Beschlag, spielen Boccia oder tummeln sich beim Minigolf, während die faulen Eltern es sich auf der Liegewiese bequem machen.
Dazu gibt es noch eine ganze Reihe von weiteren schönen Angeboten, wie zum Beispiel die Liegebucht und den immer beliebten Strömungskanal ∎

Adresse und Anfahrt: Badepark Ronshausen, Am Sportplatz, Ronshausen, Tel. 06622/3045.
Ronshausen liegt an den Bundesstraßen B 27 und B 83, rund fünf Kilometer östlich von Bebra.
Öffnungszeiten: täglich von 9 bis 19 Uhr
Saison: Mitte Mai bis Mitte September, bei gutem Wetter auch länger
Eintritt: Kinder von 4 bis 13 Jahren 3 Mark, von 14 bis 17 Jahren 4 Mark, Erwachsene 5 Mark
Verpflegung: Picknick möglich, Café, Kiosk, Snackbar ∎

Jan Feb Mär Apr **Mai Jun Jul Aug Sep** Okt Nov Dez

Marburger Land

Als der Maler Otto Ubbelohde damals im Luftkurort Wetter ausspannte, ließ er sich zu seinen berühmten Illustrationen der Grimmschen Märchen inspirieren.

In Marburg, der alten Universitätsstadt, stritten sich Martin Luther und Huldrych Zwingli.
Von hier stammt auch die Legende von der heiligen Elisabeth, einer der berühmtesten Frauengestalten des Mittelalters, die ihr Leben den Armen und Kranken widmete. Sie starb 24jährig im Jahr 1231, ihr zu Ehren wurde vier Jahre später der Bau der Elisabethenkirche begonnen, die jedes Jahr Tausende von Besuchern anzieht ■

Wildgehege Dautphetal-Hommertshausen

Dieser kleine private Tierpark darf von jedermann besucht werden. Der jetzige Besitzer hat ihn von seinem Vater übernommen und hält dort Rotwild, Damwild, Hängebauchschweine und Ziegen. Eine "Streichelabteilung" wird nicht angeboten. Es gibt einen kleinen Rundweg mit Bänken, in der Nähe eine Gaststätte und zwei Spielplätze ■

Adresse und Anfahrt: Wildgehege Dautphetal-Hommertshausen, Tel. 06466/91380. Dautphe liegt 7 Kilometer südlich von Biedenkopf, von dort fährt man über Silberg weitere 6 Kilometer. Im Ortsteil Hommertshausen ist das amerikanische Camp ausgeschildert, direkt darunter liegt das Gehege.
Öffnungszeiten/Saison: Das Gehege ist jederzeit frei zugänglich.
Eintritt: frei
Verpflegung: Picknick möglich, kein Kiosk vorhanden, Gaststätte in Dautphe ■

Jan Feb Mär Apr Mai Jun Jul Aug Sep Okt Nov Dez

Marburger Land

Das Kindheits- und Schulmuseum in Marburg

Das Kindheits- und Schulmuseum enthüllt seinen ganzen Charme nur den Besuchern, die in einer Gruppe von mehr als 20 Personen kommen – dann trägt die Märchenerzählerin Frau Mosburger nämlich einige ihrer zauberhaften Märchen vor.

Aber auch für Familien ist der Besuch des Museums empfehlenswert. Dort wird altes Spielzeug ausgestellt, eine Zwergenschule ist anzuschauen, ebenso eine Puppenklinik. Die Kinder können hier bestaunen, womit die Oma, als sie in ihrem Alter war, gespielt hat. Und es gibt ein Kinderzimmer von 1890, das den Kindern den Vergleich möglich macht: Was hat sich in den letzten hundert Jahren alles geändert? Wenn die Eltern erzählen können, dann kann man hier einige schöne Stunden verbringen ∎

Adresse und Anfahrt: Kindheits- und Schulmuseum, Barfüßer Tor 5, Marburg, Tel. 06421/24424 und 14177. Das Museum liegt in der Oberstadt unterhalb des Schlosses und ist vom Marktplatz aus zu Fuß zu erreichen. Die Oberstadt ist von mehreren Parkplätzen und -häusern umgeben.
Öffnungszeiten/Saison: Im Sommerhalbjahr sonntags von 11 bis 13 Uhr für Familien, ganzjährig Führungen und Vorträge für Gruppen und Schulklassen, nach Absprache
Eintritt: Eintritt sonntags frei, Gruppentarife erfragen
Verpflegung: Picknick ist im kleinen Park gegenüber dem Museum möglich. Es gibt im Umfeld viele Cafés und Gaststätten.
Drumherum: In der Oberstadt gibt es mehrere Spielplätze, man kann auch vor oder nach dem Museumsbesuch den Schloßberg erklimmen und dort die Kasematten erkunden ∎

Jan Feb Mär Apr Mai Jun Jul Aug Sep Okt Nov Dez

Marburger Land

Freizeitzentrum Sackpfeife mit Sommerrodelbahn

Die faszinierende Aussicht vom Berg "Sackpfeife" kann man das ganze Jahr über genießen, in den wärmeren Monaten kommt als besondere Attraktion die Sommerrodelbahn hinzu. Die rund 400 Meter lange Strecke darf von Piloten ab sechs Jahren befahren werden, jüngere sind Beifahrer der Erwachsenen. Ist man nach der sausenden Fahrt unten angekommen, hat man zwei Möglichkeiten: Die ganz harten Sportler joggen die Bergwiese hoch, Dauer rund 5 Minuten, Spaziergänger brauchen auf dem normalen Weg ungefähr 30 Minuten.
Die ganz Bequemen setzen sich in den Sessellift und schweben der Berg empor.
Man kann also sehr gut einige Abfahrten mit einem kleinen Spaziergang verbinden und anschließend noch den Aussichtsturm besteigen.
Für sehr kleine Kinder gibt es einen Spielplatz, für die etwas älteren eine Autoscooter-Anlage mit Münzbetrieb ∎

Adresse und Anfahrt: Freizeitzentrum Sackpfeife, Biedenkopf, Tel. 06461/3778. Von Biedenkopf aus zunächst Richtung Frankenberg, noch im Ort ausgeschildert. Biedenkopf liegt an den Bundesstraßen B 62 und B 253.
Öffnungszeiten: während der Schulferien und an Wochenenden ganztägig
Saison: nur im Sommerhalbjahr, nicht bei schlechtem Wetter, am besten vorher anrufen
Eintritt: Erwachsene zahlen für Rodelfahrt und Sessellift kombiniert 4 Mark, Kinder 3,50 Mark. Einfache Fahrten mit Lift oder Bahn 2 Mark.
Verpflegung: Picknick möglich, "Berghütte" mit Gastronomie ∎

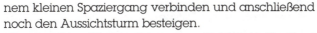

Jan Feb Mär Apr Mai Jun Jul Aug Sep Okt Nov Dez

Hessen

Marburger Land

Nautilust Freizeitbad in Gladenbach

Endlich ein Spaßbad für wilde Kinder, die gerne gegen den Strom schwimmen – denn im Freizeitbad Nautilus in Gladenbach gibt es eine tolle Gegenstrom-Anlage, gegen die man sich in den Freibereich des Thermalbades vorkämpfen kann.

Im Planschbecken wartet das Wasserpuzzle darauf, von dem etwas jüngeren Nachwuchs gelöst zu werden. Die kleine Wasserrutsche und die Sprunganlage sind für die schon etwas älteren Kinder gedacht. Im warmen Sommer ist das

Freibad geöffnet. Für die Entspannung der gestreßten Eltern ist auch eine Sauna vorhanden, hier kann man mit oder ohne Nachwuchs etwas für Leib und Seele tun ■

Adresse und Anfahrt: Nautilus Freizeitbad, Ferdinand-Köhler-Straße 42, 35075 Gladenbach, Tel. 06462/2009-51. Gladenbach liegt ca. 15 km südwestlich von Marburg an der B 255. Das Bad befindet sich in unmittelbarer Nähe der Stadtwerke und ist im Ort ausgeschildert.
Öffnungszeiten: montags von 9 bis 13 Uhr, dienstags bis samstags 10 bis 21.30 Uhr und sonntags 9 bis 19 Uhr.
Saison: ganzjährig ausschließlich Juli
Eintritt: bis 3 Jahre frei, Kinder, je nach Dauer, von 3 bis 8,50 Mark, Erwachsene von 5 bis 14 Mark.
Verpflegung: Cafeteria und Restaurant beim Bad
Drumherum: Ein Spielplatz liegt in unmittelbarer Nähe ■

Jan Feb Mär Apr Mai Jun Jul Aug Sep Okt Nov Dez

Lahn-Dill mit Weilburg/Limburg

Die schönen Flüsse Lahn und Dill geben dieser Region ihren Namen.
Die herrliche Erholungslandschaft wird geprägt von vielen prächtigen Burgen und Schlössern, die von den Bergen aus Wacht halten oder sich zur Schau stellen – man würde sich nicht wundern, wenn hinter der nächsten Talkehre ein Ritter in voller Rüstung erschiene ∎

Freizeittherme Aßlar

Ab ins Spaßbecken, dann auf die Riesenrutsche, hui, 65 Meter hinab, dort warten die Arme der Riesenkrake "Pluto" – die Freizeittherme in Aßlar ist ein Riesenspaß für die ganze Familie. Während die Eltern in der Solargrotte ein ruhiges Plätzchen finden oder im Warmwasserbereich bei 34 Grad Celsius entspannt im Wasser treiben, toben die Kleinen unter der Kaskade oder feuern die witzige Wasserkanone ab. Im Sommer geht's dann auf die Liegewiese ∎

Adresse und Anfahrt: Freizeittherme Aßlar, Tel. 06441/81188. Aßlar liegt nah der A 45, etwa fünf Kilometer vom Autobahnkreuz Wetzlar entfernt. Im Ort ist die Therme ausgeschildert.
Öffnungszeiten: Das Bad ist an Wochenenden durchgehend von 10 bis 19 Uhr geöffnet. Während der Woche gelten unterschiedliche Zeiten, die man am besten telefonisch erfragt.
Saison: ganzjährig
Eintritt: Kinder 6 Mark, Erwachsene 7 Mark, am Wochenende plus je 2 Mark
Verpflegung: Bistro im Bad, kalte und warme Mahlzeiten ∎

Jan Feb Mär Apr Mai Jun Jul Aug Sep Okt Nov Dez

Hessen

Lahn-Dill mit Weilburg/Limburg

Schloß Braunfels mit Fürstlichem Tiergarten

Erst einmal geht es die Treppen hoch zum Schloß, das durch ein mächtiges Portal hindurch betreten wird.
Da ist es sicherlich schlau, das eigene Ritterschwert mitzubringen, um auf dem Hof "gefährliche Kampfszenen" nachzustellen.

Für die älteren Kinder ist eine kleine Führung möglich, die den inneren Schloßhof, die 142 Stufen hinauf auf den Bergfried (toller Blick) und die Kanonenterrasse umfaßt. Die große Führung durch Rittersaal, Gemäldegalerie und weitere Räume ist nur etwas für geduldige Kinder. Ohne Führung kann – gegen ein kleines Entgelt – die Waffensammlung des Familienmuseums besichtigt werden. In wenigen Minuten zu erreichen ist der Fürstliche Wildpark "Tiergarten Braunfels", der täglich von 10 bis 18 Uhr geöffnet ist ∎

Adresse und Anfahrt: Schloß Braunfels, Information: Fürstliche Rentkammer, Braunfels, Tel. 06442/5002. Anfahrt über Solms (2 km), das an der B 49 zwischen Wetzlar und Weilburg liegt
Öffnungszeiten/Saison: April bis September von 8 bis 17 Uhr, Oktober bis März von 9 bis 16 Uhr
Eintritt: Kosten für die Führungen bei der Fürstlichen Rentkammer erfragen
Verpflegung: Café-Restaurant im Schloß, Picknick auf dem Marktplatz möglich
Drumherum: Tierpark, Kurpark mit Spielplatz ∎

Jan Feb Mär Apr Mai Jun Jul Aug Sep Okt Nov Dez

Lahn-Dill mit Weilburg/Limburg

Besucherbergwerk "Grube Fortuna" in Solms-Oberbiel

Roter Kittel, gelbe Kappe: das ist die "Kutte", die man als Besucher der Grube Fortuna zu tragen hat. Ist man solchermaßen gewandet, geht es mit dem Förderkorb abwärts und mit der Grubenbahn unter Tage weiter. Dort wird der Eisenerzabbau mit Originalgeräten gezeigt.
Das lärmt tüchtig, sieht aber faszinierend aus. Die Führung dauert rund eine Stunde und dürfte für nicht allzu quengelige Kinder ab 4 Jahren kein Problem sein.

Es gibt auch einen Museumsbereich, dort wird die Arbeitswelt der alten Bergleute nähergebracht, angegliedert wurde auch eine Schau von alten Grubenbahnen ▪

Adresse und Anfahrt: Besucherbergwerk "Grube Fortuna" in Solms-Oberbiel. Tel. 06443/8246-0. Liegt wenige Kilometer von Wetzlar entfernt im Wald. Man kann es über Aßlar (an der B 277) oder über Oberbiel (an der B 49) erreichen.
Öffnungszeiten: Dienstag bis Freitag 9 bis 16 Uhr, Samstag und Sonntag 9 bis 17 Uhr. Letzte Führung jeweils eine Stunde vor Schluß
Saison: von März bis November, während der Ruhezeit nur für Gruppen nach Absprache
Eintritt: Erwachsene 9 Mark, Kinder unter 5 Jahren 1 Mark, sonstige Ermäßigungen 5 Mark ▪

Jan Feb **Mär Apr Mai Jun Jul Aug Sep Okt Nov** Dez

Hessen

Lahn-Dill mit Weilburg/Limburg

Kanufahrten auf der Lahn bei Weilburg

Graf Adolph von Nassau ließ Mitte des letzten Jahrhunderts einen Wasserweg durch den Berg treiben. Er hatte sicher nicht damit gerechnet, daß die Eisenbahn bald den Kanal unrentabel machen würde. Heute freuen sich Kanufahrer über den Baueifer des Grafen, denn er garantiert heute einen ganz besonderen Freizeitspaß: das Paddeln durch den Weilburger Wassertunnel!

Auch für Anfänger ist es möglich, sich einen Kanadier oder Kajak zu leihen, sie fahren erst einmal am Ufer entlang. Rettungswesten werden schon für Kinder ab zwei Jahren verliehen. Der Tunnelkanal ist nur 200 Meter vom Startplatz entfernt. Die Boote werden tageweise verliehen, es gibt die Möglichkeit, bis zu Abholstellen in Entfernungen zwischen vier und 20 Kilometern zu fahren. Am besten, man nimmt sich nicht allzu viel vor und macht genügend Pausen mit Picknick und Spielaufenthalten – der Phantasie sind keine Grenzen gesetzt ■

Adresse und Anfahrt: Die Kanus werden vom Kur- und Verkehrsverein Weilburg/Lahn, Mauerstraße 6, Weilburg, Tel. 06471/7671, verliehen. Nicht blindlings nach Weilburg fahren, die Boote könnten ausgebucht sein. Die Verleihstelle in der Bahnhofstraße liegt an der Lahn, neben dem ausgeschilderten Hallenbad.
Öffnungszeiten: Bürozeiten des Verleihs montags bis freitags von 9 bis 12 und von 14 bis 16.30 Uhr. Samstags von 10 bis 12 Uhr.
Saison: Für Fahrten mit Kindern empfehlen sich aus Sicherheitsgründen nur die Sommermonate.
Kosten: ab 40 Mark pro Tag für einen 2er-Kanadier oder -Kajak. Rücktransport wird extra berechnet.
Verpflegung: Picknick am Ufer, wo es gefällt. Es können natürlich auch die Cafés und Restaurants am Flußufer angesteuert werden.
Drumherum: Es werden auch Tret- und Ruderboote stundenweise verliehen.

Jan Feb Mär Apr **Mai Jun Jul Aug Sep** Okt Nov Dez

Der Vogelpark in Herborn-Uckersdorf

Hier piept es nicht nur, nein, hier lärmen die Papageien, trompeten die Kraniche und klappern die Störche. Die ganze Vielfalt der Vogelwelt ist in zahlreichen Freigehegen, Volieren und auf den Teichen zu bewundern. Hier schlägt der Pfau sein Rad, dort geht der Rote Ibis, Symbol der Weisheit, lässig seiner Arbeit nach: Er durchsucht das Gras nach Nahrung. Für Neunmalkluge liegt an der Kasse der Prospekt zur "Vogelpark- Rallye" bereit. Unter den Störchen, die im Park nisten und jedes Jahr Nachkommen in die Welt setzen, sind auch "Afrikareisende", denn die Nachzucht

dient unter anderem dem Aufbau einer Wildpopulation. Erste Erfolge mit von der Winterreise zurückgekehrten Vögeln zeugen vom Sinn dieser Arbeit.
So will der Vogelpark ein Ort der Erholung, aber auch der Tierliebe und Volksbildung sein ∎

Adresse und Anfahrt: Vogelpark, Herborn-Uckersdorf, Tel. 02772/42522. Rund vier Kilometer nordwestlich von Herborn entfernt, das an der A 45 liegt. Abfahrt Herborn-West, B 255 Richtung Westen, nach zwei Kilometern rechts nach Amdorf, weiter nach Uckersdorf, dann ausgeschildert.
Öffnungszeiten: täglich von 10 bis 18 Uhr
Saison: April bis Oktober
Eintritt: telefonisch erfragen
Verpflegung: Gastronomie im Park ∎

 3

Jan Feb Mär **Apr Mai Jun Jul Aug Sep Okt** Nov Dez

Hessen

 Vogelsberg-Wetterau

Vogelsberg-Wetterau

Eigentlich ein ungemütliches Gefühl, ganz in der Nähe von Europas größtem Vulkan zu sein — doch keine Angst, der Vogelsberg hat schon seit sieben langen Jahrmillionen keine Lava mehr ausgespuckt.

Dichte Wälder und weite Täler umgeben den markanten Kegel.
Die Wetterau ist wegen ihres fruchtbaren Lößbodens berühmt, in der langgestreckten Senke finden sich zahlreiche, vom Mittelalter geprägte Städte und eine ganze Reihe von Kurorten ∎

Freizeitbad "Die Welle" in Lauterbach

Das Freizeitbad "Die Welle" ist immer gut für einen schönen, nassen Nachmittag.
Schwimmer vergnügen sich im großen Becken, die kleinen Nichtschwimmer haben das Planschbecken ganz für sich. Schweißtreibend ist der Ausflug in die Sauna.
Zum Schwimmbad gehört auch eine Eishalle, die von Oktober bis März geöffnet ist ∎

Adresse und Anfahrt: Freizeitbad "Die Welle", Steinigsgrund, Lauterbach, Tel. 06641/4505. Der Ort liegt rund 20 Kilometer nordwestlich Fuldas an der B 254, innerorts ist das Bad ausgeschildert. Die Busverbindungen mit dem Stadtbus sind stündlich, Haltestelle "Sudetenstraße".
Öffnungszeiten: sehr unterschiedlich, telefonisch erfragen
Saison: ganzjährig
Eintritt: Erwachsene 8,50 Mark, Kinder von 14 bis 17 Jahren 6,50 Mark, Kinder von 3 bis 13 Jahren 4,50 Mark
Verpflegung: Dem Bad ist eine Pizzeria angegliedert ∎

Jan Feb Mär Apr Mai Jun Jul Aug Sep Okt Nov Dez

Vogelsberg-Wetterau

Schlitzerländer Tierfreiheit

Dieser Tier-, Freizeit- und Erholungspark wurde 1971 auf einem ehemals gräflichen Gelände errichtet. Den Besuchern wird ein wechselnder Bestand von ca. 300 heimischen und exotischen Tieren in ca. 60 Arten geboten. Die Anlagen sind so geschaffen, daß sie den Tieren einen großzügigen Lebensraum einräumen und sie somit in einer Umgebung zeigen, die ihnen das Beibehalten ihrer

Lebensgewohnheiten ermöglicht. Neuzugänge und Geburten machen jeden Besuch immer wieder aufs neue interessant. Der vorhandene Spiel- und Turnplatz kann von jung und alt zur körperlichen Ertüchtigung genutzt werden. Da mit der ausschließlichen Einrichtung von Wanderwegen bewußt auf Autodurchfahrten verzichtet wurde, finden in dieser schönen und gesunden Umwelt alle Besucher naturnahe Erholung. ■

Adresse und Anfahrt: Schlitzerländer Tierfreiheit in Schlitz-Unterschwarz, Tel. 06653/214. Liegt nahe der A 7 Kassel-Würzburg, Abfahrt Niederaula. Auf der B 62 kurz Richtung Alsfeld, dann rund 4 Kilometer Richtung Schlitz.
Öffnungszeiten: 9 bis 18 Uhr, sonn- und feiertags bis 19 Uhr, im Herbst und Winter nur bis Einbruch der Dunkelheit.
Saison: ganzjährig
Eintritt: Erwachsene 8 Mark, Kinder (von 3 bis 14 Jahren) 4 Mark
Verpflegung: Picknick möglich, Snacks vom Kiosk ■

  3

Jan Feb Mär Apr Mai Jun Jul Aug Sep Okt Nov Dez

Vogelsberg-Wetterau

Museumseisenbahn Bad Nauheim

Mit der mächtigen Dampflok T3, Typ Bismarck, geht es auf die insgesamt 25 Kilometer lange Fahrt von Bad Nauheim nach Münzenberg und zurück.

Alles ist hier original, nicht nur Eisenbahn-Fanatiker geraten hier sehr leicht ins Schwärmen, auch die Kleinen sind schnell zu begeistern. Und es ist natürlich klasse, wenn die Museums-Lok "genauso aussieht wie meine zu Hause". Im Güterwagen können auch Fahrräder untergestellt werden, es hindert einen also nichts daran, Fahrrad und Lok zu einer schönen Rundfahrt zu kombinieren. Die Dampflok macht sich nämlich an ihren Fahrtagen dreimal auf den Weg, man kann also, wenn man will, in Münzenberg auch ohne Bedenken eine Pause einlegen. ∎

Adresse und Anfahrt: Museumseisenbahn Bad Nauheim, Am Goldstein, Tel. 06032/32125. Der Bahnhof der Museumsbahn liegt nahe dem DB-Bahnhof in Bad Nauheim. Bad Nauheim hat eine eigene Autobahnabfahrt an der A 5 rund 15 Kilometer südlich von Gießen. Es gibt auch gute Bahnanschlüsse nach Bad Nauheim.
Fahrzeiten: Der Zug verkehrt ab Mai bis Oktober rund 10- bis 12mal, fordern Sie den genauen Zugplan einfach an.
Eintritt: Rückfahrkarten Kinder 9 Mark, Erwachsene 18 Mark ∎

Jan Feb Mär Apr **Mai Jun Jul Aug Sep Okt** Nov Dez

Vogelsberg-Wetterau

Die Stadtbefestigung Herbstein

In der mittelalterlichen "Stadt auf dem Berge" kann man ohne weiteres ein paar schöne Stunden verbringen. Im Zentrum des Familienspazierganges steht die alte Ringmauer aus dem 13. Jahrhundert, der Hoch-Zeit der Rittersleute. Die Mauer ist gut erhalten, weite Teile können begangen werden. Zur Befestigung gehören auch drei Türme und ein schauriges Burggewölbe. Auf Anfrage werden aber vom Frühling bis zum Herbst Führungen für Gruppen angeboten. Die kosten pro Person 1,50 Mark, mindestens jedoch 30 Mark pro Gruppe. Die Führung dauert ca. eine Stunde. Im Ort verbindet der frei zugängliche Kurpark mit Teich und Grillhütte das Thermalbad (Bild) mit dem Haus des Gastes. Dort gibt es Spielmöglichkeiten für Kinder, eine Riesenrutsche, eine Minigolfanlage und eine Boccia-Bahn ∎

Adresse und Anfahrt: Die Stadtbefestigung wird verwaltet von der Kurbetriebsgesellschaft Herbstein, Marktplatz 7, Tel. 06643/960019. Herbstein liegt an der B 275 rund zehn Kilometer südlich von Lauterbach. Parkplätze z. B. direkt vor dem Rathaus. Die Befestigung liegt mitten in der Altstadt.
Öffnungszeiten/Saison: ganzjährig offen zugänglich, Führungen nur nach tel. Absprache
Eintritt: frei, Führungen ab 20 Personen, je 1,50 Mark, kleinere Gruppen 30 Mark
Verpflegung: Picknick auf dem Marktplatz oder im Kurpark, es gibt zahlreiche Cafés und Restaurants ∎

Jan Feb Mär Apr Mai Jun Jul Aug Sep Okt Nov Dez

Hessen

Rhön mit Fulda

Die Rhön wartet mit einer ganzen Zahl markanter Erhebungen auf, und jede hat ihre Geschichte: So liegt einer Sage zufolge unter der Milseburg der mächtige Riese Mils begraben.

Auf der 950 Meter hohen Wasserkuppe wurde die Segelfliegerei erfunden. Der Wallfahrtsort Kreuzberg, "Heiliger Berg der Franken", beherbergt knorrige Franziskanermönche, die das dunkle Kreuzbergbier brauen. Die Rhön ist eine der markantesten Vulkanlandschaften in unseren Breitengraden mit schattigen Wäldern, sturmzerfetzten Wetterbäumen und bizarren Hochmooren ∎

Der Wildpark Gersfeld

Der Gersfelder Wildpark gehört zu den schönsten seiner Art in Europa: Er ist vorbildlich in die Landschaft integriert, und das Wild kann in seiner natürlichen Umwelt beobachtet werden. 150 Tierarten leben hier auf 500 000 Quadratmetern. Neben allen europäischen Hochwildarten bekommt man auch eine ganze Reihe von Kleintieren zu sehen. Um den Tieren näher zu kommen, wurden Futterstellen eingerichtet. Ein Spielplatz und ein Streichelzoo gehören auch dazu ∎

Adresse und Anfahrt: Wildpark Gersfeld, Tel. 06654/680 od. Kurverwaltung Gersfeld, Tel. 06654/1780. Gersfeld liegt an den Bundesstraßen 279 und 284 rund 30 km südlich von Fulda. Über die A 7 Frankfurt-Kassel, Abf. Fulda-Süd/Eichenzell.
Öffnungszeiten: täglich von 9 bis 18 Uhr, im Winter 10 bis 18 Uhr
Eintritt: Erwachsene 4 Mark, Kinder von 13 bis 17 J. 3 Mark, von 4 bis 12 J. 2 Mark
Verpflegung: Gaststätte, Café, Kiosk, Picknick nicht gern gesehen ∎

Jan Feb Mär Apr Mai Jun Jul Aug Sep Okt Nov Dez

 Rhön mit Fulda

Das Kindermuseum in Fulda

Wenn die Museumsleitung sagt, sie habe ein Herz für Kinder, dann ist das keine bloße Floskel, denn im Ausstellungsbereich wurde ein großes begehbares Herz aufgestellt, das bei den einstündigen Führungen von den jungen Entdeckern durchwandert wird. Und so, wie Kinder sich mit Hand und Fuß biologisches Verständnis aneignen können, gibt es weitere altersgerechte Attraktionen aus den Naturwissenschaften. Der große Flaschenzug, mit dem man sich sogar selbst

in die Höhe ziehen kann, ein Riesenkaleidoskop und lustige Schatten-Licht-Spiele machen das privat geführte Museum zu einer echten Attraktion. Für Kindergartengruppen und Schulklassen werden nach Absprache auch Workshops durchgeführt ■

Adresse und Anfahrt: Kindermuseum, Kinder-Akademie Fulda, Mehlerstraße 4, Fulda, Tel. 0661/90273-0. Fulda hat ausgezeichnete Bahnverbindungen, z. B. mit ICE und InterRegio ab Frankfurt oder Kassel. Der Fußweg ab Bahnhof beträgt rund 15 Minuten.
Öffnungszeiten: 1. April bis 30. September (Sommerhalbjahr): Mo., Di., Fr. 10 – 13 und 14 – 17.30 Uhr, Mi. 10 – 13 und 14 – 20 Uhr, So. 14 – 17.30 Uhr.
1. Oktober bis 31. März (Winterhalbjahr): Mo. bis Fr. 10 – 13 und 14 – 17.30 Uhr, So. 14 – 17.30 Uhr.
Saison: ganzjährig
Eintritt: 5 Mark, mit Führung durch das "Begehbare Herz" 10 Mark
Verpflegung: eigenes Café, nach Absprache gibt's für Gruppen Mittagessen ■

Jan Feb Mär Apr Mai Jun Jul Aug Sep Okt Nov Dez

Hessen

Rhön mit Fulda

Sommerrodelbahn Wasserkuppe

Wer glaubt, daß Schlittenfahren stets mit viel Schnee und eisiger Kälte verbunden ist, der täuscht sich gewaltig. Auf der Doppelsommerrodelbahn auf der Wasserkuppe in der Rhön kann man, unabhängig von den Gezeiten, vom Berg ins Tal rutschen und durch blühende Wiesen flitzen, vorbei an perplexen Wanderern. Dabei kann jeder selbst bestimmen, ob er mit Überschallgeschwindigkeit die 750 Meter lange Strecke zurücklegt oder lieber ab und zu die Bremse zieht. Die größeren Kinder dürfen sich dabei ruhig in einen Einzelschlitten wagen, während die kleineren vor dem Elternteil auf dem Doppelschlitten gut aufgehoben sind. Die Schönheit der Landschaft bemerken die dem Geschwindigkeitsrausch verfallenen Sommerrodler dann spätestens bei der Liftfahrt nach oben. Als Weltneuheit startet der "Rhönbob" ab 1998 auf Stahlrohren zur 1060 m langen Abfahrt ∎

Adresse und Anfahrt: Sommerrodelbahn, Wasserkuppe, Josef Wiegand Skiliftbetriebs-GmbH, Tel. 06651/9800. Die Sommerrodelbahn ist über die B 284 von Gersfeld nach Ehrenberg, Abzweig nach Abtsroda (Zufahrt auf halber Strecke nach rund 2 km) oder über die B 458 von Fulda in Richtung Hilders bis Dietges, Abfahrt zur Wasserkuppe zu erreichen.
Öffnungszeiten: April bis Oktober täglich 10 bis 17 Uhr, bei Bedarf auch länger
Saison: April bis Oktober
Eintritt: Erwachsene 3 Mark, Kinder 2 Mark, Gruppenermäßigung
Verpflegung: SB-Restaurant "Märchenwiese" direkt neben der Rodelbahn
Drumherum: Segelflugmuseum, Rundflüge, Drachenfliegen ∎

Jan Feb Mär **Apr Mai Jun Jul Aug Sep Okt** Nov Dez

 Rhön mit Fulda

Die Rhöntherme in Fulda-Künzell

Eine tolle Plansch- und Badewelt bietet die Rhöntherme. Schnell auf den prallen Autoschlauch und auf der Wildwasserrutsche hinab ins Wasser.
Der Spaß allein reicht schon für eine vergnügte Kinderstunde, doch es gibt ja auch noch das Wellenbecken und die Quellgrotte. Angegliedert ist ein großer Sauna- und Solarbereich, der allerdings Aufpreis kostet ■

Adresse und Anfahrt: Rhöntherme, Fulda-Künzell, Tel. 0661/34011. Anfahrt über die A7, Abfahrt Fulda-Nord, Richtung Stadtteil Künzell. Die Therme ist großräumig ausgeschildert.
Öffnungszeiten: montags bis samstags 10 bis 23 Uhr, an Sonn- und Feiertagen von 9 bis 22 Uhr
Saison: ganzjährig
Eintritt: für 4 Stunden Kinder bis 5 Jahre 3 Mark, bis 14 Jahre 8 Mark, 15- bis 17jährige 12 Mark. Erwachsene 18 Mark, darin sind Sauna und Solarium enthalten. Für Kinder, nur in Begleitung Erwachsener, beträgt der Sauna-Solarium-Aufschlag 6 Mark.
Verpflegung: Cafeteria im Bad ■

Jan Feb Mär Apr Mai Jun Jul Aug Sep Okt Nov Dez

Ponyreiten bei Willi Weber

Nach telefonischer Absprache kann man auf Willi Webers Ponyhof einen schönen Nachmittag mit den so geliebten Vierbeinern verleben. Die teilweise sehr alten Ponys sind kinderlieb und tragen, wenn Eltern die Leine in die Hand nehmen, auch sehr kleine Kinder ab drei Jahren. Ausritte für die jungen Könnerinnen und Könner sind ebenfalls möglich ■

Adresse und Anfahrt: Ponyhof Willi Weber, Tel. 06658/1224. Poppenhausen-Schwarzerden liegt rund 30 Kilometer südöstlich von Fulda (A 7) und rund 5 Kilometer nördlich von Gersfeld, das über die Bundesstraßen B 284 und B 279 zu erreichen ist. Im kleinen Dorf Schwarzerden nachfragen.
Öffnungszeiten: nach Absprache
Saison: ganzjährig
Preise: nach Absprache
Verpflegung: Picknick möglich, Gaststätten im 4 Kilometer entfernten Poppenhausen ■

Jan Feb Mär Apr Mai Jun Jul Aug Sep Okt Nov Dez

Hessen

Rheingau-Taunus mit Wiesbaden

Die Römer hatten viele Probleme mit den wilden Germanen. Was lag da näher, als sie mit dem Grenzwall des "Limes" einfach "wegzusperren". Das ehemalige Römerkastell Saalburg erzählt noch heute von den wilden Zeiten in den

Jahrhunderten nach Christi Geburt. Große landschaftliche Vielfalt zeichnet das Gebiet Rheingau-Taunus aus: Sonnige Südhänge, tiefe Täler und viele kleine Hügel und Berge wechseln hier ab. Weinbau hat hier seit Jahrhunderten Tradition, Geschichtsfans können das mittelalterliche Kloster Eberbach besuchen, wo die Innenaufnahmen des Kinofilms "Der Name der Rose" gedreht wurden ∎

Der Opel-Zoo bei Königstein

Die große Attraktion des Zoos sind die afrikanischen Elefanten. Daneben findet man viele andere Tierarten, die man sonst nur aus dem Fernsehen kennt: Flußpferde, Zebras, Affen, Giraffen und jede Menge Gefiedertes. Hautnahen Kontakt aufnehmen kann man im Streichelzoo. Neben den Tieren, insgesamt 1000 Exemplare rund 200 verschiedener Arten, gibt es weitere tolle Kinderattraktionen: eine Riesenrutschbahn, Trampoline, Spielgeräte aller Art. Esel und Kamel laden zu einem Ritt ein – was für ein Abenteuer und ein schönes Motiv für das Familienalbum ∎

Adresse und Anfahrt: Opel-Zoo, Tel. 06173/79749. Der Zoo liegt direkt an der B 455 zwischen Königstein und Kronberg, rund 25 Kilometer westlich von Frankfurt. Verkehrsanbindung: S-Bahn ab Frankfurt nach Kronberg, dann mit dem Linienbus 917, Haltestelle Opel-Zoo.
Öffnungszeiten: täglich von 8.30 Uhr bis zum Einbruch der Dunkelheit
Eintritt: Kinder von 2 bis 14 Jahren 7 Mark, ab 15 Jahren und Erwachsene 9 Mark, Gruppenermäßigung ab 20 Personen je 1 Mark
Verpflegung: Picknick möglich, Kiosk und Cafeteria ∎

Jan Feb Mär Apr Mai Jun Jul Aug Sep Okt Nov Dez

Freilichtmuseum Hessenpark

Der Hessenpark macht einen Ausflug in die Welt von gestern möglich. Aus ganz Hessen wurden Häuser, Scheunen, Ställe, Werkstätten und Kirchen hierher versetzt.
Die zu erhaltenden Bauwerke wurden von erfahrenen Baufachleuten restauriert, konserviert und dem Ort, der Zeit und den jeweiligen Gegebenheiten entsprechend eingerichtet, so daß man sich in die Lebens- und Arbeitsweise unserer Vorfahren hineindenken kann.
Das reine Schauen und Durchwandern wird von Demonstrationen aufgelockert: Man kann sich, je nach Wochentag, über Töpfern, Wagnern, Brotbacken, Weben und Blaufärben informieren.
Auf das Jahr verteilt, gibt es eine Menge zusätzlicher Veranstaltungen und Workshops, die über die aktuellen Prospeke abzufragen sind: Themen wie die Winterarbeit im Hause, Landwirtschaft, Erntebrauchtum und auch historische Fotodokumentationen über den Alltag hessischer Dörfer werden hier aufgegriffen ■

Adresse und Anfahrt: Freilichtmuseum Hessenpark, Neu-Anspach/Taunus, Tel. 06081/588-0. Neu-Anspach liegt rund zehn Kilometer nordwestlich von Bad Homburg, nicht weit der B 456 Richtung Usingen. Weiträumig ausgeschildert.
Öffnungszeiten: täglich außer montags von 9 bis 18 Uhr
Saison: 1. März bis 30. Oktober
Eintritt: Erwachsene 7 Mark, Kinder ab 6 Jahren 5 Mark
Verpflegung: im historischen Gasthaus "Zum Adler"
Drumherum: Der Freizeitpark Lochmühle und die römische Saalburg liegen ganz in der Nähe ■

Jan Feb **Mär Apr Mai Jun Jul Aug Sep Okt** Nov Dez

ESWE Freizeitbad

Planschbecken, Whirlpool, Rutsche – hier ist alles vorhanden, um ein paar Stunden "untertauchen" zu können. Schwimmer vergnügen sich im 50-Meter-Becken, und mutige Kids testen die Sprunganlage. Am Sonntagnachmittag ist ab 13 Uhr alles auf die "Wasserratten-Familie" eingestellt, dann gibt es jede Menge Spielmaterial in den Becken ∎

Adresse und Anfahrt: ESWE Freizeitbad, Mainzer Straße 144, Tel. 0611/7803306. Das Bad liegt im Süden Wiesbadens und ist mit den Bussen der Linien 3, 6, 11 und 33 zu erreichen, Haltestelle "ESWE Freizeitbad".
Öffnungszeiten: montags und an Feiertagen von 7 bis 14 Uhr, Dienstag bis Samstag von 7 bis 21.45 Uh, sonntags von 8 bis 21 Uhr, ab 13 Uhr Spielnachmittag
Saison: ganzjährig
Eintritt: Erwachsene 7,50, Kinder von 3 bis 18 Jahren 3 Mark
Verpflegung: Gaststätte im Hallenbadgebäude ∎

Jan Feb Mär Apr Mai Jun Jul **Aug Sep Okt Nov Dez**

Taunus-Wunderland in Schlangenbad

Was sich Wunderland nennt, muß etwas zu bieten haben: Tatsächlich finden sich hier ein Märchenpark, ein Tierpark mit Streichelzoo, ein Vogelgehege sowie jede Menge Fahr- und Spielgelegenheiten. Auf der Superrutsche kann man "voll abfahren", im Geisterschloß wird das Gruseln gelernt. Je nach Laune wird man Indianerhäuptling Sitting Bull besuchen oder mit dem schnaufenden Western-Express unterwegs sein. Im Ballpool kann man untertauchen – 250 000 Plastikbälle machen es möglich. Und als praktischer Geschichtsunterricht wird eine große Dino-Schau gezeigt. Innerhalb des Parks ist nach dem Entrichten des Eintrittspreises kein weiterer Obolus mehr fällig ∎

Adresse und Anfahrt: Taunus-Wunderland, Schlangenbad, Tel. 06124/4081. Das Wunderland liegt rund 10 Kilometer westlich von Wiesbaden, fünf Kilometer südlich von Bad Schwalbach.
Öffnungszeiten/Saison: von April bis September täglich von 10 bis 18 Uhr
Eintritt: Ab 85 Zentimetern Körpergröße zahlt jeder 15 Mark.
Verpflegung: vom Picknick bis zum Restaurantbesuch alles möglich ∎

Jan Feb Mär **Apr Mai Jun Jul Aug Sep** Okt Nov Dez

Rheingau-Taunus mit Wiesbaden

Freizeitpark Lochmühle bei Wehrheim

Aus einem ehemaligen Bauernhof ist ein ausgewachsener Freizeitpark für die ganze Familie geworden: Ponyreiten und Parkbahnfahrten sind ebenso möglich wie Fahrten mit Wasserbob, Motor- und Paddelbooten oder dem Floß. Es gibt einen Streichelzoo, viele, viele weitere Tiere zum Anschauen und ein richtiges Landwirtschaftsmuseum. Bei schlechtem Wetter verlegt man seine Aktivitäten in die

Allwetterhalle. Weitere Attraktionen sind die Springburg, die Hubschraubertretbahn, Minigolfanlage, Eichhörnchenbahn und die Ufos. Wenn man an einem Nachmittag alles abgeackert hat, dann fällt das Einschlafen abends sicher nicht schwer ■

Adresse und Anfahrt: Familienfreizeitpark Lochmühle, Wehrheim/Taunus, Tel. 06175/7084. Wehrheim liegt nördlich von Bad Homburg, Anfahrt z. B. über die B 465 Bad Homburg–Usingen, Wehrheim.
Öffnungszeiten: täglich von 9 bis 18 Uhr
Saison: vom Beginn der Osterferien bis zum Ende der Herbstferien in Hessen
Eintritt: ab 15 Jahren 10 Mark, Kinder von 2 bis 14 Jahren 8 Mark
Verpflegung: Grillplätze, Selbstbedienungsrestaurant, Kiosk, Waffelbäckerei ■

Jan Feb **Mär Apr Mai Jun Jul Aug Sep Okt** Nov Dez

Hessen

Frankfurt und Umgebung

Die Geschichte vom Struwwelpeter kennt jedes Kind, geschrieben wurde sie Mitte des vergangenen Jahrhunderts vom Frankfurter Arzt Heinrich Hoffmann. Dem jugendlichen Buchstar, der seine Haare nicht kämmen wollte und seine Fingernägel nicht schnitt, wurde in Frankfurt ein ganzes Museum gewidmet. Allerdings keines, das besonders für Kinder geeignet wäre, sondern eher dem Sammler und Literaturfreund gefallen wird.

Für "Landeier" ist natürlich auch ein Spaziergang durch die Straßenschluchten "Mainhattans" ein Erlebnis ■

Naturmuseum Senckenberg

Eigentlich komisch, daß sich so viele Kinder für Fossilien begeistern können. Das Senckenberg-Museum, das für hessische Schüler zum Ausflugspflichtprogramm gehört, zeigt eine der wichtigsten naturhistorischen Sammlungen der Welt. Beeindruckend ist zum Beispiel das Skelett des Riesenhirsches, der vor Ende der letzten Eiszeit ausgestorben ist, ebenso sehenswert sind Millionen Jahre alte Saurierüberreste. ■

Adresse und Anfahrt: Naturmuseum Senckenberg, Senckenberganlage 25, Tel. 069/75420. Das Museum liegt in der Innenstadt, zwischen Messe- und Universitätsviertel. Es ist vom Bahnhof nach 15minütigem Fußmarsch zu erreichen oder mit der Straßenbahn, Linie 16 und 19, Haltestelle "Messe", Busanschluß mit der Linie 32, U-Bahnlinien 6 und 7, "Bockenheimer Warte".
Öffnungszeiten: täglich von 9 bis 17 Uhr, mittwochs bis 20 Uhr, samstags, sonntags und an Feiertagen bis 18 Uhr
Eintritt: Erwachsene 7 Mark, Kinder 3 Mark
Verpflegung: ital. Restaurant
Drumherum: Der Palmengarten ist nicht weit entfernt ■

| Jan | Feb | Mär | Apr | Mai | Jun | Jul | Aug | Sep | Okt | Nov | Dez |

Frankfurt und Umgebung

Der Frankfurter Flughafen

Das ist schon ein mächtiger Eindruck für die Kleinen, wenn sich ein Jumbo-Jet in die Lüfte erhebt. Auch die Landung ist spannend, wenn die Reifen quietschend aufsetzen und der Koloß abgebremst werden muß. Von der Besucherterrasse Terminal 1 mit "Ventura"-Flugsimulator und Terrassencafé kann man der Abfertigung der vielen Flugzeuge zusehen und manchmal sogar in die Cockpits hineinschauen – natürlich nur durchs Fenster. Auch im Terminal 2 gibt es eine Besucherterrasse, dorthin kommt man mit der

Adresse und Anfahrt: Flughafen Frankfurt/Main, Auskünfte zu den Besucherterrassen unter Tel. 069/690-70069. Hotline für die aktuelle Besucherinformation 069/690-70303. Anfahrt über die Autobahnen, weiträumig ausgeschildert, Parken in einem der Parkhäuser. S-Bahn S8 ab dem Frankfurter Hauptbahnhof
Öffnungszeiten: von 8 bis 19.30 Uhr (in den Wintermonaten eingeschränkt)
Saison: **ganzjährig**
Eintritt: **Kinder 5 Mark, Erwachsene 7 Mark.**
Verpflegung: Im Terminal 1 gibt es zahlreiche Cafés und Restaurants. Kinder freuen sich sicher über den Besuch des bekannten Schnellrestaurants, dem eine Spielfläche angegliedert ist. ■

Jan Feb Mär Apr Mai Jun Jul Aug Sep Okt Nov Dez

Hessen

"Kleine Kreuzfahrt" auf dem Main

Es muß nicht immer das Traumschiff auf den sieben Weltmeeren sein, eine "Kleine Kreuzfahrt" auf dem Main kostet viel weniger und bietet dafür sehr viel: Direkt ab dem Mainkai, einige Steinwürfe vom Römer entfernt, geht es für eine Dreiviertelstunde oder auch für 105 Minuten auf den Fluß. Es gibt viel zu sehen!

Bei schönem Wetter kann man sich auf dem Sonnendeck den Wind um die Nase wehen lassen, bei schlechtem Wetter nimmt man unter Deck Platz.
Eine Seefahrt ist für Kinder immer eine gute Sache, solange sie nicht den ganzen Tag dauert.
Die relativ kurzen "Kreuzfahrten" auf dem Main sind eine gute Alternative ∎

Adresse und Anfahrt: Frankfurter Personenschiffahrt, Mainkai 36 (Eiserner Steg), Frankfurt, Tel. 069/281884. Die Abfahrtstelle liegt nahe der U-Bahnstation Römer/Paulskirche, Linie S 11 oder U4.
Öffnungszeiten/Saison: Die Schiffe fahren in den Sommermonaten täglich, die Abfahrtszeiten erfragt man telefonisch.
Fahrpreise: Für die kurze Tour 7 Mark, für die lange 10 Mark. Kinder von 5 bis 15 Jahren zahlen die Hälfte.
Verpflegung: In Frankfurt findet man zahllose Restaurants jeder Kategorie ∎

Jan Feb Mär Apr **Mai Jun Jul Aug Sep** Okt Nov Dez

Zoologischer Garten Frankfurt

Der Frankfurter Zoo ist ein Riesending mit unzähligen Tieren aus aller Welt. Hier sieht man den gesamten Kosmos des Tierreichs: von den Affen, Bären und Wassertieren über prachtvolle Raubkatzen bis zu den vielen bunten Vögeln, Fischen und Reptilien.

Besondere Attraktion ist das Nachttierhaus, in dessen schummrigem Licht man tagsüber viele interessante Tiere zu Gesicht bekommt, die nachtaktiv sind. Ganz davon ab-

gesehen, daß die Kinder sich hier an Tieren wirklich so richtig sattsehen können, gibt es auch noch spezielle Angebote für die "halben Portionen": Ein Spielplatz, Ponyreiten am Wochenende und ein Streichelzoo sorgen für helle Begeisterung.

Eine ganz besonders schöne Idee ist der Kinder-Zooführer mit Mal- und Bastelmöglichkeiten, der an der Kasse für fünf Mark erhältlich ist ∎

Adresse und Anfahrt: Zoologischer Garten, Alfred-Brehm-Platz 16, Frankfurt, Tel. 069/212-33735. Liegt am östlichen Rand der Innenstadt, ist im gesamten Stadtbereich ausgeschildert. Anfahrt auch über die Linien U6 und U7, Haltestelle "Zoo".
Öffnungszeiten: täglich 9 bis 17 Uhr, im Sommer bis 19 Uhr
Saison: ganzjährig
Eintritt: Kinder von 6 bis 17 Jahren 5 Mark, Erwachsene 11 Mark
Verpflegung: Cafeteria, Restaurant und Kiosk sind vorhanden ∎

Jan Feb Mär Apr Mai Jun Jul Aug Sep Okt Nov Dez

Odenwald mit Raum Darmstadt

Der Odenwald ist in zahllose Sagen verwoben, die wohl bekannteste ist das Nibelungenlied, die Geschichte vom jungen Drachentöter Siegfried, der hinterhältig ermordet wurde. Im Westen des Odenwalds, wo er steil abfällt, liegt die

Bergstraße, die alte "strata montana" der Römer. Hier, so sagt man, beginnt der Frühling früher als anderswo in Deutschland. Der Naturpark Bergstraße-Odenwald ist der größte Deutschlands, und Natur gibt es im wald- und wiesenreichen Land satt. Viele Denkmäler weisen zurück ins Reich der Geschichte, als hier noch Römer und Kelten siedelten ■

Odenwald-Hallenbad in Michelstadt

Beim Besuch des Odenwald-Hallenbades im schönen Städtchen Michelstadt sind ein paar schöne Stunden sicher. Neben dem üblichen Angebot von Hallenbädern – Schwimmerbecken, Nichtschwimmerbecken, Planschbereich und Sprunganlage – wird zweimal in der Woche, freitags von 17 bis 18.30 Uhr und samstags von 13 bis 15 Uhr, das Nichtschwimmerbecken freigegeben für "Spiele im Wasser". Die Wasserratten haben dann Spaß mit Schwimmbrettern, aufblasbaren Bällen, Flossen und Schnorcheln. Dem Bad ist auch eine Sauna angegliedert ■

Adresse und Anfahrt: Odenwald-Hallenbad, Erbacher Straße, Michelstadt, Tel. 06061/3812. Michelstadt liegt an den Bundesstraßen 45 und 47, im Stadtbereich ist das Bad ausgeschildert.
Öffnungszeiten: montags 16 bis 22, dienstags bis freitags 8 bis 21.30 Uhr. Samstags von 9 bis 18, sonntags von 9 bis 12 Uhr
Saison: ganzjährig. Im Sommer zwei Monate Betriebspause
Eintritt: Erwachsene 5 Mark, Kinder 3 Mark
Verpflegung: Cafés und Restaurant im Ort
Drumherum: Spielzeugmuseum, Motorradmuseum, sehenswerte Altstadt ■

Jan Feb Mär Apr Mai Jun Jul Aug Sep Okt Nov Dez

Odenwald mit Raum Darmstadt

Der Bergtierpark in Fürth-Erlenbach

In diesem schönen Park findet man Bergtierarten aus fünf Erdteilen friedlich versammelt.

Der hügelig angelegte Park bietet den Tieren Lebensbedingungen, die ihren tatsächlichen in freier Wildbahn sehr nahe kommen. Der afrikanische Mähnenspringer ist Nachbar des Damhirschs, der Bergnasenbär vom amerikanischen

Kontinent ist neben den Berberaffen untergebracht. Nur selten bekommt man die Gelegenheit, dem Yak-Rind aus dem Himalaja-Gebirge Auge in Auge gegenüberzustehen. Sein dichter Struwwelpeter-Pelz schützt ihn daheim in Höhen zwischen 4000 und 6000 Metern vor empfindlicher Kälte ∎

Adresse und Anfahrt: Bergtierpark, Tierparkstraße 20, Fürth-Erlenbach, Tel. 06253/3389. Autobahn A5 Frankfurt-Weinheim, Abfahrt Heppenheim/Bergstraße, dann über die B 460 Richtung Fürth/Odw.
Öffnungszeiten: 9.30 bis 18 Uhr
Saison: ganzjährig
Eintritt: Erwachsene 5 Mark, Kinder 2 Mark
Verpflegung: Picknick möglich, Kiosk am Tierpark
Drumherum: im Ort gibt es einen Spielplatz und weitere Gastronomie ∎

Jan Feb Mär Apr Mai Jun Jul Aug Sep Okt Nov Dez

Hessen

Freizeitzentrum am Steinbrücker Teich

Das Freizeitzentrum ist mitten im Wald gelegen, und trotzdem nur wenige Kilometer von der Darmstädter Innenstadt entfernt.
Während der warmen Jahreszeit ist es ein wahres Dorado für Familien, mit einer Vielzahl von Möglichkeiten für groß und klein. Es gibt eine Sanddüne für Kleinkinder, einen Abenteuerspielplatz für schon etwas größere Rabauken, man kann Ponys reiten und Kutschfahrten machen.
Es gibt ausgewiesene Grillplätze und einen großen Teich, auf dem man mit gemieteten Tret- und Paddelbooten zum Kapitän wird.

Müde Eltern und abgekämpfte Kinder lassen sich auf die Liegewiese fallen, anschließend kann man noch durch den Wald spazieren – und schon ist der Tag vorbei ∎

Adresse und Anfahrt: Freizeitzentrum am Steinbrücker Teich, tel. Auskunft unter 06151/132071.
Das Zentrum liegt rund 2 Kilometer nordöstlich von der Innenstadt entfernt, Ausfahrt auf der Dieburger Straße. Verbindungen mit der Linie "F" ab Innenstadt, Haltestelle "Boerwaldhaus".
Öffnungszeiten: täglich freier Zugang
Saison: 1. Mai bis 15. Oktober
Eintritt: frei
Verpflegung: Picknick, Grillen, Ausflugsgaststätte "Oberwaldhaus" ∎

Jan Feb Mär Apr  Nov Dez

Thüringen S. 313-328

Thüringen

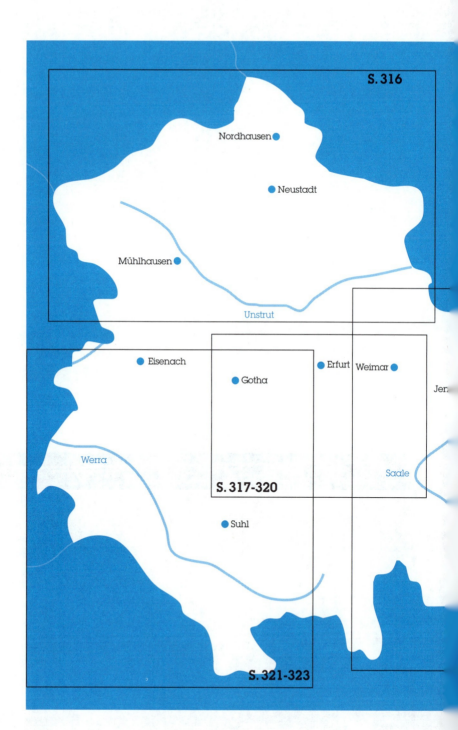

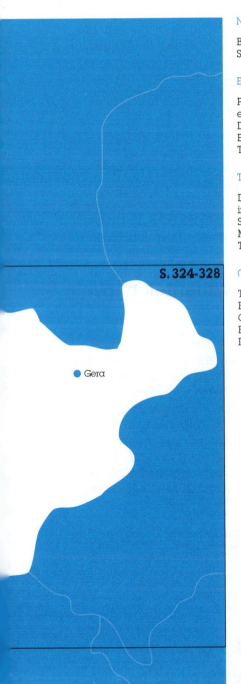

Nordthüringen	S.316
Bootsverleih am Schwanenteich in Mühlhausen	316

Erfurt und Umgebung	S.317-320
Puppentheater Erfurt	317
ega Erfurt	318
Deutsches Bienenmuseum Weimar	318
Eissportkomplex Süd Erfurt	319
Thüringer Zoopark Erfurt	320

Thüringer Wald	S.321-323
Dorftheater "Friedrich Schiller" in Bauerbach	321
Sandstein- und Märchenhöhle Walldorf	322
Tierpark Suhl	323

Ostthüringen/Raum Gera	S.324-328
Tierpark Gera	324
Botanischer Garten Jena	325
Geraer Höhler	326
Bühnen der Stadt Gera	327
Reiterhof Collis	328

Thüringen

Nordthüringen

Drei Hügelketten umschließen die Region Nordthüringen: Hainich, Eichsfeld und Dün. Im Mittelpunkt liegt die Kreisstadt Mühlhausen, in der Thomas Münzer, der "Prediger mit der Regenbogenfahne", geboren wurde. Ihm waren die reformatorischen Forderungen Martin Luthers nicht radikal genug,

er wollte den Adel abschaffen und das Reich Gottes auf Erden verwirklichen. 1525 gelang ihm das für kurze Zeit, als er in Mühlhausen den "Ewigen Rat" ausrief. Doch die Obrigkeit schlug zurück, Münzer wurde noch im selben Jahr hingerichtet ∎

Bootsverleih am Schwanenteich in Mühlhausen

Von Mai bis September kann man sich bei gutem Wetter am Mühlhauser Schwanenteich Ruderkähne und Tretboote ausleihen, stundenweise und zum gängig günstigen Preis. Nach einer Stunde Rudern oder Treten ist die Familie reif für Kaffee und Kuchen – da bietet sich die Einkehr im "Café Schwan" an. Anschließend fallen die regenerierten Sprößlinge über den Spielplatz her. Während der Sommerzeit ist auch der "Seitensprung" ins nahe Freibad möglich.
Nur einen kleinen Fußmarsch entfernt liegt die Popperöder Quelle mit ihrem putzigen Brunnenhäuschen – ein idealer Ort für ein Picknick ∎

Adresse und Anfahrt: Schwanenteich bei Mühlhausen. Der Schwanenteich liegt an der B 249 von Mühlhausen nach Eschwege am Stadtrand. Er ist ausgeschildert. Informationen vom Fremdenverkehrsamt Mühlhausen, Tel. 03601/452335.
Öffnungszeiten: 10 bis 17 Uhr
Saison: von Mai bis September
Eintritt: Bootsverleih stundenweise zu üblichen Preisen
Verpflegung: Picknick, Gastronomie am Teich ∎

Jan Feb Mär Apr **Mai Jun Jul Aug Sep** Okt Nov Dez

Erfurt und Umgebung

Die Landeshauptstadt Thüringens führt viele Beinamen: So ist sie weithin als Luther-, Dom- und Blumenstadt bekannt. Ihren Aufschwung im Mittelalter verdankt sie ihrer günstigen

Lage am Schnittpunkt europäischer Handelsstraßen. Zeugen der vergangenen Tage sind auch heute noch überall vorhanden – ein Besuch in Erfurt und Umgebung lohnt sich ■

Puppentheater Erfurt

Das Puppentheater im Theater Waidspeicher Erfurt spielt sowohl moderne als auch traditionelle Stücke.
Das Mindestalter für Märchen wie RAPUNZEL liegt bei fünf Jahren. Für Erwachsene werden neben der MAUSEFALLE von Agatha Christie fünf Inszenierungen angeboten.
Die Kindervorführungen – es gibt auch Kabarett – sind Montag bis Freitag und Sonntag vormittags, die Preise liegen bei 5 Mark für Kinder und 7 Mark für Erwachsene. Das ganze Jahr über laufen Vorstellungen, von den Theaterferien von Juli bis August einmal abgesehen. Es ist sinnvoll, Karten im Vorverkauf zu bestellen.
Die Kasse ist unter Tel. 0361/5982924 zu erreichen ■

Adresse und Anfahrt: Theater Waidspeicher, Domplatz 18, Erfurt, Tel. 0361/5982924. Das Theater ist ausgeschildert.
Spielzeiten: täglich, meist 10 Uhr, an Sonntagen meist 11 Uhr
Saison: ganzjährig bis auf die Sommerpause (23. 7. bis 2. 9. 987)
Eintritt: Kinder 5 Mark, Erwachsene in Kindervorstellungen 7 DM (Erw.-Vorst. 15 DM)
Verpflegung: Gastronomie in der Innenstadt ■

| Jan | Feb | Mär | Apr | Mai | Jun | Jul | Aug | Sep | Okt | Nov | Dez |

ega Erfurt

Hinter dem Kürzel "ega" verbirgt sich die Erfurter Garten- und Ausstellungs GmbH, die auf dem Gelände der mittelalterlichen Cyriaksburg 90 Hektar Park- und Freizeitfläche verwaltet. Kinder stehen natürlich vor allem auf die großen Spielanlagen, die Klettergerüste und Planschbecken, die Tischtennisplätze und die Minigolfanlage. Den Rosengarten und die tropischen Schauhäuser lassen sie dafür gerne links liegen. Es gibt große Goldfischteiche, einen Duft- und Tastgarten für Blinde und Sehschwache sowie einen Rosengarten. Es müßte also schon mit dem Teufel zugehen, wenn sich hier der gewünschte Erholungseffekt nicht einstellt. Bei schönem Wetter sollte man eine Stunde reine "Gammelzeit" einplanen, um die Seele baumeln zu lassen ■

Adresse und Anfahrt: ega, Gothaer Straße, Erfurt, Tel. 0361/5230. In der Stadt ist die Anlage ausgeschildert.
Öffnungszeiten: täglich von 10 bis 18 Uhr
Saison: von April bis Oktober
Eintritt: Erwachsene 4 Mark, Kinder 2 Mark
Verpflegung: Picknick, Imbiß, Gaststätte, Eisdiele ■

Jan Feb Mär **Apr Mai Jun Jul Aug Sep Okt** Nov Dez

Deutsches Bienenmuseum Weimar

Im Deutschen Bienenmuseum in Weimar wird für Kinder ab sechs Jahren und natürlich auch für Erwachsene die Geschichte der Imkerei beschrieben. Die kleinen Flattermänner mit den Stacheln werden dem Besucher allgemein verständlich nähergebracht. Wie "funktioniert" ein Bienenstich? Wo kommt der Honig her? Alles Fragen, die hier beantwortet werden. Besonders fasziniert sind Kinder meist von den alten geschnitzten Holzfiguren, in deren Bäuchen die Bienenstöcke untergebracht waren ■

Adresse und Anfahrt: Deutsches Bienenmuseum Weimar, Ilmstraße 3, Tel. 03643/61032. Das Museum liegt in Oberweimar und ist nicht ausgeschildert.
Öffnungszeiten: täglich von 10 bis 17 Uhr, montags geschlossen
Saison: ganzjährig
Eintritt: Kinder 1 Mark, Erwachsene 2 Mark
Verpflegung: Picknick im Garten, Gaststätte im Museum ■

Jan Feb Mär Apr Mai Jun Jul Aug Sep Okt Nov Dez

Eissportkomplex Süd

Von Schuhgröße 17 bis 47 bekommt hier jeder die Gelegenheit, sich tüchtig zu blamieren: Was für eine Freude, wenn sich die Eltern mit eierigen Beinen in die Mitte der Eisfläche begeben, um dort auszurutschen, ohne jemals wieder aufstehen zu können!

Die Schuhe können jeweils für die Laufzeit von eineinhalb Stunden entliehen werden. Die Eintrittspreise liegen bei moderaten drei Mark für Erwachsene, Kinder zahlen die Hälfte.

Die Eislaufhalle – für Sportliche gibt es auch eine Bahn – hat nur an Wochenenden nachmittags geöffnet.

Wer jetzt in den Keller rennt, um zu schauen, ob das alte und doch so geliebte Schuhwerk schon zerfallen ist, dem sei gesagt: Schlittschuhe können hier geschliffen, geliehen und natürlich auch gekauft werden. Der Papi hat also keine Ausrede mehr, jetzt geht es aufs Eis, und zwar geschwind ■

Adresse und Anfahrt: Eissportkomplex Süd, Arnstädter Straße 53, Tel. 0361/31358. Die Arnstädter Straße führt als B 4 in Richtung Arnstadt und Autobahn Erfurt-West.
Öffnungszeiten: an Wochenenden von 14 bis 15.30 Uhr und von 16.30 bis 18 Uhr, unter der Woche meist abends
Saison: ganzjährig
Eintritt: Erwachsene 3 Mark, Kinder 1,50 Mark, hinzu kommt evtl. die Schuhleihe
Verpflegung: Imbiß direkt an der Bahn ■

Jan Feb Mär Apr Mai Jun Jul Aug Sep Okt Nov Dez

Thüringer Zoopark

Auf dem Roten Berg im Norden von Thüringens Landesmetropole gelegen, bietet der Thüringer Zoopark seinen Gästen eine wundervolle Aussicht auf das über 1250 Jahre alte Erfurt mit seiner reizvollen Umgebung. Auf die Haltung von Tieraffen und von ursprünglichen Haustieren wird seit Gründung des Zooparks im Jahre 1959 besonders Wert gelegt. In  den Mauern des Elefantenhauses sind neben Afrikanischen Elefanten zahlreiche Amphibien, Reptilien, Vögel und Kleinsäuger untergebracht. Das heimliche Leben des Nilflughundes und der winzigen Bürstenschwanz-Rattenkänguruhs kann in der Nachttierabteilung beobachtet werden. Kürzlich wurde das Gitter des Giraffengeheges durch einen attraktiven Geröllgraben ersetzt, und die Zuchtgruppe der Lisztäffchen erhielt eine reizende kleine Anlage mit Wasserfall. Den vom Aussterben bedrohten Waldrappen steht seit einigen Monaten eine großzügige, vom Besucher betretbare Flugvoliere zur Verfügung. Im Bau befinden sich gerade eine neue Unterkunft für die seltenen Kubaamazonen und ein Nashornhaus, in das die beiden Breitmaul-Nashörner demnächst umziehen werden. Ein großer Abenteuerspielplatz, das Streichelgehege mit den Zwergziegen, ein Karussell und die Möglichkeit zum Reiten auf Esel oder Trampeltier sorgen bei den Kids für Abwechslung. Kioske und die Gaststätte Tucana laden zum Verweilen ein ∎

Adresse und Anfahrt: Thüringer Zoopark, Zum Zoopark 8 - 10, Erfurt, Tel. 0361/723160, Fax 0361/7923160. Vom Stadtzentrum ab Bahnhof mit der Straßenbahnlinie 6 erreichbar, mit dem Auto am Hinweisschild von der Stotternheimer Straße abzweigen, Parkplatz vorhanden..
Öffnungszeiten: April bis September 8 bis 18 Uhr, Oktober bis März 9 Uhr bis Dämmerung
Saison: ganzjährig
Eintritt: Erwachsene 6 Mark, Kinder 2 Mark, Rentner, Sozialausweisinhaber 4 Mark
Verpflegung: Imbiß und Zoogaststätte, Picknick ∎

Jan Feb Mär Apr Mai Jun Jul Aug Sep Okt Nov Dez

Thüringer Wald

Mitten im Thüringer Wald, über der Stadt Eisenach, thront die "deutscheste aller Burgen", die Wartburg. Hier übersetzte Martin Luther, der sich "undercover" Junker Jörg nannte, die Bibel ins Deutsche. Der Teufel wollte ihn versuchen, Luther warf mit dem Tintenfaß nach ihm – so erklären jedenfalls die Burgführer den kleinen dunklen Fleck an der Wand von Luthers Schreibstube. Unweit der Wartburg zieht sich der kahle Hörselberg durchs Land: Hier sollen sich nach alten Sagen der germanische Göttervater Wotan und Frau Holle ihre Unterkunft in der "Venushöhle" teilen. ∎

Das Naturtheater "Friedrich Schiller" in Bauerbach

Berühmt wurde Bauerbach durch den Aufenthalt des großen deutschen Nationaldichters Friedrich Schiller, der nach seiner Flucht aus Stuttgart unter dem Namen Dr. Ritter von Dezember 1782 bis Juli 1783 hier ein gastliches Obdach fand. Seit 1959 wird die Naturbühne des Ortes alljährlich durch das Bauerbacher Amateurtheater-Ensemble bespielt. Die alljährliche Theatersaison geht von Juni bis September; gespielt wird an den Wochenenden nachmittags und abends, Kindervorstellungen auch wochentags. Auf dem Spielplan stehen klassische Theaterstücke, u. a. von Friedrich Schiller und William Shakespeare, und natürlich Märchen und Theaterstücke für Kinder ∎

Adresse und Anfahrt: Naturtheater "Friedrich Schiller" Bauerbach e.V., Tel./Fax: 036945/50000. Bauerbach liegt ca. 10 Kilometer südlich von Meiningen und ist über die B 19 oder die B 89 zu erreichen. Die Naturbühne ist ausgeschildert.
Vorstellungstermine: telefonisch erfragen
Saison: Juni bis September
Eintritt: Erwachsene 9,50 Mark, Kinder ab 6 Jahre 5,50 Mark, Ermäßigungen und Gruppentarife möglich
Verpflegung: Bewirtschaftung an der Bühne zu den Vorstellungen ∎

Jan Feb Mär Apr Mai **Jun Jul Aug Sep** Okt Nov Dez

Thüringer Wald

Sandstein- und Märchenhöhle Walldorf

Der Eingang zur Sandsteinhöhle ist eine alte eisenbeschlagene Holztür, die mit einem lauten Krachen ins Schloß fällt. Drinnen bekommt man nicht nur eine übliche Besucherhöhle zu sehen, hier wurde, und das schon in den 50er Jahren, jede Nische genutzt, um Märchenszenen darzustellen.

So warten im Sandsteinberg Rapunzel und der Froschkönig  auf Besucher sowie die alte Märchenerzählerin, die in ihrem Ohrensessel von lauschenden Salamandern, einigen Eichhörnchen und Hasen umringt ist. Der Rundgang durch die Höhle dauert eine knappe halbe Stunde. In der Außenanlage bei der angegliederten Gaststätte befindet sich ein kleines Tiergehege mit Ziegen und Zicklein, bei dem man unbedingt ein Päuschen einlegen sollte. Außenanlage: kleine Tiergehege, Animationsgeräte für Kinder, Park, Gaststätte mit Freiterrasse.

Wer jetzt noch nicht genug hat, der macht einen Spaziergang an der Werra-Aue ∎

Adresse und Anfahrt: Sandstein- und Märchenhöhle Walldorf, Tel. 03693/89910, Fax 890163. Walldorf liegt nördlich von Meiningen an der B 19 nach Eisenach. Die Höhle ist ausgeschildert.
Öffnungszeiten: täglich von 9 bis 17 Uhr, Juni, Juli, August bis 18 Uhr. Außerhalb der Öffnungszeiten ist der Besuch der Märchenhöhle für Gruppen nach Voranmeldung möglich.
Saison: 1. März bis 1. November
Eintritt: Erwachsene 6 Mark, Kinder 3 Mark, ab 20 Personen Ermäßigung 5 bzw. 2,50 Mark
Verpflegung: Gastronomie an der Höhle, Picknick ∎

Jan Feb **Mär Apr Mai Jun Jul Aug Sep Okt** Nov Dez

Thüringer Wald

Tierpark Suhl

In einem idyllischen Wiesental, eingebettet zwischen dem Ringberg und dem Döllberg, liegt der Tierpark Suhl.
Hier hat man sich auf die Haltung und Zucht europäischer Haus- und Wildtiere spezialisiert.
Löwen oder Elefanten sucht man vergebens, dafür bekommt man Marderhunde und Elche zu sehen. Zu den 500 Bewohnern des Parks zählen Rothirsche, Damwild, Wisente, Schwarzwild und Rehe.

Die Vogelwelt in Suhl wird durch Greife, Störche, Kraniche und Reiher vertreten. Die Braunbären beeindrucken durch ihre enorme Größe – früher waren auch sie in unseren Wäldern heimisch.
Im Streichelzoo dürfen zum Beispiel kleine Ziegen gehätschelt werden.
In den Ferien und an Wochenenden ist nachmittags auch Ponyreiten möglich ∎

Adresse und Anfahrt: Tierpark Suhl, Tel. 03681/60441. Suhl liegt an der B 247.
Öffnungszeiten: täglich ab 9 Uhr
Saison: ganzjährig
Eintritt: Erwachsene 3 Mark, Kinder 1 Mark, Familienkarte 6 Mark
Verpflegung: ganzjährig geöffnetes Bistro ∎

  2

Jan Feb Mär Apr Mai Jun Jul Aug Sep Okt Nov Dez

Thüringen

Ostthüringen/Raum Gera

1995 feierte Gera Geburtstag, die Stadt wurde 1000 Jahre alt. Heute ist sie, die durch ihre Textilmanufakturen zu Wohlstand gelangte, das Zentrum Ostthüringens, wo man nicht nur die dickste Eiche Deutschlands mit einem Umfang von

12,80 Meter, sondern auch den Wohnsitz derer von Münchhausen findet — beides ist nicht gelogen. Die Heimat der Spielkarte ist nicht fern, sie wird in Kaiser Barbarossas Residenz in Altenburg sogar mit einem Museum gewürdigt ∎

Tierpark Gera

Obwohl der Geraer Tierpark hauptsächlich Tieren der nördlichen Erdhalbkugel ein Heim bietet, darf doch der König der Tiere nicht fehlen — aus naheliegendem Grund: Ein goldener Löwe ist das Wappentier der tausendjährigen Stadt. Ansonsten erwartet den Besucher auf dem 20 Hektar großen Gelände eine ansehnliche Auswahl an Tieren, darunter Säuger wie der chinesische Leopard und der Berberaffe, aber auch Federvieh wie Eulen und Greife. Für Kinder gibt es ein Streichelgehege mit Schafen und Ziegen. Auf dem Bauernhof können sie ihre tierischen Altersgenossen kennenlernen. Führungen sind nach Absprache möglich, die Parkeisenbahn verkehrt täglich außer montags und freitags ∎

Adresse und Anfahrt: Tierpark Gera, Am Martinsgrund, 07548 Gera. Tel. 0365/810127. Der Tierpark (an der B 2 in Richtung Schleiz) ist im Stadtgebiet ausgeschildert und auch mit öffentlichen Verkehrsmitteln erreichbar.
Öffnungszeiten: November bis März 9 bis 16 Uhr geöffnet, April bis Oktober 9 bis 18 Uhr
Saison: ganzjährig
Eintritt: Erwachsene 4, Kinder 2 Mark. Familienkarte 10 Mark
Verpflegung: Restaurant, Kiosk ∎

| Jan | Feb | Mär | Apr | Mai | Jun | Jul | Aug | Sep | Okt | Nov | Dez |

Ostthüringen
Raum Gera

Der Botanische Garten der Friedrich-Schiller-Universität Jena

Der Botanische Garten Jena wurde bereits im Jahre 1586 gegründet und ist damit nach Leipzig (1542) und noch vor Heidelberg (1593) die zweitälteste Einrichtung dieser Art in Deutschland.

Heute ist der Garten als Abteilung des Instituts für Spezielle Botanik ein auch der Öffentlichkeit verpflichteter und zugänglicher Teil der Friedrich-Schiller-Universität und gilt mit Recht als eine touristische Attraktion der Stadt Jena. Durch seine zentrale Lage im Herzen der Stadt kommt dem Garten zudem eine wichtige Funktion als Grüne Lunge bei der Verbesserung des Stadtklimas zu.

Auf 4,5 Hektar Grundfläche werden in Frei- und Gewächshausanlagen ca. 12 000 Pflanzenarten aus allen wichtigen Vegetationseinheiten der Erde kultiviert und ästhetisch wirksam demonstriert.

Die Gewächshäuser wurden in den Jahren 1980 bis 1983 rekonstruiert und erweitert. Ein Eingangsgebäude mit Ausstellungsvitrinen verbindet einen Komplex von fünf Glashäusern (Kakteen- und Sukkulentenhaus, Hartlaub- und Lorbeerwaldhaus, Palmen- und Tropenhaus, Aquarien- und Paludarienhaus, Victoria-Haus), die einen freien Innenhof mit einem beheizbaren Wasserbecken umschließen. Hier kann die ganze Familie einmal intensiv Pflanzenkunde betreiben oder einfach mal die Vielfalt von Mutter Natur bewundern ■

Adresse: Botanischer Garten, Fürstengraben 26, 07743 Jena, Tel. 03641/949270 (Sekretariat), 949274 (Kasse)
Öffnungszeiten: 15. 5. bis 14. 9. täglich 9.00 bis 18.00 Uhr,
15. 9. bis 14. 5. täglich 9.00 bis 17.00 Uhr
Saison: ganzjährig
Eintritt: Erwachsene 2, Ermäßigte 1 Mark
(Führungen nach Voranmeldung 25 Mark)
Verpflegung: Gaststätten, Cafés und Bistros in unmittelbarer Nähe ■

Jan Feb Mär Apr Mai Jun Jul Aug Sep Okt Nov Dez

Thüringen

Geraer Höhler

In Gera kann man völlig legal in den Untergrund gehen: Das unterirdische Tunnelsystem der "Höhler", das einst praktisch die gesamte Innenstadt Geras unterkellerte, lädt zum Besuch ein. Kühle und Düsternis der Gewölbe schaffen eine ideale Atmosphäre, kleine Besucher mit Märchen und Gruselgeschichten zu erfreuen, was auch von Zeit zu Zeit ganz offiziell als Veranstaltung angeboten wird. Auch Geburtstags- und  Faschingsfeste können nach telefonischer Absprache unterirdisch stattfinden. Zu den friedlichen Aufgaben der Höhler gehörte die Einlagerung von Bier: Fässer zeugen davon. Des weiteren gibt es Tafeln, Skizzen und Pläne, die Kindern im Lesealter vorbehalten sind, sowie interessante Überreste wie Scherben und alte Tintenfässer ∎

Adresse und Anfahrt: Höhlermuseum, Geithes Passage, 07545 Gera.
Tel. 0365/8381470
Öffnungszeiten: Führungen Montag bis Freitag 11 und 15 Uhr, Samstag 11, 14 und 15 Uhr, Sonntag 10, 11, 14 und 15 Uhr. Ansonsten tel. Absprachen möglich.
Saison: ganzjährig, an Heiligabend, Silvester und Neujahr geschlossen, am 1. und 2. Weihnachtstag Führungen um 14 und 15 Uhr.
Eintritt: Erwachsene 4 Mark, Kinder 1,50 Mark
Verpflegung: Restaurant, Kiosk ∎

Jan Feb Mär Apr Mai Jun Jul Aug Sep Okt Nov Dez

Ostthüringen
Raum Gera

Bühnen der Stadt Gera

In diesem Theater kommen Kinder nicht zu kurz! Nicht nur das Puppentheater-Ensemble unterhält Gäste ab vier Jahren im Kleinen Theater mit Märchenaufführungen von "Rumpelstilzchen" bis "Fräulein Phoebe Schwanenglitz", sondern auch das Große Haus öffnet kleinen Gästen seine Pforten.
Hier gibt es Opernbearbeitungen und Theaterstücke für Kinder verschiedener Altersstufen.

Während der Saison kann man fast täglich, allerdings zu unterschiedlichen Uhrzeiten, eine passende Theatervorstellung besuchen, Monatsspielpläne erhält man bei der zentralen Touristeninformation in der Breitscheidstraße oder von den Bühnen der Stadt Gera ∎

Adresse und Anfahrt: Tages- und Theaterkasse, Küchengartenallee 2, 07548 Gera (Großes Haus), Kleines Theater im Zentrum, Am Gustav-Hennig-Platz, Gera.
Tel. 0365 / 8001484 (Puppenspiel), Theaterkasse: Tel. 0365/8279105
Spielzeiten: je nach Programm unterschiedlich
Saison: Spielpause vom 20. Juli bis 1. September
Eintritt: Puppenspiel: Erwachsene 14 Mark und Kinder 7 Mark, im Großen Haus nach Rang
Verpflegung: Getränke erhältlich ∎

Jan Feb Mär Apr Mai Jun Jul Aug Sep Okt Nov Dez

Thüringen

Reiterhof Collis

Rings um den winzigen Ort Collis warten Wiesen und Wälder auf junge Reitersleute. Die Ponys werden von den Eltern geführt, wenn die Kinder noch nicht allein reiten können. Die Ponyreitstunde kostet 8 Mark, für mitreitende Eltern 10 Mark. Auf dem Reiterhof stehen — nach telefonischer Absprache — auch Kutschen und Kremser zur Verfügung. Die Kutschenstunde schlägt mit 25 Mark zu Buche, und das

ist wirklich erschwinglich, wenn man bedenkt, das bis zu sechs Personen auf das Gefährt passen. Kremser kosten das Doppelte, fassen aber auch mehr Mitfahrende.
Auch der schönste Ausritt ist einmal vorbei, dann kann man sich noch die Fohlen, Kühe und Ziegen auf dem Hof ansehen. Bevor man hier auf gut Glück vorbeifährt, lohnt sich ein Anruf ∎

Adresse und Anfahrt: Reiterhof Lothar Uhlemann, Collis, Tel. 0365/7103500. Der kleine Ort liegt östlich Geras an der Bahnstrecke nach Altenburg. Im Ort sind die Reithallen ausgeschildert.
Zeiten: täglich außer dienstags ab 9 Uhr, Termine nach Vereinbarung
Saison: ganzjährig
Kosten: Kinder zahlen für die Reitstunde 8 Mark, Erwachsene 10 Mark
Verpflegung: Picknick, Gastronomie gegenüber, mittwochs geschlossen ∎

Jan Feb Mär Apr Mai Jun Jul Aug Sep Okt Nov Dez

Sachsen

Sachsen

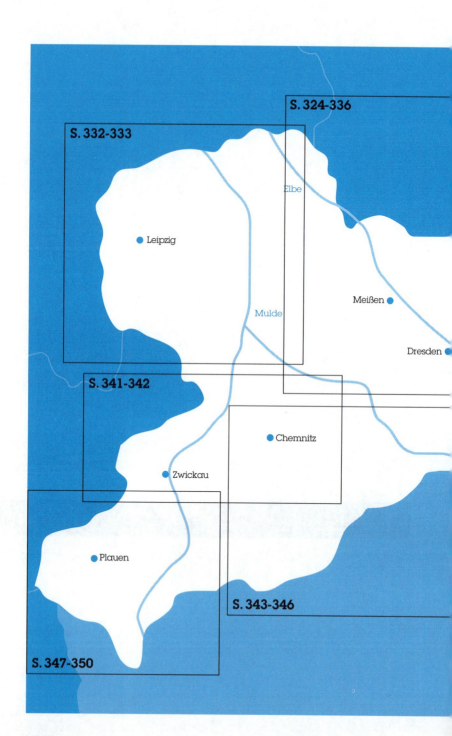

Leipzig und Umgebung	S.332-333
Burg Düben	332
Kur- und Freizeitbad RIFF in Bad Lausick	333

Raum Dresden	S.334-336
Unter Dampf von Radebeul nach Radeburg	334
Dampfschiffahrten auf der Elbe bei Dresden	335
Zoo Dresden	336
Zu Gast beim Geenich	336

Oberlausitz	S.337-340
Bimmelbahn Zittau	337
Das Waldstrandbad in Großschönau	338
Querxenland Seifhennersdorf	339
Saurierpark Kleinwelka	340

Zwischen Chemnitz und Zwickau	S.341-342
Gondelteich Schönfels	341
Tierpark Hirschfeld	342

Erzgebirge	S.343-346
Schwimmhalle in Annaberg	343
Fahrt mit der Schmalspurbahn ab Freital-Hainsberg	344
Bergbaumuseum Oelsnitz	345
Sommerrodeln am Fichtelberg	346

Vogtland	S.347-350
Parkeisenbahn Syratal bei Plauen	347
Klingenthaler Schauwerkstatt	348
Tiergehege Klingenthal	349
Die Drachenhöhle in Syrau	350

Sachsen

Leipzig und Umgebung

Schon im Mittelalter war Leipzig als Messestadt berühmt, ein Ruf, um den die Stadt heute mit dem Slogan "Leipzig kommt" kämpft. Um den Weltruf als Stadt der Musik muß Leipzig nicht kämpfen: Das Gewandhausorchester dirigierte ab 1835 Felix Mendelssohn-Bartholdy, der während seiner Schaffenszeit die Talente Chopins, Schumanns und Liszts erkannte.

Er war es auch, der das Werk Johann Sebastian Bachs wiederentdeckte. Um das Maß voll zu machen: Auch Richard Wagner, umstrittener Meister der romantischen Oper in Deutschland, wurde in Leipzig geboren ■

Burg Düben

In der Burg Düben, dem Wahrzeichen der Stadt, befindet sich das Landschaftsmuseum Dübener Heide mit einer Reihe interessanter Ausstellungsräume. Sie sind allerdings nicht für Kinder unter dem Schulalter geeignet, da sich das Museum in erster Linie an Erwachsene richtet. Für Siebenjährige sollte sich dann aber doch das eine oder andere "Schmankerl" finden, zum Beispiel die Schau zum Thema "Arme Leute" oder der alte Eisenhammer. Stolz ist man auf die letzte deutsche Schiffsmühle im Burghof. Dieser Typ Mühle war hier früher gängig, das schiffsförmige Gebilde wurde inmitten eines Flusses festgezurrt und mahlte mit Wasserradantrieb z. B. Getreide. Nach dem Besuch der Burg lockt der Kurpark, der etwa zehn Minuten Fußweg entfernt ist ■

Adresse und Anfahrt: Burg Düben, Neuhofstr. 3, Bad Düben, Tel. 034234/23691. Das Museum liegt an der B 2 Leipzig – Wittenberg, von Leipzig kommend vor der Muldebrücke (Parkmöglichkeiten an der Muldebrücke in Bad Düben)
Öffnungszeiten: In den Wintermonaten Dienstag bis Donnerstag 9 bis 16 Uhr, freitags bis 12 Uhr, Samstag 13 bis 16 Uhr, sonntags 10 bis 16 Uhr, in den Sommermonaten am Wochenende eine Stunde länger, montags immer geschlossen.
Saison: ganzjährig
Eintritt: Erwachsene 3 Mark, Kinder 2 Mark
Verpflegung: Picknick, Gastronomie im Ort ■

Jan Feb Mär Apr Mai Jun Jul Aug Sep Okt Nov Dez

Leipzig und Umgebung

Kur- und Freizeitbad RIFF in Bad Lausick

Das "Riff" in Bad Lausick ist Sachsens größtes Bad mit allen erdenklichen Angeboten für groß und klein. Für den Nachwuchs gibt's zwei ektra Kinderbecken und jede Menge Fun im "Spaßbecken" und Action im Sprung- und Tauchbecken. Der erwachsene Teil der Familie kann derweil in der Finnischen Sauna schweiß-

treibend seine Gesundheit fördern oder unter dem Solarium etwas Sonne tanken. Zur schnellen Abkühlung nimmt man am besten den Weg über die Riesenrutsche oder den Crazy River. Im Winter gibt es nichts Schöneres, als im wohlig warmen Wasser des Außenbeckens, von Nebelschwaden umhüllt, die verschneite Landschaft

zu betrachten. Nach soviel nassem Spaß und Fitneß knurrt sicher bald der Magen. Dieser kann noch im Bad im inneren Restaurantbereich besänftigt werden, oder die Familie läßt sich zum krönenden Abschluß (wieder in voller Montur) im Außenbereich des Restaurants nieder ■

Adresse und Anfahrt: Kur- und Freizeitbad RIFF, Am Riff 3, Bad Lausick, Tel. 034345/715-0, e-Mail: riff@le-online.de. Das Bad ist zu erreichen über die A 9 Berlin–Nürnberg, Ausfahrt Leipzig, B 2 Richtung Borna oder über die A 14 Halle – Dresden, Ausfahrt Grimma oder als dritte Möglichkeit über die A 4 Dresden – Eisenach, A 72 Hof – Chemnitz, Ausfahrt Chemnitz, auf die B 95 Richtung Borna. Mit der Bahn gibt es regelmäßige Zugverbindungen nach Bad Lausick.
Öffnungszeiten: werktags von 10 bis 22 Uhr, samstags, sonn- und feiertags von 9 bis 22 Uhr, in den Oster-, Sommer- und Weihnachtsferien Sachsens von 9 bis 22 Uhr, Heiligabend, Silvester und Neujahr geschlossen.
Saison: ganzjährig
Eintrittspreise: Karte für 1,5 Stunden: Erwachsene 10 Mark, Kinder 6 Mark, Familien 25 Mark; für 3 Stunden: 13/9/36 Mark; Tageskarte: 22/13/55 Mark, Komplett-Tageskarte (einschl. Sauna) 30 Mark; günstigere Sommertarife während der Schulferien; für Kinder unter 3 Jahren ist der Eitritt frei.
Verpflegung: Restaurant im Bad ■

Jan Feb Mär Apr Mai Jun Jul Aug Sep Okt Nov Dez

Sachsen

Raum Dresden

Dresden

Das "Elbflorenz" profitiert heute noch vom Wirken Augusts des Starken, der eine ganze Reihe beherrschender Gebäude entlang des Stromes bauen ließ. Wer Dresden besucht, der wird angetan sein von der stillen Eleganz, die die Stadt ausstrahlt. Nur eine Stunde entfernt von der Hektik der Business-Stadt Leipzig demonstrieren die Dresdener elegantes Savoir-vivre. Und wer der Stadt dann doch entfliehen will, der ist nach kurzer Zeit im idyllischen Elbtal mit seinen traditionsreichen Weingütern ■

Unter Dampf nach Radeburg

Die Schmalspurbahn von Radebeul nach Radeburg ist täglich unter Dampf, auch wenn keine der Traditionsfahrten auf dem Programm steht. Die finden in den Sommermonaten statt, mit besonders schön ausgestatteten historischen Waggons. Wer es ein wenig ruhiger haben will oder im Winter Dresden besucht, der ist mit einer der "normalen" Fahrten bestens bedient. Was heißt schon normal: Ein Abenteuer ist die Fahrt mit der Schmalspurbahn allemal. Sie führt rund 20 Kilometer durch reizvoll-abwechslungsreiche Landschaft, und das natürlich im geruhsamen Bimmelbahn-Tempo. Wer die Bahnfahrt mit einem schönen Spaziergang kombinieren möchte, der hält besser in Moritzburg. Dort wartet das Schloß mit seinem wundervollen Landschaftsgarten auf Gäste. Dann steht ein Picknick auf dem Programm.
Informationen zu den konkreten Fahrzeiten und Preisen der Traditionsbahn und der Schmalspurbahn erhält man unter der Nummer 0351/4614800 ■

Adresse und Anfahrt: Traditionsbahn Radebeul, Tel. 0351/4614800. In Radebeul wird ab Bahnhof Ost gefahren, in Radeburg vom Hauptbahnhof.
Zeiten/Preise: tel. erfragen
Saison: ganzjährig
Verpflegung: Picknick, Gastronomie in den Orten ■

Jan Feb Mär Apr Mai Jun Jul Aug Sep Okt Nov Dez

Dampfschiffahrten auf der Elbe

Acht historisch rekonstruierte Schiffe fahren auf der Elbe bei Dresden, das ist die weltgrößte Raddampferflotte.
Mit einem bauchigen Hornsignal beginnt die Fahrt, langsam dreht sich die mächtige Schaufel, während der Schornstein weiße Wolken in den Himmel spuckt – eine sehr spannende Angelegenheit, und das nicht nur für Kinder!
Die Möglichkeiten für Rundfahrten und Tagesausflüge sind zahlreich. Die kleine Dampferrundfahrt in Dresden dauert

rund anderthalb Stunden und kostet 14/8 Mark. Man kann aber auch mit den Linienschiffen fahren und einen mehrstündigen Aufenthalt, zum Beispiel in Meißen, einlegen. Sehr interessant ist das Angebot der Tageskarte, die für Erwachsene 24 und für Kinder 14 Mark kostet. Es gibt auch zahlreiche Sonderfahrten, Programm anfordern ∎

Adresse und Anfahrt: Sächsische Dampfschiffahrts-GmbH, Dresden, Tel. 0351/496-9203. Die Schiffe starten in der Innenstadt ab dem Terrassenufer der Altstadt.
Fahrzeiten: Fahrten täglich ab 10 Uhr bis 18 Uhr im Zwei-Stunden-Takt
Saison: Anfang April bis Ende Oktober
Preise: Rundfahrten ab 14 Mark für Erwachsene und 8 Mark für Kinder
Verpflegung: Picknick, Bordgastronomie ∎

Jan Feb Mär Apr Mai Jun Jul Aug Sep Okt Nov Dez

Sachsen

335

 Raum Dresden

Zoo Dresden

Direkt im Zentrum Dresdens, eingebettet in den "Großen Garten", liegt der Dresdner Zoo. Große und kleine Tierfreunde können sich 2600 Tiere aus fast 400 Arten anschauen. Die tierischen Attraktionen werden durch spezielle Kinderangebote wie Abenteuerspielplatz, Autoscooteranlage und Streichelzoo ergänzt. Zu sehen sind u. a. Orang-Utans, Elefanten, Löwen, Riesenschlangen und eine Menge schrittbunter Tropenvögel. Ein Großteil dieser Zoobewohner hat in den letzten Jahren ansprechende Innen- und Außenanlagen erhalten. ∎

Adresse und Anfahrt: Zoo Dresden GmbH, Tiergartenstraße 1, Dresden, Tel. 0351/478060. Der Zoo liegt südlich der Elbe im Großen Garten. Erreichbar mit den Straßenbahnen 9 und 13. Im Zentrum ausgeschildert.
Öffnungszeiten: im Sommer 8.30 bis 18.30 Uhr, im Winter 8.30 bis 16.30 Uhr
Saison: ganzjährig
Eintritt: Erwachsene 8 Mark, Kinder 4 Mark, sehr günstige Familienkarten
Verpflegung: Picknick, Gastronomie im Zoo ∎

Jan Feb Mär Apr Mai Jun Jul Aug Sep Okt Nov Dez

Zu Gast beim Geenich

Achtung, nur für Kinder! Das Stadtspiel "Zu Gast beim Geenich" wurde speziell für Kinder von sechs bis elf Jahren ausgedacht. Es wird vom Stadtreisebüro "igeltour" für Gruppen bis zu 25 Kindern angeboten. Spielerisch und mit viel Action erobert die Rasselbande das historische Stadtzentrum Dresdens rund um den Zwinger. Als Gäste des "Geenichs" (= Königs) schauen die Kids nach, wo dieser regierte, wohnte und feierte. Einer der absoluten Höhepunkte ist der Sänftenwettlauf. Alle erhalten ein thematisch passendes Ausmalbüchlein, die Pfiffigsten einen Preis als Lohn für neugierige Fragen und kluge Antworten. ∎

Adresse und Anfahrt: Auskünfte erteilt "igeltour", Pulsnitzer Straße 10, Dresden, Tel. 0351/8044557. Treff ist das Reiterstandbild König Johanns auf dem Theaterplatz Dresden.
Alter: von 6 bis 11 Jahren
Saison: von Mai bis Oktober
Kosten: 4 Mark pro Kind ∎

Jan Feb Mär Apr Mai Jun Jul Aug Sep Okt Nov Dez

 Oberlausitz

Oberlausitz

Nur wenige wissen, daß es auf deutschem Boden eine ethnische Minderheit mit eigener Sprache und Kultur gibt: die slawischen Sorben. Bis heute lebt diese katholische Volksgruppe im wunderschönen Dreiländereck der Oberlausitz. In dieser urtümlichen Naturlandschaft wird vom Radwandern bis zum Wintersport alles geboten. Dörfer wie Großschönau, Waltersdorf, Jonsdorf und Obercunnersdorf sind durch eine in Europa einmalige, für diese Gegend charakteristische Bauweise geprägt: die Umgebindehäuser. Sie verweisen auf eine Jahrhunderte alte Tradition der Weberkunst. Aber auch das tausendjährige Bautzen, Görlitz an der Neiße und das Riesengebirge sind reizvolle Ausflugsziele im Dreiländereck von Deutschland, Polen und der Tschechischen Republik ∎

Schmalspurbahn Zittau

Die 100jährige Schmalspurbahn fährt noch mit Volldampf ins Zittauer Gebirge, und zwar neunmal täglich die Strecke Zittau – Kurort Oybin/Kurort Jonsdorf und zurück. Die Fahrt dauert etwa 50 Minuten. Ein längerer Zwischenstopp in Oybin mit einer Wanderung zur romantischen Bergkirche, der Burg und Klosterkirche auf dem Gipfel lohnt sich auf alle Fälle. Auf den Spuren von Caspar David Friedrich bieten sich dem Wanderer beeindruckende Motive. Im Sommer finden auf dem Gipfel Konzerte, Ritterspiele und historische Mönchszüge statt. In Jonsdorf kann man sich auf der Waldbühne noch mal voll der Muse widmen oder sich im landschaftlich wunderschön integrierten Gebirgsbad so richtig austoben. Dann geht's mit dem alten Dampfroß wieder zurück nach Zittau ∎

Adresse und Anfahrt: Schmalspurbahn Zittauer Gebirge, Eisenbahnstraße 39, Zittau, Tel. 03583/640. Zittau liegt an den Bundesstraßen B 178 und B 96 an der Grenze zu Polen, die Bahn ist im Ort ausgeschildert.
Zeiten: 9 Fahrten täglich, genaue Zeiten tel. erfragen
Saison: ganzjährig
Preise: (Durch einen Betreiberwechsel standen die neuen Preise bei Redaktionsschluß noch nicht fest.)
Verpflegung: Picknick, Gastronomie vor Ort ∎

Jan Feb Mär Apr Mai Jun Jul Aug Sep Okt Nov Dez

Sachsen

 Oberlausitz

Das Waldstrandbad in Großschönau

Großschönau ist ein traditionsreicher Erholungsort im südöstlichen Zipfel der Oberlausitz. Am Fuße des Zittauer Gebirges und in unmittelbarer Nähe zu Tschechien und Polen bietet es vielfältige Ausflugsziele. Doch auch der kleine Ort selbst hat seinen Reiz mit den Umgebindehäusern, der typischen Architektur der Oberlausitz, und spielte, geschichtlich gesehen, als Ausgangspunkt der Frottierweberei in Deutschland eine große Rolle. Von dieser langen Tradition zeugt noch das Damast- und Heimatmuseum. Weithin bekannt ist auch das Großschönauer Waldstrandbad, das mit seiner 20 000 qm großen Badefläche, der Kaffee- und Aussichtsterrasse, Spiel-

und Liegewiese und den Sportanlagen zu den größten Freibädern Deutschlands zählt (Gesamtfläche 94 000 qm). Auf dem Rücken des riesigen Walrosses "Trixi" können die kleinen Besucher dann nach Herzenslust in die Tiefe rutschen. Für Ende '97 ist sogar noch ein Erlebnisbad geplant. Auf dem angrenzenden Campingplatz stehen Ferienhäuser und Bungalows sowie 200 Stellplätze zur Verfügung. Dort können auch Boote und Strandkörbe gemietet werden. Dem Familienausflug in den östlichsten Zipfel Deutschlands steht bei dem üppigen Freizeitangebot nichts mehr im Wege ∎

Adresse und Anfahrt: Waldstrandbad Großschönau, Jonsdorfer Straße, im südlichen Teil des Ortes, leicht zu finden. Auskunft erteilt das Fremdenverkehrsamt Großschönau, Hauptstraße 367, Tel. 035841/31036, Fax 2553.
Öffnungszeiten: im Sommer täglich
Saison: Das Freibad ist vom 15. 5. bis 15. 9. geöffnet, der Campingplatz vom 1. April bis Ende Oktober
Eintritt: für das Freibad: 3 Mark für Erwachsene, Kinder 1,50 Mark
Verpflegung: Cafeteria, Picknick ∎

Jan Feb Mär Apr **Mai Jun Jul Aug Sep** Okt Nov Dez

Oberlausitz

Querxenland Seifhennersdorf

In der Oberlausitz werden kleine Kobolde "Querxe" genannt, im Querxenland bei Seifhennersdorf zu Füßen des Zittauer Gebirges sind alle Sorten von Kobolden stets willkommen! Das Querxenland ist ein Erholungszentrum für Schulklassen, Kinder- und Jugendgruppen, das aber auch offen für Besucher ist. Die Möglichkeiten zur familiären Freizeitgestaltung sind mannigfaltig, es beginnt beim Freizeitzentrum mit Sauna, Tischtennis und Billard und endet noch längst nicht beim kleinen Park mit Abenteuerspielplatz, BMX-Strecke und Klet-

terberg. Bei schlechtem Wetter gibt es die Möglichkeit zu basteln, bei schönem Wetter stehen ein Besuch des Waldbades "Silberteich" oder Spaziergänge auf dem Programm. Wenn Eltern wollen, können sie das Querxenland zusammen mit ihren Kindern besuchen. Die Kinder sind hier allein sehr gut aufgehoben, die Eltern können derweil eine Wanderung durch das wunderschöne Zittauer Gebirge unternehmen ■

Adresse und Anfahrt: Kindererholungszentrum Querxenland, Viebigstraße 1, Seifhennersdorf, Tel. 03586/4511-0 , Fax 03586/451116,
e-Mail: querxenland@t-online.de, http://www.kinderreisen.de/querxenland
Der Ort liegt südlich der B 96 zwischen Bautzen und Zittau. Im Ort ausgeschildert.
Öffnungszeiten: täglich von 8 bis 19 Uhr
Saison: ganzjährig
Preise: auf Anfrage
Verpflegung: eigene Küche, Voll- und Halbpension möglich, Cafeteria ■

Jan Feb Mär Apr Mai Jun Jul Aug Sep Okt Nov Dez

Sachsen

 Oberlausitz

Saurierpark-Urzoo Kleinwelka

Der Saurierpark in Kleinwelka ist ein Denkmal der Dinomania – die ist zwar schon wieder vorbei, der Urweltzoo bestand aber schon vorher und bleibt weiterhin ein Favoritenziel der Kids für Sonntagsausflüge. Lebensgroß stehen hier Plastiken der Urweltechsen, die vor 250 Millionen Jahren die Erde bevölkerten. Schön und schaurig zugleich: Pachycephalosaurier fechten im Paarungskampf mit ihren Eierschädeln, der schnellfüßige Ceratosaurus beißt sich am harten Knochen-

panzer des Scelidosaurus die Fangzähne aus. Über den Köpfen der Besucher fliegt der Dimophordon, diese Höhen wird der räuberische Tyrannosaurus Rex nie erreichen!
Franz Gruß verwirklichte seinen und den Traum seiner Kinder, als er die ersten Saurier aus Beton goß. Bald wurde sein Garten zu klein, denn Tausende wollten die Riesen aus der grauen Vorzeit sehen – so entstand der Saurierpark ■

Adresse und Anfahrt: Saurierpark-Urzoo Kleinwelka, Tel. 035935/3036.
Der Ort liegt nur wenige Kilometer nördlich von Bautzen an der B 96 nach Hoyerswerda. Im Ort ist der Saurierpark ausgeschildert.
Öffnungszeiten: täglich vom 9 bis 17 Uhr (Sommerzeit 8 bis 18 Uhr), im Januar und Dezember nur bis 15 Uhr
Saison: ganzjährig
Eintritt: Erwachsene 4 Mark, Kinder 2 Mark, Familienkarte 10 Mark
Verpflegung: Picknick, Gaststätte, Imbiß ■

Jan Feb Mär Apr Mai Jun Jul Aug Sep Okt Nov Dez

Zwischen Chemnitz und Zwickau

Südlich von Chemnitz erhebt sich das Erzgebirge, jene Region, die durch ihre Weihnachtsfiguren und geschnitzten Spielzeuge bekannt geworden ist. Diese Handwerkstradition hat ihren Ursprung allerdings im Niedergang des Bergbaus im 17. und 18. Jahrhundert. Wie dem auch sei: für den Liebhaber von Holz- und Drechslerarbeiten lohnt sich ein Einkaufstrip

immer. Chemnitz selbst ist eine dynamische mittlere Großstadt mit 300 000 Einwohnern und einem vielfältigen kulturellen Angebot. Die westsächsische Region um Zwickau ist reich an landschaftlichen Schönheiten, Schlössern und Burgen und bietet vom Urlaub auf dem Bauernhof über die ruhige Radtour bis zur Segelfluglektion Aktivitäten für jeden Geschmack ∎

Gondelteich Schönfels

Ein ruhiger Nachmittag im Grünen gehört bei schönem Wetter einfach dazu. Eine Möglichkeit, ihn zu verbringen, bietet der Gondelteich Schönfels. An der Gaststätte dort kann man sich eine Gondel mieten und gemächlich über den schön gelegenen Teich schippern, um gute Luft, Sonne und Ruhe zu genießen. An Bord finden sechs Personen Platz. Wer will, kann so sein Picknick gleich aufs Wasser verlegen oder anschließend in der Gaststätte Einkehr halten. Im Sommer bietet es sich natürlich an, dies draußen im Biergarten zu tun ∎

Adresse und Anfahrt: Gondelteich Schönfels, 08115 Schönfels, Tel. 037600 / 2396. Schönfels liegt südwestlich von Zwickau und ist von dort über die B 173 Richtung Reichenbach zu erreichen.
Öffnungszeiten: Gaststätte täglich außer Dienstag von 10 bis 23 Uhr geöffnet, Gondelfahrt tagsüber
Saison: ab 1. Mai, je nach Wetterlage bis September oder Oktober
Preise: Gondelmiete: Erwachsene 2 Mark, Kinder 1 Mark je halbe Stunde
Verpflegung: Gaststätte ∎

5

Jan Feb Mär Apr **Mai Jun Jul Aug Sep Okt** Nov Dez

Tierpark Hirschfeld

Der kleine Tierpark in ländlicher Lage ist auf einem alten Parkgelände von besonderer Schönheit entstanden. Zahlreiche Bäume wurden bereits seit Jahrhunderten geschützt, und so kann man z. B. 450 Jahre alte Buchen hier finden.
Waren es ursprünglich nur einheimische Wildtiere, die hier lebten, so sind mittlerweile z. B. auch Affen und Bären hinzugekommen. Insgesamt präsentiert der Tierpark ungefähr 90 Tierarten in 600 Exemplaren auf seinen 22 Hektar. Hier kön-

nen die Kleinen streicheln und füttern nach Herzenslust. Es gibt auch einen schönen Kinderspielplatz, einen Wasservogelteich und ein Ponygehege.
Eine Attraktion ist das alljährlich am letzten Augustwochenende stattfindende Tierparkfest. Hier kann man z. B. eine Tierpatenschaft übernehmen ■

Adresse und Anfahrt: Tierpark Hirschfeld, 08144 Hirschfeld, Tel. 037607/5239. In unmittelbarer Nähe der Autobahnabfahrt Zwickau West (A 72).
Öffnungszeiten: täglich 9 bis 18 Uhr, im Winter bis 17 Uhr
Saison: ganzjährig
Eintritt: Erwachsene 4 Mark, Rentner 2 Mark, Kinder 1 Mark
Verpflegung: Gaststätte ■

| Jan | Feb | Mär | Apr | Mai | Jun | Jul | Aug | Sep | Okt | Nov | Dez |

 Das Erzgebirge

Das Erzgebirge

Wer's kennt, kommt immer wieder", behaupten die Einheimischen über ihr Land, das Erzgebirge. Es spricht einiges dafür, daß sie recht haben, denn das Erzgebirge ist etwas Besonderes. Die Landschaft im Süden Sachsens, an der Grenze zur

Tschechischen Republik, hat ihre ganz eigene Prägung – und das ist nicht nur den Bergen mit ihren wunderbaren Wandermöglichkeiten zu verdanken, sondern hat auch mit den kulturellen Traditionen zu tun. Berühmt ist das Erzgebirge aber auch wegen seiner Schnitz- und Drechslerarbeiten geworden, eine Tradition, die bis heute lebendig geblieben ist ■

Schwimmhalle in Annaberg

Von Zeit zu Zeit ist die Kombination eines Schwimmbadaufenthaltes mit einer gepflegten Mahlzeit höchst willkommen – wenn man zum Beispiel gerade einem Kohlestollen entstiegen ist und den Bergbau hautnah erfahren durfte. Die Verbindung von Schwimmen und Speisen bietet der Rutschenwirt in Annaberg. Das große Becken der Schwimmhalle "Atlantis" steht bereit, die Wasserrutsche, die der Gaststätte ihren Namen gegeben hat, ist ca. 60 Meter lang.
Den letzten Kohlenstaub kann man in der hauseigenen Sauna ausschwitzen und durch natürliche Bräune ersetzen, indem man sich in das ebenfalls vorhandene Solarium begibt. Bleibt anschließend nur noch der Blick in die Speisekarte... ■

Adresse und Anfahrt: Schwimmhalle Atlantis / Gaststätte "Zur Rutsche", Annaberg, Tel. 03733/53431. Im Ort ausgeschildert
Öffnungszeiten: von 8 bis 22 Uhr geöffnet, Gaststätte bis 24 Uhr
Eintritt: Erwachsene 5 Mark, Kinder 3 Mark für 2 Stunden
Verpflegung: Gaststätte ■

Jan Feb Mär Apr Mai Jun Jul Aug Sep Okt Nov Dez

Sachsen

Das Erzgebirge

Fahrt mit der Schmalspurbahn

Die dienstälteste deutsche Schmalspureisenbahn verkehrt zwischen Freital-Hainsberg und dem Kurort Kipsdorf. Angetrieben natürlich von Dampfkraft, fährt sie in einem 75 Zentimeter breiten Geleise eine Strecke von 26,3 km, und das schon seit 1883. Zusteigen kann man am Bahnhof Freital-Hainsberg, hier ist der Übergang zur "normalen" Eisenbahn", auch ohne Auto kommt man also dorthin. Einmal auf schmaler Spur, überwindet der Reisende in anderthalb Stunden sage und schreibe 40 Brücken und einen Höhenunterschied von 351 Metern. Man muß nicht bis zur Endstation mitfahren: Wer möchte, kann statt dessen die mittelalterlich geprägte Bergbaustadt Dippoldiswalde erkunden oder eine  Wanderung einbauen. Die Eisenbahn verkehrt nach Fahrplan, der am Bahnhof erhältlich ist. Wer etwas ganz Großes vorhat, kann sogar einen kompletten Erste-Klasse- oder Salonwagen mieten ∎

Adresse und Anfahrt: Bahnhof Freital-Hainsberg, Dresdner Str. 280, 01705 Freital, Tel. 0351/46172374. Im Einzugsbereich Dresdens mit öffentlichen Verkehrsmitteln zu erreichen: S-Bahn Dresden-Hbf.-Tharandt, Stadtverkehr Freital, Buslinie A
Fahrzeiten: laut Fahrplan, mehrmals täglich
Saison: ganzjährig
Fahrpreis: Erwachsene für die Zonen 1–5: 11 Mark, Gesamtstrecke: Rückfahrkarte 18,50 Mark, Kinder von 4 bis 11 Jahren die Hälfte
Verpflegung: Picknick, Gaststätten in den Orten, Kiosk am Bahnhof ∎

Jan Feb Mär Apr Mai Jun Jul Aug Sep Okt Nov Dez

Bergbaumuseum Oelsnitz

Über hundert Jahre lang wurde im Raum Lugau/Oelsnitz Steinkohle abgebaut, bis es sich nicht mehr rentierte.
Wer sich dafür interessiert, wie es über und unter Tage zuging, findet im Bergbaumuseum Oelsnitz eine der größten

Einrichtungen dieser Art in Deutschland. Nicht nur die Bergbautechnik wird verständlich, auch die Lebensbedingungen der Bergleute werden plastisch dargestellt.
Wen es nicht in geschlossenen Räumen hält, dem empfiehlt sich der Bergbau-Lehrpfad des Reviers, der ebenfalls viele Erinnerungen an den Steinkohlebergbau weckt und dazu noch Rastplätze bietet, wo man in aller Ruhe seine Picknickdecke ausbreiten
kann. Alternativ dazu kann man im Ort zünftig einkehren. Sowohl das Museum als auch der Pfad eignen sich am besten für Kinder im Schulalter ∎

Adresse und Anfahrt: Bergbaumuseum Oelsnitz, Oelsnitz im Erzgebirge, Tel. Auskunft unter 037298/12612. Oelsnitz ist etwa 20 Autominuten von Chemnitz entfernt und von weiter her über die Autobahnen A 4 und A 72 zu erreichen.
Öffnungszeiten: Dienstag bis Sonntag von 9 bis 16 Uhr
Saison: ganzjährig außer Mitte Dezember bis Mitte Januar
Eintritt: Erwachsene 6 Mark, Kinder 3 Mark, Familien 15 Mark, Führung inbegriffen
Verpflegung: Gaststätte im Ort ∎

Jan Feb Mär Apr Mai Jun Jul Aug Sep Okt Nov Dez

Das Erzgebirge

Sommerrodeln am Fichtelberg

Oberwiesenthal ist die höchstgelegene Stadt Deutschlands. Die Gegend hat nicht nur berühmte Sportler vorzuweisen, sondern auch viele Angebote für Familien.

Zunächst einmal drängt es sich bei schönem Wetter geradezu auf, mit der Seilbahn von Oberwiesenthal aus zum Gipfel des Fichtelberges zu fahren. Dieser ist 1214 Meter hoch und bietet bei klarer Sicht ein entsprechend überwältigendes Panorama. Wer sich sattgesehen hat, fährt wieder hinunter,

reist aber nicht ab, sondern nutzt an der Talstation noch die Möglichkeit, mitten im Sommer Schlitten zu fahren. Mit Doppelschlitten kann man sich auf den Rutsch begeben, pilotieren dürfen Kinder aber erst ab acht Jahren.

Auch Hungergefühlen ist vorgebeugt, eine Gaststätte ist vorhanden ∎

Adresse und Anfahrt: an der Talstation der Fichtelberg-Schwebebahn, Oberwiesenthal, Tel. 037348/338, ausgeschildert
Alter: selber steuern ab 8 Jahre
Öffnungszeiten: täglich ab 10 Uhr
Saison: ganzjährig bei gutem Wetter, nicht bei Regen und Schnee
Kostent: eine Fahrt 2 Mark, 10er Karte 15 Mark
Verpflegung: Gaststätte ∎

Jan Feb Mär Apr Mai Jun Jul Aug Sep Okt Nov Dez

Vogtland

Plauen ist eine Spitzenstadt! Die Tuchmacher- und Webermetropole ist kultureller und wirtschaftlicher Mittelpunkt der Region Vogtland ganz im Westen Sachsens. "Plauener Spitze"

war Ende des vergangenen Jahrhunderts ein Produkt von Weltgeltung, heutzutage werden nur wenige Bundesbürger (West) wissen, wo diese reizvolle Kreisstadt eigentlich liegt ∎

Parkeisenbahn Syratal in Plauen

Der Bahnhof der Parkeisenbahn Syratal liegt nicht weit vom Stadtzentrum entfernt, auch vom Oberen Bahnhof sind es nur wenige Minuten zu Fuß. Unmittelbar an der Friedensbrücke, der größten gemauerten Bruchsteingewölbebrücke Europas, und am Beginn des Landschaftsschutzgebietes Syratal gelegen, dreht die kleine Bahn mit umweltfreundlicher elektrischer Oberleitung seit 1959 ihre Runde von einem Kilometer Länge. Die Fahrt auf der 600-mm-Spur führt entlang der Syra, die zweimal überquert wird, durch eine grüne Oase inmitten der Stadt und dauert ca. 5 Minuten. Wer sich nach der Bahnfahrt die Füße vertreten möchte, kann dies mit einer Wanderung in das Syratal prima tun ∎

Adresse und Anfahrt: Parkeisenbahn Syratal, Hainstr. 10, 08523 Plauen, Tel. 03741/225601. Der Bahnhof befindet sich unweit des Rathauses und des Oberen Bahnhofes am Rande des Naturschutzgebietes Syratal.
Öffnungszeiten: täglich von 14 bis 17 Uhr, an Sonntagen, Feiertagen und in den Sommerferien Sachsens zusätzlich von 9.30 bis 12 Uhr, Sonderfahrten außerhalb dieser Zeiten nach telefonischer Vereinbarung
Saison: vom Ostersonnabend bis Ende Oktober
Kosten: Erwachsene 1,– Mark, Kinder bis 14 Jahre 0,50 Mark sowie preiswerte Mehrfahrtenkarten und Gruppentarife
Verpflegung: kleiner Kiosk im Bahnhof der Parkeisenbah, Gastronomie in der Stadt ∎

Jan Feb Mär **Apr Mai Jun Jul Aug Sep Okt** Nov Dez

Klingenthaler Schauwerkstatt

Der Instrumentenbau im Vogtland hat eine jahrhundertealte Tradition, in der Klingenthaler Schauwerkstatt kann man sich die Herstellung von Akkordeons, Geigen und Blockflöten genau anschauen.
Die Schauwerkstatt ist die älteste erhalten gebliebene Geigenmacherei in Klingenthal, die Ausrüstung stammt teilweise noch aus dem 19. Jahrhundert. Für einen regnerischen Tag kann man hier ruhig einen Aufenthalt bis zu einer Stunde einplanen, denn auch Nicht-Musiker lassen sich von dem feinen Handwerk des Musikinstrumentenbaus faszinieren. Kinder im Vorschulalter sind hier schon gut aufgehoben, sie können den freundlichen Geigenbauern Löcher in den Bauch fragen und bekommen immer eine Antwort.

Die Saison in der Schauwerkstatt ist ganzjährig, geöffnet ist nur an Werktagen ■

Adresse und Anfahrt: Schauwerkstatt, Falkensteiner Straße 31, Klingenthal, Tel. 037467/22407.
Öffnungszeiten: Montag bis Donnerstag 8 bis 15.30 Uhr, freitags nur bis 12 Uhr
Vorführungen: Mo. – Do. 8, 9.30, 10.30, 12.30, 14 uhr; Fr. 8, 9.30, 10.30 Uhr: Sa./So. nach Vereinbarung
Saison: ganzjährig
Eintritt: Erwachsene 5 DM, Kinder ab 12 J. 3 DM
Verpflegung: Gaststätte "Goldberg" in der Nähe ■

Jan Feb Mär Apr Mai Jun Jul Aug Sep Okt Nov Dez

Tiergehege Klingenthal

Sie können den Kindern heute wieder etwas ganz Besonderes bieten, denn im Tierpark Klingenthal lebt Deutschlands größter Grizzlybär! Er ist ein mächtiger brauner Koloß, noch einmal größer als die ehemals heimischen Braunbären. Ob er so freundlich ist wie Baloo aus dem Dschungelbuch? Wahrscheinlich nicht! Etwas kleiner und wesentlich harmloser sind die Vertreter der Schweinefamilie, die im Tierpark wohnt.

Aus Afrika stammen die Zwergziegen und die Springböcke, ebenso die Affen. Im Sommer lockt natürlich der Streichelzoo die jungen Tierfreunde, Ponys und Ziegen lassen sich hier sehr geduldig "Handgreiflichkeiten" gefallen. Die Eintrittspreise des Tierparks sind wirklich nicht besonders hoch, die Familienkarte ist für 10,50 Mark zu haben ∎

Adresse und Anfahrt: Tierpark Klingenthal, Richard-Wagner-Höhe, Klingenthal, Tel. 037467/22379. Klingenthal liegt südöstlich von Plauen an der B 283, der Tierpark ist im Ort ausgeschildert.
Öffnungszeiten: täglich von 9 bis 18 Uhr, im Winterhalbjahr bis zum Einbruch der Dämmerung
Saison: ganzjährig
Eintritt: Erwachsene 4 Mark, Kinder 2,50 Mark, Familien 10,50 Mark
Verpflegung: Imbiß, Gaststätte (dienstags und mittwochs Ruhetag) ∎

Jan Feb Mär Apr Mai Jun Jul Aug Sep Okt Nov Dez

Die Drachenhöhle in Syrau

In 15 Metern Tiefe unter der Erdoberfläche erwartet den Besucher der Drachenhöhle die Märchenwelt der Tropfsteinformationen.

Bizarr, was da von der Decke herab- und vom Boden heraufwächst. Die Kalksteingebilde haben im Volksmund Namen wie "Der steinerne Wasserfall" und "Elefantenohr" bekommen.

Eine der Hauptattraktionen der Höhle ist der stille Nixensee, dessen glatte Oberfläche die Höhle widerspiegelt.

Nach dem Rundgang, der in der Regel die Kinderphantasie zu Höhenflügen inspiriert, schaut man sich noch schnell die Windmühle an oder macht sich auf dem Spielplatz breit. Während die Kids die Strapazierfähigkeit der Geräte testen, machen es sich die Eltern auf der mitgebrachten Decke bequem oder bauen das Kalte Buffet auf. Die Kinder wollen natürlich lieber "Pommes", und die gibt es am Kiosk, der ebenfalls nicht weit ist ∎

Adresse und Anfahrt: Drachenhöhle Syrau, Höhlenberg 10, Tel. 037431/3735, Fax 3327. Die Höhle liegt im Zentrum des Ortes. Bis zur Windmühle ist es etwa 1 km in Richtung Fröbersgrün. Sie ist schon von weitem sichtbar.
Öffnungszeiten: täglich von 9 bis 16.30 Uhr, die Mühle hat tägl. von 9 bis 11 Uhr geöffnet
Saison: ganzjährig
Eintritt: Höhle: Erw. 5,50 Mark, Kinder 3,50 Mark; Mühle: 3,50 Mark/2,20 Mark
Verpflegung: Picknick, Imbiß, Grillmöglichkeit ∎

Jan Feb Mär Apr Mai Jun Jul Aug Sep Okt Nov Dez

| Rheinland-Pfalz | S. 351-381 |
| Das Saarland | S. 382-386 |

Rheinland-Pfalz

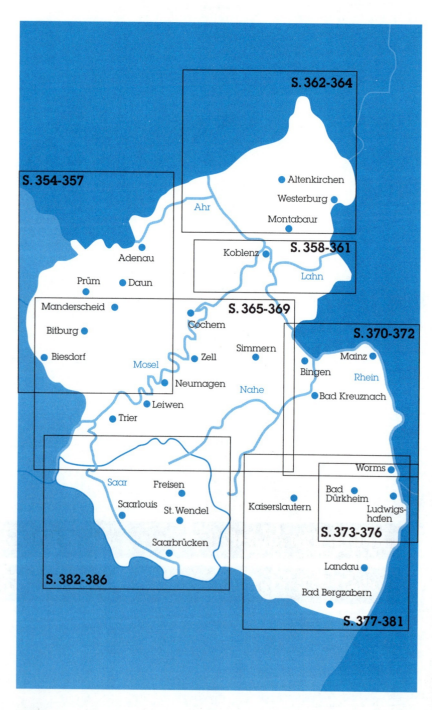

Südliche Eifel — S. 354-357

Der Wallende Born in Wallenborn	354
Hirsch- und Saupark Daun	355
Eifelpark Gondorf	355
Die Burgruinen von Manderscheid	356
Adler- und Wolfspark Kasselburg bei Pelm/Gerolstein	357

Koblenz und Umgebung — S. 358-361

Besuch der Burg Eltz bei Münstermaifeld	358
Rundfahrten auf Rhein und Mosel ab Koblenz	359
Freizeitbad Tauris in Mülheim-Kärlich	360
Burg Pyrmont/Roes	361

Der Westerwald — S. 362-364

Freizeitbad Hachenburg	362
Wild- und Freizeitpark Gackenbach	363
Garten der lebenden Schmetterlinge in Bendorf-Sayn	364
Floßfahrt auf dem Wiesensee bei Stahlhofen	364

Hunsrück-Naheland — S. 365-369

Der Barfußpfad in Sobernheim	365
Die Ruine Rheingrafenstein bei Bad Münster	366
Das Wildfreigehege Wildenburg, Kempfeld	367
Freizeitbad "Die Pyramide" Oberhambach	368
Die Edelsteinmine Steinkaulenberg in Idar-Oberstein	369

Rheinhessen — S. 370-372

Neues Römisches Museum für Antike Schiffahrt in Mainz	370
Das Gutenberg-Museum in Mainz	371
Rheinschiffahrt ab Bingen	372

Ludwigshafen und Umgebung — S. 373-376

Eisstadion Ludwigshafen	373
Der Friedrich-Ebert-Park und der Friedenspark in Ludwigshafen	374
Freizeitbad Salinarium in Bad Dürkheim	375
Wildpark Ludwigshafen	376

Der Pfälzerwald — S. 377-381

Besucherbergwerk "Weiße Grube" bei Imsbach	377
Haflinger Gestüt Meiserhof in Trippstadt	378
Der Kurpfalz-Park in Wachenheim	379
Freizeitbad Azur in Miesenbach	380
Holiday Park in Haßloch	381

Das Saarland — S. 382-386

Bergbaumuseum Bexbach	382
Die Cloef	383
Saar-Hochwald-Museumseisenbahn Merzig	384
Der Deutsch-Fanzösische Garten in Saarbrücken	385
Wolfsfreigehege in Morzig	386

Rheinland-Pfalz

Südliche Eifel

Südliche Eifel

Alljährlich am letzten Augustwochenende bestimmen eiserne Gestalten das Bild der Zwei-Burgen-Stadt Manderscheid: Dann nämlich wird das Burgenfest begangen, bei dem mutige Recken in ihren Rüstungen hoch zu Roß ihre Kräfte messen. Wer sich dafür interessiert, der sollte Kontakt mit dem

Verkehrsverein aufnehmen, Tel. 06572/8949. Neben den vielen Burgen, die die bewegte Geschichte des Landes erzählen, sind erloschene Vulkane und die Vulkanseen, sogenannte Maare, typisch für das südliche Eifelland ∎

Der Wallende Born

Die Eifel ist reich an Naturdenkmälern, die aus der Vulkanzeit stammen. Eines der seltsamsten ist der "Wallende Born", eine ruhige kleine Kohlensäurequelle, die alle halbe Stunde Schwefelblasen hervorbringt und dabei meterhohe Fontänen ausstößt. Es ist fast wie im Yellowstone-Nationalpark. Der praktische Naturkundeunterricht ist für Kinder ab etwa sechs Jahren sehr spannend. Man muß sich mindestens zweimal die Fontäne anschauen. Die Zwischenzeit vertreibt man sich beim kleinen Picknick, derweil der Nachwuchs den Spielplatz hinter der Quelle in Anspruch nimmt. Anschließend kann man noch einen Spaziergang durch den Wald machen, Wanderwege gibt es überall ∎

Adresse und Anfahrt: Wallender Born, Wallenborn, telefonische Auskunft unter 06592/939177. Wallenborn liegt an der B 257 zwischen Daun und Bitburg, die Quelle ist im Ort ausgeschildert.
Öffnungszeiten: immer
Eintritt: frei
Verpflegung: Picknick, Gaststätte im Ort
Drumherum: Im Ort kann auch die Großimkerei Mehler besucht werden ∎

Jan Feb Mär Apr Mai Jun Jul Aug Sep Okt Nov Dez

 Südliche Eifel

Hirsch- und Saupark Daun

Der Tierpark ist nach der Art von Safariparks angelegt, man durchfährt ein großes Waldgelände, in dem die Tiere freilaufend untergebracht sind. Im Gegensatz zur Löwensafari kann man hier aussteigen, ohne gleich verspeist zu werden. Es wurden große Aussichtstribünen eingerichtet. Dort kommen die Tiere mitunter dicht an die Besucher heran. Kleine Kinder haben im Streichelzoo am Eingang des Parks Gelegenheit, den Tieren auf die Pelle zu rücken. Die Tierarten: Rotwild, Damwild, Mufflons und Wildschweine. Fahrten durch den Park sind besonders zur Zeit der Hirschbrunft im Herbst interessant ∎

Adresse und Anfahrt: Hirsch- und Saupark Daun, Tel. 06592/3154. Daun liegt westlich der A 48/A 1, Abfahrt Daun-Mehren. Der Wildpark ist ausgeschildert.
Öffnungszeiten: täglich von 9 bis 18 Uhr, im Winter bis Einbruch der Dunkelheit
Eintritt: Erwachsene 6,50 DM, Kinder 4,50 DM (Wildpark mit Erlebnisbereich)
Verpflegung: Restaurant mit Freiterrasse
Drumherum: Im Tierpark gibt es auch eine Sommerrodelbahn ∎

Jan Feb **Mär Apr Mai Jun Jul Aug Sep Okt Nov** Dez

Der Eifelpark Gondorf

Der Freizeitpark hat einmal als Hochwildpark angefangen. In der letzten Zeit wurde der Freizeitbereich kräftig ausgebaut. Man hat also die Wahl zwischen Steinböcken und Doppelrutschbahn, Bumperspaßboot und Murmeltieren. Beliebt sind der Steinpilz-Wellenflug, der Eifel-Expreß und die Achterbahn. Die Braunbären sind in einem urwaldähnlichen Gehege untergebracht und gar nicht mal menschenscheu. Auf der Waldbühne gibt es täglich zusätzliche Veranstaltungen, zum Beispiel Puppentheater ∎

Adresse und Anfahrt: Eifelpark Gondorf, Gondorf bei Bitburg. Gondorf liegt östlich von Bitburg und südlich der B 50. Der Park ist ausgeschildert.
Öffnungszeiten: täglich 9 bis 18 Uhr, Wildpark 10 bis 16 Uhr
Saison: Anfang April bis Ende Oktober, Wildpark ganzjährig
Eintritt: Erwachsene 21 Mark, Kinder von 4 bis 14 Jahren 18 Mark
Verpflegung: Picknick, Imbiß, Gastronomie ∎

Jan Feb **Mär Apr Mai Jun Jul Aug Sep Okt Nov** Dez

Rheinland-Pfalz

Südliche Eifel

Die Burgruinen von Manderscheid

Einst verlief hier die Grenze zwischen den Fürstentümern Trier und Luxemburg. Die auch heute noch bekannte Kraft der Rüstungsspirale ließ die Konkurrenten, nur wenige hundert Meter voneinander entfernt, zwei Trutzburgen bauen. Die Ruine der Oberburg ist weit schlechter erhalten, hier gibt es nur ein paar Mauerreste und den Turm – aber von hier hat man den besseren Ausblick. Nach der kleinen Wanderung zur Ruine kann man hier auch ungestört eigene Ritterspiele inszenieren, denn die meisten Touristen zieht es zur Niederburg. Dort kann man Führungen vereinbaren und sich Geschichten aus der Ritterzeit erzählen lassen. Schöner ist der Rundgang auf eigene Faust im eigenen Tempo. Zu Füßen der Niederburg gibt es ein Ausflugsrestaurant mit Sonnenterrasse. Unterhalb der Burg, auf der Turnierwiese, kann man eine Grillhütte mieten ∎

Adresse und Anfahrt: Kulturverwaltung Manderscheid, Tel. 06572/921549. Manderscheid liegt nahe der A 1/A 48, Ausfahrt Manderscheid. Die Burgen sind ausgeschildert. Parkplätze vorhanden.
Öffnungszeiten: Niederburg täglich von 9.30 bis 17 Uhr
Saison: Die Oberburg ist ganzjährig frei zugänglich, die Niederburg vom Ostersamstag bis Ende Oktober und in den Weihnachtsferien.
Eintritt: Erwachsene 3 Mark, Kinder 1 Mark
Verpflegung: Gaststätten, Picknick, Grillen ∎

Jan Feb **Mär Apr Mai Jun Jul Aug Sep Okt** Nov Dez

Südliche Eifel

Adler- und Wolfspark Kasselburg

Der Adler- und Wolfspark Kasselburg hat sich ganz auf die räuberischen Vertreter der heimischen Natur eingestellt, die es in der freien Wildbahn Deutschlands nicht mehr oder kaum noch gibt.
Größte Attraktionen sind natürlich die Greifvogelschau und die Wolfsfütterung. Vormittags bekommt man bereits um 11 Uhr die Adler und Falken zu sehen. Meistens drehen sie ein paar Trainingsrunden.
Nachmittags beginnt das Programm um 15 Uhr mit der Wolfsfütterung. Um 15.30 Uhr findet die Haupt-Flugvorführung statt, bei der die mächtigen Greife, Könige der Luft, ihre Flügel spreizen. Zum Park gehören auch Gehege mit Schwarz- und Muffelwild.
Ein großer Kinderspielplatz ist natürlich auch vorhanden.

Die Nahrungsaufnahme für große und kleine Gäste ist ebenfalls gesichert, man kann im Park picknicken oder eine der zwei Gaststätten aufsuchen ■

Adresse und Anfahrt: Adler- und Wolfspark Kasselburg, Pelm/Gerolstein, Tel. 06591/4913. Der Park ist ab Gerolstein ausgeschildert.
Öffnungszeiten: täglich 10 bis 18 Uhr
Saison: Anfang März bis Mitte November
Eintritt: Erwachsene 6 Mark, Kinder ab 15 Jahren 4 Mark
Verpflegung: Picknick, Gaststätten ■

Jan Feb **Mär Apr Mai Jun Jul Aug Sep Okt Nov** Dez

Rheinland-Pfalz

Koblenz und Umgebung

Am Deutschen Eck in Koblenz mündet die Mosel in den Rhein. Sie hat sich vorher einen windungsreichen Weg durch das rheinische Schiefergebirge gebahnt. An den steilen, sonnigen Uferhängen wird ebenso wie am Rhein seit Jahrhunderten Weinbau betrieben. Sollten Sie sich am zweiten Samstag

des Augusts nahe Koblenz befinden, dann ist das Feuerspektakel "Rhein in Flammen" einen Ausflug wert: Bengalische Feuer lassen die Burgen und Berge erglühen, zum Abschluß des Abends wird ein Riesenfeuerwerk auf der Festung Ehrenbreitstein abgebrannt ■

Besuch der Burg Eltz

Sie ist die Bilderbuchburg des deutschen Mittelalters. Glückliche Umstände sorgten dafür, daß die Burg Eltz nie zerstört wurde. Die beeindruckende vieltürmige Anlage bietet nicht nur von außen einen unversehrten Anblick, auch innendrin ist alles original erhalten. Führungen beginnen alle Viertelstunde. Kinder lassen sich zwar nicht unbedingt von den Gemälden eines Lucas Cranach d. Ä. in Bann schlagen, lauschen dafür aber um so interessierter, wenn im großen Rittersaal die Rüstungen besichtigt werden. So richtig spannend wird es in den Gewölben der Schatzkammer, dort werden über 300 Kostbarkeiten und Kuriositäten gezeigt ■

Adresse und Anfahrt: Burg Eltz, Münstermaifeld, Tel. 02672/1300. Anfahrt auf der B 416 von Koblenz nach Cochem, über Münstermaifeld. Ausgeschildert.
Öffnungszeiten: täglich von 9.30 bis 17.30 Uhr
Saison: 1. April bis 1. November
Eintritt: Erwachsene 8 Mark, Kinder 5,50 Mark, Besucher der Schatzkammer 4 und 2 Mark
Verpflegung: In der Vorburg gibt es zwei Selbstbedienungsgaststätten ■

Jan Feb Mär Apr Mai Jun Jul Aug Sep Okt Nov Dez

Koblenz und Umgebung

Rundfahrten auf Rhein und Mosel

Die Möglichkeiten zu Schiffsrundfahrten ab Koblenz sind vielfältig, schließlich stehen gleich zwei große Flüsse und viele Angebote zur Verfügung.

Man sollte sich also unbedingt erst den Fahrplan anschauen und dann entscheiden, ob es eine mehrstündige Rundfahrt oder vielleicht doch eine Fahrt mit dem Linienschiff sein soll. Toll ist z. B. die Fahrt ab Koblenz nach Braubach. Dort kann man ein Rheinufer-Picknick mit Schiffegucken einnehmen, sich in ein Café setzen oder mit der Bimmelbahn auf die Feste Marksburg fahren.

Einen Prospekt oder telefonische Auskunft erhält man bei der Marksburgschiffahrt Vomfell, Koblenzer Straße 64, 56322 Spay, Tel. 02628/2431 oder 0161/7219-364 ∎

Adresse und Anfahrt: Die Schiffe starten in Koblenz am Pegelhaus in Richtung Braubach.
Zeiten/Kosten: Fahrzeiten 11, 13 und 15.15 Uhr, Preise erfragen
Saison: in der warmen Jahreszeit
Verpflegung: Picknick, Bordgastronomie ∎

Jan Feb Mär **Apr Mai Jun Jul Aug Sep** Okt Nov Dez

Rheinland-Pfalz

Freizeitbad Tauris in Mülheim-Kärlich

Das Freizeitbad Tauris in Mülheim-Kärlich hat seinen jungen Besuchern eine Menge zu bieten.
Das fängt bei den ganz Kleinen mit dem Planschland an, wo speziell zugeschnittene Spielgeräte warten. Das Wasser hier ist auf 31 Grad C temperiert, auch die Luft wird warmgehalten, um Husten und Schnupfen keine Chance zu geben.
Auf Tempo kommen die etwas größeren Schwimmer in der Riesenrutsche, die aus durchsichtigem Plexiglas gefertigt wurde. Ebenfalls für Spaß sorgen der tolle Wasserfall und der Wildwasserkanal.
Zur Verfügung steht den durchtrainierten und echten Wassersportlern ein 25-Meter-Becken.
So richtig ins Schwitzen geraten kann man aber natürlich auch in der Sauna. Was man dort verloren hat, holt man sich im Hallen-Restaurant auf schnellstem Wege wieder zurück ∎

Adresse und Anfahrt: Freizeitbad Tauris, Judengäßchen 2, Mülheim-Kärlich, Tel. 02630/4077. Die Stadt liegt an der B 9 Koblenz-Andernach, das Bad ist ausgeschildert.
Alter: ab 6 Monaten
Öffnungszeiten: Montag von 15 bis 22 Uhr, Dienstag bis Samstag von 10 bis 22 Uhr, an Sonn- und Feiertagen von 9 bis 21 Uhr
Saison: ganzjährig
Eintritt: zeitlich gestaffelt, die Karte für 4 Stunden kostet z. B. für Erwachsene 12 Mark, für Kinder 9 Mark.
Verpflegung: Restaurant im Bad ∎

Jan Feb Mär Apr Mai Jun Jul Aug Sep Okt Nov Dez

Koblenz und Umgebung

Burg Pyrmont

Hier ist alles ein wenig anders, man wird nämlich nicht "an der Hand" durch die Burg geführt, sondern schaut sich alles im eigenen Tempo an.

Dann kann man die Ritterrüstungen in der Schatzkammer

etwas ausführlicher betrachten und verzichtet dafür auf anderen "alten Plünn", der die Kids nun meistens wirklich nicht besonders interessiert.

Im Burghof steht sogar ein Drache, und wer will, der kann es ihm mit gezielten Ballwürfen so richtig zeigen.

Das Schießen mit der guten alten Armbrust kommt natürlich bei den kleinen "Militaristen" unter den Kindern ebenfalls immer sehr gut an. Ganz neu ist der Streichelzoo im Burggraben, der für die "lebendige" Abwechslung nach dem toten Gemäuer sorgt. Im Burghof kann man sehr zünftig picknicken, sofern man sein Geld nicht lieber in der Cafeteria oder im Restaurant ausgeben möchte ∎

Adresse und Anfahrt: Burg Pyrmont, Roes, Tel. 02672/2345. Anfahrt z. B. über die A 48 Trier-Koblenz, Ausfahrt Kaifenheim, dann Richtung Roes. Ausgeschildert.
Öffnungszeiten: mittwochs bis sonntags sowie an Feiertagen von 10 bis 18 Uhr
Saison: März bis November
Eintritt: Erwachsene 7 Mark, Kinder 4 Mark
Verpflegung: Picknick, Gastronomie auf der Burg ∎

Jan Feb **Mär Apr Mai Jun Jul Aug Sep Okt Nov** Dez

Rheinland-Pfalz

Der Westerwald

Der Westerwald

Der Westerwald ist eine kuppige Hochfläche zwischen Rhein, Lahn und Sieg. Der östliche Teil, höher und rauher, gehört zu Hessen, der nordwestliche zu Rheinland-Pfalz.

Der Südwesten, das Kannenbäckerland, kam wegen der reichen Tonlager zu Namen und Handwerk. Der Westerwald war jahrhundertelang politisch zersplittert. Viele Herren rissen sich um das Land. Zeugnisse dieser kriegerischen Tage sind die vielen Burgen und Schlösser, die zum Teil noch sehr gut erhalten sind ∎

Freizeitbad Hachenburg

Bei Wasserrutschen zählt jeder Meter, passionierte Wasserrutschenrutscher wissen das; die Hachenburger Rutsche bringt es immerhin auf anständige 53 Meter! Die Ausstattung des Freizeitbades ist gut und reicht vom Kinderplanschbecken über den Wasserfall bis zum Hot-Whirl-Pool.
Es gibt ein Trimmbecken, und wem stures Schwimmen einfach zu öde ist, der vergnügt sich an den Wasserspielgeräten. Wer einen leichten Anflug von Depression spürt, der ist bei der Lichttherapie im Solarium am richtigen Platz. Im Sommer stehen großzügige Außenanlagen zur Verfügung ∎

Adresse und Anfahrt: Freizeitbad Hachenburg, Tel. 02662/5459. Der Ort liegt an der B 413 von Bendorf nach Altenkirchen, erreichbar auch über die B 414 von Altenkirchen nach Herborn. Das Bad ist ausgeschildert.
Öffnungszeiten: unterschiedlich während Schulzeit und Ferien, tel. Auskunft
Saison: ganzjährig
Eintritt: zwei Stunden Erwachsene 4 Mark, Kinder 2 Mark, Langzeittarife möglich
Verpflegung: im Sommer Picknick, Cafeteria im Bad ∎

Jan Feb Mär Apr Mai Jun Jul Aug Sep Okt Nov Dez

Der Westerwald

Wild- und Freizeitpark Gackenbach

Der 80 Hektar große Park gehört landschaftlich zu den schönsten Anlagen seiner Art. Die Bewohner des Tierparks, die sich aus den einheimischen Wäldern rekrutieren, leben hier fast wie in freier Wildbahn. Man begibt sich auf Rundwegen mitten unter die Hirsche. Für den Besuch sollte man, wenn die Kinder nicht besonders schnell sind, zwischen anderthalb und drei Stunden einrechnen. Des weiteren gibt es Wisente, Braunbären und Schwarzwild zu sehen. Zum Tierpark gehört eine Streichelabteilung, die kleinere Kinder zur Kontaktaufnahme mit den Tieren einlädt. Die Streichelwiese ist Teil eines großen Spielparks mit einer 400 Meter langen Som-

merrodelbahn. Es gibt Kioske und Imbisse sowie das Restaurant Waldcafé. Wem eher nach Bratwurst zumute ist, der sollte sich an den Grillplätzen einfinden. Der Besuch des ganzjährig geöffneten Tierparks lohnt sich auch im Winter, bei Schnee ist die Tour noch ein bißchen abenteuerlicher ∎

Adresse und Anfahrt: Wild- und Freizeitpark Westerwald, Gackenbach, Tel. 06439/233. Gackenbach liegt zwischen Montabaur und Limburg, der Tierpark ist ab Montabaur ausgeschildert.
Öffnungszeiten: Ostern bis Anfang November von 9 bis 18 Uhr, sonst von 10 bis 16 Uhr. Gastronomie und Freizeitanlagen im Winter geschlossen, Baby-Wickelräume vorhanden
Saison: ganzjährig
Eintritt: Erwachsene 7 Mark, Kinder 5 Mark
Verpflegung: Grillen, Picknick, Gastronomie ∎

Jan Feb Mär Apr Mai Jun Jul Aug Sep Okt Nov Dez

Rheinland-Pfalz

Der Westerwald

Garten der lebenden Schmetterlinge

Der Garten der lebenden Schmetterlinge ist eine Zauberwelt zwischen Palmen und Bananenstauden. Der Besucher wird auf seinem Rundgang von freifliegenden Faltern in allen Größen und Farben umflattert.Die Schmetterlinge aus Südamerika, Afrika und Asien fliegen von Blüte zu Blüte, immer auf der Suche nach Nektar. Wer wissen will, woher die Schmetterlinge kommen, der sieht sich im Raupenhaus um. Spannend ist die Suche nach versteckt unter Blättern hängenden Puppen. ∎

Adresse und Anfahrt: Garten der lebenden Schmetterlinge im Schloßpark, Bendorf-Sayn, Tel. 02622/15478. Anfahrt über die A 48, Abfahrt Bendorf.
Öffnungszeiten: täglich von 9 bis 18 Uhr, im Herbst bis 17 Uhr
Saison: 15. März bis 1. November
Eintritt: Erwachsene 7 Mark, Kinder 5 Mark
Verpflegung: Cafeteria, Restaurants in der Nähe
Drumherum: Der Park liegt unterhalb der Burg Sayn. ∎

Jan Feb Mär Apr Mai Jun Jul Aug Sep Okt Nov Dez

Floßfahrt auf dem Wiesensee

Von April bis Oktober verkehrt auf dem rund 80 Hektar großen Wiesensee beim westerwäldischen Stahlhofen ein Passagierfloß.
Es sticht täglich ab 11 Uhr zu jeder vollen Stunde in See, um eine vergnügliche Stunde lang bei gemütlichem Tempo über den See zu schippern. Es bietet für 64 Personen Platz, Familien müssen sich, im Gegenteil zu größeren Gruppen, nicht vorher anmelden. Auf dem Floß werden nur Getränke angeboten. ∎

Adresse und Anfahrt: Floßfahrt auf dem Wiesensee, tel. Auskunft unter 02663/4495 oder 1606. Stahlhofen liegt nördlich des Ortes Westerburg zwischen den Bundesstraßen B 255 und B 54.
Öffnungszeiten: täglich ab 11 Uhr, stündlich Abfahrten
Saison: April bis Oktober
Eintritt: Kinder 3 Mark, Erwachsene 5 Mark
Verpflegung: Picknick, Gastronomie am See. ∎

Jan Feb Mär Apr Mai Jun Jul Aug Sep Okt Nov Dez

Hunsrück-Naheland

Die tief eingekerbten Bachtäler des Hunsrücks waren früher Rückzugsgebiet nicht nur für Dachs und Rothirsch – auch der berühmte Räuberhauptmann Schinderhannes wußte die

Einsamkeit der weiten Waldgebiete zu schätzen. Hier versteckte er sich in der Zeit zwischen seinen Missetaten. In Simmer, einer kleinen Kreisstadt im Hunsrück, saß der Schinderhannes ein halbes Jahr lang im jetzt nach ihm benannten Turm, bis ihm schließlich die abenteuerliche Flucht gelang. Im Norden wird der Hunsrück vom Moseltal begrenzt, im Süden schlängelt sich die Nahe durch ihr liebliches Tal ∎

Der Barfußpfad in Bad Sobernheim

Schuhe aus, jetzt geht es barfuß durch die Natur! Ein Spaziergang über Deutschlands einzigen Barfußpfad ist wie eine Fußreflexzonenmassage, bloß gratis. Der rund 3,5 Kilometer lange Wanderweg ist mit unterschiedlichen Bodenmaterialien ausgelegt, man erfühlt die Unterschiede zwischen Gras, Lehm, Kies, Sand, Rindenstückchen und Teer. Während der Barfuß-Partie überquert man die Nahe auf einer Brücke und einmal mit dem typischen Flußnachen, der am Seil über das Wasser gezogen wird. Die Tour beginnt am Quellenpavillon, wo man die Schuhe in Schließfächern deponieren kann. Unweit gibt es ein Schwimmbad, einen Spieplatz und ein Restaurant ∎

Adresse und Anfahrt: Barfußpfad Bad Sobernheim, Tel. 06751/81241 (Kur- und Touristinformation). Sobernheim findet man an der B 41 von Bad Kreuznach nach Kirn, der Barfußpfad ist dort ausgeschildert.
Öffnungszeiten/Saison: Mai bis Oktober
Eintritt: frei, Spenden erwünscht
Verpflegung: Picknick, Restaurant am Schwimmbad, Gastronomie im 10 Minuten entfernten Bad Sobernheim und unmittelbar vor Ort ∎

Jan Feb Mär Apr **Mai Jun Jul Aug Sep Okt** Nov Dez

Rheinland-Pfalz

Die Ruine Rheingrafenstein

Die Burgruine aus dem Mittelalter ist nicht besonders gut erhalten, sie wurde im Krieg gegen Frankreich 1688 von den Franzosen gesprengt. Die Lage auf einem steil aufragenden Felsen mit einem hervorragenden Ausblick ins Land ist aber immer einen Ausflug wert.

Mit Aussicht auf spannende Ritterspiele ist die Wanderung, für die man eine gute Dreiviertelstunde braucht, leicht zu verkraften. Auf der Plattform wird die Picknickdecke ausgelegt, derweil die jungen Ritter und Burgfräulein Szenen aus dem Leben des Ritters Wolfram vom Stein nachspielen.

Bei gutem Wetter hält man es hier mindestens eine Stunde aus. Dann geht es zurück oder kurz in den Wald. Dort gibt es noch einen versteckten Spielplatz. Wer noch Unternehmungsgeist verspürt, der mietet sich ein Tret- oder Ruderboot auf der Nahe und schaut sich das Ruinenpanorama noch einmal von unten an oder besucht das Quecksilberbergwerk Schmittenstollen, das einzige seiner Art im westeuropäischen Raum (Info unter: 06758/8404). Am Fluß gibt es einen Spielplatz und ein Schwimmbad ∎

Adresse und Anfahrt: Ruine Rheingrafenstein, tel. Auskunft vom Verkehrsverein Bad Münster, Tel. 06708/3993. Bad Münster liegt direkt am Südrand Bad Kreuznachs. Die Ruine steht oberhalb des Westufers der Nahe.
Öffnungszeiten/Saison: ganzjährig frei zugänglich
Eintritt: frei
Verpflegung: Picknick, Kiosk am Schwimmbad, Gastronomie im Ort
Drumherum: Spielplatz und Grillplatz im Wald ∎

Jan Feb Mär Apr Mai Jun Jul Aug Sep Okt Nov Dez

Das Wildfreigehege Wildenburg

Im Mittelpunkt dieses besonders schönen Tierparks steht der König unserer hiesigen Wälder, der Rothirsch. Im weitläufigen Gelände zu Füßen der Wildenburg werden dem Besucher natürlich noch viele weitere heimische Tierarten vorgestellt, vom Schwarzwild bis zum Bussard, vom Muffelwild bis zu den Luchsen und Wildkatzen. Als Seltenheiten gibt es Albino-Damhirsche und vollständig schwarz gefärbtes Damwild zu sehen. In der Streichelabteilung treffen die jungen Besucher auf Ziegen und Meerschweinchen, und wenn sich die Faszination der Tiere erschöpft haben sollte, dann gibt es

noch die große Spielburg mit Rutschen, Klettergeräten und Schaukel. Es gibt überall Sitzplätze, teilweise auch mit Tischen, man kann also problemlos picknicken. Im Anschluß an den Tierparkbesuch lohnt es sich auf jeden Fall, den Aussichtsturm der Wildenburg noch kurz zu erklettern ∎

Adresse und Anfahrt: Wildfreigehege Wildenburg, Kempfeld/Hunsrück, Tel. 06786/7212. Anfahrt z. B. über die B 422 ab Idar-Oberstein, nach rund zehn Kilometern geht es rechts ab nach Kempfeld. Der Tierpark ist ausgeschildert.
Öffnungszeiten: täglich von 8.30 bis 17 Uhr
Saison: ganzjährig
Eintritt: Erwachsene 5 Mark, Kinder von 4 bis 16 Jahren 3 Mark
Verpflegung: Picknick, Kiosk im Eingangsbereich des Parks, Burggaststätte ∎

Jan Feb Mär Apr Mai Jun Jul Aug Sep Okt Nov Dez

"Die Pyramide" in Oberhambach

Inmitten der tropisch-grünen Pflanzenpracht schlängelt sich die Riesenrutschbahn wie Kha, die Schlange aus dem "Dschungelbuch", durchs Bad. Drei Meter fehlen ihr zum vollen Hunderter, mit Karacho landet man nach der rasanten Rutschfahrt mitten im Spaßbecken. Wer schon immer gegen den

Strom schwimmen wollte, bekommt im "Jetkanal" endlich die Gelegenheit. Für Kinder gibt es einen extra abgetrennten Planschbereich mit viel Platz zum Spielen. Taucher und Rennschwimmer trainieren im Sportbecken. Im Sommer gehört eine große Liegewiese zum Schwimmbad. Wer auf die heilende Kraft der Sonne auch in trüben Zeiten nicht verzichten kann, der geht in das Solarium. Im Restaurant "Oase" kann man aktiv etwas gegen grassierendes Magenknurren tun. Die "Pyramide" gehört zum "Hunsrück Ferienpark Hambachtal" mit einem Dutzend Gastronomiebetrieben, Spielplätzen, Ponyreiten, Fahrradverleih – die Zahl weiterer Freizeitmöglichkeiten ist also Legion ■

Adresse und Anfahrt: Die Pyramide, Hunsrück Ferienpark Hambachtal, Oberhambach, Tel. 06782/101-0
Öffnungszeiten: Montag 12 bis 22 Uhr, Dienstag bis Samstag 10 bis 22 Uhr, an Sonn- und Feiertagen von 9 bis 20 Uhr
Eintritt: ab 7/9 Mark (Kinder/Erwachsene) für zwei Stunden an Werktagen, samstags und sonntags teurer
Verpflegung: Gastronomie, Restaurant "Oase" ■

Jan Feb Mär Apr Mai Jun Jul Aug Sep Okt Nov Dez

Die Edelsteinmine Steinkaulenberg

Das Naheland an den Südhängen des Hunsrücks ist bekannt für seine Edelsteine, besonders für Achate.
Eine halbstündige Führung durch die Edelsteinmine in Steinkaulenberg bringt die Welt der funkelnden Pretiosen näher. Die Höhle wird mit starken Scheinwerfern ausgeleuchtet. An allen Ecken und Enden Bergkristalle, Amethyste, Rauchquarze und Kalkspate im Felsgestein. Es ist wie in einem Märchen, man könnte glatt vergessen, daß auch die Edelsteinbergwerke Orte harter Arbeit waren.

Während der Führung wird die Entstehung der Edelsteine ebenso genau erklärt wie die Vorgehensweisen beim Abbau und in der Verarbeitung.
Darin kennt man sich hier in Idar-Oberstein, einem Weltzentrum der Edelsteinindustrie, natürlich bestens aus.
Für die Erklärungen sollten die Kinder im Schulalter sein, das reine Ambiente dürfte aber auch schon Vierjährige beeindrucken ∎

Adresse und Anfahrt: Der Steinkaulenberg in Idar-Oberstein, Ortsteil Algenrodt, Tel. 06781/47400. Idar-Oberstein liegt an der B 41 in südwestlicher Richtung von Bad Kreuznach, die Minen sind im Ort ausgeschildert.
Führungen: täglich 9 bis 17 Uhr
Saison: vom 15. März bis 15. November
Eintritt: Eltern 6 Mark, Kinder 3 Mark
Verpflegung: Picknick vor dem Bergwerk, Kiosk, Gastronomie in Algenrodt und Idar-Oberstein ∎

Jan Feb **Mär Apr Mai Jun Jul Aug Sep Okt Nov** Dez

Rheinland-Pfalz

Rheinhessen

Ganz im Süden Rheinhessens, auf dem Grunde des Flusses bei Worms, schlummert ein großer Schatz und wartet darauf, entdeckt zu werden; hier soll Hagen von Tronje den Schatz der Nibelungen versenkt haben.

Die Nordgrenze Rheinhessens markiert die rheinland-pfälzische Hauptstadt Mainz, Hochburg der Närrinnen und Narren. Zwischen den beiden Städten erstreckt sich sanftes Hügelland, Weinland. ∎

Museum für Antike Schiffahrt

Das Museum für Antike Schiffahrt ist gerade für junge Schiffsnarren immer eine kleine Stippvisite wert. Die Schauvitrinen und Ausstellungsstücke, die original oder nachgebaut sind, vermitteln einen Überblick über die antike Schiffahrt, insbesondere die der Römer, was nicht verwundert, da Mainz ja eine alte Römerstadt ist. Der Clou des Museums aber ist das "Schauaquarium": Man sieht den Handwerkern und Restauratoren des Museums bei ihrer Arbeit zu. Es werden beispielsweise in Mainz gefundene antike Schiffe hier wieder zusammengeflickt. Das Museum liegt nah am Rhein. Nach dem Besuch setzt man sich ans Ufer und guckt sich die heutigen Schiffe an oder macht eine kleine Rundfahrt von den Anlegern an der Rheingoldhalle aus ∎

Adresse und Anfahrt: Museum für Antike Schiffahrt, Neutorstraße 2b, Mainz, Tel. 06131/286630. Das Museum ist nicht weit vom Mainzer Südbahnhof entfernt, dort gibt es einen großen Parkplatz.
Öffnungszeiten: täglich außer Montag von 10 bis 18 Uhr
Eintritt: frei
Verpflegung: Gastronomie in der Altstadt oder am Rheinufer ∎

Jan Feb Mär Apr Mai Jun Jul Aug Sep Okt Nov Dez

Rheinhessen

Das Gutenberg-Museum

Die Hauptattraktion des Weltmuseums der Druckkunst sind die rekonstruierte Werkstatt des Erfinders des Druckens mit beweglichen Lettern sowie die zwei originalen Gutenberg-Bibeln, die im Jahr 1455 fertiggestellt wurden. In der Gutenberg-Werkstatt finden jeden Vormittag Druckvorführungen statt. Für Kinder ab acht Jahren ist der Besuch sicherlich

schon interessant, ein besonderes Vergnügen ist es aber, wenn man am Donnerstag zwischen 10 und 14 Uhr vorbeischaut, denn dann darf auch selbst gesetzt und gedruckt werden (Voranmeldung wegen des großen Andrangs ratsam). Kinder können sich zum Beispiel eine Einladung für ihren Geburtstag oder auch Visitenkarten drucken – die ganze Aktion ist kostenlos. Man kann diese Vorführungen auch an anderen Tagen genießen, allerdings nur nach Voranmeldung. Nach dem Besuch des Museums, der nicht viel länger als eine Stunde dauert, kann man über den Marktplatz bummeln oder gleich zum Rheinufer marschieren, um dort eine Picknick-Pause einzulegen ■

Adresse und Anfahrt: Gutenberg-Museum, Liebfrauenplatz 5, Mainz, Tel. 06131/122640. Das Museum liegt in unmittelbarer Nähe zum Dom, unweit der Rheinstraße. Parken ist in der Mainzer Innenstadt nicht eben einfach, am besten, man steuert ein Parkhaus an. Vom Hauptbahnhof mit dem Bus bis "Höfchen".
Öffnungszeiten: Dienstag bis Samstag 10 bis 18 Uhr, So. 10 bis 13 Uhr, montags geschlossen.
Saison: ganzjährig außer Januar
Eintritt: Kinder 2,50 Mark, Erwachsene 5 Mark, Familienkarte 10 Mark
Verpflegung: Rund um den Dom gibt es in der Innenstadt Freßbuden und natürlich die Möglichkeit zum Picknicken.
Drumherum: In der Fußgängerzone können Kinder ungefährdet toben ■

| Jan | Feb | Mär | Apr | Mai | Jun | Jul | Aug | Sep | Okt | Nov | Dez |

Rheinland-Pfalz

Rheinschiffahrt ab Bingen

Wenn man einen Kurzurlaub in Rheinhessen verbringt, dann sollte es eigentlich Ehrensache sein, einmal mit dem Schiff "Väterchen Rhein" zu befahren, auch wenn sein Wasser nicht so blau ist wie in manchen der Lieder, die ihn besingen. Vom Bingener Rheinkai werden eine ganze Reihe von Fahrten angeboten, z. B. Burgenfahrten nach Bingen, Rüdesheim, Assmannshausen und zur Burg Rheinstein. Man kann aber auch zwischen kürzeren Rundfahrten und Ausflügen

zur Loreley wählen. Rufen Sie wegen der unterschiedlichen Abfahrtszeiten und Fahrpreise direkt die Bingen-Rüdesheimer Fähr- und Schiffahrtsgesellschaft an, Tel. 06721/14140. In den Sommermonaten, speziell an Wochenenden, kann man auch einfach auf Verdacht vorbeidüsen, wenn es nicht so sehr auf das Ziel der Fahrt ankommt – man nimmt das erstbeste Schiff, stürmt das Sonnendeck und genießt die schöne Fahrt ∎

Adresse und Anfahrt: Bingen-Rüdesheim Fähr- und Schiffahrtsgesellschaft, Rheinkai 10, Bingen
Saison: in den Sommermonaten
Verpflegung: Picknick, Gastronomie an Bord ∎

Jan Feb Mär **Apr Mai Jun Jul Aug Sep** Okt Nov Dez

Ludwigshafen und Umgebung

Auch wenn Ludwigshafen ein bedeutender Standort der chemischen Industrie in Deutschland ist, gibt es dort noch immer grüne Refugien, die Erholung gewährleisten. Durch

die Stadt führen rund 130 Kilometer Radwege, 1000 Hektar ihrer Fläche sind öffentliche Grünanlagen. Wenn auch Ludwigshafen selbst nicht unbedingt ein Urlaubsziel ist, die Umgebung mit traditionsreichen Städten wie Speyer und Worms und der nahen Weinstraße hat einiges zu bieten ■

Das Eisstadion Ludwigshafen

Kinder ab Schuhgröße 24 sind dabei, und wenn Papi Größe 50 trägt, dann macht das auch nichts. Sobald man die Leihschuhe oder die eigenen geschnürt hat, kann es auch schon losgehen, je nach Können mit Sieben-Meilen-Schritten oder vorsichtig staksend. Zur Verfügung stehen zwei Kunsteisbahnen von 30 x 60 und 26 x 45 Metern. Wenn man auf unsicheren Beinen steht, sind zwei Stunden eine lange Zeit. Am Kiosk in der Eissportanlage wird man mit Pizza, Glühwein und kleineren Gerichten versorgt. Im Bereich des Sportgeländes der Eisbahnen gibt es einen großen Fußballplatz, eine freie Wiese zum Picknicken und auch einen Spielplatz ■

Adresse und Anfahrt: Eisstadion, Saarlandstraße 70, Ludwigshafen, Tel. 0621/563997. Die Eissportanlage befindet sich auf dem Sportgelände des Südweststadions, das ausgeschildert ist.
Öffnungszeiten: Montag bis Freitag 10 bis 12, 15 bis 17, 20 bis 22 Uhr, samstags 10 bis 12, 14.30 bis 16.30, 17.30 bis 19.30 und 20 bis 22 Uhr, sonntags 9.30 bis 11.30, 14 bis 17, 17.30 bis 19.30 und 20 bis 22 Uhr.
Saison: ganzjährig
Eintritt: Kinder und Jugendliche 4,50 Mark, Erwachsene 6 Mark plus Leihgebühr für die Schlittschuhe
Verpflegung: Kiosk in der Halle, Picknick im Außengelände ■

Jan Feb Mär Apr Mai Jun Jul Aug Sep Okt Nov Dez

Ludwigshafen und Umgebung

Friedrich-Ebert-Park und Friedenspark

Der Friedrich-Ebert-Park liegt mitten in der Stadt. Wer kurzentschlossen ein wenig frische Luft tanken will, der ist auf dem rund 30 Hektar großen Areal nicht verkehrt. Bei den Ludwigshafenern ist er wegen der Fülle seiner Freizeitangebote sehr beliebt: Ausgedehnt sind hier die Grünanlagen mit Rosen- und Blindengarten, es gibt Vogel-Volieren mit jeder

Menge Piepmätzen und auch kleine Tiergehege. Etwas kleiner, aber auch mit einer Fülle von Angeboten versehen, ist der Friedenspark. Auf den Spielplätzen gibt es neben modernen Spielgeräten auch Rutsche und Sandkasten, auf der Liegewiese darf sogar Fußball gespielt werden. Es gibt einen Matschplatz, und grillen kann man hier auch ■

Adresse und Anfahrt: Der Ebertpark liegt an der Erzbergerstraße, die Eberthalle ist in der Stadt ausgeschildert. Der Friedenspark ist nicht weit entfernt von Rathaus und Stadtmuseum, die ausgeschildert sind.
Öffnungszeiten: Der Ebertpark ist frei zugänglich, der Friedenspark ist von 10 bis 18 Uhr geöffnet.
Saison: ganzjährig
Eintritt: frei
Verpflegung: Picknick, Kiosk und Cafeteria im Friedenspark, Picknick und Restaurant im Ebertpark ■

Jan Feb Mär Apr Mai Jun Jul Aug Sep Okt Nov Dez

Freizeitbad Salinarium in Bad Dürkheim

Im Sommer wie im Winter kann man es sich im Freizeitbad Salinarium herrlich bequem machen.
Neben dem üblichen Angebot eines Hallenbades finden Kinder hier ein schönes Planschbecken mit einer kleinen Rutsche vor. Die Größeren haben selbstverständlich eine eigene, größere Rutsche zum Austoben.
Im Sommer ist dann auch der Außenbereich des Schwimmbades zugänglich. Dort gibt es eine große Liegewiese und einen Spielplatz mit Karussell und Sandkasten. Wenn die Sonne scheint, dann kann man es sich hier für einen Nachmittag so richtig gutgehen lassen!

Auch im Außenbereich wurde ein Kinderbecken eingerichtet, ebenfalls mit einer Rutsche. Auf der Liegewiese kann man hervorragend picknicken. Wer zu faul ist, zu Hause vorzuarbeiten, der hat auch die Möglichkeit, sich im Café oder Restaurant etwas Gutes zu tun.

Adresse und Anfahrt: Freizeitbad Salinarium, Kurbrunnenstraße 28, Bad Dürkheim, Tel. 06322/935865. Im Ort ist das Bad ausgeschildert.
Öffnungszeiten: an Wochenenden von 9 bis 19 Uhr, unter der Woche von 9 bis 22 Uhr, mittwochs 6.45 bis 22 Uhr
Saison: ganzjährig
Eintritt: Erwachsene 8,50 Mark, Kinder ab 6 Jahren 4,50 Mark
Verpflegung: Café und Restaurant im Bad

Jan Feb Mär Apr Mai Jun Jul Aug Sep Okt Nov Dez

Rheinland-Pfalz

Wildpark Ludwigshafen

Der Besuch des Wildparks Ludwigshafen ist ein besonderes Erlebnis, denn einige der tierischen Bewohner des Parks bewegen sich völlig frei. So zum Beispiel das Damwild.
Um den Tieren trotzdem gewisse Ruhezonen zu lassen, sollte man als Besucher unbedingt auf den Wegen bleiben. An zwei Stellen im Park kann man Ziegen und Wildschweine füttern, allerdings nur mit speziellem und keinesfalls mit

mitgebrachtem Futter.
Die Kleineren unter den Besuchern möchten den Kontakthof nicht verlassen, wenn sie dort erst einmal Tuchfühlung mit den Ziegen aufgenommen haben. Ein mächtiger Koloß ist der Auerochse, der bereits ausgestorben war und rückgezüchtet wurde. Dieses Schicksal teilt er mit den Tarpanen.
Im Frühjahr sorgt der gestreifte Wildschweinnachwuchs für Entzücken. Wer sich inniger mit Fortpflanzungstheorien beschäftigt, der schaut dem auf der Insel im Ententeich lebenden Storch ein wenig zu.
Außerdem beherbergt der Park den Nordluchs, drei Hirscharten, Mufflon, Bison, Wisent und Zebu ∎

Adresse und Anfahrt: Wildpark Ludwigshafen, L.-Rheingönheim. Tel. 0621/504-3379. Ab dem südlichen Ludwigshafener Stadtteil Rheingönheim ist der Wildpark ausgeschildert. Buslinie 70 ab Innenstadt, Bahnbus Linie 6746.
Öffnungszeiten: täglich ab 8 Uhr, im Dezember bis 16 Uhr, Januar bis März sowie Oktober und November bis 17 Uhr, April und Mai sowie September bis 18 Uhr, im Hochsommer bis 19 Uhr
Saison: ganzjährig
Eintritt: ca. 3 Mark pro Person
Verpflegung: Picknick, Gastronomie in Neuhofen
Drumherum: Ein Spielplatz ist vorhanden ∎

Jan Feb Mär Apr Mai Jun Jul Aug Sep Okt Nov Dez

 Der Pfälzerwald

Der Pfälzerwald

Jeder Pfälzer kennt den "Nationalvogel" mit Namen Elwedritsche – gesehen hat den gefiederten Genossen allerdings noch niemand. Es geht das böse Gerücht um, der Vogel existiere nur in der Phantasie von Weintrinkern.

Vielleicht versteckt er sich aber wirklich irgendwo im Pfälzerwald. Der Süden des Gebirges ist geprägt von bizarren Buntsandstein-Formationen, der Norden zeigt sich hügelreich und von Tälern durchzogen. Auf den Hochebenen der Region wird seit Jahrhunderten Getreide angebaut ■

Besucherbergwerk "Weiße Grube"

Der Donnersberg ist die höchste Erhebung der Pfalz. Die "Weiße Grube" führt mitten in den Bauch des Berges. Unter Tage läuft man den rund 300 Meter langen Stollenweg entlang. Besichtigt werden die alten Gerätschaften der Bergleute. Viel interessanter ist für die Kinder aber meist allein die Tatsache, in der Erde zu verschwinden. Auch die schillernden Mineralien in den Bergwänden finden ihre Aufmerksamkeit, weil sie wie ein geheimer Schatz aussehen. Der Rundgang dauert bei gemütlichem Tempo eine Stunde, man schafft es aber auch schneller. Führungen gibt es nur für Gruppen, sie kosten extra. Der Eingang zur Grube liegt mitten im Wald, man kann nach dem Besuch noch ein paar Schritte spazierengehen oder gleich das Picknicktuch ausbreiten ■

Adresse und Anfahrt: Besucherbergwerk "Weiße Grube" bei Imsbach, Tel. 06302/2304. Imsbach liegt nördlich von Kaiserslautern nahe der B 48. Die Grube ist ausgeschildert.
Öffnungszeiten: an Wochenenden und Feiertagen von 10 bis 17 Uhr
Saison: April bis Oktober
Eintritt: Erwachsene 4 Mark, Kinder 2 Mark
Verpflegung: Picknick, Gaststätten im Ort
Drumherum: Spielplatz in Imsbach ■

Jan Feb Mär **Apr Mai Jun Jul Aug Sep Okt** Nov Dez

Der Pfälzerwald

Haflinger Gestüt Meiserhof

Die Haflinger sind dem lieben Gott etwas größer geraten als das Durchschnittspony, und deshalb sollten nur sattelfeste Kinder hierher zum Ausreiten kommen.
Acht Jahre alt müssen die jungen Reiter schon sein. Die Stunde kostet zehn Mark, der Ausritt führt ins Grüne, zum Beispiel in den nahen Wald. Wer seine Sattelkünste ein wenig auffrischen möchte, kann das auch: Es gibt sowohl Einzelreitstunden an der Longe als auch Unterricht für Gruppen. Die Saison reicht von den Oster- bis zu den Herbstferien.

Bevor man einfach "vorbeischneit", ist ein Anruf fällig! Nach dem Ausritt schnuppern die Nachwuchsreiter noch die Gestütsluft. Im Frühjahr kann man sich zum Beispiel die staksigen Fohlen anschauen.
Picknicken ist ebenso möglich wie der Besuch der "Reitergaststube" ■

Adresse und Anfahrt: Haflinger Gestüt "Meiser", Gabriele Reiser, Meisetal 2, Trippstadt, Tel. 06306/1415. Trippstadt liegt zwischen den Bundesstraßen B 42 und B 270 südlich von Kaiserlautern.
Zeiten: nach tel. Absprache
Saison: April bis Oktober
Kosten: Reiten 10 Mark pro Stunde, Unterricht teurer
Verpflegung: Picknick, Gastronomie auf dem Hof ■

Jan Feb Mär Apr Mai Jun Jul Aug Sep Okt Nov Dez

Der Pfälzerwald

Der Kurpfalz-Park in Wachenheim

Gegenüber dem großen Angebot des Tierparkbereichs stehen die Fahrattraktionen des Kurpfalz-Parks Wachenheim ein wenig im Hintergrund.
Wer den Park besuchen möchte, sollte sich, wenn es möglich ist, vorher nach den aktuellen Zeiten der Greifvogel-Freiflugvorführung erkundigen. Adler, Milane und Falken drehen dann ihre Kreise über den Köpfen der Zuschauer.

In den großen Freigehegen sind Rotwild, Damwild und Steinwild untergebracht. Wenn dann nach ein oder zwei Stunden das Interesse an der Tierwelt erlahmen sollte, locken die Sommerrodelbahn und der große Abenteuerspielplatz. Man kann aber auch mit den Bumperbooten "Teich-Rambo" spielen oder mit der Mini-Eisenbahn "Kurpfalz-Express" den Park durchfahren. Meist früher als erwartet ertönt der "Hunger"-Schrei. Mehrere "Gegenmittel" sind vorhanden, vom Würstchen am Imbiß bis zur Speise à la carte im Restaurant. Grillplätze gibt es ebenfalls ∎

Adresse und Anfahrt: Kurpfalz-Park, Wachenheim, Tel. 06325/2077.
Der Park liegt zwischen Neustadt an der Weinstraße und Bad Dürkheim und ist ausgeschildert.
Öffnungszeiten: täglich 9 bis 18 Uhr, Wildpark außerhalb der Saison von 10 bis 16 Uhr
Saison: Wildpark ganzjährig, sonst Anfang April bis Ende Oktober
Eintritt: Erwachsene 15 Mark, Kinder 13 Mark, Wildpark 6/5 Mark
Verpflegung: Picknick, Grillen, Imbiß, Restaurant ∎

Jan Feb Mär **Apr Mai Jun Jul Aug Sep Okt** Nov Dez

Rheinland-Pfalz

 Der Pfälzerwald

Freizeitbad Azur in Miesenbach

Der Sommer geht im Freizeitbad Azur nie zu Ende. 365 Tage im Jahr hat das moderne Freizeitbad geöffnet. In den Erlebnisbereich führt die gewundene Riesenrutsche, wer mit einem satten "Platsch" untergetaucht ist, taucht gleich hinüber zur begrünten Felslandschaft.

Während die Eltern eher dazu tendieren, Sauna und Solarium auszuprobieren oder ganz einfach im Whirlpool "abzuhängen", tummeln sich die Besucher unter einem Meter Größe im Kinderland. Dort ist das Wasser mollig warm.

Natürlich kommen auch die "Lütten" in bezug auf die Wasserrutsche nicht zu kurz. Wenn der Spaß daran erschöpft ist, geht das Spiel am Schiffchenkanal munter weiter ■

Adresse und Anfahrt: Freizeitbad Miesenbach, Schernauer Straße, Ramstein-Miesenbach, Tel. 06371/71500. Anfahrt über die A 6, Ausfahrt Landstuhl. Dort ist Miesenbach ausgeschildert, im Ort das Bad.
Öffnungszeiten: im Winter montags 13 bis 22 Uhr, werktags 9 bis 22 Uhr, an Wochenenden 9 bis 19 Uhr, im Sommer montags 13 bis 21 Uhr, sonst 9 bis 21 Uhr
Saison: ganzjährig
Eintritt: Erwachsene ab 5, Kinder ab 3,50 Mark, günstigere Familienkarten
Verpflegung: Gastronomie im Bad ■

Jan Feb Mär Apr Mai Jun Jul Aug Sep Okt Nov Dez

Der Pfälzerwald

Holiday Park in Hassloch

Action, Spaß und Faszination findet man gleichermaßen im großen Unterhaltungs- und Erlebnispark in der Pfalz: Da ist das erstklassige Varieté-Programm im Show-Theater, Europas einzige Wasserski-Show, ganz zu schweigen von den zahlreichen Fahrattraktionen. Da ist die rasante Fahrt in den Teufelsfässern, in denen es erst bergauf und dann atemberaubend rückwärts bergab geht. Erleben Sie den freien Fall im Free Fall Tower aus 70 m Höhe und holen Sie sich den absoluten Kick. Über den Donnerfluß führt die Stromschnellenfahrt, ins Mittelalter die Burg Falkenstein. Eine Einschienenhochbahn ist hier ebenso zu finden wie der rasante Superwirbel. Entspannung findet man in der 400.000 Quadratmeter großen Parkanlage mit herrlichen Blumenbeeten, Themengärten und Rosarien. Die ganz kleinen Besucher können sich unter anderem in der Kinderspielburg "Holly" vergnügen ■

Adresse und Anfahrt: Holiday Park, Hassloch/Pfalz, Tel. 06324/5993-900.
Internet: http//www.holidaypark.de, e-Mail: holidaypark@t-online.de.
Der Park liegt auf halbem Weg an der B 39 zwischen Neustadt a. d. Wstr. und Speyer. Anschluß über A 65 oder A 61. Ausgeschildert.
Öffnungszeiten: täglich ab 10 Uhr, in den Ferien und am Wochenende ab 9 Uhr
Saison: Vom 1. April bis 27. September, am 3. und 4. Oktober sowie vom 10. Oktober bis zum 1. November 1998
Eintritt: Erwachsene 33 Mark, Kinder von 4 bis 11 Jahren 29,50 Mark
Verpflegung: viele Imbisse, mehrere Restaurants ■

Jan Feb Mär **Apr Mai Jun Jul Aug Sep Okt** Nov Dez

Das Saarland

Das Saarland

Im Ostsaarland gibt es noch einige Orte, in denen der Brauch des „Pfingstquack" gepflegt wird. In Bexbach, Altstadt oder Limbach führen die Kinder am Pfingstmontag eine mit Blumen geschmückte Figur durchs Dorf, die "Quack" genannt wird. Vor jedem Haus werden Quack-Sprüche aufgesagt. Die Kinder werden mit Eiern und Speck belohnt.

Das Saarland ist nicht, wie viele wohl glauben, eine reine Industrieregion, sondern üppig bewaldet ∎

Bergbaumuseum Bexbach

Wenn das Wetter richtig schmuddelig ist, geht man am besten unter die Erde.
Da bietet sich ein Ausflug zum Bergbaumuseum in Bexbach an, das im siebenstöckigen Hindenburgturm untergebracht ist. Von ganz oben hat man einen hervorragenden Ausblick. Aber das Wetter ist ja schlecht! Deshalb eilt man die Treppen hinunter, um im Keller des Museums in den Museumsstollen vorzudringen.
Nach dem Ausflug in die Unter-Tage-Welt besucht man den Blumengarten, der neben dem Museum zu finden ist. Hier gibt es jede Menge Spielmöglichkeiten, Teichanlagen und einen Mini-Tiergarten ∎

Adresse und Anfahrt: Bergbaumuseum Bexbach, Verkehrsamt Bexbach: Tel. 06826/5290. Bexbach liegt an der A 6, Ausfahrt Homburg. Der Hindenburgturm ist schon von weitem zu sehen.
Öffnungszeiten: täglich von 9 bis 19 Uhr
Saison: Ende April bis Anfang Oktober
Eintritt: 5/3 Mark, Blumengarten 2/1 Mark
Verpflegung: Picknick, Restaurant im Blumengarten ∎

Jan Feb Mär **Apr Mai Jun Jul Aug Sep Okt** Nov Dez

Das Saarland

Die Cloef

Die Cloef, gesprochen "Klöf", ist ein im Saarland sehr bekannter Aussichtspunkt.
Der Blick auf die Saarschleife bei Mettlach ziert unzählige Kalender und Reiseführer. Der Ausblick ist meist sehr schnell abgehakt und abgeknipst, dann wendet man sich den ernsteren Dingen des Kinderlebens zu: Am Parkplatz findet sich ein Tier- und Märchenpark. Dazu kommen eine Seilbahn, eine Mini-Eisenbahn, eine Luftburg und ein Wasserspielplatz.

Den Eltern gefällt meist der Biergarten prima! In unmittelbarer Nähe des Parkplatzes steht auch ein Robinson-Spielplatz mit Grillplätzen.
Wer zu faul war, ein Sortiment Bratwürste einzupacken, der deckt sich mit dem Nötigsten am Kiosk ein. Ein Besuch der Cloef nimmt insgesamt gute zwei Stunden in Anspruch ∎

Adresse und Anfahrt: Zur Cloef gelangt man über die A 8, Ausfahrt Merzig, weiter auf der B 51 nach Mettlach, weiter in Richtung Saarburg, auf der Landesstraße nach Orscholz. Dann ausgeschildert.
Öffnungszeiten: täglich von 9 bis 19 Uhr
Saison: von Ostern bis Oktober
Eintritt: Erwachsene 7 Mark, Kinder 6 Mark
Verpflegung: Picknick, Kiosk, Gaststätte ∎

Jan Feb Mär **Apr Mai Jun Jul Aug Sep Okt** Nov Dez

Rheinland-Pfalz

Das Saarland

Museumsbahn Merzig–Losheim

An einer ganzen Reihe von Sonn- und Feiertagen zwischen Ostern und dem Nikolaustag verkehrt die Saar-Hochwald-Museumseisenbahn zwischen Merzig und Losheim. Auskunft über die genauen Termine bekommt man unter der Telefonnummer 06861/73874 beim Kreisfremdenverkehrsverband Merzig-Wadern. Fahrräder dürfen kostenlos mitgenommen werden. Es bietet sich also an, eine Strecke mit der Bahn zu fahren und zurück mit dem Rad. Die Bahn beschreibt auf dem Weg nach Losheim einen Halbkreis, mit

dem Fahrrad fährt man auf dem Radweg Saar–Hunsrück zurück nach Merzig. Die Strecke ist rund 13 Kilometer lang, bei gemütlichem Radeltempo braucht man dafür etwa anderthalb Stunden. Unterwegs gibt es Gaststätten zur Einkehr. Bei Merzig befindet sich ein Wolfspark, in dem man auch noch zwei Stunden verbringen kann ∎

Adresse und Anfahrt: Museumseisenbahn Merzig-Wadern, Auskunft beim Kreisfremdenverkehrsverband Merzig, Schankstraße 1, Merzig, Tel. 06861/73874, Fax 73875. Merzig liegt nördlich von Saarlouis an der B 51/A 8. Der Bahnhof Merzig-Ost befindet sich in der Losheimer Straße Richtung Losheim am See.
Fahrzeiten: erfragen, Fahrplan anfordern
Saison: Ostern bis Anfang Dezember
Fahrpreise: einfache Strecke: Erwachsene 10 Mark, Kinder 4 Mark, Familienkarte (2 Erw., 2 Kinder) 20 Mark
Verpflegung: Picknick, Gaststätten ∎

Jan Feb Mär Apr Mai Jun Jul Aug Sep Okt Nov Dez

Das Saarland

Der Deutsch-Französische Garten

Im Deutsch-Französischen Garten in Saarbrücken verbringt man einen gepflegten Nachmittag ohne Langeweile, denn es gibt ein breites Angebot von Freizeitmöglichkeiten. Während die Eltern gerne ein paar Schritte zu Fuß gehen möchten, sind die Kids scharf auf die Kleinbahn. Wenn die Fahrt mit derselben abgespult ist, dann kommt in der Regel sofort die Frage: "Kann ich jetzt mit der Sesselbahn fahren?"

Sollte sich im Portemonnaie noch nicht gähnende Leere ausgebreitet haben, dann geht's in die Gulliver-Mini-Welt. Weiter oben im Tal durchwandert man gepflegte Blumenanlagen. Im schönen Wasserbecken mit Springbrunnen planschen die "kleinen Monster" dann dem Sonnenuntergang entgegen ∎

Adresse und Anfahrt: Deutsch-Französischer Garten, tel. Auskunft bei der Landeshauptstadt Saarbrücken, Tel. 0681/905-1383. Der Park ist über die Buslinie 11 vom Hauptbahnhof zu erreichen. mit dem Auto in Richtung Messegelände, der Garten ist ausgeschildert.
Öffnungszeiten: ganztägig
Saison: Mitte April bis Mitte Oktober
Eintritt: für den Park frei, Kleinbahn 4/2,50 Mark, Gondel 5/3,50 Mark, Mini-Welt 7/3,50 Mark
Verpflegung: Picknick, Imbiß, Café, Restaurant ∎

Jan Feb Mär **Apr Mai Jun Jul Aug Sep Okt** Nov Dez

Das Saarland

Wolfsfreigehege in Merzig

Wölfe sind eigentlich nachtaktiv. Das eröffnet die Möglichkeit zum spannenden Suchspiel "Wer sieht den Wolf zuerst?" Im Freigehege leben der europäische, indische und kanadische Wolf sowie weiße Alaskawölfe. Die Gehege der beiden

ersteren sind teilweise mit dichtem Gebüsch bewachsen, deshalb muß man schon sehr genau hinschauen. Besonders gut sichtbar sind die Alaskawölfe. Das Freigehege wurde vom Konrad-Lorenz-Schüler Werner Freund angeregt. Es soll den Besuchern die Mär austreiben, der Wolf sei ein blutrünstiges Wesen.
Größere Ablenkungen gibt es nicht, das Gehege dient schließlich der Verhaltensforschung. Dafür hat man einen aufregenden Spaziergang hinter sich gebracht, wenn man anschließend im Gasthaus "Schützenhaus" einkehrt.
Das befindet sich in unmittelbarer Nähe des Geheges. Die Weglänge beträgt 6,5 Kilometer, das sind zwei Gehstunden bei normalem Tempo ∎

Adresse und Anfahrt: Wolfsfreigehege Merzig, Auskunft beim Kreisfremdenverkehrsverband Merzig, Schankstraße 1, Merzig, Tel. 06861/73874. Merzig liegt nördlich von Saarlouis an der B 51, das Wolfsgehege ist ausgeschildert.
Öffnungszeiten: täglich 10 bis 17 Uhr
Saison: ganzjährig
Eintritt: frei
Verpflegung: Picknick, Gaststätte ∎

Jan Feb Mär Apr Mai Jun Jul Aug Sep Okt Nov Dez

Baden-Württemberg S. 387-426

Baden-Württemberg

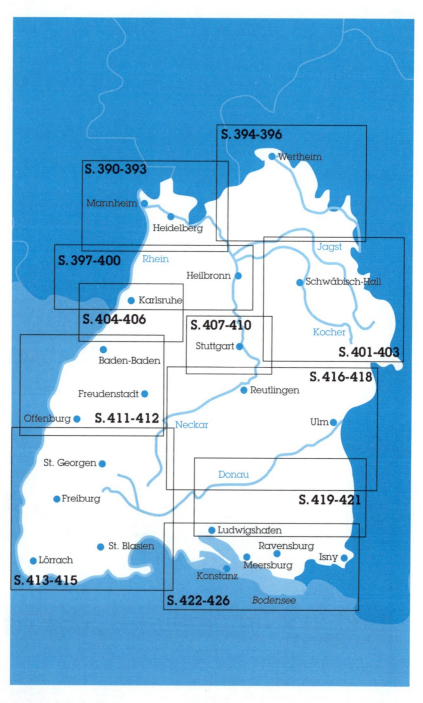

Mannheim	S.390-393	Schwäbische Alb	S.416-418	

Nationaltheater Schnawwl 390
Luisenpark Mannheim 391
Landesmuseum für
Technik und Arbeit in Mannheim 392
Planetarium Mannheim 393

Der Märchenpfad Hechingen 416
Traumland Bärenhöhle 417
Die Dampfbahnen
von Amstetten 418

Oberschwaben S.419-421

Das Taubertal S.394-396

Kutschfahrten in Frickingen 419
Die Waldsee-Therme 420
Schwabentherme Aulendorf 421

Das Freibad Solymar
in Bad Mergentheim 394
Kutschfahrten
in Lauda-Königshofen 395
Haus des Kindes in Röttingen 395
Wildpark Bad Mergentheim 396

Bodensee S.422-426

Die Erlebniswelt Sipplingen 422
Ausflugsschiffahrt
auf dem Bodensee 423
Wild- und Freizeitpark Allensbach 424
Kinderführung
durch das Konstanzer Theater 425
Blumeninsel Mainau 426

Kraichgau S.397-400

Kinderranch in Bad Schönborn 397
Museum mechanischer
Musikinstrumente Bruchsal 398
Erlebnispark Tripsdrill 399
Waldtierpark Bretten 400

Hohenlohe S.401-403

Abenteuerspielplatz
in Dörzbach-Laibach 401
Tierpark Öhringen 402
Schwabenpark Gmeinweiler 403

Karlsruhe und Umgebung S.404-406

Schloßgarten Karlsruhe 404
Stadtgarten und Zoo Karlsruhe 405
Fahrgastschiff "Karlsruhe" 406

Stuttgart S.407-410

Der Fernsehturm Stuttgart 407
Treffpunkt Kinder 408
Wilhelma Stuttgart 409
Planetarium Stuttgart 410

Nördlicher Schwarzwald S.411-412

Europa-Park Rust 411
Haflinger-Ausritte in Lauterbad 412

Südlicher Schwarzwald S.413-415

Historisches
Silberbergwerk Teufelsgrund 413
Schwarzwald Park Löffingen 414
Laguna in Weil am Rhein 414
Museumsbahn Wutachtal 415

Baden-Württemberg

 Mannheim

Mannheim und Umgebung

Die barocke Stadtanlage Mannheims erinnert an ein Schachbrett. Im Mittelpunkt steht das Schloß mit seinen 500 Zimmern.
Aus der einstigen Residenz ist heute die Universität geworden.
Wer nach Mannheim fährt, der sollte sich auch das Kapitel über Ludwigshafen anschauen, denn die Stadt erreicht man mit einem einfachen Spaziergang über die zwei großen Brücken ∎

Schnawwl Kinder- und Jugendtheater am Nationaltheater

Das Nationaltheater Schnawwl in der alten Mannheimer Feuerwache bietet das ganze Jahr über Theaterstücke für Kinder an.
Das empfohlene Alter der Zuschauer liegt zwischen drei und 16 Jahren, meistens sind sie für Kinder ab fünf Jahren geeignet. Die Stücke sind teils märchenhaft, teils aktuellen Inhalts. Manchmal werden auch Lesungen von Kinderbuchautoren veranstaltet. Nach dem aktuellen Spielplan erkundigt man sich unter der Tel. 0621/1680-300.
Es gibt täglich Vorführungen, werktags an Vormittagen, an Wochenenden nachmittags ∎

Adresse und Anfahrt: Schnawwl Kinder- und Jugendtheater am Nationaltheater, Brükkenstraße 2, Mannheim, Tel. 0621/1680-300. S-Bahnhaltestelle "Alte Feuerwache".
Öffnungszeiten: Zeiten und Programm tel. erfragen
Saison: 15. September bis 31. Juli
Eintritt: Erwachsene 20 Mark, Erm. 10 Mark, ab dem 2. Kind 5 Mark
Verpflegung: keine Gastronomie im Theater ∎

Jan Feb Mär Apr Mai Jun Jul **Aug Sep Okt Nov Dez**

Luisenpark Mannheim

Mannheimer Kinder sind um den Luisenpark im Herzen der Stadt wirklich zu beneiden!
Über den gesamten Park verteilt sind zahlreiche Spielplätze der Luxusklasse, das beginnt beim Wasserspielplatz und endet beim Burgspielplatz mit Wendelrutsche. Das Freizeithaus und die Freizeitwiese bieten allerlei Spielmöglichkeiten. Nach dem Austoben geht's auf zum Tiergehege! Da gibt es die "Tiere des Bauernhofs", Volieren mit tropischen Vögeln, Freigehege mit Flamingos und Streifengänsen. Im Aquarium tummeln sich 350 Fischarten aus aller Welt, im Pflanzenschauhaus bewundert man die Pracht der blühenden Orchideen, das neue Schmetterlingsparadies, die Welt der Kakteen und das Terrarium. Überall im Park fühlen sich Störche wie zu Hause, Pinguine tummeln sich im neuen Gehege. Auf dem Kutzerweiher fährt die Gondoletta-Flotte, die einen

Hauch von Venedig nach Mannheim bringt. Hier oder in der Klang-Oase können sich die Eltern richtig entspannen. Wer angesichts dieser enormen Vielfalt den Überblick verliert, der begibt sich ins Drehrestaurant "Skyline" im Fernsehturm, der ebenfalls am Gelände des Luisenparks steht. Wer hingegen seine Mahlzeit zu ebener Erde einnehmen möchte, der hat die Wahl zwischen der Grillstation und dem Seerestaurant, einem Café und verschiedenen Kiosken ■

Adresse und Anfahrt: Luisenpark Mannheim, Tel. 0621/41005-0. S-Bahnhaltestelle "Luisenpark".
Öffnungszeiten: täglich ab 9 Uhr bis zur Dämmerung
Saison: ganzjährig
Eintritt: Kinder 2,50 Mark, Erwachsene 5 Mark
Verpflegung: alle Möglichkeiten
Drumherum: Planetarium und Landesmuseum für Technik und Arbeit in Mannheim in der Nähe ■

Jan Feb Mär Apr Mai Jun Jul Aug Sep Okt Nov Dez

 Mannheim

Landesmuseum für Technik und Arbeit

Unattraktiv für Kinder? Weit gefehlt! Jeden Tag werden zahlreiche interessante Maschinen und Geräte vorgeführt, so zum Beispiel alte Dampfmaschinen, Tretkräne, Druckmaschinen und Getreidemühlen. Technologie der Neuzeit bringen die Chip-Produktion und die Automobilmontage näher. Es wird genug geboten, um aufge-

weckte Kinder ab dem Schulalter für einige Zeit zu fesseln. Die täglichen Vorführtermine findet man am Schwarzen Brett im Foyer des Museums. Jeden Mittwoch öffnet die Kinderwerkstatt. Hier wird gebastelt, gedruckt, Papier geschöpft und gewoben. Die Werkstatt richtet sich an Kinder ab sieben Jahren, der Eintritt ist frei. Werkzeiten: 14.30 Uhr bis 17 Uhr. Auskunft über das aktuelle Angebot gibt das Info-Telefon (s. u.). Einen Besuch des Museums kann man mit einem Ausflug in den Luisenpark verbinden ∎

Adresse und Anfahrt: Landesmuseum für Technik und Arbeit, Museumsstraße 1, Mannheim, Tel. 0621/410050. S-Bahn bis Haltestelle Luisenpark. Das Museum ist in der Innenstadt ausgeschildert.
Öffnungszeiten: täglich 10 bis 17 Uhr, mittwochs bis 20 Uhr, montags geschlossen
Saison: ganzjährig
Eintritt: Erwachsene 4 Mark, Kinder 2 Mark
Verpflegung: Cafeteria im Museum, alle Möglichkeiten im Luisenpark ∎

Jan Feb Mär Apr Mai Jun Jul Aug Sep Okt Nov Dez

 Mannheim

Planetarium Mannheim

Im Planetarium Mannheim werden neben den Veranstaltungen für Erwachsene auch spezielle Kindervorführungen angeboten. Sie sind für Kinder von fünf bis zwölf Jahren geeignet. Auf spielerische Weise wird kindgerecht die unendliche Weite des Weltraums erschlossen.

"Wo geht's denn hier zur Milchstraße?" ist der Titel des Programms. Die Geschichte spielt im Jahr 3001. Schulkinder besteigen den Weltraumbus und fliegen bis zum Mond, dann weiter durch unser gesamtes Sonnensystem.

Die Kinderveranstaltungen beginnen jeweils an Wochenenden um 15 Uhr und dauern bis zu einer Stunde.

Karten können im Planetarium Mannheim unter der Telefonnummer 0621/415692 vorher reserviert werden und kosten für Kinder bis 14 Jahre 5 Mark, für Erwachsene 8 Mark.

Eh' wir's vergessen: Eltern sind bei der Fahrt durch den Weltraum ebenfalls willkommen ■

Adresse und Anfahrt: Planetarium Mannheim, Wilhelm-Varnholt-Allee 1, Tel. 0621/415692. Das Planetarium liegt nahe dem Luisenpark und dem Landesmuseum. S-Bahnhaltestelle "Planetarium".
Öffnungszeiten: Kindervorführungen an Wochenenden um 15 Uhr
Saison: ganzjährig
Eintritt: Kinder 5 Mark, Erwachsene 8 Mark
Verpflegung: Cafeteria im Planetarium ■

  ab

Jan Feb Mär Apr Mai Jun Jul Aug Sep Okt Nov Dez

Das Taubertal

Das Taubertal

Das Taubertal trägt das Etikett "lieblich" zu Recht. In weit ausholenden Mäandern fließt die Tauber von Bad Mergentheim nach Wertheim, die stille Schönheit des Tals schlägt seine Besucher in Bann.

Die Städte hier schöpfen aus der reichen Geschichte des Landes, das von Reichsrittern, fränkischen Adelsgeschlechtern und den kirchlichen Mächten aus Würzburg und Mainz regiert wurde. ∎

Das Freizeitbad Solymar in Bad Mergentheim

Ab geht's: die 60-Meter-Rutsche im Freizeitbad Solymar in Bad Mergentheim lädt zur sausenden Talfahrt! Für kleinere Kinder gibt es auch eine kleinere Rutsche und Wasserspielgeräte.
Beliebt ist das Sportbad, und im temperierten Mineralbad kann auch im Winter draußen geschwommen werden. Dazu gehören großzügige Saunaanlagen, Solarien und ein Dampfbad. Für das leibliche Wohl sorgt das Team der Cafeteria und des Restaurants ∎

Adresse und Anfahrt: Freizeitbad Solymar, Erlenbachweg, Bad Mergentheim, Tel. 07931/965-680. Im Ort ist das Bad ausgeschildert.
Öffnungszeiten: täglich geöffnet, Zeiten sehr unterschiedlich
Saison: ganzjährig
Eintritt: Erwachsene ab 15,50 Mark, Kinder ab 8,50 Mark
Verpflegung: Cafeteria ∎

| Jan | Feb | Mär | Apr | Mai | Jun | Jul | Aug | Sep | Okt | Nov | Dez |

Das Taubertal

Kutschfahrten in Lauda-Königshofen

Die „Panoramafahrt" mit den Westernplanwagen führt durch die Rebanlagen im Ortsteil Beckstein und dauert 75 Minuten. Sie wird auf Wunsch auch an einer Picknickhütte unterbrochen. Die Fahrt rund um Beckstein dauert zwei Stunden ohne Halt. Die Strecken werden auch umgestellt. In der Kutsche haben bis zu sechs Personen Platz. Im Ort gibt es zwei schöne Kinderspielplätze. In Buch am Ahorn steht ein schöner Abenteuerspielplatz. Ein Termin für Ausfahrten muß unbedingt vorher telefonisch vereinbart werden ∎

Adresse und Anfahrt: Arno und Uli Richter, Geisbergstraße 9, Lauda-Königshofen, Ortsteil Beckstein, Tel. 09343/5348. Lauda-Königshofen liegt an der B 290 zwischen Tauberbischofsheim und Bad Mergentheim. Der Ortsteil Beckstein befindet sich rund einen Kilometer südlich.
Zeiten/Saison: ganzjährig auf Anfrage
Eintritt: 1 Stunde kostet 50 Mark
Verpflegung: Picknick, 3 Gaststätten im Ort ∎

Jan Feb Mär Apr Mai Jun Jul Aug Sep Okt Nov Dez

Das Haus des Kindes in Röttingen

Einen riesengroßen Erlebnisspielplatz von 5000 Quadratmetern Fläche und eine 2000 Quadratmeter große Ausstellungsfläche umfaßt das "Haus des Kindes" der Firma "eibe". Der Betrieb richtet Kindergärten ein und verkauft ganze Spielplätze. Was verkauft wird, soll auch ausgiebig getestet werden. Hier steht also das Spielparadies auf Erden, die Requisiten werden jährlich ausgetauscht. Vom Schaukeltier bis zur Rutsche, vom Klettergerüst bis zur "kreativen Biolandschaft" ist alles vorhanden. Einer der Hauptanziehungspunkte ist die prima Sandbaustelle. Kinder dürfen hier ihrer Energie freien Lauf lassen, und die Geräte werden einem echten Härtetest unterzogen ∎

Adresse und Anfahrt: "Haus des Kindes", Firma "eibe", Schulstraße 1, Röttingen, Tel. 09338/89-501. Röttingen erreicht man ab Bad Mergentheim über Weikersheim. Ausgeschildert im Ort.
Zeiten/Saison: täglich, frei zugänglich
Eintritt: frei
Verpflegung: Cafeteria, Terrasse ∎

Jan Feb Mär Apr Mai Jun Jul Aug Sep Okt Nov Dez

Baden-Württemberg

Das Taubertal

Wildpark Bad Mergentheim

In Europas artenreichstem Wildpark können die großen und kleinen Besucher auf über 250 000 Quadratmetern einen umfassenden Einblick in die heimische Flora und Fauna bekommen. Der Rundgang ist mit befestigten Wegen gut angelegt und besitzt keine großen Steigungen oder Gefälle, ist also sowohl für Rollstuhlfahrer als auch für schnell ermüdende und quengelig werdende Kinder geeignet. Im

Park leben etwa 1000 Tiere. Da sind z. B. die fliegenden Jäger unter Wasser, die Kormorane, die Meister des Tauchens, die Fischotter und die riesigen Braunbären in ihrer Anlage, die deren natürlichen Lebensraum nachempfunden wurde. Die Luchse werden täglich durch einen neuartigen Beutesimulator gefordert, die Ritter der Lüfte, die Adler und Geier, können bei ihren Beuteflügen beobachtet werden, und im Wolfsrudel kann man ein noch gut funktionierendes Familienleben miterleben, das für die Tiere überlebenswichtig ist. Außerdem ist natürlich auch die heimische Tierwelt mit Rot- und Damhirschen, Mufflons, Steinböcken, Eisfüchsen, verschiedenen Marderarten, Weißstörchen, Auerwild und vielen weiteren Tierarten vertreten. Auf dem Spielbauernhof können die kleinen Besucher Esel, Ziegen, Ferkel und Kaninchen streicheln und auch füttern. Nebenan lädt ein Waldspielplatz zum Schaukeln, Wasser- und Sandmatschen ein ∎

Adresse und Anfahrt: Wildpark Bad Mergentheim, Tel. 07931/41344. Der Wildpark liegt südlich der Stadt an der Straße nach Crailsheim und ist ausgeschildert.
Öffnungszeiten: 9 bis 18 Uhr, in der Hauptsaison (April bis September) bis 19 Uhr.
Saison: ganzjährig
Eintritt: Erwachsene 10 Mark, Kinder (3 bis 15 Jahre) 7 Mark
Verpflegung: Picknick, Kiosk, Cafeteria ∎

Jan Feb Mär Apr Mai Jun Jul Aug Sep Okt Nov Dez

 Das Taubertal

Der Kraichgau

Der Kraichgau ist eine wenig bekannte Gebirgslandschaft zwischen Schwarzwald und Odenwald. Sanfte bewaldete Hügel bestimmen hier das Bild.

In der Rheinebene vor den Toren der Kreisstadt Bruchsal werden Tabak und Spargel angebaut. Der Ort ist europaweit der größte Hauptumschlagsplatz für das Genießergemüse. Wie passend: In den Weinbergen ringsum wachsen die Trauben des Bruchsaler Tropfens, der zu den Spitzenweinen Badens zählt ∎

Kinderranch in Bad Schönborn

Die Kinderranch hat das ganze Jahr über täglich geöffnet. Sie ist ein kleiner Tierpark im privaten Besitz, der Eintritt ist trotzdem frei. Freigestellt ist es jedem Besucher, die Spendenbüchse ein wenig aufzufüllen. Warum? Weil man die freilaufenden Tiere füttern und streicheln kann, weil die Zwergziegen und Häschen so niedlich sind, weil der Esel so ein sturer Charakterkopf ist und, nicht zuletzt, weil die Schafe immer so treu gucken.
Auf den vier Ponys im Tierpark darf man leider nicht reiten, da hilft kein Betteln! Alle Tiere auf der Kinderranch sind zahm, auch die Hühner. Zur Kinderranch gehört ein kleiner Spielplatz ∎

Adresse und Anfahrt: Kinderranch, Bad Schönborn, Tel. 07253/6991. In Bruchsal kreuzen sich die Bundesstraßen B 3 und B 292. Ausgeschildert.
Öffnungszeiten: täglich
Saison: ganzjährig
Eintritt: frei (Spendenbüchse)
Verpflegung: Picknick, Gasthof ∎

Jan Feb Mär Apr Mai Jun Jul Aug Sep Okt Nov Dez

Mechanische Musikinstrumente

Das klingende Museum im Bruchsaler Schloß ist ein Museum zum Hinhören und Hinschauen.
Es passiert etwas mit den Ausstellungsstücken, und deshalb ist der Besuch äußerst kurzweilig. Es beginnt zunächst mit dem Kuckuck, der aus der Schwarzwalduhr herausfliegt und seinen Ruf ertönen läßt, und geht bis zum vielfältigen Klang des Orchestrions, der "Musicbox" unserer Urgroßväter.
Für die Kinder dürfte es nicht so entscheidend sein, daß mit mehr als 300 Exponaten die Entwicklung der Spielwerke nachgezeichnet wird – ganz toll finden sie es aber, daß der

Spieldöschenaffe raucht und ein Stöckchen schwingt. Oder daß Tino Rossi, der lebensgroße Akkordeonspieler, mächtig in die Tasten greift. Nicht nur für Sammler beeindruckend ist auch die "Phonoliszt-Violina" mit dem "Teufelsspiel" dreier Geigen. Nach dem Rundgang durch das Museum spaziert man durch den Schloßpark ■

Adresse und Anfahrt: Das klingende Museum, Museum mechanischer Musikinstrumente, Schloß Bruchsal, Tel. 07251/742661. Das Schloß liegt nördlich des Hauptbahnhofs und ist ausgeschildert.
Öffnungszeiten: täglich von 10 bis 17 Uhr, montags geschlossen
Saison: ganzjährig
Eintritt: Erwachsene 7 Mark, Kinder 3,50 Mark, unter 6 Jahren frei
Verpflegung: Schloßcaffé, Gastronomie in der Nähe ■

Jan Feb Mär Apr Mai Jun Jul Aug Sep Okt Nov Dez

Kraichgau

Erlebnispark Tripsdrill

Deutschlands traditionsreichster Erlebnispark bietet auf 650 000 Quadratmetern Gesamtfläche jede Menge Spaß und Unterhaltung. Rund um die sagenumwobene Altweibermühle warten über 60 Attraktionen auf die kleinen und großen Besucher. Beim Wirbelpilz, dem Wäschekorb-Rundflug und bei der Panoramarundfahrt der Wiegen- oder Schmetterlings-Hochbahnen verliert man garantiert den Boden unter den Füßen, und der rasende Tausendfüßler sorgt für eine atemberaubende Schußfahrt. Hinter dem wiederentstandenen Waschhaus schießt der tosende Wildbach mit über 4500 Litern Wasser pro Sekunde vorbei.

Hier können die Mutigen sich in einem der 15 Waschzuber niederlassen und sich durch Wellentäler, Schußstrecken, Höhlentunnel, vorbei an rauschenden Wasserfällen und über Stromschnellen hinweg auf ein rasantes Wildwasserabenteuer begeben. Das Ganze nennt sich "Waschzuber-Rafting" und ist die neueste der Attraktionen. Wer es gerne etwas tierischer hätte, der kann einen Abstecher in den Tierpark machen, bei der Wolfsfütterung zuschauen oder im Streichelzoo unmittelbaren Kontakt zu den zahmen Tieren suchen ∎

Adresse und Anfahrt: Freizeitpark Tripsdrill, Cleebronn, Tel. 07135/9999, Fax 999666. Cleebronn liegt nördlich von Bietigheim und südlich von Brackenheim. Der Park ist weiträumig ausgeschildert.
Öffnungszeiten: täglich ab 9 Uhr geöffnet
Saison: Anfang April bis Ende Oktober
Eintritt: Tagespaß: Erwachsene 24 Mark, Kinder (unter 12 Jahren) 21 Mark
Verpflegung: Picknick, Imbiß, Restaurant ∎

Jan Feb Mär **Apr Mai Jun Jul Aug Sep Okt** Nov Dez

Waldtierpark Bretten

Im Waldtierpark Bretten gibt es keine Gehege, alle Tiere laufen frei herum – einzig von den Bären abgesehen.
Der Tierpark ist Deutschlands größter Streichelzoo. Die sonst so scheuen Wildtiere wie Dam- und Tibetanische Hirsche sind sehr zutraulich. Es werden auch exotische Tiere gehal-

ten, so zum Beispiel Zebras, Kamele und Alpakas. Die ebenfalls freilaufenden Berberaffen sind zu manchem Scherz aufgelegt, Vorsicht also, Mützen in Gefahr!
Auf dem Gebiet des Tierparks gibt es einen kleinen Kinderspielplatz. Hier können sich die Kleinen nach Herzenslust austoben. Wer keine Lust auf "Heiße Hexe" vom Kiosk hat, der muß sich ein Butterbrot in seinen Rucksack stecken – es sei denn, es ist gerade Sonntag, denn dann gibt es hier auch noch einen Mittagstisch ∎

Adresse und Anfahrt: Waldtierpark Bretten, Tel. 07252/7256. Bretten liegt am Schnittpunkt der Bundesstraßen B 35 und B 293, 20 Kilometer östlich von Karlsruhe. Der Tierpark ist im Ort ausgeschildert.
Öffnungszeiten: täglich von 9 bis 18 Uhr
Saison: 1. März bis 24. Dezember
Eintritt: Kinder 3 Mark, Erwachsene 5 Mark
Verpflegung: Picknick, Kiosk ∎

Jan Feb Mär Apr Mai Jun Jul Aug Sep Okt Nov Dez

Hohenlohe

Wenn auch das Hohenloher Land voll von Burgen und Schlössern ist, überregional bekannt wurde nur Götz von Berlichingen, der Ritter mit der eisernen Hand. Ihm zu Gedenken

werden jedes Jahr im Sommer die Burgfestspiele von Jagsthausen in der Götzenburg aufgeführt. Der Dichter Eduard Mörike sah Hohenlohe so: "Eine besonders zärtlich ausgeformte Handvoll Deutschland". Bewaldete Höhenzüge reichen bis an die fruchtbaren Weiten der Hohenloher Ebene, offene Flußtäler und eine Vielzahl kleiner Seen prägen das Bild ■

Der Spielplatz in Dörzbach-Laibach

Oberhalb des Orts Dörzbach, gleich neben dem Schloß, liegt der Abenteuerspielplatz. Er ist wirklich üppig ausgerüstet. Geht es nach den Kindern, kann man hier einige Stunden verbringen. Am besten, man packt gleich den Picknickkorb. Freunde der Bratwurst gehen noch weiter und mieten einen der Grillplätze an. Das kostet 30 Mark, Auskünfte beim Bürgermeisteramt, Tel. 07937/361. Herz des Spielplatzes sind das große Klettergerüst und der Ritterturm. Die Spielwiese schreit geradezu nach Bällen jeder Art, vom Fußball bis zur Bocciakugel. Wenn aus heiterem Himmel ein Regenguß niederprasselt, dann bietet die Schutzhütte ein Dach über dem Kopf. Ehe wir es vergessen: Rutschen, Schaukeln und Wippen gibt es ebenfalls ■

Adresse und Anfahrt: Abenteuerspielplatz Dörzbach-Laibach, Tel. 07937/361. Dörzbach liegt an der B 19, zehn Kilometer südlich von Bad Mergentheim, der Ortsteil Laibach ist weitere drei Kilometer entfernt. Der Spielplatz ist ausgeschildert.
Öffnungszeiten: frei zugänglich
Saison: Die Spielgeräte werden Mitte April aufgebaut und stehen bis zum Herbst.
Eintritt: frei
Verpflegung: Picknick, Grillen, Gastronomie im Ort ■

Jan Feb Mär **Apr Mai Jun Jul Aug Sep Okt** Nov Dez

Tierpark Öhringen

Im 250 Jahre alten Park befindet sich seit 1971 ein kleines Tiergehege. Man macht dort einen schönen Sonntagsspaziergang, der durch die kleinen Stopps an den Tiergehegen aufgelockert wird.
Es gibt nicht besonders viele Tierarten hier, der kleine Park

will auch nicht mit den großen Zoos konkurrieren. Favoriten der kleinen Besucher sind meist die Hängebauchschweine. Den Berber- und Rhesusaffen steht genügend Platz zur Verfügung, um ausgelassen zu toben. Gelassen schauen die Guanakos die neugierigen Besucher an, und bei den Waschbären bekommt man wegen der "Schelmenmaske" das unbestimmte Gefühl: "Die kochen was aus!" Der Eintritt in den Tierpark ist frei, wer noch dazu den Picknickkorb gepackt hat, macht einen sehr schönen "Low Budget"-Ausflug ■

Adresse und Anfahrt: Tierpark Öhringen, Tel. 07941/9119-10. Der Park befindet sich in der Nähe zur Autobahnausfahrt Öhringen, A 6 Heilbronn-Nürnberg.
Öffnungszeiten/Saison: frei zugänglich
Eintritt: frei
Verpflegung: Picknick, Gastronomie im Ort ■

| Jan Feb Mär Apr Mai Jun Jul Aug Sep Okt Nov Dez |

Schwabenpark Gmeinweiler

Im Panoramakino des Schwabenparks geht es rund. Auf der Leinwand im "Cinema 180", die einen Halbkreis beschreibt, werden packende Actionfilme gezeigt, genau richtig für unsere kleinen Rabauken, denen es nie laut und schnell genug sein kann. Für diese Spezies Kind wird im Park noch mehr

geboten, zum Beispiel der tolle Nautic-Jet, der Autoscooter, die Superrutsche, die Bobbahn und die Achterbahn. Wem schon vom bloßen Lesen schwindelig wird, der setzt sich besser in die Parkeisenbahn oder fährt mit dem Riesenrad – letzteres ist bestens für Eltern geeignet, die ihre Kinder im Gewühl verloren haben!
Aber auch für die ganz Kleinen ist natürlich einiges dabei, von der Kindereisenbahn bis zum Spielplatz, vom Pferdekarussell bis zum begehrten Streichelzoo. Während der Sommermonate werden täglich Artisten- und Zauberer-Shows gezeigt ∎

Adresse und Anfahrt: Schwabenpark Gmeinweiler, Tel. 07182/8825 und 2526, Gmeinweiler bei Welzheim. Letztgenannter Ort ist ab Schwäbisch-Gmünd über Lorch erreichbar, dann ist der Park ausgeschildert.
Öffnungszeiten: täglich 9 bis 18 Uhr
Saison: Ende März bis Ende Oktober
Eintritt: Erwachsene 21 Mark, Kinder 19 Mark
Verpflegung: Picknick, Kiosk, Cafeteria ∎

Jan Feb **Mär Apr Mai Jun Jul Aug Sep Okt** Nov Dez

Karlsruhe und Umgebung

Karlsruhe

Markgraf Karl III. Wilhelm plagte die Wohnungsnot, denn sein Schloß in Durlach war unbewohnbar geworden. Die neue Residenz Carols-Ruhe gab der Stadt ihren Namen. Von oben betrachtet, ziehen die Straßenzüge Karlsruhes einen fächerförmigen Grundriß – im Traum über den verlorenen Fächer

seiner Frau soll der Markgraf städtebaulich inspiriert worden sein. Früher mußten die Bürger der Stadt den Spleens des absolutistischen Herrschers folgen, heute spricht hier das Bundesverfassungsgericht Urteile der letzten Instanz ∎

Schloßgarten Karlsruhe

Wer nur einfach einen schönen Nachmittag verbringen möchte, der ist im Schloßgarten an der richtigen Adresse. Es gibt viel Grün und große Liegewiesen, die sich hervorragend zum Herumgammeln eignen. Die Eltern legen sich auf die Decke, während die Kids den Abenteuerspielplatz aufmischen. Es lohnt sich auch, die Frisbeescheibe oder einen Fußball einzupacken. An Wochenenden verkehrt eine Minieisenbahn, die einfache Fahrt kostet für Erwachsene 3 Mark und für Kinder die Hälfte. Nicht weit ist der Botanische Garten, der Eintritt ist dort sehr niedrig. Wer sich auf einen lauen Tag im Freien einrichtet, der sollte gleich Nägel mit Köpfen machen und einen Picknickkorb mitbringen ∎

Adresse und Anfahrt: Schloßgarten Karlsruhe, tel. Auskunft Verkehrsverein, Tel. 0721/3553-0. Das Schloß ist ausgeschildert. Mit der Straßenbahn auf allen Linien bis Haltestelle Marktplatz.
Öffnungszeiten: täglich ab 8 Uhr bis zum Einbruch der Dunkelheit.
Saison: ganzjährig, nur im Sommerhalbjahr interessant
Eintritt: frei
Verpflegung: Picknick, Café und Restaurant ∎

Jan Feb Mär **Apr Mai Jun Jul Aug Sep** Okt Nov Dez

Karlsruhe und Umgebung

Stadtgarten und Zoo Karlsruhe

150 Tierarten aus der ganzen Welt, von der Zwergmaus bis zum Elefanten, leben hier. Langhalsige Giraffen, Leoparden und Antilopen in der neuen Afrika-Savanne sind ebenso zu sehen wie Schimpansen in einem großzügigen Kuppelgehe-

ge, Kamele und Kängu-ruhs, Kraniche und Papageien. Sehr erfolgreich ist der Karlsruher Zoo bei der Nachzucht von Persischen Kropfgazellen und von Eisbären, die am Fuße des Lauterberges in Nachbarschaft zu den Robben und Pinguinen leben. Direkt neben den Elefanten und Flußpferden befindet sich der Kinderzoo. Sollten die Lütten nach ein oder zwei Stunden genügend Exotik geschnuppert haben, gibt es einen großen Abenteuerspielplatz und eine Minigolfanlage. Auf den großen Seen können Rundfahrten mit Gondolettabooten unternommen werden. Zum Großareal gehören auch ein Rosengarten und ein Japanischer Garten. Wer längere Zeit im Zoo verbringt, der muß nicht hungern. Es stehen Cafés, ein Restaurant und die Zooterrassen zur Auswahl, daneben ein Schnellimbiß und ein Kiosk ∎

Adresse und Anfahrt: Zoo Karlsruhe, Tel. 0721/133-6815. Die Haupteingänge liegen beim Hauptbahnhof und beim Kongreßzentrum, dort gibt es Parkhäuser. Der Zoo ist ausgeschildert.
Öffnungszeiten: Mai bis September von 8 bis 18.30 Uhr, sonst von 9 Uhr bis zur Dämmerung
Saison: ganzjährig
Eintritt: Erwachsene 5 Mark, Kinder 2,50 Mark, Familien- und Gruppenermäßigungen
Verpflegung: Picknick, Kiosk, Gastronomie im Zoo ∎

Jan Feb Mär Apr Mai Jun Jul Aug Sep Okt Nov Dez

Baden-Württemberg

Fahrgastschiff "Karlsruhe"

Mit dem Fahrgastschiff "Karlsruhe" geht's rheinauf und rheinab, je nach gewünschter Route.
Kindertauglich sind die kurzen Kaffeefahrten, die rund eine Stunde dauern. Es geht vorbei an Altrheinarmen, Auwäldern und kleinen Dörfern, am schönsten ist der Ausblick na-

türlich bei schönem Wetter vom Sonnendeck. Die Fahrten starten von März bis November, die genauen Fahrzeiten gibt es telefonisch unter der Nummer 0721/599-5768.
Die Fahrtkosten betragen rund 12 Mark, Kinder zahlen die Hälfte. Mehr als fünf Stunden dauert die Fahrt zur Staustufe Iffezheim, Schleusung inklusive.
Die lange Zeit an Bord sollte man kleineren Kinder nur antun, wenn sie über ausreichend Geduld verfügen, und dann auch nur bei gutem Wetter! Der Fahrpreis beträgt rund 20 Mark (für Kinder zehn Mark) ∎

Adresse und Anfahrt: Fahrgastschiff "Karlsruhe", Städtische Rheinhäfen, Werftstraße 2, Tel. 0721/599-5768. Die Rheinhäfen liegen am östlichen Ende des Zentrums. Der Anleger ist ausgeschildert.
Zeiten: Fahrzeiten tel. erfragen
Saison: März bis November
Fahrpreis: ab rund 12 Mark für Erwachsene, 6 Mark für Kinder
Verpflegung: Gastronomie ∎

Jan Feb **Mär Apr Mai Jun Jul Aug Sep Okt Nov** Dez

Karlsruhe und Umgebung

Stuttgart

An jedem Samstag vormittag wird ganz Stuttgart von einem Geräusch dominiert: dem Scharren der Besen. Die "Kehrwoche" ist Pflicht seit 1492, als Graf Eberhard befand: "Jeder soll seinen Mist alle Wochen ausführen, damit die Stadt rein erhalten wird." Reinlich sind sie also, die Stuttgarter, und stolz auf das viele Grün in der Stadt. Die Weinberge ziehen sich bis in die berühmte City hinein. Wer hier die Museen zu zählen versucht, der merkt schnell, daß man in Stuttgart großen Wert auf Kunst und Kultur legt ■

Der Fernsehturm Stuttgart

Wer wird denn gleich in die Luft gehen? Die Antwort ist einfach: Erwachsene, die 5 Mark, und Kinder, die 3 Mark bezahlt haben!
Hat man den Obolus entrichtet, dann besteigt man mit der gesamten Familie den Aufzug, der mit einer Geschwindigkeit von vier Metern pro Sekunde gen Himmel fährt. Diese Fahrt allein läßt schon manches Kind staunen. Am Ziel angekommen, wird es dann vollends beeindruckend. Nach mehr als 200 Metern ist die 44sekündige Fahrt vorbei. Natürlich macht man den Ausflug gern bei schönem Wetter, denn nur dann ist die phantastische Aussicht auch wirklich zu genießen.
Man nimmt Platz im Café und schaut während des Schnabulierens weit ins Land. Bei exzellenter Fernsicht reicht der Blick bis zu den Alpen ■

Adresse und Anfahrt: Fernsehturm, Stuttgart-Degerloch, Tel. 0711/246104. Der Turm steht im Stadtteil südlich der City, man kann von dort aus eigentlich nach Sicht fahren. Buslinie 15 ab Hauptbahnhof Stuttgart, Haltestelle Ruhebank.
Öffnungszeiten: Das Gourmet-Restaurant "Skyline" hat von 11.30 bis 14 Uhr und von 18.30 bis 23 Uhr geöffnet, ein Besuch des Turms mit Kindern ist tagsüber zu empfehlen.
Saison: ganzjährig
Eintritt: Kinder ab 4 Jahren 3 Mark, Erwachsene 5 Mark
Verpflegung: im Turm-Restaurant ■

Jan Feb Mär Apr Mai Jun Jul Aug Sep Okt Nov Dez

 Stuttgart

Treffpunkt Kinder

Im "Treffpunkt Kinder", der von der Volkshochschule Stuttgart betrieben wird, geht jeden Dienstag nachmittag der Vorhang auf. Gezeigt werden Theaterstücke und Kinofilme für Zuschauer ab vier Jahren.
Der Eintritt beträgt für das Kino drei Mark, ein Theaterbesuch kostet fünf Mark. Die meisten der Vorstellungen beginnen um 15 Uhr. Es gibt auch Wochenendvorstellungen, die zur

gleichen Zeit beginnen. Es lohnt sich auf jeden Fall, das Halbjahresprogramm anzufordern. Regelmäßig gibt es auch Kinderkino-Vorführungen mit Filmen, die ab einem Alter von fünf Jahren geeignet sind.
Das vielseitige Kinderprogramm und alle erforderlichen Auskünfte zum aktuellen Spielplan gibt's unter den Telefonnummern 0711/1873-880 oder -881 ∎

Adresse und Anfahrt: Treffpunkt Kinder, Rotebühlplatz 28, Stuttgart, Tel. 0711/1873-880. Nahe der U- und S-Bahnstation "Stadtmitte".
Öffnungszeiten: aktuellen Spielplan erfragen
Saison: ganzjährig
Eintritt: Kinder 3 Mark und 5 Mark
Verpflegung: Gastronomie im Haus, tagsüber Selbstbedienung ∎

Jan Feb Mär Apr Mai Jun Jul Aug Sep Okt Nov Dez

Wilhelma Stuttgart

Die Wilhelma ist ein Zoo de luxe. Die Parkanlage des Botanisch-Zoologischen Gartens wird von rund 9000 Tieren tausend verschiedener Arten bewohnt.

Die Gebäude des Zoos stammen zu einem großen Teil noch aus der Gründungszeit Mitte des 19. Jahrhunderts. Damals wurden sie im maurischen Stil erbaut.

Lassen wir die vielen seltenen Pflanzen beiseite, um gleich zu den Tieren zu kommen: Weltberühmt ist die Menschenaffenhaltung des Zoos, die immer wieder mit Zuchterfolgen von sich reden macht. Löwen, Tiger, Leoparden und die Indischen Elefanten kommen bei den Kindern ganz besonders gut an, ebenso wie die Vertreter der Bärenfamilie. Ein wei-

teres Highlight für die Kleinen ist der Schaubauernhof mit seiner Streichelwiese. Faszinierend ist die Stippvisite im Aquarium, wo z. B. Pfeilgiftfrösche und bis zu fünf Meter lange Krokodile leben. In den Nachttierhäusern hat man die einmalige Gelegenheit, Fledermäuse zu beobachten ∎

Adresse und Anfahrt: Wilhelma, Zoologisch-Botanischer Garten, Stuttgart, Tel. 0711/54020, Fax 5402-222. Der Zoo liegt nahe dem Bahnhof Bad Cannstadt und ist mit diversen öffentlichen Verkehrsmitteln zu erreichen
Öffnungszeiten: täglich ab 8 Uhr, im Sommer bis 18 Uhr, sonst kürzer
Saison: ganzjährig
Eintritt: Erwachsene 12 Mark, Kinder ab 6 Jahren 6 Mark
Verpflegung: Picknick, Kiosk, Restaurants ∎

Jan Feb Mär Apr Mai Jun Jul Aug Sep Okt Nov Dez

Planetarium Stuttgart

Das Programm des Planetariums Stuttgart wechselt alle zwei Monate. Zusätzlich zum Hauptprogramm, das schon für Kinder ab dem Schulalter geeignet ist, werden auch spezielle Kindervorführungen angeboten.
Die sind dann für noch jüngere Hobbyastronomen geeignet, die unbedingt wissen wollen, wieviel Sternlein stehen. Die

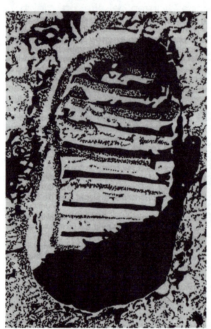

Kindervorführungen beginnen samstags um 14 Uhr und dauern höchstens bis zu einer Stunde. In den Schulferien kommen noch Termine hinzu. Die öffentlichen Vorführungen sind täglich außer montags an Vor- und Nachmittagen, teilweise kommen noch Abendtermine hinzu. Sonntags um 16 Uhr wendet sich das Programm an Erstbesucher. Die Preise betragen 8 Mark (Erwachsene) und 5 Mark (Kinder), für eine Reise ins Weltall ist das eigentlich verblüffend günstig! Karten reservieren kann man zu Bürozeiten unter der Tel. 0711/1629215. Vorbestellte Karten müssen bis spätestens eine Viertelstunde vor Beginn der Vorführung abgeholt werden ∎

Adresse und Anfahrt: Planetarium Stuttgart, Mittlerer Schloßgarten, Stuttgart, Tel. 0711/1629215. Parkplatz an der Willy-Brandt-Straße. Öffentlicher Verkehr bis Haltestelle Staatsgalerie.
Öffnungszeiten: aktuelles Programm tel. erfragen
Saison: ganzjährig
Eintritt: Erwachsene 9 Mark, Kinder 5 Mark
Verpflegung: Picknick und Gastronomie im Schloßpark ∎

Jan Feb Mär Apr Mai Jun Jul Aug Sep Okt Nov Dez

Nördlicher Schwarzwald

Wer hier in den Höhenzügen des nördlichen Schwarzwaldes wohnt, der ist – überspitzt gesagt – entweder Pendler oder Pensionär. Die Region hat zwar Natur im Überfluß zu bieten, kaum aber nennenswerte Industrieansiedlungen.

Schön für Touristen, die nicht selten genau so empfinden wie Hermann Hesse, der in seinem Roman "Unterm Rad" über die Umgebung des Städtchens Nagold schrieb: "So müssen Sommerferien sein! Über den Bergen ein enzianblauer Himmel, wochenlang ein strahlend heißer Tag am andern" ∎

Europa-Park Rust

Der Europa-Park lockt seine Besucher mit mehr als 60 Fahrattraktionen und Shows. Er richtet sich mit seiner Mischung sowohl an Kinder als auch an Erwachsene. Ab 1,30 m Körpergröße können die Kinder auch an den rasanten Fahrgeschäften, wie z. B. der Weltneuheit "Euro-Mir" oder die Schweizer Bobbahn, ihren Spaß haben. Die Achterbahn "Euro-Mir" ist übrigens ein Bestandteil des neuen russischen Themenbereichs, der zum Saisonstart am 4. April 1998 eröffnet wurde. Auch hier wurde wieder, wie in allen Themenbereichen des Europa-Parks, sehr viel Wert auf eine hochwertige und detaillierte Gestaltung gelegt. Für Schwindelgefühle sorgen die wirbelnden Kaffeetassen, beschaulicher hingegen ist ein Ritt auf dem Pferdekarussell. Nichts für ängstliche Eltern, wohl aber etwas für mutige Kids ist eine Stippvisite im Geisterschloß oder eine Fahrt mit der

Adresse und Anfahrt: Europa-Park, Rust/Baden, Tel. 07822/77-0. Rust liegt an der A 5 zwischen den Ausfahrten Ettenheim und Herbolzheim. Der Park ist weiträumig ausgeschildert.
Öffnungszeiten: täglich von 9 bis 18 Uhr, im Juli und August länger geöffnet
Saison: 4. April bis 1. November 1998
Eintritt: Kinder von 4 bis 11 Jahre 34 Mark, Erwachsene 38 Mark
Verpflegung: Picknick, Kiosk, Cafeteria, Restaurants ∎

Jan Feb **Mär Apr Mai Jun Jul Aug Sep Okt Nov** Dez

Nördlicher Schwarzwald

Haflinger-Ausritte in Lauterbad

Das Hotel "Grüner Wald" bietet Ausritte auf Haflingern und Ponys an.
Beim Ponyreiten werden die Kinder geführt, die Eltern haben dann frei und können endlich einmal tun, was sie wollen. Die halbe Stunde kostet 13 Mark. Reitende Kids, die schon Erfahrung gesammelt haben, nehmen am Ausritt teil, der kostet 20 Mark pro Stunde. Das Hotel liegt inmitten von Wiesen und Wäldern, passende Kulisse für einen Ausritt. Für die Pferdefreunde kann er nicht lang genug dauern. Bevor man einfach so hereinschneit, sollte lieber das Telefon bemüht werden – die Pferde könnten alle belegt sein oder einmal Ruhe benötigen. ∎

Adresse und Anfahrt: Hotel Grüner Wald, Lauterbad, Tel. 07441/7051. Lauterbad ist ein südlicher Ortsteil von Freudenstadt, das Hotel ist dort ausgeschildert.
Öffnungszeiten: nach tel. Absprache
Saison: ganzjährig
Kosten: 13 Mark pro halbe Stunden Ponyreiten, 20 Mark pro Stunde Ausritt
Verpflegung: Café und Restaurant im Hotel ∎

Jan Feb Mär Apr Mai Jun Jul Aug Sep Okt Nov Dez

Südlicher Schwarzwald

Obwohl es bei den Südschwarzwäldern piept, ticken sie doch richtig! Die Kuckucksuhr, Schwarzwald-Ikone und Kitsch zugleich, wurde 1730 vom Uhrmacher Franz Anton Ketterer aus Schönwald erfunden.

Geht man als einsamer Wanderer durch eines der schönen grün-schwarzen Tannentäler des Schwarzwaldes, dann kann schon das Gefühl aufkommen, ausgerechnet in diesem Uhrmacherland sei die Zeit stehengeblieben! ■

Silberbergwerk Teufelsgrund

Die Suche nach dem Schatz im Silberberg: Den Besuchern des historischen Bergwerks in Münstertal wird vorgeführt, daß die "Schatzsuche" im Bauch des Berges alles andere als einfach war.
Die Führung, die rund 500 Meter in den Berg hineinführt und eine Stunde dauert, ist für Kinder ab dem Schulalter geeignet. Die finden es so richtig spannend, als echte "Höhlenforscher" in den Teufelsgrund einzudringen.
Vor dem Rundgang gibt es eine viertelstündige erklärende Diashow – so kurz, daß sie auch die Ungeduldigsten unter den kleinen Höhlengängern überstehen ■

Adresse und Anfahrt: Besucherbergwerk Teufelsgrund, Münstertal/Schwarzwald, Tel. 07636/1450. Der Ort liegt südlich von Freiburg, östlich von Staufen. Das Bergwerk im Ortsteil Mulden ist ausgeschildert.
Öffnungszeiten: vom 15. Juni bis 15. September täglich, außer montags, 14 bis 17 Uhr, in der Nebensaison auch mittwochs und freitags geschlossen, im November nur an Wochenenden, Gruppenführungen nach Vereinbarung möglich
Saison: 1. April bis 30. November
Eintritt: Erwachsene 4 Mark, Kinder 2 Mark
Verpflegung: Picknick, Kiosk mit Gastraum ■

Jan Feb Mär Apr Mai Jun Jul Aug Sep Okt Nov Dez

Südlicher Schwarzwald

Schwarzwald Park Löffingen

Der Schwarzwald Park in Löffingen ist auch ein Schwarzwildpark. Die Wildschweine sind jedenfalls Bewohner des Freizeitgeländes in Löffingen neben vielen weiteren Wildarten. Die Freigehege der Rothirsche, Steinböcke und Bisons sind großzügig geschnitten, auch Sikawild, Damwild und Steinwild können sich nicht über Platzmangel beklagen.
Bei Kindern kommen erfahrungsgemäß die Bären sehr gut an. Noch besser schneidet aber der Streichelzoo ab, wo die Kids Kontakt mit Tierbabys pflegen können ■

Adresse und Anfahrt: Schwarzwald Park, Löffingen, Tel. 07654/606, Fax 07654/8600. An der B 31 zwischen Freiburg und Donaueschingen.
Öffnungszeiten: täglich von 9 bis 18 Uhr
Saison: Ostern bis 31. Oktober
Eintritt: ab 16 Jahren 8 Mark, Kinder 4 Mark
Verpflegung: Picknick, Grillen, Gastronomie, Imbiß ■

Jan Feb Mär Apr Mai Jun Jul Aug Sep Okt Nov Dez

Laguna Badeland in Weil am Rhein

Seit über zehn Jahren genießen Deutsche, Franzosen und Schweizer den grenzenlosen Bade- und Freizeitspaß im Dreiländereck. Im Laguna Badeland gibt es keine Langeweile. Hoch her geht's im großen Wellenbecken, über dem sich eine 65 Meter lange Rutschbahn schlängelt. Für zusätzlichen Spaß sorgen Strömungskanal, Rutschschrägen, Wippinseln, Wasserkanonen, Kletterseile, Höhlen und Massagepilz. Entspannend ist ein Bad im Warmwasserbecken mit Liege- und Sitzmulden, Luftsprudel- und Massagedüsen. In unmittelbarer Nähe befindet sich das mollig warme Planschbecken, in dem die Sprößlinge ungestört spielen und planschen können ■

Adresse und Anfahrt: Laguna Badeland, Sportplatz 1, Weil am Rhein, Tel. 07621/70071. Im Ort ist das Bad ausgeschildert.
Öffnungszeiten: montags von 14 bis 22 Uhr, dienstags bis donnerstags 10 bis 22 Uhr, freitags bis 23 Uhr, am Samstag von 9 bis 22 Uhr, am Sonntag bis 21 Uhr
Saison: ganzjährig
Eintritt: ab 6 Mark für Erwachsene, 5 Mark für Kinder (eine Stunde)
Verpflegung: im Sommer Picknick, Gastronomie im Bad ■

Jan Feb Mär Apr Mai Jun Jul Aug Sep Okt Nov Dez

Südlicher Schwarzwald

Museumsbahn Wutachtal

Die Strecke von Zollhaus-Blumberg nach Weizen führt durch das wildromantische Wutachtal.
Die Begeisterung der Kids für schöne Landschaft hält sich in Grenzen, für das "Drum und Dran" haben sie aber eine Antenne.

Mit Dampfkraft schnauft die Bahn los, und im Gegensatz zu modernen Zügen kann man hier die Fenster noch richtig weit herunterschieben.
Die Fahrt führt über Viadukte mit grandiosen Ausblicken und durch den Stockhalden-Tunnel, der einen Kreis beschreibt – einmalig in unserem Lande. Eine Strecke dauert etwas mehr als eine Stunde. Wer an einem der Haltebahnhöfe aussteigt, zum Beispiel in Fützen, der hat Aufenthalte zwischen einer und zwei Stunden. Der Halt in Weizen dauert knapp 20 Minuten. An manchen Tagen verkehren auch zwei Züge, dann ist ein längerer Aufenthalt an der Endstation möglich. Wer sich näher informieren möchte, der wählt die Nummer 07702/5127 (von 9 bis 12 Uhr) ∎

Adresse und Anfahrt: Museumsbahn Wutachtal, Zollhaus Blumberg, Tel. 07702/5127. Der Bahnhof Zollhaus-Blumberg liegt direkt an der B 27 zwischen Donaueschingen und Schaffhausen.
Fahrzeiten: tel. erfragen oder Fahrplan anfordern, an Wochenenden, Freitagen und Donnerstagen
Saison: vom 1. Mai bis Mitte Oktober
Preise: Rückfahrt für Erwachsene 20 Mark, Kinder die Hälfte
Verpflegung: Picknick an den Haltestellen, Zuggastronomie ∎

Jan Feb Mär Apr **Mai Jun Jul Aug Sep Okt** Nov Dez

Baden-Württemberg

Schwäbische Alb

Schwäbische Alb

Es ist nicht immer leicht, mit den Bewohnern dieses Landstriches Kontakt aufzunehmen. In der Gegend von Zwiefalten wird ein so breites Schwäbisch gepflegt, daß bekennende Dialektsprecher Mühe haben, es zu verstehen. So kamen einst

Landvermesser vom Dorf Pflummern ins nächste und erkundigten sich dort nach dem Ortsnamen. "Upflamör" verstanden die Fragenden, gemeint war aber Oberpflummern. Heute heißt der Ort auf allen Karten "Zwiefalten-Upflamör". ∎

Märchenpfad Hechingen

Für Kinder von zwei bis sieben Jahren ist der Spaziergang entlang des 700 Meter langen Märchenpfades in Hechingen ein tolles Erlebnis. Rechts und links des Weges warten die Protagonisten bekannter deutscher Märchen: Hier jagt der Wolf die sieben Geißlein, dort gehen Hänsel und Gretel durch den dunklen Wald.
Eine besonders elegante Figur macht der gestiefelte Kater, der Gentleman unter den Samtpfoten. Der Märchenpfad kostet keinen Eintritt und befindet sich etwas außerhalb der Stadt in der Nähe des Hallenfreibades – ein zweiter möglicher Tagesordnungspunkt. ∎

Adresse und Anfahrt: Märchenpfad Hechingen, Auskunft beim Verkehrsamt, Tel. 07471/185114. Hechingen liegt an der B 27 Tübingen-Balingen.
Öffnungszeiten: frei zugänglich
Alter: 2 bis 7 Jahre
Saison: ganzjährig
Eintritt: frei
Verpflegung: Picknick, Gastronomie im Ort ∎

Jan Feb Mär Apr Mai Jun Jul Aug Sep Okt Nov Dez

 Schwäbische Alb

Traumland Bärenhöhle

Das Traumland auf der Bährenhöhle in Sonnenbühl-Erpfingen ist seit jeher eines der Hauptausflugsziele dieser Region. Das Konzept ist wirklich familiengerecht: Weil der Besuch einer Höhle nur für begrenzte Zeit interessant ist, wurde auf dem Gelände über der Höhle ein Freizeitpark eröffnet. Wer sich seinen Weg durch die Höhle mit den Bärenskeletten gebahnt und auch die Tropfsteininomationen ausgiebig betrachtet hat, kann anschließend die Zeit im Freizeitpark verbringen.

Lassen Sie sich von Märchenfiguren verzaubern. Machen Sie eine Rundfahrt mit Oldtimer und Eisenbahn, oder betrachten Sie das Traumland aus luftiger Höhe mit unserem 35 m hohen Riesenrad.
Ein besonderes Erlebnis für groß und klein ist das Pony-Reiten, das verhexte Schloß, die Marienkäferbahn, Eisenbahn, Riesenrad, Riesenrutsche, Raupenbahn, Kettenflieger und die jährlich wechselnden Dressur-Schauen.
Haben wir Sie neugierig gemacht? Fein, dann dürfen wir Sie bald erwarten. Auf Wiedersehen also im "Traumland auf der Bärenhöhle"

Adresse und Anfahrt: Traumland auf der Bärenhöhle, Sonnenbühl-Erpfingen, Tel. 07128/2158. Anfahrt über die B 313, in Haid Richtung Sonnenbühl. Ausgeschildert.
Öffnungszeiten: täglich 9 bis 18 Uhr
Saison: Ostern bis 31. Oktober
Eintritt: Erwachsene 12 Mark, Kinder 10 Mark
Verpflegung: Picknick, Kiosk, Cafeteria

Jan Feb Mär **Apr Mai Jun Jul Aug Sep Okt** Nov Dez

Schwäbische Alb

Die Dampfbahnen von Amstetten

Vom Amstetter Bahnhof starten die historischen Dampflokomotiven aus dem Jahr 1914 in zwei Richtungen: Die eine Fahrt führt ins 20 Kilometer entfernte Gerstetten, die andere ins sechs Kilometer näher gelegene Oppingen.
Unter Dampf stehen die Bahnen zweimal im Monat, von Ende April bis Mitte Oktober. Wer sich für den aktuellen Fahrplan interessiert, kann ihn unter Tel. 07302/6306 erfahren. Die Rückfahrt nach Oppingen kostet für Erwachsene

8 Mark und für Kinder 4 Mark, die Fahrt nach Gerstetten ist rund doppelt so teuer.
Auf der Fahrt nach Gerstetten ist der Zug bewirtschaftet, während in Oppingen am Bahnhof gespeist werden kann ■

Adresse und Anfahrt: Auskünfte zur Schmalspurbahn erhält man unter der Tel. 07302/6306. Abfahrtsort ist der Bahnhof von Amstetten. Der Ort liegt wenige Kilometer südlich von Geislingen nahe der B 10.
Zeiten: Fahrplan tel. erfragen
Saison: Ende April bis Mitte Oktober
Eintritt: Rückfahrt nach Gerstetten für Erwachsene 16 Mark, für Kinder 7,50 Mark, Rückfahrt nach Oppingen 8/4 Mark
Verpflegung: teilweise Zuggastronomie, sonst an den Bahnhöfen ■

Jan Feb Mär **Apr Mai Jun Jul Aug Sep Okt** Nov Dez

Oberschwaben

Der Kreml steht in Oberschwaben — natürlich nicht der echte, sondern der "Schwäbische Kreml", denn so wird das Kloster Wiesental wegen seiner vielen Zwiebeltürme genannt.

Die Hügellandschaft Oberschwabens wurde von eiszeitlichen Gletschern geformt, die ihre Zungen weit von den Alpen herab ins Land streckten. Wiesen und Felder, idyllische Dörfer und weite Wälder sind charakteristisch für diese Region. ∎

Kutschfahrten in Frickingen

Auf die kleinen Kutschen von Bauer Mantz passen fünf bis sechs Personen, es gibt aber auch Gesellschaftswagen mit Platz für bis zu zwölf Personen.
Die Fahrten kosten bei den großen Kutschen pro Person und Stunde fünf Mark. Die kleineren Kutschen werden auch schon für vierköpfige Familien in Bewegung gesetzt, der Preis wird abgesprochen.
Überhaupt muß die Kutschfahrt vorher in jedem Fall telefonisch gebucht werden, da die Familie Mantz auch einen Bauernhof führt und nicht immer Zeit hat. Dafür ist grundsätzlich ganzjährig Saison, bei schönem Wetter wird auch im Winter gefahren ∎

Adresse und Anfahrt: Familie Mantz, Frickingen-Leustetten, Tel. 07554/8659. Leustetten liegt bei Frickingen, rund zehn Kilometer von Überlingen entfernt. Der Hof befindet sich gegenüber der Gaststätte "Löwen".
Öffnungszeiten: nach tel. Absprache
Saison: ganzjährig
Kosten: nach Vereinbarung
Verpflegung: Picknick, Gaststätte "Löwen" ∎

Jan Feb **Mär Apr Mai Jun Jul Aug Sep Okt** Nov Dez

 Oberschwaben

Die Waldsee-Therme

Die 720 Quadratmeter große und moderne Badelandschaft des mittelalterlichen Städtchens Bad Waldsee ist zu einem beliebten Treffpunkt für alle Gesundheitsbewußten und Badevergnügungssüchtigen geworden. Denn hier sprudelt die heißeste Quelle Oberschwabens mit 65 Grad Celsius

fluorid- und schwefelhaltiges Thermalwasser aus 1500 bis 2000 Meter Tiefe an die Oberfläche. Ganz so heiß wird's im Becken natürlich nicht: In den insgesamt sieben Wasserbecken liegen die Temperaturen zwischen 18 und 38 Grad Celsius. Dabei kann man im Therapiebecken beim Aquajogging oder bei der Wassergymnastik trotzdem etwas ins Schwitzen kommen. Da hilft es dann, ein paar Bahnen im Trainingsbecken des Außenbereiches zu ziehen. Des weiteren bietet die Waldsee-Therme Sprudelliegen und Nackendüsen zur Entspannung, eine Dampfgrotte, ein Tretwasserbecken, Kneipp- und Mooranwendungen, Massagen und Ruheräume. Im Sommer steht den Gästen die Sonnenterrasse als Alternative zur Verfügung. Nach so viel gesundem Badespaß kann man sich in der Cafeteria guten Gewissens eine Stärkung gönnen ■

Adresse und Anfahrt: Waldsee-Therme, Badstr. 16, Bad Waldsee. Der Kurort liegt zwischen Biberach, Aulendorf und Ravensburg. Im Ort immer Richtung Kurgebiet fahren, die Waldsee-Therme ist gut ausgeschildert.
Öffnungszeiten: tägl. von 9 bis 21 Uhr
Saison: ganzjährig
Eintritt: gestaffelt, für 2 Stunden z. B. 10 Mark für Erwachsene, Kinder 8 Mark
Verpflegung: Cafeteria ■

Jan Feb Mär Apr Mai Jun Jul Aug Sep Okt Nov Dez

Oberschwaben

Schwaben-Therme Aulendorf

Ein Knopfdruck des Bademeisters genügt, und die Schwaben-Therme in Aulendorf wird im Sommer zum exklusiven Freibaderlebnis. Denn dann öffnet sich das Glaskuppeldach über dem großzügigen Thermalbecken. Unter freiem Himmel lassen sich so Sprudelliegen, Massagedüsen oder die Kaskade genießen.

Ein Paradies für Kinder ist der Spaßbadbereich der Schwaben-Therme. Kleine Wasserratten können sich auf der Riesenwasserrutsche und im Strömungskanal so richtig austoben. Auf die kleinsten Gäste warten eine Kleinkinder-Spielewelt und Kinderbetreuung.
Saunakultur in Vollendung erleben Sie in Sauna & Römerbad der Schwaben-Therme ■

Adresse und Anfahrt: Schwaben-Therme, Ebisweiler Straße 5, 88326 Aulendorf, Tel. 07525/93-50. Aulendorf liegt zwischen Ulm und dem Bodensee.
Öffnungszeiten: Thermal- und Freizeitbad: täglich 9 bis 22 Uhr, Freitag und Samstag 9 bis 23 Uhr. Sauna & Römerbad: täglich 14 bis 22 Uhr, Freitag 14 bis 23 Uhr, Samstag 10 bis 23 Uhr, Sonntag 10 bis 22 Uhr.
Saison: ganzjährig
Eintritt: bei 2 Stunden 13 DM für Erwachsene, 6,50 DM für Kinder; bei 4 Stunden 19,50 DM für Erwachsene, 9,50 DM für Kinder, verbilligte Familienkarte, Kinder unter 6 Jahren sind frei
Verpflegung: Innen- und Außenrestaurant, Römerbar ■

Jan Feb Mär Apr Mai Jun Jul Aug Sep Okt Nov Dez

Baden-Württemberg

 Der Bodensee

Bodensee

Als das erste Menschenpaar das Paradies verlassen mußte, da weinte der liebe Gott eine dicke Träne. Sie fiel mitten in einen der schönsten Landstriche, die er geschaffen hatte: zwischen den schweizerischen Thurgau und das Schwabenland. So entstand der Bodensee, will es eine Sage. Der See ist ein beliebtes Reiseziel, das mit seinem fast schon mittelmeerischen Klima jedes Jahr Millionen Touristen anzieht ■

Die Erlebniswelt Sipplingen

Das private Museum vereint vier Ausflugsziele unter einem Dach: Im Reptilienhaus leben Schlangen, Echsen und Vogelspinnen in natürlicher Umgebung, und es gibt Betreuungen nach vorheriger Rücksprache unter Tel. 07551/69966. Das STEIFF-Tiermuseum zeigt eine große Sammlung sowie eine bewegliche Steifftierschau. Eine große Attraktion ist die Modellauto- und Techniksammlung. Für den Eisenbahnfreund gibt es Anlagen aller Spurgrößen, die er selbst bedienen kann. Es gibt historisches Blechspielzeug und eine Sonderausstellung mit 2000 Feuerwehr-, Polizei- und anderen Sonderfahrzeugen aller Größen und Jahrgänge. Im Shop gibt es z. T. seltenes Spielzeug und Sammlermodelle. Das ganze Haus ist rollstuhlgerecht konzipiert ■

Adresse und Anfahrt: Erlebniswelt Sipplingen, In der Breite 18, 78354 Sipplingen, Tel. 07551/3777, Fax 07551/915654. Anfahrt per Auto über die B 31 (alt) zwischen Stockach und Lindau. Sipplingen hat Bahnanschluß, im Sommer mit stündlichen Verbindungen.
Öffnungszeiten: mit Beginn der Osterferien bis November tägl. von 10 bis 18 Uhr, in den Weihnachtsferien nur an Wochenenden und Feiertagen von 11 bis 17 Uhr
Saison: mit Beginn der Osterferien bis Anfang November und in den Weihnachtsferien
Verpflegung: Zur Erlebniswelt gehören ein Restaurant und ein Café. Picknick ist am nahen See möglich.
Drumherum: Spielplatz beim Haus und beim nahen Strandbad
Parken: Pkw und Bus am Haus und öffentlicher Parkplatz ■

Jan Feb **Mär Apr Mai Jun Jul Aug Sep Okt Nov Dez**

Der Bodensee

Ausflugsschiffahrt auf dem Bodensee

Bei "Kaiserwetter" ist die Fahrt über das "Schwäbische Meer" wunderschön: Es spannt sich ein weiter blauer Himmel über den großen See, der Blick geht bis zu den Bergspitzen der Alpen. Ins Vergnügen startet man von vielen der Hafenstädte aus, jeder halbwegs große Ort am Ufer des Bodensees hat eine Anlegestelle.

Neben den Kursfahrten von Ort zu Ort, die fahrplanmäßig verkehren, gibt es speziell im Sommer Rundfahrten von einer Stunde bis zur Tagestour. Die "Leckerbissen" auf dem Bodensee bieten Unterhaltung für "besondere Stunden": Von abendlichen Tanzfahrten über Fahrten zu Feuerwerken am Bodensee bis hin zu den Gourmet-Fahrten, wie Kässpätzle- oder Suserfahrt, ist sicherlich für jeden Geschmack etwas dabei.

Sowohl für die Kursfahrten als auch für die Rundfahrten können aktuelle Fahrpläne angefordert werden: Telefon 07531/281398 ∎

Adresse und Anfahrt: Bodensee-Schiffsbetriebe, Verkaufsbereich Konstanz, Hafenstraße 6, 78462 Konstanz, Tel. 07531/281398 oder 281389.
Fahrzeiten/Saison/Eintritt: tel. erfragen, sehr unterschiedlich
Verpflegung: Gastronomie an Bord
Drumherum: In der Umgebung fast aller Anlegestellen gibt es Gastronomie und Spielplätze ∎

Jan Feb Mär Apr Mai Jun Jul Aug Sep Okt Nov Dez

Baden-Württemberg

Der Bodensee

Wild- und Freizeitpark Allensbach

Natürlich sollen die Tiere an erster Stelle stehen. Auf dem sehr großen Areal von 75 Hektar sind Luchse, Wölfe, Braunbären und viele andere Tiere zu Hause.

Einer der Hauptanziehungspunkte für Kinder ist, wenn es  dann mal nicht die Tiere sind, vor allem der Abenteuerspielplatz, der in der Umgebung seinesgleichen nicht findet. Hier darf nach Lust und Laune getollt werden. Nach dem Besuch des Tierparks geht es ohne Umschweife an den Teil des Bodensees, der Gnadensee genannt wird. Hier kann man natürlich nach Herzenslust im klaren Wasser schwimmen. Wenn die Kinder nicht zu fußfaul sind, kann man auch einen Uferspaziergang machen, eine Bank am Uferweg zum ausgiebigen Picknicken nutzen oder einen weiteren Spielplatz belagern ■

Adresse und Anfahrt: Wild- und Freizeitpark Allensbach, Gemeinmärk 7, Tel. 07533/931619. Der Ortsteil Gemeinmärk liegt zwischen Allensbach und Markelfingen oberhalb der B 33. Man erreicht ihn ab Allensbach über Kaltbrunn. Der Park ist ausgeschildert.
Öffnungszeiten: 10 bis 17 Uhr, im Sommer 9 bis 18 Uhr
Saison: ganzjährig
Eintritt: Erwachsene 8 Mark, Kinder 4 Mark
Verpflegung: Picknick, Kiosk, Restaurant (Tel. 07533/931613) ■

Jan Feb Mär Apr Mai Jun Jul Aug Sep Okt Nov Dez

 Der Bodensee

Kinderführung im Konstanzer Theater

Alles echt? Oder alles nur Theater? Wer wissen möchte, wie es hinter den Kulissen des Konstanzer Theaters aussieht, der muß mindestens acht Jahre alt sein.
Ist diese Hürde genommen, dann wird den jungen Schauspielern und Dramaturgen die gesamte Theaterwelt gezeigt,

vom Requisitenfundus bis zur Schneiderei, von der Kulissenwerkstatt bis zur Probebühne.
Bei den kostenlosen Kinderführungen können maximal bis zu zwanzig junge "Phantome der Oper" teilnehmen. Die Führungen sind entweder vormittags um neun Uhr oder nachmittags nach 15 Uhr und kosten 50 DM, das hängt von den jeweiligen Produktionen des Theaters ab.

Wer Interesse an einer Kinderführung hat, der sollte rechtzeitig unter der Nummer 07531/1300-47 oder -28 anrufen. Und dann heißt es für die Kleinen: Vorhang auf ■

Adresse und Anfahrt: Theater Konstanz, Konzilstraße 11, Tel. 07531/130050. Das Theater liegt gegenüber dem Inselhotel und ist vom Bahnhof nur etwa fünfhundert Meter enfernt.
Öffnungszeiten: tel. erfragen
Saison: September bis Juli
Verpflegung: Picknick am nahen See, Gastronomie
Drumherum: Stadtpark am See mit Spielplatz ■

Jan Feb Mär Apr Mai Jun Jul **Aug** Sep Okt Nov Dez

 Der Bodensee

Mainau – Blumeninsel im Bodensee

Allein wegen der paradiesisch gelegenen Blumeninsel Mainau kommen Tausende von Besuchern alljährlich an den Bodensee. Der natürliche Erlebnispark mit farbenprächtigen Blumen und Gewächsen, Italienischen Rosengärten und einer

Vielfalt exotischer Pflanzen unter der Kulisse des herrschaftlichen Barockschlosses von Gräfin und Graf Bernadotte vermittelt dem Besucher einen mediterranen Eindruck und das Gefühl, in dem Blumenmeer zu versinken. Neben der Schönheit der Natur locken zudem zahlreiche Veranstaltungen: Für 1998 sind zahlreiche Ausstellungen im Schloß sowie im Juli Schloßkonzerte (Highlight Montserrat Caballé) geplant. Umgeben von tropischer Atmosphäre, kann man bei einem Gang durch das neue Schmetterlingshaus die Artenvielfalt der bunten Falter zu bewundern. Und als gelungener Abschluß bietet sich auf der sonnigen Terrasse oder in den gemütlichen Restaurants der Verzehr kulinarischer Köstlichkeiten an, die aus frischen, aus der Region stammenden Zutaten kreiert werden ■

Adresse und Anfahrt: Die Mainau im Norden von Konstanz ist sowohl mit dem Auto, dem Zug (der Bahnhof ist 8 km entfernt) und Stadtbussen oder Fahrrad als auch mit den Bodensee-Schiffen über den Konstanzer Hafen zu erreichen. Parkplätze sind ausreichend vorhanden. Tel. 07531/303-0, Fax 303-248.
Öffnungszeiten: tägl. 7–20 Uhr, von Anfang November bis Mitte März nur 9–17 Uhr
Saison: ganzjährig
Eintritt: Erwachsene 17 DM, Kinder (6–15 Jahre) 5,50 DM, Familienticket 36 DM
Verpflegung: mehrere Restaurants im Park ■

Jan Feb Mär Apr Mai Jun Jul Aug Sep Okt Nov Dez

Bayern S. 427-491

Bayern

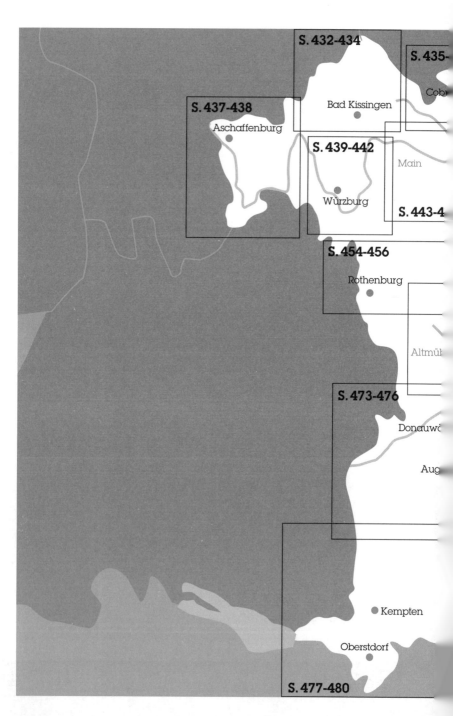

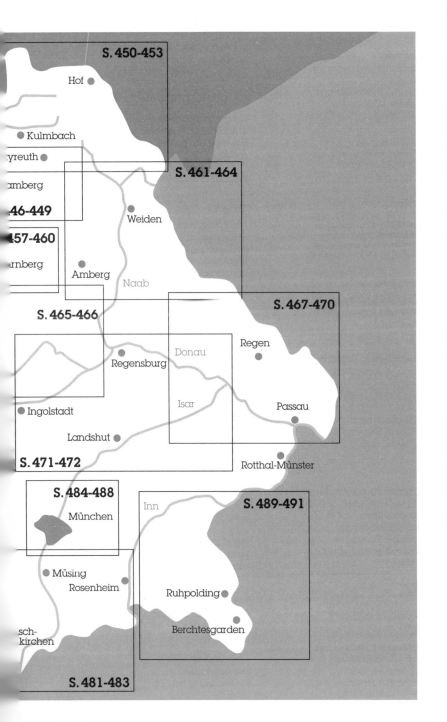

Bayern

Bayrische Rhön	S. 432-434

Fränkisches
Freilandmuseum Fladungen 432
Fahrt mit der
Postkutsche in Bad Kissingen 433
Dampferle- und
Bähnle-Fahrten in Bad Kissingen 434

Coburger Land	S. 435-436

Wildpark Schloß Tambach 435
Märchenpark Neustadt/Coburg 436

Der Spessart	S. 437-438

Dampfzug im Kahlgrund 437
Automuseum "Roso Bianco
Collection" in Aschaffenburg 438

Würzburg und Umgebung	S. 439-442

Erholungsanlage Eichen
im Stadtwald Schweinfurt 439
Schiffsfahrten
auf dem Main bei Würzburg 440
Nautiland in Würzburg 441
Theater Spielberg in Würzburg 441
Kinder- und Jugendfarm Würzburg 442

Der Steigerwald	S. 443-445

Spielzeugmuseum in Sugenheim 443
Geomaris in Gerolzhofen 444
Freizeit-Land Geiselwind 445

Fränkische Schweiz	S. 446-449

Das Original Bamberger Kasperle 446
Die Teufelshöhle bei Pottenstein 447
Fränkisches Wunderland
in Plech/Oberfranken 448
Dampfbahn Fränkische
Schweiz in Ebermannstadt 449
Wildgehege
Hundshaupten/Egloffstein 449

Frankenwald und Fichtelgebirge	S. 450-453

Sommerrodelbahn und
Seilbahnen am Ochsenkopf 450
Der Pony- und Reiterhof
"Lucky-Stable-Ranch"
in Mosbach/Kronach 451

HofBad 452
Deutsches Dampflokomotiv-
Museum in Neuenmarkt 452
Besucherbergwerk Fichtelberg 453

Naturpark Frankenhöhe	S. 454-456

Fahrradmuseum Zumhaus
in Zumhaus/Feuchtwangen 454
Bayerischer Jagdfalkenhof
auf Schloß Schillingsfürst 455
Fränkisches
Freilichtmuseum Bad Windsheim 456

Nürnberg und Frankenalb	S. 457-460

Freizeitbad Atlantis
in Herzogenaurach 457
Erlebnispark Schloß Thurn in
Heroldsbach 458
Tiergarten Nürnberg 459
Planetarium Nürnberg 460

Oberpfälzer Wald	S. 461-464

Reichhart-Schacht in Stulln 461
Oberpfälzer Freilandmuseum
in Neusath 462
Sommerrodelbahn Reichenstein
bei Stadlern/Schönsee 462
Reithof Georg Irlbacher
in Moosbach 463
Thermenwelt Weiden/Oberpfalz 464

Altmühltal	S. 465-466

Personenschiffahrt Altmühltal 465
Sommerrodelbahn Pleinfeld 466
Bauernhofmuseum
in Riedenburg-Echendorf 466

Bayerischer Wald	S. 467-470

Freizeitzentrum Hoher Bogen in
Neukirchen beim Hl. Blut 467
Hirschpark Buchet 468
Donau-Schiffahrt Passau 469
Museumsdorf Bayerischer
Wald am Dreiburgensee/Tittling 469
Churpfalzpark Loifling 470

Südliches Niederbayern	S. 471-472

Tiergarten Straubing 471
Der Bayern-Park
in Fellach bei Reisach 472

Augsburg und Umgebung   S. 473-476

Planetarium Augsburg	473
Fred Rai Western-City in Dasing	474
Zoo Augsburg	475
Königstherme in Königsbrunn	576

Das Allgäu   S. 477-480

Hallen- und Stadtbad Kempten	477
Freizeitpark Illerparadies in Lauben/Allgäu	478
Starzlachklamm bei Sonthofen	479
Ponyreiten auf dem Hofgut Kürnach	480
Schönegger Käse Alm Sellthüm	480

Fünfseenland
und Werdenfelser Land   S. 481-483

Eine Starnberger Seefahrt	481
Fahrt mit der Zugspitzbahn ab Garmisch-Partenkirchen	482
Wasserpark Starnberg	483
Schiffahrt Ammersee	483

München
und Umgebung   S. 484-488

BavariaFilmTour Geiselgasteig/München	484
Tierpark Hellabrunn in München	485
Kinderkino Olympiadorf in München	486
Der Münchner Westpark in München	487
Deutsches Museum in München	488

Berchtesgaden
und Chiemgau   S. 489-491

Kindertheater in der Stadthalle Rosenheim	489
Salzbergwerk Berchtesgaden	490
Märchen-Familienpark Ruhpolding	491

Bayern

Bayerische Rhön

Die Rhön ist, bildlich gesprochen, der Ferienbalkon zwischen Nord- und Süddeutschland. Von den Bergen der Rhön, dem "Land der weiten Fernen", hat man bei gutem Wetter phantastische Aussichten. Der Blick erfaßt kleine fränkische Orte, umringt von Wald, Wiesen und Feldern.

Das Land kann auf rund 3500 Kilometer langen Wanderwegen durchquert werden. Rechts und links des Weges warten so seltene Pflanzen wie die Trollblume, das Wollgras und der Sonnentau – eine kleine Welt jenseits der Autobahnen!

Fränkisches Freilandmuseum Fladungen

Für das Museum wurden ausgewählte Bauernhäuser und Höfe wieder aufgebaut, die von Verfall oder Abriß bedroht waren und original mit Möbeln und Gebrauchsgegenständen ausgestattet. So finden sich neben Bauernhöfen und Tagelöhnerhäusern auch ein funktionstüchtiges historisches Gemeindebrauhaus, eine alte Dorfschule, eine Kirche sowie eine Getreide- und Ölschlagmühle. Zu festgelegten Terminen finden handwerkliche Vorführungen statt. Bunte Bauerngärten und ein reichhaltiger Tierbestand erfreuen auch Kinder unter 6 Jahren. Ein Kinderspielplatz wird ab 1997 eingerichtet sein

Adresse und Anfahrt: Fränkisches Freilandmuseum Fladungen, Tel. 09778/ 9123-0, Fax -45. Fladungen liegt an der B 285 im nördlichsten Zipfel der Bayerischen Rhön. Das Museum liegt am östlichen Ortsrand gleich nach der Stadtmauer.
Öffnungszeiten: Saison: April bis Oktober täglich, außer montags, von 9 bis 18 Uhr (wenn der Montag ein Feiertag ist, wird das Museum geöffnet).
Eintritt: Erwachsene 5 Mark, Gruppen ab 15 Pers. 4 Mark, Kinder 3 Mark, Kinder unter 6 Jahren frei; Familien-Tageskarte (Eltern mit Kindern) 13 Mark; vergünstigte Verbundeinheiten für Freilandmuseum und Rhönmuseum.
Verpflegung: Picknick im Museumsgelände oder im Wirtshaus am Freilandmuseum "Zum Schwarzen Adler" mit großem Biergarten

Jan Feb Mär **Apr Mai Jun Jul Aug Sep Okt** Nov Dez

 Bayerische Rhön

Fahrt mit der Postkutsche

Keine Angst: Ein Überfall berüchtigter Postkutschenräuber steht bei dieser Fahrt nicht auf dem Programm.
Das Vehikel aus der Biedermeierzeit, gezogen von vier Rössern, ist zwar nicht original, dafür verkehrt es auf der ursprünglichen Strecke zwischen Bad Kissingen und Bad Bocklet oder der Stadt Aschach.
Pro Kutsche stehen ganze neun Plätze zur Verfügung, man sollte also schon etwas früher ans Buchen denken.
Die Fahrten hin und zurück dauern jeweils rund eine Stunde.
In Bad Bocklet oder Aschach sind einstündige Aufenthalte geplant.
Kinder, die einen Platz in Anspruch nehmen, zahlen den vollen Preis.

Die Fahrt ist nur für Kinder geeignet, die eine Stunde relativ ruhig sitzen können.
In Bad Bocklet bietet sich ein Spaziergang in die Stadt an. Hier gibt es Spielplätze und alle Arten von Gastronomie. In Aschach kann man das Schloß besuchen ∎

Adresse und Anfahrt: Informationen über die Kurverwaltung in Bad Kissingen, Tel. 0971/8048-51 o. -52 oder von der Postfiliale in der Münchner Straße 1, Tel. 0971/7157-450. Die Kutsche fährt ab dem Telekom-Gebäude, Münchner Straße 5.
Zeiten: tägliche Abfahrten um 14 Uhr, Rückkehr jeweils 17.30 Uhr
Saison: von April bis Oktober
Kosten: Hin- und Rückfahrt 28 Mark
Verpflegung: Picknick, Gastronomie in Bad Bocklet und Aschach ∎

Jan Feb Mär **Apr Mai Jun Jul Aug Sep Okt** Nov Dez

Bayerische Rhön

Dampferle-Fahrten

Die Motorboote, mit denen man auf der Saale Ausflugsfahrten machen kann, werden in Bad Kissingen liebevoll "Dampferle" genannt.
Die beiden Boote "Kissingen" und "Saline" fahren im Pendelverkehr zwischen Rosengarten und Saline auf der Saale.
Der Rosengarten ist Teil der Kuranlagen, die ausgeschildert sind. Dort gibt es natürlich jede Menge Grün und auch einen Spielplatz in der Nähe. Von der Saline zurück kann man einen bequemen Spaziergang machen und sich dann in eines

der Cafés setzen. Bei gutem Wetter verbringt man so am Ufer der Saale einen sehr schönen Nachmittag.
Man kann übrigens vom Park aus mit dem "Bähnle" zum nahegelegenen Wildpark Klaushof fahren ∎

Adresse und Anfahrt: Motorbootfahrt Bad Kissingen, Tel. 0971/4335. Die Bootsanlegestelle liegt nördlich der großen Ludwigsbrücke. An der Kurverwaltung (ausgeschildert) findet man ein Parkhaus.
Fahrzeiten: täglich, vormittags und nachmittags Abfahrten in kurzen Abständen, genaue Zeiten erfragen
Saison: von April bis Oktober, wetterabhängig
Fahrpreise: hin und zurück Erwachsene 8 Mark, Kinder 4 Mark. Das Bähnle kostet 4 Mark für Erwachsene und die Hälfte für Kinder.
Verpflegung: Picknick, Gastronomie ∎

Jan Feb Mär **Apr Mai Jun Jul Aug Sep Okt** Nov Dez

Coburger Land

Coburger Land

Hoch über der Stadt Coburg thront die Coburger Veste, die im Mittelalter als uneinnehmbar galt. Auch Wallenstein, der geniale Feldherr des Dreißigjährigen Krieges, biß sich an der "Krone Bayerns" die Zähne aus. In späteren Jahren machte sich der Coburger Adel auf friedliche Eroberungszüge: Albert, geliebter Prinzgemahl der Queen Victoria, die mit

ihrem Namen für eine ganze Epoche der britischen Geschichte Patin stand, stammte aus Sachsen-Coburg. Und nicht nur er sorgte vor dem Traualtar für Expansion, halb Europa war im 19. Jahrhundert "coburgisiert". ■

Wildpark Schloß Tambach

Der Wildpark Schloß Tambach liegt inmitten eines sehr schönen, rund 50 Hektar großen Geländes.
Besonders interessant sind die täglichen Vorführungen des Jagdfalkenhofes um 11 und 15 bzw. 17 Uhr. Adler, Falken und Geier ziehen über den Köpfen der Besucher ihre Kreise und kehren immer wieder auf den Handschuh des Falkners zurück. Die Vielfalt der anderen Tier-arten kann auf dem kleinen (1,5 Stunden) oder dem großen Rundweg (2,5 Stunden) durch weiträumige Gatter erkundet werden ■

Adresse und Anfahrt: Wildpark Schloß Tambach, Schloßallee 3, 96479 Tambach, Tel. 09567/922915. Liegt zehn Kilometer westlich von Coburg an der B 303. Es bestehen Busverbindungen ab Coburg.
Öffnungszeiten: 8 bis 19 Uhr
Saison: ganzjährig, Vorführungen des Falkenhofes von Mai bis August tägl. 11, 15 und 17 Uhr, von März bis Oktober nur um 11 und 15 Uhr
Eintritt: Erwachsene 9 Mark, Kinder von 3 bis 15 Jahren 4,50 Mark
Verpflegung: Picknick, Grillen, Kiosk, Biergarten ■

Jan Feb Mär **Apr Mai Jun Jul Aug Sep Okt** Nov Dez

Coburger Land

Märchenpark Neustadt/Coburg

Hier können kleinere und größere Kinder was erleben. Im Märchenpark treffen die Lütten, die gerade dem Kinderwagen entwachsen sind, alte Gutenachtgeschichten. Rotkäppchen ist ebenso dabei wie Hänsel und Gretel. Im Märchenschloß schläft Dornröschen, und der Lügenbaron  von Münchhausen reitet auf der Kanonenkugel vorbei. Mit der Märchen-Expreß-Bahn dampft man um den verwunschenen Froschkönig herum. Die größeren Kinder können mit der Seilbahn in die Luft gehen und den Park von oben betrachten, können mit dem Schmetterling atemberaubende Fahrten erleben, oder mit dem neuen Luna Loop die Schwerelosigkeit mitmachen. ■

Adresse und Anfahrt: Märchenpark, Eisfelder Straße 34, 96465 Neustadt/Coburg, Tel. 09568/7218. Anfahrt z. B. über Coburg, Kronach oder Sonneberg
Öffnungszeiten: täglich von 10 bis 18 Uhr
Saison: Anfang März bis Ende November
Eintritt: Erwachsene 7 Mark, Kinder ab 3 Jahren 5 Mark
Verpflegung: kleine Imbisse, große Gaststätte mit Biergarten ■

Jan Feb **Mär Apr Mai Jun Jul Aug Sep Okt Nov** Dez

Der Spessart

Daß es ein "Wirtshaus im Spessart" gibt, weiß wohl jeder – viel weniger Leute aber dürften wissen, wo in deutschen Landen der Spessart liegt!

Inmitten dieses stillen Fleckchens Erde ist das Märchen von Schneewittchen und den sieben Zwergen angesiedelt, ebenfalls im Spessart soll die böse Königin gerufen haben "Spieglein, Spieglein an der Wand, wer ist die Schönste im ganzen Land?" Der Spessart jedenfalls zählt zu den schönsten Urlaubsregionen Deutschlands ∎

Dampfzug im Kahlgrund

Eine Fahrt mit der historischen Kahlgrundbahn ist eine hervorragende Möglichkeit, den Spessart von seiner lieblichen Seite kennenzulernen. Der von einer Dampflok angetriebene Zug fährt ab April an rund 15 Tagen, das letzte Mal im Dezember. Im Sommer lohnt es sich, die Fahrräder mitzunehmen und von der Endstation Schöllkrippen aus eine kleine Tour zu starten. Dort gibt es ein Ausflugsrestaurant. An den Betriebstagen fährt der Zug zweimal ab Bahnhof Kahl, einmal um 10 Uhr, einmal um 14.30 Uhr. Die Fahrt selbst dauert anderthalb Stunden ∎

Adresse und Anfahrt: Abfahrt ab dem ausgeschilderten Bahnhof in Kahl. Der Ort liegt südlich von Alzenau am Main, A 45 Abfahrt Alzenau. Auskünfte erteilen und Programme verschicken die Dampfbahnfreunde Kahlgrund e. V. Ahornweg 36, 63741 Aschaffenburg, Tel. 06021/88872.
Fahrtage: 1998:13. April, 1., 3. Mai, 7. Juni, 5. Juli, 2. August, 6. September, 11. Oktober, 1. November, 6. Dezember (Nikolausfahrt)
Preise: Hin- und Rückfahrt 20 Mark, Kinder (4 bis 14 Jahre) 10 Mark, Familienkarte 50 Mark, kostenloser Fahrradtransport
Verpflegung: Picknick, Buffetwagen, Café, Restaurant ∎

Jan Feb Mär **Apr Mai Jun Jul Aug Sep Okt Nov Dez**

 Der Spessart

Automuseum "Rosso Bianco Collection"

Das Museum ist nur etwas für Autonarren, und die sind ja bekanntlich nicht immer schon Führerscheinbesitzer.
Die Sportwagensammlung des Museums ist die größte der Welt. Alles, was viele PS, Rang und Namen hat, ist vertreten. Die chromglänzenden Ausstellungsstücke auf vier Rädern sind im Außengelände und in Hallen untergebracht – das Museum kann an Schlechtwettertagen als "Joker" eingesetzt werden. Wenn man Glück hat (oder sich vorher telefonisch erkundigt), dann wird am Besuchstag gerade ein Kinder-Grand-Prix mit Tretmobilen gestartet, mit Piloten von der

"Pampers-Klasse" bis zum "Kettcar, große Ausführung" am Start. Die Einrichtung einer Spielecke ist geplant ∎

Adresse und Anfahrt: "Rosso Bianco Collection", Obernauer Str. 125, Aschaffenburg, Tel. 0621/21358. Vom Hauptbahnhof fährt die Buslinie 1 direkt zum Museum, das im Stadtbereich gut ausgeschildert ist.
Öffnungszeiten: April bis Oktober täglich außer montags von 10 bis 18 Uhr, sonst nur an Wochenenden und Feiertagen
Saison: ganzjährig
Eintritt: Erwachsene 10 Mark, Kinder 6 Mark ∎

Jan Feb Mär Apr Mai Jun Jul Aug Sep Okt Nov Dez

Würzburg und Umgebung

Würzburg liegt inmitten des Fränkischen Weinlandes, das, der Name verrät es schon, den Frankenwein hervorbringt. Die Franken haben das Privileg, ihre Weine in den Bocksbeutel abzufüllen. Nicht nur gute Weine

stammen von hier, Würzburg ist auch die Heimat der Künstler Tilman Riemenschneider und Balthasar Neumann. Renaissance-, Barock- und Rokokobauten zeugen vom Reichtum der Städter in vergangenen Jahrhunderten ∎

Erholungsanlage Eichen in Schweinfurt

Inmitten des Stadtwaldes Schweinfurt steht diese schöne Erholungsanlage. Es gibt nicht nur eine Menge Spielmöglichkeiten (wie Fußball, Minigolf, Tischtennis), sondern auch ein Planschbecken mit Liegewiese für sommerliche Erholung, einen Sandspielplatz, eine Rollschuhbahn und ein Indianerfort. Und als ob das immer noch nicht reichen würde, um eine junge Familie glücklich zu machen, gehört zur Anlage auch noch ein großer Wildpark. Hier gibt es Damwild, Rehe, Kaninchen, Sauen, Kleinvögel und vieles, vieles mehr. Den Tierpark durchmißt man im Spaziertempo, danach läßt man sich in der Gaststätte nieder, weil man das Lunchpaket zu Hause vergessen hat ∎

Adresse und Anfahrt: Walderholungsanlage Eichen, Stadtwald Schweinfurt, Tel. 09721/51500. Der Stadtwald liegt zwischen den Ortsteilen Steinberg und Deutschhof.
Öffnungszeiten/Saison: ganzjährig frei zugänglich
Eintritt: frei
Verpflegung: Picknick, Gaststätte ∎

Jan Feb Mär Apr Mai Jun Jul Aug Sep Okt Nov Dez

Würzburg und Umgebung

Schiffsfahrten auf dem Main

Aus dem Fahrplan der Schiffstouristik Würzburg bieten sich zwei Fahrten auch für Familien mit kleineren Kindern an. So fahren von April bis Oktober täglich Schiffe im Stundentakt nach Veitshöchheim. Die Fahrt dauert 40 Minuten, man kann direkt wieder zurückfahren oder einen Aufenthalt von einer bis zu mehreren Stunden planen. Dort kann man z. B.

den Rokokogarten besichtigen, an den Teichen Karpfen füttern und ein Picknick machen. Die Schiffsbesatzungen haben immer einen weiteren guten Tip auf Lager! Die Familienkarte für Hin- und Rückfahrt kostet z. B. 35 Mark.

Im August fährt mittwochs ein Schiff nach Ochsenfurt und zurück. Dort hat man einen zweistündigen Aufenthalt, dann geht es wiederum zwei Stunden zurück. Diese Sechs-Stunden-Variante eignet sich natürlich nur für etwas ältere Kinder. Die Familienkarte kostet 50 Mark. Bei schönem Wetter sollte man Picknickwaren mitnehmen, um sie auf dem Sonnendeck zu genießen. Regnet es, kann man sich selbstverständlich auch von der Bordgastronomie bewirten lassen ∎

Adresse und Anfahrt: Schiffstouristik Würzburg, Anlegestelle "Alter Kranen", Tel. 0931/58573. Die Anlegestelle befindet sich auf der östlichen Mainseite, hundert Meter südlich des Kongreßzentrums.
Fahrzeiten: tel. erfragen, Fahrplan anfordern
Saison: von April bis Oktober
Kosten: s. o.
Verpflegung: Picknick, Bordgastronomie ∎

Jan Feb Mär **Apr Mai Jun Jul Aug Sep Okt** Nov Dez

Nautiland in Würzburg

Das Freizeitbad Nautiland in Würzburg macht Familien glücklich: Während sich die Kinder im Wasserspielgarten ausgiebig vergnügen, lassen sich die Eltern in der Wärmegrotte mittels Lichttherapie die Winterdepressionen austreiben. Die "Lütten" nehmen die große Wasserrutsche in Beschlag, während "die Alten" in der Dampfsauna auf Vordermann gebracht werden. Dann faßt man sich an der Hand und schwimmt ins Sprudel-Außenbecken. Für die ganz Kleinen gibt es ein Planschbecken. Die "Familien-Ausrüstung" reicht bis zum Wickelraum ∎

Adresse und Anfahrt: Erlebnisbad Nautiland, Tel. 0931/411436. Im Ort ausgeschildert
Öffnungszeiten: sonntags bis donnerstags 9 bis 22 Uhr, am Wochenende von 9 bis 23 Uhr
Eintritt: gestaffelt, ab 10 Mark Erwachsene, 8 Mark Kinder, montags billiger
Verpflegung: Restaurant im Bad ∎

Jan Feb Mär Apr Mai Jun Jul Aug Sep Okt Nov Dez

Theater Spielberg

Das Theater Spielberg in Würzburg hat immer ein paar tolle Kinderstücke im Programm. Abgesehen von der Theaterpause von Anfang August bis Mitte September, wird das ganze Jahr über gespielt, und zwar mittwochs, donnerstags, samstags und sonntags. Die Nachmittagsvorführungen kosten für Kinder 5 Mark (an Wochenenden 6 Mark) und für Erwachsene 9 Mark. Die Stücke sind teilweise schon für Kinder ab drei Jahren geeignet. Auskünfte zum aktuellen Spielprogramm bekommt man telefonisch unter 0931/26645 ∎

Adresse und Anfahrt: Spielberg, Reiserstraße 7, Würzburg. Das Theater liegt gegenüber der Haupteinfahrt der Uniklinik, die ausgeschildert ist.
Zeiten: tel. erfragen
Saison: Mitte September bis Ende Juli
Eintritt: Kinder 5/6 Mark, Erwachsene 9 Mark bei Nachmittagsvorstellungen
Verpflegung: Kaffee und Kuchen im Theater ∎

Jan Feb Mär Apr Mai Jun Jul Aug Sep Okt Nov Dez

Kinder- und Jugendfarm Würzburg

Diese vorbildliche Einrichtung wird vom Sozialdienst katholischer Frauen betrieben. Hier können Kinder ab sechs Jahren für ein Entgelt von drei Mark einen erlebnisreichen Tag verbringen, mit oder ohne Eltern. Es gibt hier jede Menge Tiere, die gefüttert, gestreichelt und ausgeführt werden dürfen, so z. B. Hasen, Hühner, Gänse, Meerschweinchen, Ziegen und eine Kuh. Der Nachwuchs kann ebenfalls auf Ponys und Eseln reiten und lernt mit Tieren umzugehen, Hütten zu bauen und kann einen Töpferkurs mitmachen. Ist dies im-

mer noch nicht genügend Aktivität, können die jungen Gäste auf dem Spielplatz noch schaukeln, rutschen und Tischtennis spielen, solange es ihnen beliebt. Die Betreuung und Leitung durch die Jugendpfleger ist tierisch gut ■

Adresse und Anfahrt: Kinder- und Jugendfarm Würzburg, Tel. 0931/76399. Die Farm liegt am Judenpfad, der von der Leistenstraße zur Festung Marienberg führt. Die Leistenstraße führt an das westliche Mainufer in Richtung Ludwigsbrücke (leicht versetzt).
Öffnungszeiten: in den Ferien werktags von 10 bis 16 Uhr, in der Schulzeit Dienstag bis Freitag von 14 bis 18 Uhr, samstags von 10 bis 15 Uhr
Saison: Anfang März bis Mitte Dezember
Eintritt: 3 Mark
Verpflegung: ist mitzubringen ■

Jan Feb Mär Apr Mai Jun Jul Aug Sep Okt Nov Dez

Der Steigerwald

Eines gibt es im Steigerwald im Überfluß: Bäume! Das Mittelgebirge ist im Nordosten eine geschlossene grüne Mauer. Die zum Teil über 200 Jahre alten Buchenriesen wachsen hier höher als im übrigen Mitteleuropa.

Die ausgedehnten Laubwälder beherbergen eine an Arten reiche Vogelwelt. Hier finden sich alle einheimischen Spechte ebenso wie Pirol und Turteltaube. In den Südlagen wird Wein angebaut, und auch die Karpfenzucht hat hier Tradition ■

Spielzeugmuseum in Sugenheim

Das Alte Schloß in Sugenheim/Mittelfranken birgt heute nach umfassender Renovierung in sieben Räumen ein attraktives Spielzeugmuseum. Natürlich sind Museen nicht immer etwas für die ganz Kleinen, aber das Thema kann schon Interesse wecken. Gezeigt werden Puppen, Puppenstuben, Puppenküchen, Schaukelpferde, Blechspielzeug, Spiele und Kinderbücher aus vergangenen Zeiten.
Das Schloß bildet eine schöne Kulisse für den Besuch. Bei schlechtem Wetter ist das Museum für einen rund einstündigen Besuch gut geeignet ■

Adresse und Anfahrt: Altes Schloß, Sugenheim, Tel. 09165/650. Sugenheim liegt nahe der B 8 zwischen Neustadt und Kitzingen. Das Alte Schloß ist ausgeschildert.
Öffnungszeiten: an Wochenenden und Feiertagen von 14 bis 17 Uhr
Saison: April bis Oktober
Eintritt: tel. erfragen
Verpflegung: Picknick, Gastronomie im Ort ■

Jan Feb Mär **Apr Mai Jun Jul Aug Sep Okt** Nov Dez

Steigerwald

Geomaris in Gerolzhofen

Schon im Winter ist ein Ausflug in das Freizeit- und Badeparadies Gerolzhofen eine lohnende Sache, denn das Bad ist mit allem ausgestattet, was man als Schwimmer und Planscher braucht. Da darf zunächst eine Riesenrutsche nicht fehlen, auch Strömungskanal und Whirlpool sind Ehrensache. Gesund ist der Aufenthalt im 34 Grad C warmen Solebecken. In

der Dampfgrotte "mit Kräutergeschmack" kann man endlich wieder einmal tief durchatmen. Kleinkinder planschen in ihrem eigenen kleinen Reich, der Felsenlandschaft. Im Sommer wird alles noch besser: Draußen gibt es eine Grillstation und einen Spielplatz. Auf großen Liegewiesen kann man Stunden verbringen.
Die Außenbereiche bieten vom Planschbecken bis zum 50-Meter-Becken Bademöglichkeiten satt ∎

Adresse und Anfahrt: Geomaris, Gerolzhofen, Tel. 09382/261. Anfahrt über die B 286, Ausfahrt G.-Süd. Das Bad liegt zwischen der Dingolshäuser und der Steigerwald-Straße. Ausgeschildert
Öffnungszeiten: werktags von 10 bis 21 Uhr, am Wochenende von 9 bis 19 Uhr
Saison: ganzjährig
Eintritt: Kinder bis 6 Jahre eine Mark, Erwachsene für 1,5 Stunden 6 Mark, jede weitere Stunde kostet eine Mark, eine Tageskarte 10 Mark, ermäßigt jeweils die Hälfte. Es gibt auch Wertkarten und für das Freigelände extra Preise, die telefonisch zu erfragen sind.
Verpflegung: Gastronomie innen und außen, im Sommer Picknick und Grillen ∎

Jan Feb Mär Apr Mai Jun Jul Aug Sep Okt Nov Dez

Freizeit-Land Geiselwind

Das Freizeit-Land Geiselwind ist ein moderner Ausflugspark mit einem Riesenangebot, so daß man von Anfang an fürchten muß, nicht alles anschauen zu können.
Das übliche Fahrprogramm mit über 20 Fahrattraktionen wird durch ein großes Zirkus-Angebot mit Artisten aus aller Welt aufgelockert. Zauberer, Schlangendompteure und Akrobaten geben sich die Klinke zum Bühneneingang in die Hand.

Knisternd spannend sind die Auftritte der Acapulco-Springer, denen es nicht genügt, aus 25 Metern Höhe zu springen – sie müssen das auch noch als lebende Fackel tun! Ein Ausflug ins Dinosaurierland ist ebenso möglich wie der Kontakt mit echten Tieren von heute im Streichelzoo und im Bunten Kinderzoo. Für kleinere Kinder gibt es eine Menge weiterer Angebote, z. B. das Kiddy-Land. Man kann sich also aus dem Angebot herauspicken, was zur Tageslaune paßt, und problemlos einen ganzen Tag mit den Kindern im Freizeit-Land verbringen ∎

Adresse und Anfahrt: Freizeit-Land Geiselwind, Tel. 09556/224. Anfahrt über die A 3 Nürnberg-Würzburg, Ausfahrt Geiselwind.
Öffnungszeiten: täglich 9 bis 18 Uhr (Einlaß bis 16 Uhr), Vor-, Nachsaison bis 17 Uhr geöffnet.
Saison: Ostern bis zum 3. Sonntag im Oktober
Eintritt: unter 1,10 Meter frei, bis 1,40 Meter 24 Mark, darüber 29 Mark
Verpflegung: Picknick, Kiosk, Cafeteria ∎

Jan Feb Mär Apr Mai Jun Jul Aug Sep Okt Nov Dez

Die Fränkische Schweiz

Im Wisentthal zwischen Behringersmühle und Waischenfeld liegt eine prächtige Einsturzhöhle, die aussieht, als hätte hier ein großer Bagger gewütet. Die Menschen der Frühgeschichte hatten eine ebenso plausible Erklärung und nannten die Höhle Riesenburg. Sie ist eine von unzähligen Höhlen der Fränkischen Schweiz. Eine ganze Reihe davon kann besichtigt werden. Daß die Region an Geschichtsspuren reich ist, zeigen die ca. 30 erhaltenen Burgen. Ihr größter Schatz aber ist die typische Landschaft mit tief eingeschnittenen Tälern und schroffen Felswänden.

Das Original Bamberger Kasperle

Die Puppenspieler Elisabeth und Wolfgang Herrnleben spielen über 80 lustig-spannende Abenteuer des Bamberger Kasperles und weitere 25 Märchenpuppenspiele. Die einfachen Stücke sind für Kinder ab drei Jahren geeignet. Die Herrnlebens führen kein eigenes Theater, sondern sind eine mobile Bühne, die gemietet werden kann. Wer sich für einen Besuch interessiert, ruft an und bekommt Auskunft, wann und wo als nächstes gespielt wird.
Feste Vorstellungen sind am zweiten Wochenende vor Ostern und an den Adventssamstagen in der Volkshochschule Bamberg. Dann kostet der Eintritt 4 Mark. Umsonst kann man zuschauen, wenn z. B. eine Werbeveranstaltung in einem Kaufhaus auf dem Spielplan steht ■

Adresse: Puppenbühne Herrnleben, Bamberg, Tel. 0951/24959 oder 0172/8603172 ■

Jan Feb Mär Apr Mai Jun Jul Aug Sep Okt Nov Dez

Die Fränkische Schweiz

Die Teufelshöhle bei Pottenstein

Hinter dem imposanten Eingangstor der Höhle dehnt sich die Empfangshalle 80 Meter weit ins Gestein aus.
Der Rundgang führt ca. anderthalb Kilometer durch den Berg — eine faszinierende Angelegenheit für junge Höhlenforscher! Wenn die Kinder nicht besonders ängstlich sind,

lohnt sich schon für aufgeweckte Vierjährige der Besuch. Während der 40-minütigen Führung wird man durch Grotten, Säle und stattliche Hallen geführt. Es ist schon ein erhebendes Gefühl, wenn sich nach der Enge des Höhlengangs eine große Halle öffnet und im Licht starker Lampen die Tropfsteinpracht leuchtet wie die Kronjuwelen der Queen. Ein bißchen gruselig und deshalb sehr spannend sind die Skelette der Bären, die während der letzten Eiszeit die Höhle bewohnten. Kommt man wieder hinaus in die Frische eines sonnigen Sommertages, lockt in rund einem Kilometer Entfernung ein Spielplatz am See, dort werden auch Boote vermietet ∎

Adresse und Anfahrt: Teufelshöhle Pottenstein, Tel. 09243/208. Pottenstein liegt an der B 470 zwischen Pegnitz und Forchheim, rund zehn Kilometer von Pegnitz entfernt. Die Höhle ist ausgeschildert.
Öffnungszeiten: von 9 bis 17 Uhr
Saison: April bis Oktober
Eintritt: Erwachsene 5 Mark, Kinder 3,80 Mark, Gruppenermäßigung
Verpflegung: Picknick vor der Höhle, Gaststätte ∎

Jan Feb Mär **Apr Mai Jun Jul Aug Sep Okt** Nov Dez

Bayern

Die Fränkische Schweiz

Fränkisches Wunderland

Das Fränkische Wunderland ist ein typischer Freizeitpark, wie man ihn kennt, allerdings ohne das unüberschaubare Riesenangebot. Trotzdem gibt es genug Attraktionen, um einen entspannten Familientag locker hinter sich zu bringen. Speziell für die kleinsten Knirpse wurde das Babyland entwickelt, in dem es neuestens auch ein Kasperletheater gibt. Der originelle Spielplatz taugt für Kinder bis zu sechs Jahren. Für Kinder, die noch nicht so viel Spaß an Achterbahnen haben, ist ein Ausflug ins Märchenland genau richtig. Das reichhaltige Fahrangebot reicht vom Whiskykarussell bis zur Westerneisenbahn, von der Postkutsche bis zur Sommerrodelbahn.

Seit kurzem kann dort auch der Kletterberg "Himalaja" bestiegen werden. In der Westernstadt Kansas City wartet die Goldmine auf Hobby-Schürfer, in der Geisterstadt erwacht Billy the Kid mit seinen Gefährten zum Leben. An heißen Tagen ist das Wasserspiel der Ort spritzigen Vergnügens ■

Adresse und Anfahrt: Fränkisches Wunderland, Zum Herlesgrund 13, Plech/Ofr., Tel. 09244/989-0. Plech liegt direkt an der Autobahn A 9 Nürnberg-Berlin, Ausfahrt Plech. Internet: http://www.wunderland.de
Öffnungszeiten: April bis September täglich von 9 bis 18 Uhr, Oktober bis 17 Uhr
Saison: Ostern bis Mitte Oktober
Eintritt: Kinder ab einem Meter bis 1,40 Meter 15 Mark, darüber 18 Mark
Verpflegung: Picknick, Kiosk, Café, Restaurant. Grillen von Selbstmitgebrachtem ist im Indianerlager möglich, Holzkohle kann man im Park kaufen, Grillroste werden verliehen ■

Jan Feb Mär Apr Mai Jun Jul Aug Sep Okt Nov Dez

Die Fränkische Schweiz

Dampfbahn Fränkische Schweiz

Ab Ebermannstadt verkehren sowohl alte Dampfloks als auch historische Dieselloks. Die Dampfloksfahrten nach Behringersmühle bieten natürlich den vollen Genuß, und man sollte, wenn es zeitlich möglich ist, eine solche Tour mitmachen. Die befahrene Strecke ist 16 Kilometer lang, die Fahrt dauert rund eine dreiviertel Stunde. Fährt man ab Behringersmühle nicht direkt zurück, dauert der Aufenthalt rund drei Stunden. Die kann man sich mit Picknick am Fluß vertreiben oder im Sonnengarten eines Cafés. Unerläßlich ist der Fahrplan, den man unter Tel. 09131/65873 anfordern kann ■

Adresse und Anfahrt: Dampfbahn Fränkische Schweiz, Postfach 1101, Ebermannstadt, Tel. 09131/65873. Der Ort liegt rund 13 Kilometer nordöstlich von Forchheim an der B 470. Der Bahnhof ist ausgeschildert. Die Anreise ist auch mit der Nebenbahn von Forchheim möglich, die auch am Wochenende im Stundentakt fährt.
Zeiten: ab Ebermannstadt um 10, 14 umd 16 Uhr
Saison: rund 20 Fahrten von Mai bis Oktober
Kosten: Rückfahrkarten für die gesamte Strecke kosten 14 Mark, Kinder zwischen 4 und 11 Jahren zahlen den halben Preis.
Verpflegung: Buffetwagen, Picknick, Gastronomie in den Orten ■

Jan Feb Mär Apr **Mai Jun Jul Aug Sep Okt** Nov Dez

Wildgehege Hundshaupten

Das Wildgehege Hundshaupten ist ein idyllisch gelegener Tierpark. In großen Gehegen sind Rothirsche, Dam- und Muffelwild zu beobachten. Das Wisentgatter beherbergt prächtige Exemplare des Urrindes. Kleinere Gehege sind von Füchsen und Steinmardern bevölkert. Besonders beliebte Bewohner des Parks sind die barocken Hängebauchweine ■

Adresse und Anfahrt: Wildgehege Hundshaupten, Egloffstein, Auskunft über das Landratsamt Forchheim, Tel. 09191/86117.
Ab Egloffstein Richtung Forchheim, in Hundsboden rechts abbiegen. Ausgeschildert in 15 Kilometern Umkreis
Öffnungszeiten: Ende März bis Anfang November 9 bis 17 Uhr, in der Nebensaison nur an Wochenenden und Feiertagen von 9 bis 17 Uhr
Saison: ganzjährig
Eintritt: Erwachsene 5 Mark, Kinder (5 bis 17 Jahre) 3 Mark
Verpflegung: Picknick, Kiosk ■

Jan Feb Mär **Apr Mai Jun Jul Aug Sep Okt Nov** Dez

Bayern

449

Frankenwald und Fichtelgebirge

Der Frankenwald setzt Bayern die Krone auf, denn die Mittelgebirgsregion liegt ganz im Norden des Freistaates. Stille Wälder und verwinkelte Städtchen charakterisieren das Land der Köhler und Flößer.

Der Frankenwald zählt zu den abgeschiedensten Gebieten der Bundesrepublik, und das trifft auch auf das Fichtelgebirge zu. Bewaldete Bergrücken, bizarre Felsenlabyrinthe und glasklare Bäche machen es zum attraktiven Ferienland ■

Sommerrodelbahn und Seilbahnen am Ochsenkopf

Das ist der Rausch der Geschwindigkeit: Rund einen Kilometer ist die Sommerrodelbahn lang, der Höhenunterschied beträgt 140 Meter. Fahren dürfen Kinder erst ab dem Alter von acht Jahren, darunter ist die Mitfahrt auf dem "Doppelrutscher" möglich. Das einzige Instrument, das bedient werden muß, ist die Bremse. Zum Startpunkt der Rodelbahn gelangen die Faulen mit der Schwebebahn, wahre Sportler bewältigen den Wanderaufstieg in einer Viertelstunde. Nach ein oder zwei Abfahrten (das Vergnügen kostet schließlich!) fährt man mit dem Sessellift bis auf die Bergstation. Vom Asenturm hat man einen hervorragenden Blick ins Tal. Den genießt man allerdings auch auf der Picknickdecke ■

Adresse und Anfahrt: Sommerrodelbahn am Ochsenkopf, Bischofsgrün-Fröbershammer, tel. Auskunft 09276/435 oder 604. Anfahrt z. B. über die B 303 ab Marktredwitz, die Schwebebahn ist ausgeschildert.
Öffnungszeiten: bei gutem Wetter täglich von 9 bis 16 Uhr
Saison: im Sommer
Preise: eine Talfahrt kostet für Erwachsene 4,50 Mark, für Kinder 3 Mark. Die Fahrt mit der Schwebebahn kostet 6,50 Mark, für Kinder 5 Mark.
Verpflegung: Picknick auf dem Berg, dort auch Gastronomie, Kiosk
Drumherum: Die Schwebebahn fährt auch im Winter ■

Jan Feb Mär **Apr Mai Jun Jul Aug Sep** Okt Nov Dez

Der Pony- und Reiterhof "Lucky-Stable-Ranch"

Auf dem Pony- und Reiterhof "Lucky-Stable-Ranch" sucht sich der Nachwuchs ein Pony in seiner Wunschgröße aus, und los geht das Reitvergnügen für jung und alt. Abseits jeglichen Straßenverkehrs tummeln sich Kinder mit Meerschweinchen, Hasen und Ziegen im Streichelzoo oder kraulen die launische Eseldame "Mona", während sich die Erwachsenen im Biergarten oder dem "Saloon" mit fränkischen Spezialitäten verwöhnen lassen. Der Hof ist mit modernen Sanitäranlagen ausgerüstet und nimmt nach Voranmeldung auch Camper gerne auf. Das Reitangebot der gelernten Pferdewirtin Michaela Menzel und ihres Teams ist vielfältig: Ponyreiten, Reitunterricht für Anfänger und Fortgeschrittene, Longenunterricht, Westerntraining und Reiturlaub für Erwachsene. Schlager sind und bleiben die einwöchigen Reitercamps für Kinder mit vollem Abenteuer- und Spaßprogramm ■

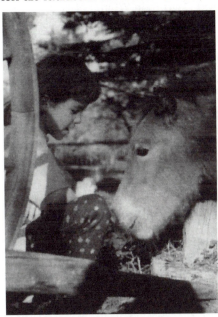

Adresse und Anfahrt: Lucky-Stable-Ranch, Mostrach 1, 96317 Kronach, Tel. 09261/2366. In Kronach Richtung Hof. Abbiegen Richtung Sportanlage Hammermühle. Von hier aus ist die Ranch ausgeschildert.
Öffnungszeiten: täglich außer Montag ab 14 Uhr (Reitunterricht nach Voranmeldung)
Saison: ganzjährig
Eintritt: frei; Kosten für Reitangebote auf Anfrage
Verpflegung: Gaststätte mit Biergarten, fränkische Brotzeiten und Kurzgerichte, Picknick, Grill-Barbecues ■

Jan Feb Mär Apr Mai Jun Jul Aug Sep Okt Nov Dez

Frankenwald und Fichtelgebirge

HofBad

Vom sportlichen Schwimmer bis zum kleinkindlichen Planscher werden im "HofBad" alle Besucher gut bedient. Im Plansch-becken reicht den Kindern das Wasser bis zu den Knöcheln und noch ein wenig höher. Die etwas Größeren relaxen an der Palmeninsel, genießen den Römischen Brunnen oder sausen die 58 Meter lange Wasser-rutsche hinab in den Wildwasserkanal, wo es richtig so rund geht! Nach einer kurzen Sitzung im 36 Grad C warmen Whirlpool sind Verspannungen wie weggeblasen. Ein beheiztes Außen-becken steht ganzjährig zur Verfügung ∎

Adresse und Anfahrt: HofBad, Oberer Anger, Hof, Tel. 09281/812-440. Das Bad ist im Ort ausgeschildert.
Öffnungszeiten: täglich ab 9 Uhr, montags bis freitags bis 21 Uhr, am Wochenende und an den Feiertagen bis 18 Uhr
Saison: September bis Juli
Eintritt: Erwachsene ab 7 Mark, Kinder ab 5 Mark (2 Stunden)
Verpflegung: Cafeteria im Bad ∎

Jan Feb Mär Apr Mai Jun Jul **Aug** Sep Okt Nov Dez

Deutsches Dampflokomotiv-Museum

Im ehemaligen Bahnbetriebswerk Neuenmarkt/Wirsberg kann man sich entführen lassen in eine längst vergangene Zeit. Herzstück der Sammlung mit über 30 Dampflokomotiven ist ein 15ständiger Lokschuppen mit Segmentdrehscheibe. Natürlich bietet das Museum auch zahlreiche Möglichkeiten zum "hautnahen Dabeisein" an. An jedem Wochenende in der Hauptsaison zieht im großen Freigelände die Schmalspur-bahn ihre Runden. Ein unvergeßliches Erlebnis ist eine Mit-fahrt auf dem Führerstand der Dampflokomotive 89 6024 ∎

Adresse und Anfahrt: Deutsches Dampflokomotiv-Museum, Birkenstraße 5, 95339 Neuenmarkt, Tel. 09227/5700. Neuenmarkt liegt zwischen Kulmbach und Bad Berneck, Anfahrt z. B. über die A 9, Ausfahrt Bad Berneck, B 303 Richtung Neuenmarkt, dann ausgeschildert.
Öffnungszeiten: Täglich außer montags von 9 bis 12 und von 13 bis 17 Uhr, an Wochenende und Feiertagen von 10 bis 18 Uhr (1. Mai bis 31. Oktober). Sonst Dienstag, Freitag, Samstag, Sonntag von 10 bis 12 und 13 bis 16 Uhr.
Saison: ganzjährig
Eintritt: Erwachsene 4 Mark, Kinder 3 Mark, Fahrten extra
Verpflegung: Picknick, Speisewagen ∎

Jan Feb Mär Apr Mai Jun Jul Aug Sep Okt Nov Dez

Frankenwald und Fichtelgebirge

Besucherbergwerk Fichtelberg

Das Bergwerk besteht seit dem Mittelalter, hier wurde nach Silbereisen gegraben.
Die Besucher des Museums bekommen einen authentischen Einstieg, denn sie müssen zunächst den Bergmannshelm mit Grubenlampe aufsetzen. In historisch nachempfundener

Grubenkleidung geht es dann los. Vorher schaut man sich noch eine Diaschau an. Im Stollen wird den frischgebackenen kleinen und großen "Bergleuten" nicht nur das rare Silbereisenerz gezeigt, sondern auch Quarze und Gesteinszeichnungen. Die Führung durch den Bauch des Berges dauert rund eine Stunde. Die Kleinen sollten schon im Schulalter sein, denn ein einstündiger Vortrag kann sehr lang sein ∎

Adresse und Anfahrt: Besucherbergwerk Fichtelberg, Tel. 09272/848. Fichtelberg liegt zwischen Marktredwitz und Bad Berneck an der B 303. Das Museum ist ausgeschildert.
Öffnungszeiten: täglich 10 bis 17 Uhr
Saison: April bis Oktober und in den Winterferien
Eintritt: Kinder 4,50 Mark, Jugendliche 5,50 Mark, Erwachsene 8,50 Mark, Gruppenermäßigung
Verpflegung: Picknick, Gaststätte in der näheren Umgebung ∎

Jan Feb Mär Apr Mai Jun Jul Aug Sep Okt Nov Dez

Naturpark Frankenhöhe

Den stärksten Reiz dieser schönen Region machen ihre weiten unberührten Landschaften aus. Da drängen sich Wanderungen und Radtouren regelrecht auf.

Wälder, Streuobstwiesen und Trockenrasenflächen prägen das Bild. Der Steigerwald ist seit Jahrhunderten ideal für die Schafzucht, auch heute noch sind hier viele Schäfer mit ihren Herden zu Hause. Rothenburg ob der Tauber, die berühmte Fachwerkstadt, liegt am Rande des Steigerwaldes ∎

Fahrradmuseum

Im Fahrradmuseum Zumhaus können Eltern und Kinder zeigen, was für ein tolles Team sie sind: Hier werden – neue – Familientandems verliehen, eine Spezialkonstruktion des Museums. Die Stunde kostet acht Mark, jede weitere fünf Mark. Wenn es das Wetter zuläßt, dann begibt man sich nach einem Gang durch die Sammlung auf die Fahrradtour. Im Museum wird mit 100 Exponaten die Geschichte des Fahrrades beschrieben. Es gibt den Urtyp des "Schiebefahrrades" ohne weiteren Antrieb, Hochräder und die Vehikel unserer Großmütter und Großväter. Teilweise werden die Räder mit Puppen zu szenischen Darstellungen "aufgepeppt". Wenn der Besitzer Zeit hat, ist auch eine Führung möglich ∎

Adresse: Fahrradmuseum Zumhaus, Zumhaus 4, Feuchtwangen, Tel. 07950/549. Zumhaus liegt 10 Kilometer von Feuchtwangen an der A 6.
Öffnungszeiten: täglich 10 bis 17 Uhr, jeder 4. Sonntag im Monat ist Kindertag.
Saison: Mai bis September, sonst nach Absprache
Eintritt: Erwachsene 5 Mark, Kinder 2,50 Mark
Verpflegung: Zum Museum gehört ein Biergarten, hier kann man kalte Mahlzeiten zu sich nehmen. Der Biergarten hat länger geöffnet ∎

 5

Jan Feb März Apr **Mai Jun Jul Aug Sep** Okt Nov Dez

Jagdfalkenhof auf Schillingsfürst

Schon allein der tolle Ausblick, den man von dieser glanzvollen barocken Schloßanlage aus genießt, ist einen Ausflug wert. Täglich zweimal, im Sommer auch dreimal, werden Flugvorführungen der Greifvögel gezeigt. Es ist schon eine beeindruckende Angelegenheit, wenn die Adler mit ihren mächtigen Spannweiten direkt über den Besuchern kreisen,

um auf ein Handzeichen den rasanten Sturzflug anzutreten. Neben den Königen der Lüfte drehen auch Milane und Falken ihre Kreise. Bei Kindern kommen die Geier meist sehr gut an, wahrscheinlich, weil sie im Dschungelbuch so herzzerreißend schön singen. Ganz besonders majestätisch schaut der Seeadler in die Welt. Anschließend – oder auch schon vorher – schaut man sich die Vögel in ihren Volieren an. Bei schönem Wetter eignet sich Schloß Schillingsfürst ausgezeichnet für ein Picknick. Wer es vor der Abfahrt nicht mehr geschafft hat, die Butterbrote zu schmieren, wird nicht verhungern, denn im Ort gibt es Cafés und Gaststätten ∎

Adresse und Anfahrt: Bayerischer Jagdfalkenhof Schloß Schillingsfürst, Tel. 09868/6941. Schillingsfürst liegt rund 15 Kilometer südlich von Rothenburg.
Öffnungszeiten: täglich 9 bis 17 Uhr, Vorführungen um 11 und 15 Uhr, im Sommer teilweise auch zusätzlich um 17 Uhr
Saison: März bis Oktober
Eintritt: Erwachsene 9 Mark, Kinder von 5 bis 14 Jahren 3 Mark
Verpflegung: Picknick, Gastronomie im Ort ∎

Jan Feb **Mär Apr Mai Jun Jul Aug Sep Okt** Nov Dez

Fränkisches Freilandmuseum

Das Fränkische Freilandmuseum in Bad Windsheim zeigt auf einem 45 ha großen, landschaftlich sehr reizvollen Freigelände das frühere Landleben der einfachen Menschen in Franken. In den meisten der rd. 60 wiederaufgebauten Gebäude wird die bäuerliche Vergangenheit durch das Halten von Pferden, Rindern, Schafen, Ziegen, Schweinen und Federvieh, durch zahlreiche Handwerkervorführungen wie Handweben, Getreidemahlen, Ölschlagen, Schmieden, Bierbrauen, Brotbacken u. a. wieder "lebendig". Die alten Bauerngärten stehen im Sommer in herrlicher Blütenpracht.

Nach dem Rundgang erwarten den Gast fränkische Spezialitäten in schattigen Biergärten oder in alten, stilvoll eingerichteten Wirtshäusern ■

Adresse und Anfahrt: Fränk. Freilandmuseum, Bad Windsheim, Eisweiherweg 1, 91438 Bad Windsheim, Tel. 09841/66800, Fax 668099, Internet: http://www.e–biz.de/freilandmuseum. Bad Windsheim liegt an der A 7 bzw. der B 470 zwischen Rothenburg o. d. T. und Neustadt/Aisch. Das Museum ist weiträumig ausgeschildert. Kostenfreier Bus- und Pkw-Parkplatz.
Öffnungszeiten: Saison von Mitte März bis 3. Advent jeden Jahres, geöffnet: täglich, außer montags, von 9 bis 18 Uhr. Im Juli und August auch montags. Ab Oktober verkürzte Öffnungszeiten. Einlaß bis 1 Stunde vor Schließung.
Eintritt: Erwachsene 7 DM, Kinder (ab 6 J.) 5,50 DM, Gruppen ab 20 Personen 5,50 DM je Pers., Familienermäßigung, (Gruppen-)Führungen auf tel. Anfrage jederzeit möglich.
Verpflegung: drei Gasthäuser/Vesperstuben, Kiosk, Picknick m. Selbstverpfl. ■

Jan Feb **Mär Apr Mai Jun Jul Aug Sep Okt Nov Dez**

Nürnberg und Frankenalb

Ein "Bauernseufzer" ist hier nicht etwa die Klage über eine verhagelte Ernte, nein, so nennt man eine geräucherte Bratwurst – und die sollte wiederum nicht mit den bekannten "Nürnberger Würstchen" verwechselt werden! Wem das zu verwirrend ist, der hat genug Möglichkeiten, seinen Urlaub

"fleischlos" mit jeder Menge Grün zu verbringen: Das Land um Nürnberg ist reich an ruhigen Wäldern, beschaulichen Flußtälern und satten Wiesen ∎

Freizeitbad Atlantis in Herzogenaurach

Jahrhundertelang wurde nach dem verschollenen Atlantis gesucht, dabei weiß in Nürnberg jedermann, daß es in Herzogenaurach liegt und ein Freizeitbad ist! Kinder, die Geburtstag haben, dürfen sich über freien Eintritt freuen (Ausweis mitbringen!). Hand in Hand können Fünflinge die Breitrutsche hinuntersausen. Im Abenteuerland schlagen große Wellen an das flach auslaufende Ufer. Im Eltern-Kind-Bereich ist das Wasser warm und flach, hier können Kinder ab dem Babyalter prächtig planschen. Es gibt einen Wasserfall, ein Karussell und Regenhöhlen. Hier wird es auch nach Stunden nicht langweilig, zumal man außerhalb des Wassers weitere Angebote vorfindet, z. B. das Café und das Solarium. Die Preise sind zeitlich gestaffelt ∎

Adresse und Anfahrt: Atlantis, Würzburger Straße, Herzogenaurach, Tel. 09132/4446. Nördlich Nürnbergs an der A 3, Ausfahrt Frauenaurach. Im Ort ausgeschildert.
Öffnungszeiten: täglich von 10 bis 22 Uhr
Eintritt: Kinder von 2 bis 12 Mark, Erwachsene von 6 bis 18 Mark, Familienermäßigung
Verpflegung: Cafeteria ∎

Jan Feb Mär Apr Mai Jun Jul Aug Sep Okt Nov Dez

Ein guter Begleiter für die Anreise zu Ihrem Freizeitpark

Alle Autokennzeichen und woher sie kommen

Der Bestseller für unterwegs für nur 6,90

Das Rätselraten auf Deutschlands Straßen hat endlich ein Ende. Das Große Autokennzeichenbuch beantwortet Ihre Fragen und gibt tolle Hintergrundinfos zu den jeweiligen Kennzeichen.

Ein handliches Buch, das in keinem Handschuhfach fehlen sollte und auch lange Fahrten mit Kindern amüsanter macht!

UNTERWEGS VERLAG
Dr.-Andler-Straße 28
78224 Singen (Htwl.)
Tel. 0 77 31 / 6 35 44
Fax 0 77 31 / 6 24 01
eMail:
uv@unterwegs.com

Das Große Autokennzeichen-Buch
ISBN 3-86112-053-4, Preis: 6,90 DM

Nürnberg und Frankenalb

Tiergarten Nürnberg

Der Tiergarten Nürnberg ist der eindrucksvollste Landschaftszoo Deutschlands. Die weitläufigen Freigehege befinden sich in einer 63 ha großen Waldparkanlage mit alten Steinbrüchen, Wiesen und ausgedehnten Weihern. Der Zoo beherbergt rund 2000 Wildtiere von fünf Kontinenten. Zu den neuesten Anlagen gehören die Freigehege für Gorillas, Orang Utans und Totenkopfäffchen sowie die Volieren für Papageien. An klassischen Zootieren präsentieren sich dem Besucher unter anderen Elefanten, Panzernashörner, Tiger, Wölfe, Bären, Antilopen, Strauße, Greifvögel, Geier und Pinguine. Im kleinen Aquarium tummeln sich rund 60 Arten von Meerwasser- und Süßwasserfischen. Internationale Bedeutung hat im Tiergarten die erfolgreiche Haltung und Zucht der Seekühe und der Delphine.

Seelöwen und Delphine zeigen ihre Eleganz in lehrreichen Vorstellungen. Speziell an die Kleinen wendet sich der Kinderzoo mit Spielplatz, Ponyreiten und Streichelgehege ▪

Adresse und Anfahrt: Tiergarten Nürnberg, Am Tiergarten 30, Tel. 0911/5454800. Der Tiergarten liegt östlich der City und ist im Stadtbereich ausgeschildert.
Öffnungszeiten: Mitte März bis Mitte Oktober 8 bis 19.30 Uhr, Mitte Oktober bis Mitte März 9 bis 17 Uhr
Saison: ganzjährig
Eintritt: Familienkarten ab 13 Mark, Erwachsene 10 Mark, Kinder 4 Mark
Verpflegung: Picknick, Kiosk, Gaststätte ▪

Jan Feb März Apr Mai Jun Jul Aug Sep Okt Nov Dez

Bayern

Planetarium Nürnberg

Im Nürnberger Planetarium ist jede Menge los. Unabhängig vom Wetter gibt es Sternenvorführungen für die ganze Familie, Musikveranstaltungen und Sondervorträge im klimatisierten Kuppelsaal. Das reguläre Programm ist eine gelungene Mischung aus Information und Unterhaltung. Es richtet sich an alle, die den Sternenhimmel kennenlernen möchten und etwas über den Weltraum erfahren wollen.

Die angebotenen Themen wechseln im Abstand von einigen Wochen. Für die jüngsten Besucher (ab 4 Jahre) geistern die Kobolde "Plani" und "Wuschel" durch die Sternenwelt. Unter der Woche finden die Veranstaltungen nachmittags statt, am Wochenende teilweise auch vormittags. Aktuelle Vorführzeiten und Termine erfährt man telefonisch ∎

Adresse und Anfahrt: Nicolaus-Copernicus-Planetarium, Am Plärrer 41, Nürnberg, Tel. 0911/265467. Vom Bahnhof aus fährt man in westlicher Richtung den Frauentorgraben entlang bis zum Verkehrsknotenpunkt am Plärrer. Das Planetarium steht neben dem Hochhaus der Städt. Werke. Wegen eingeschränkter Parkmöglichkeiten empfehlen sich öffentl. Verkehrsmittel, insbes. U-Bahn (Haltestelle Plärrer).
Öffnungszeiten: telefonisch erfragen
Saison: ganzjährig
Eintritt: Erwachsene 7 Mark, Kinder 3,50 Mark
Verpflegung: Kiosk im Haus; Gastronomie in der Altstadt ∎

Jan Feb Mär Apr Mai Jun Jul Aug Sep Okt Nov Dez

 Oberpfälzer Wald

Oberpfälzer Wald

Jahrzehntelang war diese Region zwischen dem Fichtelgebirge und dem Bayerischen Wald so abgeschieden.
Sie lag sozusagen im Dornröschenschlaf. Seit die Grenze zur Tschechischen Republik offen ist, leben die alten Verbindungen zu Böhmen wieder auf – Prag ist näher als München.

Im ausgehenden Mittelalter war die Oberpfalz das Zentrum der deutschen Eisenherstellung. Jetzt dominieren hier Wald und Wiesen ∎

Reichhart-Schacht in Stulln

Über Treppen geht es zu Fuß hinunter in den Schacht, wo im vergangenen Jahrhundert Flußspat abgebaut wurde. Der Besuch ist nur in Verbindung mit einer Führung möglich. Auf Kinder wird, wenn die Zusammensetzung der Gruppe es erlaubt, besonders eingegangen. Das Abenteuer, in der Erde zu wandern, reicht schon aus, um die jungen Besucher in Bann zu schlagen. Die Stimmung steigt, wenn bei der Wanderung unter Tage "Schätze" entdeckt werden: Die Mineralien in der Felswand schimmern in allen Farben, das muß einfach sehr wertvoll sein! Die Führungen dauern unter einer Stunde, man kann das Bergwerk also auch mit jüngeren Kindern besuchen. Ist man wieder oben angekommen, werden die abgearbeiteten Kalorien im "Steigerhäusl" ersetzt. Anschließend geht's noch auf den Abenteuerspielplatz ∎

Adresse und Anfahrt: Besucherbergwerk Reichhart-Schacht, Freiung 2, Stulln, Tel. 09433/1555. Das Bergwerk liegt nicht weit westlich von Nabburg. Es ist ausgeschildert.
Öffnungszeiten: Führungen dienstags bis samstags um 10, 11, 14, 15 und 16 Uhr, am Sonntag nur nachmittags
Saison: ganzjährig, in den Wintermonaten nach Vereinbarung
Eintritt: tel. erfragen, nicht teuer
Verpflegung: Picknick, Gaststätte, nach Absprache Grillmöglichkeiten ∎

Jan Feb Mär **Apr Mai Jun Jul Aug Sep** Okt Nov Dez

Oberpfälzer Wald

Oberpfälzer Freilandmuseum

Das Oberpfälzer Freilandmuseum zeigt nicht nur erhaltenswerte Bauwerke aus mehreren Jahrhunderten, die neu entstandenen Dörfer werden auch mit Leben gefüllt. Die Felder des Museums werden authentisch bewirtschaftet. Hier grasen die starken Kaltblüter, dort schnattert ein Schwarm Gänse. An vielen Wochenenden gibt es zusätzliche Veranstaltungen, Feiern und "Aktionstage". Viele Angebote richten sich an Kinder, so z. B. die Öko-Rallye und das Kartoffeldrucken. Wer das Museum besuchen möchte und mehrere Termine zur Auswahl hat, der sollte sich unbedingt über anstehende Veranstaltungen im Jahresprogramm informieren – anfordern unter Tel. 09433/1735 ■

Adresse und Anfahrt: Oberpfälzer Freilandmuseum, Neusath bei Nabburg, Tel. 09433/1735. Anfahrt über die A93 von Regensburg, Ausfahrt Nabburg. Ausgeschildert.
Öffnungszeiten: täglich 9 bis 18 Uhr, außer montags
Saison: April bis Oktober
Eintritt: Erwachsene 5 Mark, ermäßigt 3 Mark, Familientageskarte 15 Mark
Verpflegung: Picknick, Gaststätte
Drumherum: Spielwiese auf dem Museumsgelände ■

Jan Feb Mär **Apr Mai Jun Jul Aug Sep Okt** Nov Dez

Sommerrodelbahn Reichenstein

Hoch geht's mit dem Lift, runter auf den rollenden Sommerschlitten.
Die rund 500 Meter lange Strecke führt durch acht Kurven. Gefahren werden darf ab sechs Jahren. Wer jünger ist, fährt auf dem Doppelschlitten zusammen mit Mutter oder Vater ■

Adresse und Anfahrt: Sommerrodelbahn Reichenstein, Stadlern bei Schönsee, Tel. 09674/1788, Infotel. 1777. Anfahrt über Oberviechtach, Schönsee, dann nach Stadlern. An der Straße ausgeschildert.
Öffnungszeiten: täglich von 11 bis 17.30 Uhr, nicht bei Nässe
Saison: in den Oster-, Pfingst- und Sommerferien
Eintritt: Einzelfahrt Erwachsene 3 Mark, Kinder 2,50 Mark, 5er Fahrten günstiger
Verpflegung: Picknick, Gaststätte an der Talstation ■

Jan Feb Mär **Apr Mai Jun Jul Aug Sep** Okt Nov Dez

Oberpfälzer Wald

Reithof Georg Irlbacher in Moosbach

Wer erst einmal Moosbach gefunden hat — es liegt südlich von Vohenstrauß im Landkreis Neustadt/Waldnaab —, der kann hier auf dem Hof der Familie Irlbacher ein paar schöne Stunden verleben. Sind die Eltern gehfaul und möchte das Kind nicht reiten, dann setzt man sich in eine Kutsche.

Die fährt immer genau dahin, wo man will, z. B. in den Wald oder zum nächstgelegenen Picknickplatz. Angesichts der Tatsache, daß nach Zeit bezahlt wird, sollte man das Picknick aber bis nach der Rückkehr vorschieben.
Die Stunde Kutschfahrt für vier Personen ist für 20 Mark zu haben. Wenn die Eltern gerne ein paar Schritte zu Fuß gehen, dann packen sie ihre Kinder auf Ponys, und los geht's! Die Stunde Ponyreiten kostet 8 Mark, ist also auch erschwinglich.
Anschließend verbringen die Kleinen noch ein wenig Zeit auf dem Hof, denn hier kann man Katzen streicheln und Kälber anschauen ∎

Adresse und Anfahrt: Fam. Irlbacher, Niederland 6, Tel. 09656/368. Moosbach findet sich wenige Kilometer von Vohenstrauß entfernt, nahe der B 14 Richtung Waidhaus und Pilsen.
Zeiten: nach tel. Absprache
Saison: ganzjährig
Kosten: s. o.
Verpflegung: Picknick, Gaststätten im Ort
Drumherum: Spielplatz im Ort ∎

Jan Feb Mär Apr Mai Jun Jul Aug Sep Okt Nov Dez

Oberpfälzer Wald

Thermenwelt Weiden

Den gläsernen Treppenturm stürmen die Kinder hinauf, nehmen zwei Stufen auf einmal, um sich noch schneller wieder die einhundert Meter lange Rutsche hinabstürzen zu können. Im Bereich der Innentherme befindet sich das Kinderbecken, hier ist das Wasser auf 35 Grad temperiert.
Die Thermenwelt Weiden ist mit allem Drum und Dran ausgestattet, vom Wildwasserkanal über die Felsenquellen bis

zum Hot-Whirl-Pool. Sportliche Elternteile ziehen hundert Bahnen im 25 Meter langen Sportbecken, während sich der genußorientierte Teil der Familie ins Solarium oder die Sauna verdrückt.
Gemeinsam besucht man das Restaurant und genießt dabei eine Portion Pommes frites ■

Adresse und Anfahrt: Weidener Thermenwelt, Raiffeisenstraße 7, Weiden/Oberpfalz, Tel. 0961/38933-19. Die Thermenwelt ist in Weiden ausgeschildert.
Öffnungszeiten: montags 14 bis 22 Uhr, werktags 9 bis 22 Uhr, am Wochenende 9 bis 20 Uhr
Saison: ganzjährig
Eintritt: zeitlich gestaffelt, ab 5 Mark für Erwachsene und 2,50 für Kinder
Verpflegung: Gastronomie im Bad ■

Jan Feb Mär Apr Mai Jun Jul Aug Sep Okt Nov Dez

 Altmühltal

Altmühltal

Als eines der schönsten Flußtäler Deutschlands galt das Altmühltal, bis es mit der Planung des Rhein-Main-Donau-Kanals erst ins Gerede und dann unter die Bagger kam. Teile des Flußlaufs wurden kanalisiert, um der Binnenschiffahrt freie Fahrt vom Schwarzen Meer bis zur Donau zu erlauben.

Der untere Teil des Tals und seine Bewohner haben darunter gelitten — heute sind die Wunden verheilt. Im Oberlauf findet man noch die schwungvollen Mäander der Altmühl ∎

Personenschiffahrt Altmühltal

Es können verschiedene Schiffstouren gebucht werden, entweder von Kelheim zum Kloster Weltenburg auf der Donau oder kanalaufwärts Richtung Riedenburg. Sehr schön ist die Fahrt zum Kloster, die auf dem Hinweg 40 Minuten dauert und zurück nur 20 Minuten, vorbei am atemberaubend schönen Donaudurchbruch. Im Kloster kann man picknicken oder sich in den Biergarten setzen. Die große Schleusenfahrt von Kelheim nach Riedenburg und zurück dauert rund fünf Stunden. Wer wanderfest ist oder Fahrräder dabei hat, verläßt das Kanalschiff schon nach ein oder zwei Stationen und begibt sich auf den Weg entlang des Kanals ∎

Adresse und Anfahrt: Vier Schiffahrtslinien fahren auf Donau und Altmühl bei Kelheim, drei davon sind unter der Nummer 09441/5858 (Kasse) zu erreichen. Die zweite Auskunftsnummer lautet 09441/21801. Es gibt zwei Anlegestellen, die nördliche "Altmühl", die südliche "Donau". Beide sind ausgeschildert, es gibt dort Parkplätze.
Fahrzeiten: tel. erfragen oder Fahrplan bestellen
Saison: 18. März bis Ende Oktober (Weltenburg), Kanalfahrt von Mai bis Oktober
Preise: zum Kloster und zurück zahlen Erwachsene 9 Mark, Kinder 6 Mark.
Verpflegung: Gastronomie an Bord, Picknick am Donau- oder Altmühlufer ∎

Jan Feb **Mär Apr Mai Jun Jul Aug Sep Okt** Nov Dez

 Altmühltal

Sommerrodelbahn Pleinfeld

Zwei Sommerrodelbahnen von je 550 Metern Länge mit 11 Steilkurven werden den den Nervenkitzel suchenden Besuchern im Freizeit-Paradies des Naturparks Altmühltal geboten. Mit 62 Stundenkilometern und etwas Mut kann man mit Hilfe der Fliehkraft hier nahezu senkrecht die Steilkurven hochfahren, während die mutigen Älteren sich im "Einer" völlig dem Geschwindigkeitsrausch hingeben können. Die Schlitten unterliegen der regelmäßigen Kontrolle durch den TÜV ∎

Adresse und Anfahrt: Sommerrodelbahn Pleinfeld, Schloßstraße 7, Ellingen, Tel. 09144/6300. Von Nürnberg aus über die A 6 Richtung Schwabach-Ansbach, Ausfahrt Roth-Weissenburg, dann die B 2 Richtung Weißenburg. Etwa 10 km vor Weißenburg liegt Pleinfeld.
Öffnungszeiten: April bis Ende Oktober täglich ab 13 Uhr, an Wochenenden und während der Ferienzeit schon ab 10 Uhr. Bei Regen und Schnee bliebt die Rodelbahn geschlossen.
Eintritt: (von 1997) Erwachsene 4 Mark, Kinder (bis 14 Jahre) 3,50 Mark
Verpflegung: Imbißstation im Tal ∎

Jan Feb Mär **Apr Mai Jun Jul Aug Sep Okt** Nov Dez

Bauernhofmuseum

Josef Böhm aus Echendorf ist kein Bauer, er ist Landwirtschaftsmeister, sein Museum führt er nur "nebenher". Es ist Teil eines modernen Bauernhofes. In erster Linie freuen sie sich allerdings über das Ponyreiten und die Besichtigung der Tiere im Stall. Wenn dann die alte Dampfmaschine zum Dreschen des Getreides angeworfen wird, sind die Kleinen plötzlich für Museales zu haben. Melkübungen am Gummieuter, Seildrehen und Butterrühren mit anschließender Brotzeit ∎

Adresse und Anfahrt: Josef Böhm, Landwirtschaftsmeister, Riedenburg-Echendorf, Tel. 09442/2057. Echendorf liegt fünf Kilometer südlich von Riedenburg.
Öffnungszeiten: täglich von 10 bis 17 Uhr, Führungen (ab 10 Personen) am Wochende von 13 bis 17 Uhr
Saison: ganzjährig
Eintritt: Erwachsene 4 Mark, Kinder 2 Mark
Verpflegung: Picknick auf dem Hof, Gastronomie in Riedenburg ∎

Jan Feb Mär Apr Mai Jun Jul Aug Sep Okt Nov Dez

Bayerischer Wald

Einmal im Jahr feiert ganz Furth im Wald den "Drachenstich". Gemeint ist der sagenhafte Sieg des Ritters Udo über ein Ungetüm, das die Stadt bedrohte.

Das Fest ist seit über 500 Jahren Tradition. Einzigartig in Mitteleuropa ist der Nationalpark Bayerischer Wald. In Ruhezonen des Parks darf der Wald „machen, was er will". Nach und nach soll so im Laufe der Jahrzehnte und Jahrhunderte eine usprüngliche Vegetation entstehen ■

Freizeitzentrum Hoher Bogen

Am Freizeitzentrum Hoher Bogen wurde ein Sessellift mit einer Sommerrodelbahn kombiniert – das ermöglicht auch dem Faulsten, in den Genuß einer rasenden Bergfahrt zu kommen. Am besten ist es, zunächst einmal die steile Wanderung bis zur Rodelbahn anzutreten, dann ins Tal zu sausen, um anschließend mit dem Sessellift bis zur Bergstation zu fahren und dort zu picknicken. Dann läuft man der Trasse des Sessellifts entlang hinunter zur Rodelbahn, um ein zweites Mal und dann endgültig "abzufahren". Auf diese Art und Weise bekommt man ein mehrstündiges Programm zusammen, bringt den Puls auf Trab und strapaziert dabei das Portemonnaie nicht zu sehr ■

Adresse und Anfahrt: Freizeitzentrum Hoher Bogen, Neukirchen beim Hl. Blut, Tel. 09947/464. Von Furth im Wald fährt man Richtung Eschlkam, dann weiter nach Neukirchen b. Heilig Blut. Dort ausgeschildert.
Alter: ab 8 Jahren, darunter als Mitfahrer
Öffnungszeiten: von 9 bis 17 Uhr
Saison: April bis Ende Oktober, im Winter gepflegte Skipisten und Winterrodelbahn
Fahrkosten: gestaffelt
Verpflegung: Picknick, Gastronomie an der Berg- und der Talstation ■

| Jan | Feb | Mär | Apr | Mai | Jun | Jul | Aug | Sep | Okt | Nov | Dez |

Bayerischer Wald

Hirschpark Buchet

Je nach Kondition und Begeisterungsfähigkeit des Nachwuchses gibt es zwei Rundwege durch den Hirschpark, einen mit 2,5 Kilometer Länge, der andere ist etwa halb so lang. Die Wege führen allerdings nicht ständig an Gehegen vorbei. Wer nur Tiere sehen will und sonst gar nichts, der hält sich an den 500 Meter langen Lehrpfad mit Beschreibung der Tierarten. Der Bestand des Parks ist wirklich groß. Neben dem heimischen Rothirsch werden die riesigen Wapitis und

die Muntjak-Zwerghirsche gezeigt. Die Wisent-Zuchtgruppe des Hirschparks ist ebenfalls sehr groß.
Wer sein Herz an Damwild, Muffelwild oder Schottische Hochlandrinder verloren hat, kommt voll auf seine Kosten. Der Besuch des Tierparks ist frei, die Besitzer betreiben den dazugehörigen Berggasthof. Dort findet sich auch ein Kinderspielplatz ■

Adresse und Anfahrt: Hirschpark, Wild-Berghof Buchet, Tel. 09905/248. Buchet liegt an der Straße zwischen Schloß Egg und Viechtach.
Öffnungszeiten: täglich 8 bis 18 Uhr
Saison: ganzjährig
Eintritt: frei
Verpflegung: im Gasthof, Picknick ■

Jan Feb Mär Apr Mai Jun Jul Aug Sep Okt Nov Dez

Donau-Schiffahrt Passau

Drei Fahrten auf dem Donau-Strom eignen sich auch für Familien mit kleineren Kindern. Zunächst ist da die Drei-Flüsse-Rundfahrt, die eine Dreiviertelstunde dauert. Höhepunkt ist der Zusammenfluß der drei Passauer Gewässer Donau, Inn und Ilz. Der Inn trifft als blauer Alpenfluß die braune Donau, die Ilz ist merkwürdig schwarz eingefärbt. Anlegestelle ist der Rathausplatz. Die Schiffe verkehren von März bis Oktober. Die zwei weiteren Möglichkeiten: Die Fahrt von Passau nach Obernzell dauert zwei Stunden, es gibt keinen Aufenthalt (Anlegestelle 11). Die Fahrt nach Engelhartszell/Österreich dauert mit halbstündigem Aufenthalt vier Stunden. Den genauen Fahrplan läßt man sich zusenden ■

Adresse und Anfahrt: Donauschiffahrt Wurm und Köck, Tel. 0851/929292. Die Anlegestellen befinden sich an der Donauuferstraße, Die Parkhäuser P1, P2 und P5 liegen in der Nähe – Leitsystem beachten.
Fahrzeiten/Preise: Fahrzeiten und Preise erfragen (s.o.)
Saison: Drei-Flüsse-Rundfahrt von März bis Oktober, sonst eingeschränkt
Verpflegung: Picknick, Gastronomie an Bord ■

Jan Feb **Mär Apr Mai Jun Jul Aug Sep Okt** Nov Dez

Museumsdorf Bayerischer Wald

Im Museumsdorf Bayerischer Wald gibt es spezielle Führungen für Kinder, die sich allerdings an Schulklassen wenden und 100 Mark kosten. Im Freilichtmuseum lebt die Welt von gestern auf, historische Gebäude des 17. bis 19. Jahrhunderts finden sich hier. Die sind mit allem "Drum und Dran" ausgerüstet, und die Verblüffung angesichts eines Waschzubers ist schon groß, wenn man sagt, "das ist die Waschmaschine deiner Urgroßmutter!" Das gilt natürlich für den gesamten weiteren Hausrat und das Mobiliar, das zusammengetragen wurde ■

Adresse und Anfahrt: Museumsdorf Bayerischer Wald, Am Dreiburgensee, Tittling bei Passau, Tel. 08504/8482. Auf der B 85 ab Passau in Richtung Norden.
Öffnungszeiten: täglich von 9 bis 17 Uhr
Saison: von April bis Ende Oktober
Eintritt: Erwachsene 5 Mark, Kinder 3 Mark
Verpflegung: Picknick, Gasthaus im Museum ■

Jan Feb Mär **Apr Mai Jun Jul Aug Sep Okt** Nov Dez

Bayerischer Wald

Churpfalzpark Loifling

Dieser Freizeit- und Erlebnispark im Bayerischen Wald, der mittlerweile 135 000 Quadratmeter und 25 Attraktionen umfaßt, hat jeder Altersstufe etwas zu bieten. Die Idee zu dem Freizeitpark kam dem Ehepaar Muth vor 27 Jahren, und sie begannen ganz bescheiden mit einem Blumen- und Gartenpark. Erst später folgten nach und nach Fahrgeschäfte, Restaurants und viele Attraktionen. Der Churpfalzpark verfügt auch heute noch über wunderschön bepflanzte Gärten mit gigantischer Blumenpracht, weswegen es sich empfiehlt, das Gelände per pedes zu durchwandern. Ansonsten fährt einen die Churpfalzer-Miniaturbahn zum "Roten Pendolino", dem Wasserkarussell, den dreierlei Rutschröhren,

dem Spiegellabyrinth oder der Schmetterlingspendelbahn, der Wildwasserbahn, der Seerosenfahrt. Langweilig kann es hier gar nicht werden. Für die Zukunft ist eine Erweiterung um 40.000 qm mit vielen zusätzlichen Schau- und Fahrattraktionen geplant ■

Adresse und Anfahrt: Churpfalzpark Loifling bei Cham, Infotelefon 09971/30340, Tel. Verwaltung 09971/30300, Telefax 09971/30330. Loifling liegt an der B 20 zwischen Straubing und Cham.
Öffnungszeiten: täglich 9 bis 18 Uhr
Saison: Ostern bis Mitte Oktober
Eintritt: Erwachsene 22 Mark, Kinder (2 bis 13 Jahre) 19 Mark, Gruppenermäßigung
Verpflegung: Picknick, Kiosk, Cafeteria, Gaststätte ■

Jan Feb Mär   Nov Dez

Südliches Niederbayern

Eine einfache Bäuerin aus dem südlichen Niederbayern war die Pfarrkirchnerin Anna Wimschneider – bis sie 1984 ihre Lebenserinnerungen im Buch "Herbstmilch" veröffentlichte. Die Schilderungen des harten und ärmlichen Landlebens wurden ein Bestseller, die damals 65jährige fast so etwas wie ein Star. Ländlich ist die Region geblieben, einzig Landshut und Straubing stechen als größere Städte hervor. Die 18 Hektar große Parkanlage wird von Freigehegen und Tiergehegen durchzogen, in denen Bären, Antilopen, Kamele und verschiedene Affenarten leben. Ein Vogelhaus im Eingangsbereich lädt ein zum Verweilen ■

Tiergarten Straubing

Es müssen nicht immer nur exotische Tiere die Hauptattraktion eines Zoos sein. Einer der Schwerpunkte im Tiergarten ist die Erhaltungszucht bedrohter Nutztierrassen. Eine weitere Besonderheit ist das Landschaftsaquarium für Fische des Donauraumes. Von Aal bis Zander sind die Bewohner des großen Stromes in sieben Großbecken und elf Kleinaquarien vertreten. Ein wenig unheimlich gründelt der mächtige dunkle Waller durch das Becken. Hinter einer Wurzel lauert der pfeilförmige Hecht auf Beute. In Terrarien und Freianlagen werden einheimische Amphibien und Reptilien gezeigt ■

Adresse und Anfahrt: Tiergarten Straubing, Tel. 09421/21277, Fax 09421/830439. Anfahrt z. B. über die B 8 von Regensburg oder Passau. An der Straße ausgeschildert.
Öffnungszeiten: im Sommer von 8.30 bis 19 Uhr, im Winter von 10 Uhr bis zum Einbruch der Dunkelheit
Saison: ganzjährig
Eintritt: Erwachsene 8 Mark, Senioren 8 Mark, Kinder und Jugendliche bis 18 Jahre 5 Mark, Familienkarte 18 Mark
Verpflegung: Picknick, Gaststätte am Zooausgang, zwei Kioske im Zoo ■

Jan Feb Mär Apr Mai Jun Jul Aug Sep Okt Nov Dez

Der Bayern-Park

Im südlichen Niederbayern, zwischen Dingolfing und Eggenfelden, liegt der Bayern-Park. Ob groß, ob klein, auf einer Fläche von 250 000 qm bietet der Freizeitpark für jeden etwas. Mit der Parkrundfahrt verschafft man sich einen Überblick, was es alles zu erleben gibt. Vorbei geht die Fahrt an der Hüpfburg, der Pferdereitbahn, der Froschbahn, der Drachenbahn, am Schaukelschiff und an Bayerns größter Trampolinanlage.

Von den 4 neuen Attraktionen – der Wildwasserbahn, dem Wellenflieger, dem Wasserkarussell und dem Hubseilturm – sind alle Besucher voll begeistert.
Speziell für die kleinen Besucher bietet der Bayern-Park noch die Schweinchenbahn, die Schildkrötbahn und den Schienenzug. Ein besonderes Erlebnis für jung und alt ist die Fahrt mit dem Mississippi-Raddampfer. Bis auf die Sommerrodelbahn und diverse Münzfahrzeuge ist die Benutzung aller Fahrgeschäfte schon im Eintrittspreis enthalten ∎

Adresse und Anfahrt: Bayern-Park, Fellbach 1, 94419 Reisbach, Tel. 08734/817, Fax 4268. Der Ort liegt westlich der B 20 zwischen Dingolfing und Eggenfelden. Ab Reisbach ist der Park ausgeschildert.
Öffnungszeiten: täglich von 9 bis 18 Uhr
Saison: ab Ostern bis Mitte Oktober
Eintritt: Kinder von 2 bis 12 J. 13 Mark, Erwachsene 16 Mark, Gruppenermäßigung
Verpflegung: Picknick, Kiosk, Imbiß, Gastronomie im Park
Geeignet für Kinder ab 2 Jahre, 3 Wickelräume sind vorhanden ∎

Jan Feb **Mär Apr Mai Jun Jul Aug Sep Okt** Nov Dez

Augsburg und Umgebung

Als Augsburg im Dreißigjährigen Krieg belagert wurde, warf der Bäckermeister Konrad Hacker einer Sage nach sein letztes Brot über die Stadtmauer. Der Feind glaubte, die Augsburger hätten noch Nahrung im Überfluß, und so zog man ab.
Die Augsburger aber widmeten dem Bäcker ein Denkmal, den "Steinerne Ma", der heute noch in einer Nische der Stadtmauer bei der Schwedenstiege steht.
Aus der ältesten und drittgrößten Stadt Bayerns ist während der letzten Jahrzehnte ein moderner Handels- und Industriestandort geworden ∎

Planetarium Augsburg

Das Planetarium Augsburg ist Teil des Naturmuseums der Stadt. Das Programm wechselt jährlich mehrmals, es werden aber immer auch Kindervorführungen angeboten, und zwar als "Familien- und Jugendnachmittag".
Interessierte ab fünf Jahren gehen auf Weltraumreise mit Didi und Dodo. Die beiden Astronauten fliegen mit ihrer Rakete durch das Weltall, so lernt man die Planeten unseres Sonnensystems kennen. Nach der Vorstellung dürfen Fragen gestellt werden.
Für Kindergarten- und Vorschulgruppen gibt es Sondervorführungen nach Absprache. Didi und Dodo starten ihre Rakete jeden Mittwoch um 15 Uhr.
Man sollte auf jeden Fall Karten vorbestellen, das geht unter der Telefonnummer 0821/3246740 ∎

Adresse und Anfahrt: Sparkassen-Planetarium, Im Thäle 3, Tel. 0821/3246740, Anmeldung für Gruppen unter 3246762. Das Planetarium im Naturmuseum liegt fünf Gehminuten vom Dom entfernt mitten in der Innenstadt.
Öffnungszeiten: Familienvorführungen mittwochs um 15 Uhr
Saison: ganzjährig
Eintritt: Kinder 3 Mark, Erwachsene 5 Mark
Verpflegung: Gastronomie in der Innenstadt ∎

  ab 5

Jan Feb Mär Apr Mai Jun Jul Aug Sep Okt Nov Dez

Fred Rai Western-City in Dasing

Fred Rai sieht aus wie der junge Clark Gable, reitet wie John Wayne und schießt schneller als Billy the Kid – allerdings nur mit Platzpatronen!
Seine Western-City ist ein preisgünstiger Freizeitpark, in dem sich alles um Cowboys und Indianer dreht.

Die Besucher üben sich im Hufeisenwerfen, Lassodrehen und Goldwaschen. Wer sich auf die Seite von Winnetou und Co. stellt, der muß natürlich Pfeil und Bogen zur Hand nehmen. Neu ist das Ausbildungszentrum, in dem das natürliche Rai-Reiten erlernt werden kann. Für die kleinen Gäste wurde ein Spielplatz eingerichtet, ein Streichelzoo findet sich in Old Mac Donald's Farm. An jedem Wochenende gibt der Westernsänger Fred Rai eine Show im Saloon: Auf seinem Pferd Spitzbub reitet er durch den Saloon! Eine tolle Sache sind aber die Kindergeburtstage, die man hier feiern kann. Die kosten samt freiem Ritt, Kaffee und Kuchen 15 Mark pro Kind ∎

Adresse und Anfahrt: Fred Rai Western-City, Dasing bei Augsburg, Tel. 08205/225. Liegt an der Autobahnausfahrt Dasing.
Öffnungszeiten: täglich 10 bis 18 Uhr
Saison: Ostern bis Ende Oktober
Eintritt: Kinder 8 Mark, Erwachsene 10 Mark
Verpflegung: Picknick, Saloon, Mexiko-Café ∎

Jan Feb Mär Apr Mai Jun Jul Aug Sep Okt Nov Dez

Zoo Augsburg

Im Augsburger Zoo sind 2000 Tiere aus aller Welt vertreten, vom Kolibri bis zum Elefanten. Jährlich kommen 700 000 Besucher hierher. Mit exotischem Ziergeflügel besetzte Teiche werden abgelöst von Grünflächen, auf denen die Tiere in Freigehegen leben. Auf großen, von Gräben umgebenen Inseln recken zum Beispiel Giraffen ihre Hälse in die Luft. Bei Sommersonne spenden die Laubbäume Schatten, bei unbeständigem Wetter verzieht man sich in eines der Tierhäuser. Hier werden bizarre Reptilien, farbenprächtige Tropenvögel und Affen aus Afrika und Südostasien gezeigt. Am Streichelzoo im Kinderland entlang fährt eine Mini-Dampfbahn. Weitere Höhepunkte sind die Vorführung der Elefantendressur und Schaufütterungen wie die der Robben ∎

Adresse und Anfahrt: Augsburger Zoo, Brehmplatz 1, Tel. 0821/555031. Der Zoo ist innerorts mit dem Elefantensymbol ausgeschildert. Gut erreichbar mit der Buslinie 32 ab Bahnhof und Königsplatz
Öffnungszeiten: im Sommer von 8.30 bis 18.30 Uhr, September bis April bis Einbruch der Dunkelheit
Saison: ganzjährig
Eintritt: Erwachsene 8 Mark, Kinder 4 Mark
Verpflegung: Picknick, Gaststätte
Drumherum: direkt neben dem Zoo befindet sich der Botanische Garten ∎

Jan Feb Mär Apr Mai Jun Jul Aug Sep Okt Nov Dez

Königstherme in Königsbrunn

Die Königsbrunner Königstherme lädt zum Schwimmen, Baden und Planschen ein.
Für die Kleinsten gibt es ein Nichtschwimmerbecken und einen Wasserspielplatz. Die schon begabteren Schwimmer unter den Kindern haben am meisten Spaß: sie sausen, so oft sie wollen, die Riesenrutsche hinunter, vergnügen sich im Wildwasser und paddeln hinaus in den Außenbereich. Für streßgeplagte Eltern stehen jede Menge Liegen zur Verfügung. Eine Solarienwiese und die Königsinsel mit Ruhebänken sind ebenfalls für die verdiente Entspannung eingerichtet worden. Riesig ist die Saunaabteilung, dieser Spaß kostet aber extra ■

Adresse und Anfahrt: Königstherme Königsbrunn, Königsallee, Tel. 08231/96280. Der Ort liegt südlich Augsburgs an der B 17, die Therme ist im Ort ausgeschildert.
Öffnungszeiten: täglich 9.30 bis 21.30 Uhr
Saison: ganzjährig
Eintritt: ab 2 Stunden, dann für Kinder 10 Mark, für Erwachsene 19 Mark, verbilligter Geburtstagspreis (tel. nachfragen)
Verpflegung: Gastronomie im Bad
Drumherum: Zur Anlage gehört auch eine Eissportbahn ■

Jan Feb Mär Apr Mai Jun Jul Aug Sep Okt Nov Dez

Das Allgäu

Im Allgäu steht ein Bauwerk, das von Tausenden ausländischen Besuchern für besonders deutsch gehalten wird: Neuschwanstein, das Märchenschloß des Königs Ludwig II. Doch nicht

nur das traumhaft gelegene, vieltürmige Schloß ist ein „Exportschlager". Auch Allgäuer Molkereiprodukte werden allerorts geschätzt, denn jeder vierte Käse, der in Deutschland gekauft wird, stammt von hier.

Hallen- und Stadtbad Kempten

Das Hallenbad ist zwar keines der heute üblichen, hochgerüsteten Spaßbäder, bietet einer Familie aber genug Komfort, um zwei Stunden zu vertrödeln. Besonders der Dienstagnachmittag ist für die Jugendlichen geeignet, dann ist "Spielenachmittag". Die Spaßrutsche ist 102 Meter lang.
Das Schwimmerbecken ist auf 27 Grad C temperiert, die Nichtschwimmer bekommen drei Grad mehr zugestanden. Donnerstag, Freitag, Samstag und Sonntag ist in allen Becken Warmbadetag. Bei etwas größeren Kindern beliebt ist die Springanlage, die jede Stunde für 30 Minuten geöffnet wird. Wer meint, den makellosen weißen Teint ruinieren zu müssen, der verschwindet in den Solarium-Einzelkabinen.

Adresse und Anfahrt: Hallenbad Kempten, Stadtbadstraße 5, Tel. 0831/83505. Im Ort ist das Bad ausgeschildert.
Öffnungszeiten: stark differierend, tel. erfragen
Saison: Ende Juli bis Mitte September geschlossen
Eintritt: für zwei Stunden Erwachsene 5 Mark, Kinder ab 6 Jahren 2,50 Mark, am Warmbadetag etwas teurer
Verpflegung: Cafeteria im Bad

Jan Feb Mär Apr Mai Jun Jul **Aug Sep Okt Nov Dez**

 Das Allgäu

Freizeitpark Illerparadies

Das Illerparadies ist ein romantischer kleiner Freizeitpark, der einen schönen Nachmittag garantiert, wenn auch die Kinder noch klein und niedlich sind.
Zunächst fährt man mit der Western-Eisenbahn gern einmal den Park ab, danach steht ein Besuch des kleines Wildparks auf dem Programm. Dort leben zum Beispiel Rothirsche, Muffel- und Schwarzwild. Im Streichelzoo warten Kaninchen und weitere Kumpanen mit seidigem Fell. Auch ein kleiner Ritt mit der Bonanza-Pferde-Reitbahn ist keine schlechte Wahl. Die Mini-Autoscooter kommen bei den kleinen Bruchpiloten sehr gut an, und zukünftige Kapitäne üben mit den Mini-Elektrobooten. Eine Oldtimer-Bahn und eine Parkseilbahn machen das Angebot mit der neu dazugekommenen Luna-Looping-Bahn und dem Dinosauriergarten perfekt ∎

Adresse und Anfahrt: Illerparadies, Hinwang 2, Lauben/Allgäu, Tel. 08374/7477. Der Freizeitpark liegt auf halber Strecke zwischen Dietmannsried und Lauben am Fluß Iller, etwa 10 Kilometer nördlich von Kempten.
Alter: von 3 bis 8 Jahren
Öffnungszeiten: Donnerstag geschlossen, bei gutem Wetter von 9 bis 18 Uhr
Saison: Osterferien bis Oktober
Kosten: Münzautomaten
Verpflegung: Picknick, Café, Restaurant
Drumherum: Anschließend kann man noch einen kleinen Flußspaziergang machen ∎

Jan Feb Mär Apr Mai Jun Jul Aug Sep Okt Nov Dez

Das Allgäu

Starzlachklamm bei Sonthofen

Eine Wanderung entlang der Schlucht des Flusses Starzlach ist ein Abenteuer.

Der kleine Fluß hat sich im Laufe der Jahrtausende durch das schöne Tal gefressen, das heute eine beeindruckende Kulisse für einen Sonntagsspaziergang bietet.

Der Rundweg dauert immerhin anderthalb Stunden, die Kinder sollten also schon wanderfest sein. Angesichts des wildromantischen Tals mit der tosenden Gischt des herabstürzenden Wassers werden die Kleinen bestimmt nicht so schnell quengeln.

Der mit Geländern gesicherte Weg duckt sich unter Felswänden hindurch und führt mit Brücken über den Fluß hinweg. Nach soviel schöner Natur hat man sich eine Jausen-Pause redlich verdient, und die gönnt man sich beim Klammwirt ∎

Adresse und Anfahrt: Die Starzlachklamm befindet sich nördlich von Sonthofen und ist dort ausgeschildert. Tel 08321/615-291 und -292
Öffnungszeiten: täglich von 8 bis 19 Uhr
Saison: von Mai bis Ende Oktober
Eintritt: Erwachsene 2 Mark, Kinder 0,70 Mark
Verpflegung: Picknick, Gastronomie ∎

Jan Feb Mär Apr **Mai Jun Jul Aug Sep Okt** Nov Dez

Bayern

 Das Allgäu

Ponyreiten auf dem Hofgut Kürnach

Man kann hier Urlaub machen oder aber nur einen Nachmittag vorbeischauen und sich ein Pony "leihen". Sind die Kinder noch ziemlich klein, müssen die Eltern das Pony führen, sattelfeste Nachwuchsreiter können auch allein ausreiten. Pro Pony und Stunde zahlt man zehn Mark. Nach dem Ausritt vertreibt man sich noch einige Zeit auf dem Hof. Es dürfen Kaninchen gestreichelt werden, und einen Spielplatz gibt es auch. Plant man einen Besuch, sollte man vorher unbedingt anrufen. Es sind auch Kutschfahrten möglich, allerdings erst, wenn sich 16 Personen angemeldet haben. Die Fahrt dauert bis zu zwei Stunden und kostet pro Person 25 Mark ∎

Adresse und Anfahrt: Hotel Hofgut Kürnach, Unterkürnach, Tel. 08370/807-0. Der Hof liegt ca. 10 Kilometer westlich von Kempten.
Öffnungszeiten: täglich von 9 bis 11.30 und 13.30 bis 16 Uhr, sommers bis 17 Uhr
Kosten: Pony pro Stunde 10 Mark, Kutschfahrt 25 Mark pro Person
Verpflegung: Picknick, Gastronomie
Drumherum: Spielplatz auf dem Hof ∎

Jan Feb Mär Apr Mai Jun Jul Aug Sep Okt Nov Dez

Schönegger Käse Alm

Zweimal in der Woche, jeden Dienstag und Donnerstag vormittag, wird man kostenlos durch die Käserei geführt.
Der Werdegang des Käses von der Rohmilch bis zum fertigen Laib ist eindeutig etwas für die Kinder im "Fragealter". Diese interessante Führung dauert knapp eine Stunde. Danach wissen die Kleinen ganz genau über dieses feine Nahrungsmittel Bescheid. Hinterher kauft man sich dann im Käsladen eine passende kleine Mahlzeit zusammen ∎

Adresse und Anfahrt: Schönegger Käse Alm, Sellthürn, 08372/2864. Sellthürn liegt nordöstlich von Kempten. Man fährt erst in Richtung Obergünzburg, dann nach Günzach, schließlich nach Sellthürn.
Öffnungszeiten: Führungen dienstags und donnerstags um 11 Uhr
Saison: ganzjährig
Eintritt: frei
Verpflegung: Picknick, Gastronomie im Ort
Drumherum: Eine kleine Wanderung in der Umgebung bietet sich an ∎

Jan Feb Mär Apr Mai Jun Jul Aug Sep Okt Nov Dez

480

Fünfseenland und Werdenfelser Land

Der Starnberger- und der Ammersee sind die "Badewannen der Münchner". Das Fischerdorf Starnberg am gleichnamigen See wurde Mitte des 19. Jahrhunderts von Adligen und wohlhabenden Bürgern der bayerischen Landeshauptstadt als "Sommerfrische" entdeckt. Der See hat, trotz der Ausflugsscharen, die hier jedes Wochenende einfallen, sein nobles Image bewahrt. Das Fünfseenland: Wörthsee, Pilsensee und Weßlinger See gehören auch noch dazu. Das Werdenfelser Land ist wirklich die Höhe, denn hier führt die Zugspitzbahn auf Deutschlands höchsten Berg ∎

Eine Starnberger Seefahrt

Bei schönem Wetter schaut man über das Südende des Sees bis weit in die Alpen hinein. Die Hauptanlegestelle ist in Starnberg. Von hier aus starten Schiffe zu Rundfahrten von einer Stunde (über den nördlichen Seeteil) und von ca. 3 Stunden (über den gesamten See), wobei hier zwei Fahrtunterbrechungen möglich sind. Es bieten sich auch kombinierte Schiffs-Fahrrad-Touren an, z. B. von Starnberg nach Leoni, mit dem Schiff nach Possenhofen, dann zurück nach Starnberg. Die Mitnahme von Fahrrädern ist jedoch beschränkt und nur auf den großen Schiffen möglich. In Possenhofen steht das Geburtsschloß von Sissi. Auf großen Schiffen gibt es übrigens Spielplätze ∎

Adresse und Anfahrt: Schiffahrt Starnberger See, Dampfschiffstraße 5, Starnberg, Tel. 08151/12023 oder 8061, Fax 15229. Die Anlegestelle ist in Starnberg ausgeschildert. Nach Starnberg gelangt man von München auch mit der S-Bahn.
Fahrzeiten: unterschiedlich, tel. erfragen oder Fahrplan anfordern. Möchte man die kleine Tour buchen, sollte man vorher anfragen, ob sie stattfindet.
Saison: Ostern bis Mitte Oktober
Preise: Rundfahrten ab 13 Mark, Kinder von 6 bis 14 Jahren zahlen die Hälfte, Fahrräder 5 Mark pro Fahrt
Verpflegung: Picknick überall am Ufer, Bordgastronomie
Drumherum: Am See kann man Ruder- oder Elektroboote ausleihen ∎

Jan Feb Mär **Apr Mai Jun Jul Aug Sep Okt** Nov Dez

Fünfseenland und Werdenfelser Land

Fahrt mit der Zugspitzbahn

Die Fahrt mit der Zugspitzbahn ist eine verlockende Angelegenheit, besonders bei schönem Wetter, wenn das Panorama überwältigend ist.

Einen Wermutstropfen (es ist schon fast ein Schluck!) gibt es allerdings, und das ist der hohe Fahrpreis! Für die Rückfahrkarte bezahlt schon ein Kind mindestens 35 Mark, Erwachsene fast das Doppelte. Dafür wird man dann allerdings ab Garmisch-Partenkirchen in einer 75minütigen Fahrt auf den 2964 Meter hohen Berg kutschiert. Zunächst einmal fährt die Zugspitzbahn als Schienenbahn, dann ab Grainau bis zum Gletscherbahnhof Platt (2588 m) als Zahnradbahn. Dort steigt man auf den Sessellift um, der noch vier Minuten Fahrzeit bis zum Gipfel braucht.

Oben breitet man zum Höhenluft-Picknick die Karodecke aus und genießt ∎

Adresse und Anfahrt: Bayerische Zugspitzbahn AG, Garmisch-Partenkirchen, Tel. 08821/7970. Die Bahn ist im Ort ausgeschildert.
Zeiten: ständig, genaue Fahrzeiten telefonisch erfragen
Saison: ganzjährig
Fahrpreise: im Winter zahlen Kinder von 4 bis 15 Jahren 35 Mark, Jugendliche 41 Mark und Erwachsene 59 Mark. Im Sommer 42.-/49.-/73.-
Verpflegung: Picknick, Kiosk und Restaurant auf der Bergstation ∎

Jan Feb Mär Apr Mai Jun Jul Aug Sep Okt Nov Dez

Wasserpark Starnberg

Im Sommer gibt es nur wenige Gründe, gechlortes Hallenbadwasser den kristallklaren blauen Fluten des Starnberger Sees vorzuziehen. Dann geht man ins Strandbad mit seiner 15 000 Quadratmeter großen Spiel- und Liegewiese. Schwimmer und Nichtschwimmer nutzen den abgegrenzten Seebereich. Das Hallenbad ist vom Strandbad aus frei zugänglich. Hier finden sich ein Sportbecken, ein Kleinkinderbecken mit 35 Grad warmem Wasser und zwei Sprudelbecken ■

Adresse und Anfahrt: Wasserpark, Strandbadstraße 5, Starnberg, Tel. 08151/12666. Das Strandbad liegt nicht weit vom Bahnhof entfernt und ist ausgeschildert.
Öffnungszeiten: Das Strandbad ist im Sommer bei guter Witterung täglich von 9 bis 20 Uhr geöffnet, an Wochenenden auch ab 8 Uhr. Das Hallenbad ist Dienstag bis Freitag von 13 bis 21 Uhr geöffnet, montags von 12 bis 17 Uhr, samstags von 8 bis 20 Uhr und sonntags von 8 bis 18 Uhr. Während der Schulferien: Dienstag bis Freitag 9 bis 21 Uhr.
Saison: ganzjährig
Eintritt: Erwachsene 8 Mark, Kinder 5 Mark (Strandbad 6-./4.-), Schwimmbad mit Sauna 3 Stunden 18 Mark, Gruppenermäßigung
Verpflegung: Kiosk im Sommer, Restaurant am Hallenbad ■

Jan Feb Mär Apr Mai Jun Jul Aug Sep Okt Nov Dez

Schiffahrt auf dem Ammersee

Auf dem Ammersee gibt es lange Rundfahrten. Anlegestellen sind Stegen am Nordufer und Herrsching am Ostufer. Die Rundfahrten starten beide in Herrsching. Sie können zur großen Rundfahrt verbunden werden. Nicht zu lang ist die Fahrradfahrt ab Stegen. Von Schondorf setzt man nach Breitenbrunn über, dann tritt man in die Pedale bis zurück nach Stegen ■

Adresse und Anfahrt: Auskünfte von der Staatlichen Seefahrt Ammersee, Landsberger Straße 81, Inning/Stegen, Tel. 08143/229. Stegen liegt direkt an der B 18, E 54, Herrsching erreicht man über die Uferstraße von Stegen in etwa 20 Minuten. Die Anlegestellen sind ausgeschildert.
Fahrzeiten: erfragen oder Fahrplan bestellen
Saison: Ende Mai bis Mitte Oktober
Preise: ab 10,50 Mark für die Kurzrundfahrt, Kinder die Hälfte, Fahrräder 5 Mark
Verpflegung: Picknick, Bordgastronomie ■

Jan Feb Mär Apr Mai Jun Jul Aug Sep Okt Nov Dez

München und Umgebung

Einer der berühmtesten Münchner ist der traurige Komiker Karl Valentin. Sein Aufstieg begann, nachdem er seinen Beruf als Schreiner an den Nagel gehängt hatte; der Nagel ist im Valentin-Museum ausgestellt. Das Museum in den Türmen des Isartors (Mo, Di, Fr, Sa 11.01-17.29 Uhr, So 10.01-17.29 Uhr) ist nur eines von vielen, denn die Münchner legen viel Wert auf Kultur. ■

Bavaria Filmtour

Während einer 90minütigen Führung durch die Bavaria Filmstadt Geiselgasteig lernt man u.a. die Fabelwesen aus der "Unendliche Geschichte" kennen. Hier erfährt man, wie der Glücksdrache Fuchur das Fliegen lernte und wie das Fahrrad des mächtigen Steinbeißers funktionierte. Viele Requisiten, Dekorationen und Kulissenstraßen aus TV- und Kinofilmen, wie z. B. das Originalmodell eines U-Bootes aus "Das Boot" oder die Außenkulisse des "Marienhof" sind zu sehen. Spaß und Spannung bietet auch die 30minütige Bavaria Action Show, in der Stuntleute ihr gefährliches Handwerk demonstrieren. Im Showscan Kino bewegen sich die Stuhlreihen synchron zur Bildhandlung. Gezeigt werden computeranimierte Filme, die eine perfekte Wirklichkeitssimulation garantieren. ■

Adresse und Anfahrt: Bavaria Filmtour, Bavariafilmplatz 7, 82031 Geiselgasteig, Tel. 089/64992304. Geiselgasteig liegt am südlichen Stadtrand von München an der Ausfallstraße in Richtung Grünwald/Bad Tölz. Anfahrt auch mit der U 1/U 2 bis Silberhornstraße, Straßenbahn 25 Richtung Grünwald.
Öffnungszeiten: täglich (auch an Wochenenden) von 9 bis 16 Uhr, die Action Show findet wochentags um 11.30 und 13 Uhr statt, an Wochenenden zusätzlich um 14.30 Uhr
Hauptsaison: vom 1. März bis zum 31. Oktober
Eintritt: Erwachsene 15 Mark, Kinder 10 Mark, Action Show 9 Mark und Showscan Kino 7 Mark, Familienkombikarte (2 Erw. und alle eigenen Kinder) 99,50 Mark
Verpflegung: Imbiß ■

Jan Feb **Mär Apr Mai Jun Jul Aug Sep Okt** Nov Dez

Tierpark Hellabrunn

Ein Besuch des Hellabrunner Tierparks ist zu jeder Jahreszeit ein Erlebnis. Besonders an die kleinen Gäste hat man gedacht und ihnen viel Platz eingeräumt.

Der 36 Hektar große Park in den Isarauen beherbergt neben den großzügigen Tiergehegen ein Streichelgehege, einen Spielplatz, eine Reitbahn, eine Kindereisenbahn, ein Karussell und eine Abenteuerbrücke.

Die Tiere sind natürlich noch mal so interessant, wenn man ihnen beim Fressen zusehen kann; detaillierte Auskünfte über die Fütterungszeiten bekommt man an der Kasse. Unter den vielen Tierarten sind die Dickhäuter bei den Kindern am beliebtesten. Das berühmte Elefantenhaus zieht ebenso die Besucherscharen an wie das neueste Highlight, das Dschungelzelt. Ein kleiner Geheimtip: Im Winter bekommen die Pinguine um 14 Uhr eine halbe Stunde Auslauf, sobald die Temperaturen unter 15 Grad Celsius liegen. ■

Adresse und Anfahrt: Tierpark Hellabrunn, Tierparkstraße, München Tel. 089/6250820. Hinweisschilder an allen Einfallstraßen Münchens. Es stehen nur begrenzt Parkplätze zur Verfügung. Mit dem Bus Nr. 52 bestehen Verbindungen zwischen dem Haupteingang des Tierparks und dem Marienplatz in der Innenstadt. U-Bahn-Linie 3 bis Station Thalkirchen.
Öffnungszeiten: im Sommer täglich von 8 bis 18 Uhr, im Winter von 9 bis 17 Uhr.
Saison: ganzjährig
Eintritt: Erwachsene 9 Mark, Kinder ab 4 Jahren 4 Mark
Verpflegung: Kioske, Pizzeria, Restaurant mit Biergarten beim Kindertierpark, Picknick ■

Jan Feb Mär Apr Mai Jun Jul Aug Sep Okt Nov Dez

Bayern

Kinderkino Olympiadorf

Zweimal wöchentlich werden ausgewählte Filme im Kinderkino Olympiadorf gezeigt.
Das Programm wechselt ab. Es werden Trickfilme, berühmte Komiker wie Laurel und Hardy und Charlie Chaplin und auch Märchenfilme gezeigt. Ebenso nimmt man sich verfilmter Kinderbücher, z. B. von Astrid Lindgren und Erich Kästner, an. Neue deutsche Kinderfilme sollen dabei auch nicht zu kurz kommen.
Man kann also sicher sein, daß die lieben Kinder hier etwas Ordentliches geboten bekommen.
Und jetzt der Clou: In der Woche nach Ostern findet jedes Jahr das Kinderfilmfestival statt, mit reinen Kinderfilmen satt! Das lockt natürlich jede Menge Fans herbei.
Das tägliche Programm des Kinos findet man im Kulturkalender der Süddeutschen Zeitung ∎

Adresse und Anfahrt: Kinderkino München im Forum 2 des Olympiazentrums, Tel. 089/1491453. Parkplätze am Olympiadorf, Anfahrt auch mit U2 und U3, Station Olympiazentrum.
Öffnungszeiten: Vorstellungen freitags um 15 Uhr, Samstag um 11 Uhr
Saison: ganzjährig
Eintritt: Erwachsene 4 Mark, Kinder 3 Mark
Verpflegung: Gastronomie im Zentrum ∎

Jan Feb Mär Apr Mai Jun Jul Aug Sep Okt Nov Dez

Der Münchner Westpark

Im Westpark erwarten exotische Bauten, moderne Spielplätze und zwei kleine Seen den aufs Schlendern eingestellten Besucher. Hier kann die ganze Familie einen schönen Nachmittag verbringen. An alle ist gedacht worden.

Der bei den Münchnern sehr beliebte Park ist zwei Kilometer lang und wird vom Mittleren Ring etwa in der Mitte durchschnitten. Die beiden schönen Parkteile sind aber durch Brücken verbunden.

Ein speziell kinderfreundlicher Teil des Parks liegt im Südwesten, dort sind in natürlichen Nischen Spielgeräte untergebracht. Am schönsten ist es auf der "Spielplatz-Alm" im Ostteil des Parks mit Planschteich samt Miniflößen.

Im Park gibt es Kioske, ein Restaurant mit Biergarten und ein Toilettenhaus mit Kinderklos ∎

Adresse und Anfahrt: Der Westpark liegt an der Garmischer Straße, Parkplätze sind vorhanden. Station Westpark der U-Bahnen U6 und U3.
Öffnungszeiten/Saison: ganzjährig frei zugänglich
Eintritt: frei
Verpflegung: Picknick, Imbiß, Kiosk, Restaurant ∎

Jan Feb Mär Apr Mai Jun Jul Aug Sep Okt Nov Dez

Deutsches Museum

Das Deutsche Museum für Technik und Naturwissenschaften in München ist eines der größten Museen der Welt. Entsprechend umfangreich an Größe und Zahl sind die Exponate. Von Kindern werden erfahrungsgemäß am meisten die Automobilabteilung mit der einzigartigen Oldtimer-Sammlung und das originalgetreue Bergwerk geschätzt. Auch die alten Dampfloks in der Eisenbahnhalle werden mit großer

Begeisterung bewundert. In der Luftfahrthalle gibt es die gesamte Entwicklung vom Doppeldecker bis zum Düsenflugzeug zu sehen. So können Kinder beispielsweise auch das Innere einer alten Junkers-Maschine (JU 52) betreten. Über den ganzen Tag verteilt gibt es in allen Abteilungen des Museums Vorführungen; es empfiehlt sich deshalb, das Faltblatt gleich beim Betreten des Museums zu studieren. Man kann beim Glasblasen dabeisein, die Hochspannungsanlage bestaunen oder bei chemischen Experimenten zusehen. Es ist gut, von vornherein eine gewisse Auswahl zu treffen, da man das Museum schwerlich an einem Tag "schaffen" wird – eher ist es umgekehrt ■

Adresse und Anfahrt: Deutsches Museum, Museumsinsel 1, Tel. 089/21791.
Es gibt keine Parkplätze vor dem Museum. Mit der U-Bahn bis Haltestelle Fraunhoferstraße oder S-Bahn-Haltestelle Isartor.
Öffnungszeiten: täglich 9 bis 17 Uhr (mit wenigen Ausnahmen)
Saison: ganzjährig, außer an bestimmten Feiertagen
Eintritt: 10 Mark Erwachsene, Kinder ab 6 Jahren 4 Mark
Verpflegung: Imbiß, Restaurant, Cafeteria, Picknick vor dem Museum ■

Jan Feb Mär Apr Mai Jun Jul Aug Sep Okt Nov Dez

Berchtesgaden und Chiemgau

In Deutschlands Südostwinkel, dem Berchtesgadener Land, reiht sich Naturschönheit an Naturschönheit. Unumstrittener Herrscher inmitten des "Herrgottswinkels" ist der Watzmann,

2713 Meter hoch. Der Watzmann stand Pate, als es um den Namen für ein engagiertes Kinderprojekt dieser Urlaubsregion ging — den Watzmannkinder-Club, der inzwischen mehr als 1300 "Wakis" zählt. Mitmachen kann jeder, das ganze Jahr über werden viele tolle Freizeitaktivitäten angeboten ∎

Kindertheater in Rosenheim

Nicht besonders oft, aber immerhin doch an einigen Terminen im Jahr, wird in der Rosenheimer Stadthalle Theater für Kinder gespielt. Die genauen Daten der Vorstellungen erfragt man telefonisch, dann kann man auch gleich das Jahresprogramm bestellen. Die Stücke sind in der Regel für Kinder ab 4 Jahren geeignet, gezeigt werden Klassiker der Kinderliteratur wie "Das kleine Gespenst", "Allerleirau", "Ali Baba und die 40 Räuber" und "Der Teufel mit den 3 goldenen Haaren". Man sollte auf jeden Fall den Kartenvorverkauf nutzen. Der Preis für die etwas besseren Plätze beträgt ca. 10 Mark. Die Nachmittagsvorführungen beginnen meistens um 15 Uhr, die Vormittagstermine sind Schulklassen und Kindergartengruppen vorbehalten ∎

Adresse und Anfahrt: Stadthalle Rosenheim, Kufsteiner Str. 4, Rosenheim, Tel. 08031/3001-0. Die Stadthalle ist ausgeschildert.
Zeiten: genaue Termine und Spielzeiten erfragen
Saison: ganzjährig
Eintritt: ab 9 Mark
Verpflegung: Restaurant in der Stadthalle ∎

Jan Feb Mär Apr Mai Jun Jul Aug Sep Okt Nov Dez

Salzbergwerk Berchtesgaden

Das Besucherbergwerk in Berchtesgaden zählt zu den schönsten in Deutschland, und das ist keine bloße Prospektfloskel. Der Spaß beginnt mit der Original-Bergmannskleidung, die jeder Besucher überziehen muß. Auf der Grubenbahn fährt man im Reitersitz durch den 600 Meter langen Stollen ins Kaiser-Franz-Sinkwerk, eine gewaltige Halle im Berginneren. Dann geht es auf einer langen Holzrutsche hinunter in die Salzgrotte — so begann der Arbeitstag der Bergleute! In der Grotte schaut man sich erst einen kurzen Film an, anschließend werden die Maschinen besichtigt. Höhepunkt ist aber die Floßfahrt über den unterirdischen Salzsee. Die Besichtigung dauert eine Stunde. Nach Angaben der Bergwerksleitung können schon Kinder ab vier Jahren mitkommen ∎

Adresse und Anfahrt: Salzbergwerk Berchtesgaden, Tel. 08652/6002-0. Das Bergwerk ist im Ort ausgeschildert und befindet sich an der B 305 von Berchtesgaden nach Salzburg
Öffnungszeiten: 1. Mai bis 15. Oktober sowie an Ostern täglich von 8.30 bis 17 Uhr (Pfingstmontag geschlossen), 16. Okt. bis 30. April werktags von 12.30 bis 15.30 Uhr
Saison: ganzjährig
Eintritt: Erwachsene 19 Mark, Kinder von 4 bis 14 Jahren 8,50 Mark
Verpflegung: SB-Marktrestaurant Salzbergwerk, Picknick im Freien ∎

Jan Feb Mär Apr Mai Jun Jul Aug Sep Okt Nov Dez

Märchen-Familienpark Ruhpolding

Der Ruhpoldinger Märchen-Familienpark liegt sehr romantisch mitten im Bergwald auf dem Gelände einer alten Hörndlsäge aus dem 17. Jh. Das originale Räderwerk ist noch erhalten. Und während die Stimme des Schauspielers Fritz Strasser Erklärungen gibt, führen lebensgroße Figuren die Arbeiten aus. Zahlreiche alte und neue Märchen, die zum Teil mit Wasserkraft angetrieben werden, begeistern nicht nur die kleinen Gäste. Die größte Attraktion sind wohl die vier Riesenrutschen, jede mit einer Länge von 50 Metern. Besonders imposant ist eine Rutschpartie auf der Fallrutsche. Bei einer Anfangsneigung von 60 Grad hat man den Eindruck, sich senkrecht in die Tiefe zu stürzen. Kein Pappenstiel! Daneben erwarten die Besucher einige andere Überraschungen, zum Beispiel eine Autoscooter-Bahn, eine bayerische Bockerlbahn, ein Abenteuerspielplatz und lebensgroße bewegliche Dinosaurier. Alle Junggesellen und solche, die es gerne sein wollen, haben im Ruhpoldinger Familienpark Gelegenheit, richtig fensterln zu gehen (allerdings mit einer kleinen Abfuhr). Wenn die Erwachsenen sich zwischendurch eine Ruhepause gönnen wollen, können sie von einer großen Caféterrasse aus das Treiben ihrer Sprößlinge gut überblicken ∎

Adresse und Anfahrt: Märchen-Familienpark, 83324 Ruhpolding, Tel./Fax 08663/1413. Autobahn A 8 München – Salzburg bis zur Ausfahrt Traunstein/Siegsdorf, anschließend 8 km weiter nach Ruhpolding; am Ortseingang von Ruhpolding rechts abbiegen und der Beschilderung Märchen-Familienpark folgen.
Öffnungszeiten: täglich von 9 bis 18 Uhr, Einlaß bis 17 Uhr
Saison: Ostern bis Ende Oktober
Eintritt: Erwachsene 12 Mark, Kinder von 2 bis 13 Jahren 10 Mark
Verpflegung: Kiosk, Cafeteria, Picknick ∎

Jan Feb Mär Apr Mai Jun Jul Aug Sep Okt Nov Dez

Bayern

Register

A

Abterode (Meißner-)	269
Adorf	276
Ahlbeck	83
Ahrenshoop	66
Aken	165
Allensbach	424
Allgäu	S. 477-480
Altfunnixsiel	97
Althaldesleben-Hundisburg	158
Altmark	S. 150-153
Altmühltal	S. 465-466
Altmühl	465
Alt Sammit	79
Ammersee	483
Annaberg	343
Amstetten	418
Anhalt-Wittenberg	S. 164-168
Anspach (Neu-)/Taunus	303
Aschaffenburg	438
Aßlar	289
Aua (Neuenstein-)	283
Augsburg und Umgebung	S. 473-476
Augsburg	473, 475
Aulendorf	421
Aurich	96

B

Babelsberg	190
Bad Düben	332
Bad Dürkheim	375
Bad Emstal	266
Bad Kissingen	433, 434
Bad Lausick	333
Bad Lauterberg	137
Bad Lippspringe	236
Bad Mergentheim	396
Bad Münster	366
Bad Münstereifel	241
Bad Nauheim	296
Bad Rothenfelde	121
Bad Schönborn	397
Bad Schmiedeberg	168
Bad Waldsee	420
Bad Wildungen	272
Bad Windsheim	456
Balje	99
Bamberg	446
Bansin	80
Barkhausen	122
Bauerbach	321
Bayrische Rhön	S. 432-434
Bayerischer Wald	S. 467-469
Bebra	282
Beiseförth (Malsfeld-)	280
Bendorf-Sayn	364
Benneckenstein	160
Bensersiel (Esens-)	94
Bentfeld	235
Berchtesgarden	496
Berghausen	259
Bergisches Land	S. 251-255
Berkenbrück	182
Berlin	S. 195-199
Berlin	195, 196, 197, 198, 199
Bestwig-Wasserfall	232
Bexbach	382
Biedenkopf	287
Bingen (Rhein)	372
Blumberg	415
Bochum	224
Bodensee	S. 422-425
Bodensee (Konstanz)	425
Bonn	247
Bonn	250
Borken	279
Borkum	98
Bottrop-Kirchhellen	224
Braunfels	290
Bremen und Umgebung	S. 121-125
Bremen	141, 142, 143
Bremerhaven	100, 103
Bretten	400
Bruchsal	398
Brühl	243
Buchet	468
Büchenberg bei Elbingerode	159
Büsum	33
Burg (Spree)	192

C

Cleebronn	399
Cloef	383
Cloppenburg	104
Coburg (Neustadt)	467, 468
Coburger Land	S. 435-436
Collis	328
Cottbus	194
Cuxhaven	102

D

Dankern	106
Dannenberg	117, 118
Dargun	77
Darmstadt	312
Dasing	474
Dassel	134
Daun	355
Dautphetal-Hommertshausen	285
Delbrück-Schöning	217
Demmin	75
Dessau	164, 166, 167
Detmold	21
Diesdorf	150, 152
Dörzbach-Laibach	401
Donau	465, 469
Dortmund	228

Drachenfels	248
Dreiburgensee (Tittling)	469
Dresden	334 – 336
Düben (Bad)	332
Dübener Heide	168
Dürkheim (Bad)	375
Düsseldorf	255
Dützen	210
Duisburger Hafen	220

E

Ebergötzen	135
Ebermannstadt	449
Echendorf (Riedenburg-)	466
Edersee	273
Elbe (Dresden)	334
Elbe (Hamburg)	57
Elbe (Hitzacker)	120
Elbingerode	159
Emden	98
Ems	107, 212
Emsland	S. 104-108
Emstal (Bad)	266
Erfurt und Umgebung	S. 322-326
Erfurt	317 – 320
Erkrath	252
Erlenbach (Fürth-)	311
Erzgebirge	S. 343-346
Esens-Bensersiel	94
Essehof	133
Essen	227

F

Feldberg	86
Fellach bei Reisach	472
Feuchtwangen (Zumhaus)	454
Fichtelberg (Marktredwitz)	453
Fichtelberg (Oberwiesenthal)	346
Fladungen	432
Fränkische Schweiz	S. 446-449
Freizeitpark Ketteler Hof	212
Frankfurt/Umgebung	S. 306-309
Frankfurt	306, 307, 308, 309
Freital-Hainsberg	357
Freudenberg	258
Frickingen	419
Fröbershammer	450
Fürth-Erlenbach	311
Fulda	299
Fulda-Künzell	301

G

Gackenbach	363
Garmisch-Partenkirchen	482
Geiselgasteig/München	484
Geiselwind	445
Gera	324 – 328
Germerode (Meißner-)	268

Gerolzhofen	444
Gersfeld	298
Gettorf	41
Gladenbach	288
Gmeinweiler/Welzheim	403
Göhren	73
Gondorf	355
Greetsiel (Krummhörn-)	95
Grömitz	47
Groß Raden	65
Groß Schauen	185
Großschönau	338
Gülitz	180

H

Haale	34
Hachenburg	362
Haina-Halgehausen	275
Haithabu	28
Halgehausen (Haina-)	275
Halle und Umgebung	S. 169-173
Halle	169, 170, 171,173
Hallig Südfall	22
Halligon	26
Hamburg	54, 55, 56, 57
Hamm	225
Hankensbüttel	113
Hannover	128
Hanstedt-Nindorf	116
Haren	108
Harz	S. 137-140
Hasetal	105
Haßloch	381
Hechingen	416
Hellenthal	239
Herborn-Uckersdorf	293
Herbstein	297
Heroldsbach	458
Herzogenaurach	457
Hildesheim	128
Hindenburgdamm	25
Hirschburg	68
Hirschfeld	342
Hitzacker (Elbe)	120
Hodenhagen	111
Hof 452	
Hofgeismar	264
Hohenlohe	S. 401-403
Homberg-Rodemann	277
Hommertshausen (Dautphetal-)	285
Hundisburg (Althaldesleben-)	158
Hundshaupten	449

I

Ibbenbüren	213
Idar-Oberstein	369
Imsbach	377
Inning/Stegen	483

J

Jena		331

K

Kärlich (Mülheim-)		360
Kahl		439
Kahlgrund		*437*
Kassel		265, 266, 267
Karlsruhe		404-406
Kelheim		465
Kempfeld		367
Kempten		477
Kiel und Umgebung		S.39-42
Kiel		40, 42
Kirchhundem		233
Kissingen (Bad)		433
Klanxbüll		23
Kleinenbremen		209
Kleinwelka		351
Klingenthal		348, 349
Koblenz (Rhein/Mosel)		359
Koblenz und Umgebung		S.358-361
Köln		S.242-246
Köln		242, 244, 246
Königsbrunn		476
Königshofen (Lauda-)		395
Königstein		302
Kommern		240
Konstanz		423, 425
Kraichgau		S.397-400
Krakow		78
Krakower See		*78*
Krefeld		222
Kronach (Mosbach)		451
Kronberg		302
Krummhörn-Greetsiel		95
Künzell (Fulda-)		301
Kürnach		480

L

Lahn		*292*
Laibach (Dörzbach-)		401
Langehagen		64
Lauben/Allgäu		578
Lauda-Königshofen		395
Lautenthal		139
Lauterbach		294
Lauterbad		412
Lauterberg (Bad)		137
Leipzig		333
Leipzig und Umgebung		S.332-333
Lippe		*234*
Lippspringe (Bad-)		236
Löffingen		414
Loifling		470
Lübbenau		191
Lübeck		49
Lübeln		119
Lüneburg		114
Lüneburger Heide		S.112-116
Ludwigshafen		373, 374
Ludwigshafen und Umgebung		S.373-376
Lychen		179
Lychensee		*179*

M

Magdeburg		154, 155
Main		*308, 440*
Mainau		426
Mainz		370, 371
Malchow		84, 87
Malchower See		*84*
Malsfeld-Beiseförth		280
Manderscheid		356
Mannheim		S.390-393
Mannheim		390-393
Marburger Land		S.285-288
Marburg		286
Marlow		67
Meißner-Abterode		269
Meißner-Germerode		268
Melsungen-Röhrenfurth		278
Merfelder Bruch		214
Mergentheim (Bad-)		396
Merzig		384, 386
Michelstadt		310
Miesenbach		380
Minden		208
Minden-Dützen		210
Mirow		85
Mochow		193
Mölln		51
Molfsee		40
Monschau		238
Moosbach		463
Mosbach/Kronach		451
Mosel (Koblenz)		*359*
Mühlengeez		63
Mühlhausen		316
Mülheim-Kärlich		360
Münchehagen		129
München		484-488
Münster (Bad)		366
Münstereifel (Bad)		241
Münsterland		S.211-214
Münstermaifeld		358
Münstertal/Schwarzwald		413
Müsen		256

N

Nauheim (Bad)		296
Neppen (Ems)		107
Nessendorf		44
Netphen		257
Neu-Anspach/Taunus		303

494

Neuenmarkt	452	Ratzeburger See		48
Neuenstein-Aua	283	Reisach (Fellach)		472
Neukirchen beim Hl. Blut	467	Rendsburg		37
Neumünster	38	Rheda-Wiedenbrück		217
Neusath	462	Rhein	252, 372,	406
Neustadt/Coburg	436	Rheinbach		249
Neu Tramm	118	Rheinhessen		S.370
Neuwerk	102	Rheinpark		245
Niederfinow	184	Riedenburg	465,	466
Niederrhein	S.219-223	Rodemann (Homberg-)		277
Niederwerbig	190	Röhrenfurth (Melsungen-)		278
Nindorf (Hanstedt-)	116	Roes		361
Nordeifel	S.238-241	Röttingen		395
Nordfriesland	S.22-25	Ronshausen		284
Nord-Ostsee-Kanal	35	Rosenheim		489
Nordthüringen	S.316	Rostock		68, 69
Nürnberg	459, 460	Rothenfelde (Bad)		121
		Rothensee		157
O		Rüdersdorf		183
		Rügen		S.70-74
Oberbiel (Solms-)	291	Rühstädt		181
Oberhambach	368	Ruhpolding		491
Oberlausitz	S.337-340	Ruppichteroth		249
Oberpfälzer Wald	S.461-464	Rust		411
Oberschwaben	S.419-421			
Oberstein (Idar-)	369			
Öhringen	402	**S**		
Oelsnitz	345			
Oesterwurth	31	Saarbrücken		385
Osnabrück	123, 124, 125	Saarland		S.382-386
Osnabrücker Land	S.121-125	Sachsenwald		53
Osterholz-Scharmbeck	145	Sackpfeife		287
Ostfriesland	S. 94-98	Salinenhalbinsel/Halle		169
Ostharz	S.159-163	Salzwedel	150,	153
Ostsee-Kanal (Nord-)	35	Sassnitz		70
		Sauerland		S.229-233
P		Sayn (Bendorf-)		364
		Scharnebeck		112
Paderborner Land	S.234-237	Schillingsfürst		455
Partenkirchen (Garmisch-)	482	Schlangenbad		304
Passau (Donau)	469	Schlei		29
Peißnitzinsel	172	Schleswig		26
Pelm	357	Schlitz-Unterschwarz		295
Pfälzerwald	S.377-381	Schlüttsiel		25
Plauen (Syratal)	347	Schmaler Luzin (Feldberg)		86
Plech/Oberfranken	448	Schönborn (Bad)		397
Pleinfeld	466	Schönfels		341
Poppenhausen-Schwarzerden	301	Schöning (Delbrück-)		217
Potsdam	190	Schwäbische Alb		S.416-418
Pottenstein	447	Schwarzerden (Poppenhausen-)		301
Premnitz	189	Schwarzwald		S.411-414
Putbus	71, 72, 73	Schweinfurt		439
Puttgarden	43	Schwentine		39
		Schweriner Land		S.62-65
R		Schwerin		62
		Seifhennersdorf		339
Radebeul	334	Sellthüm		480
Radeburg	334	Siebengebirge		S.247-250
Ralswiek	74	Sieber		140
Ramsbeck	231	Sierksdorf		46
Rathenow	187, 188	Sipplingen		422

Sobernheim	365	Waldhessen	S. 281-284
Solms-Oberbiel	291	Walldorf	322
Soltau	115	Wallenborn	354
Sonnenbühl-Erpfingen	417	Walsrode	114
Sonsbeck	219	Warburg	237
Sonthofen	479	Warder	36
Spessart	S. 437, 438	Warwerort	32
Spree (Burg)	192	Wasserkuppe	300
Springe	127	Wasserfall (Bestwig-)	232
St. Peter Ording	30, 33	Wehrheim	305
Stadlern/Schönsee	462	Weiden/Oberpfalz	464
Stahlhofen	364	Weil am Rhein	414
Starnberg	481, 483	Weilburg (Lahn)	292
Starnberger See	481	Weimar	318
Stegen (Inning)	483	Weißenhäuser Strand	45
Steigerwald	S. 443-445	Weitramsdorf	435
Steinhude	126	Welzheim (Gmeinweiler)	409
Steinhuder Meer	126	Wendland	S. 117-120
Sterkelshausen	281	Werra	271
Sternberg	65	Wernigerode	138, 161, 162, 163
Straubing	471	Werne	211
Ströhen	110	Weser	207
Stukenbrock	218	Westerland	24
Stulln	461	Westerwald	S. 362-364
Stuttgart	407-410	Westfälischen Mühlenstraße	206
Sugenheim	443	Westliches Ruhrgebiet	S. 224-228
Suhl	323	Wiehl	254
Sylt	24, 25	Wiesbaden	304
Syratal bei Plauen	347-350	Wiesensee (Stahlhofen)	364
		Wildungen (Bad)	272
T		Willingen	274
		Windsheim (Bad)	456
Taubertal	S. 394-396	Wingst	101
Teterow	76	Winterberg	230
Teutoburger Wald	S. 216-218	Wischlingen	226
Thüringer Wald	S. 321-323	Wittenberg (Anhalt-)	S. 164-168
Tietzowsee (Zechlinerhütte)	178	Witzenhausen	271
Timmendorfer Strand	52	Wolfsburg	131, 132
Tittling (Dreiburgensee)	469	Wolgast	82
Tolk	27	Woltersdorf	186
Travemünde	50	Wolzensee (Rathenow)	188
Trippstadt	378	Worpswede	144
		Würzburg	
U		und Umgebung	S. 439-442
		Würzburg	440, 441, 442
Uckersdorf (Herborn-)	293	Wuppertal	251, 253
Uetze	130		
Unterschwarz (Schlitz-)	295	X	
Usedom	80, 81, 83		
Uslar	136	Xanten	221
V		Z	
Vegesack	144	Zechlinerhütte (Tietzowsee)	178
Verden	109	Ziegenhagen	270
Vosswinkel	229	Zittau	338
Vogtland	S. 347-350	Zugspitze	482
		Zumhaus/Feuchtwangen	454
W			
Wachenheim	379		